Anna Kavvadias
Umstrittene Helden

Anna Kavvadias

Umstrittene Helden

Heroisierungen in der Bundesrepublik Deutschland

DE GRUYTER
OLDENBOURG

Humboldt Universität zu Berlin,
Kultur, Sozial- und Bildungswissenschaftliche Fakultät,
Dissertation 2019

ISBN 978-3-11-099591-6
e-ISBN (PDF) 978-3-11-070168-5
e-ISBN (EPUB) 978-3-11-070179-1

Library of Congress Control Number: 2020941141

Bibliografische Information der Deutschen Nationalbibliothek
Die Deutsche Nationalbibliothek verzeichnet diese Publikation in der Deutschen
Nationalbibliografie; detaillierte bibliografische Daten sind im Internet
über http://dnb.dnb.de abrufbar.

www.degruyter.com

Inhalt

1 Einleitung

1.1 Umstrittene Helden

Die Palette von Heldenfiguren ist heute so mannigfaltig wie noch nie. Alte Helden in Form von Statuen auf Prachtboulevards kontrastieren dabei mit neuen Helden, deren Konterfeis neben unzähligen anderen Meldungen auf eine Zeitungsseite gedruckt und in einen Plastikaufsteller gesteckt einen Tag lang vom Kiosk aus zu den in Bronze gegossenen und in Stein geschlagenen Heroen hochschauen. Redaktionen unterschiedlicher Blätter suchen täglich eifrig nach Menschen, deren Taten heldenwürdig erscheinen und küren diese zum „Helden des Tages" oder „Alltagshelden". Die Bandbreite der Heldentaten umfasst das Retten einer Katze vom Baum bis hin zum Einschreiten gegen Gewaltexzesse Einzelner oder ganzer Gruppen.

Die Resonanz auf diese Heldenzuschreibungen ist vielfältig und changiert zwischen Bewunderung und offener Ablehnung. Gerade durch die Ablehnung der neuen Helden wird greifbar, was Heldentum für viele bedeutet: selbstloser Einsatz für andere unter Inkaufnahme eigenen Schadens physischer und psychischer Natur. Dieser Definition entsprechen die sogenannten Alltagshelden – als diese werden Menschen, die sich für Obdachlose, Pflegebedürftige oder Flüchtlinge einsetzen, Katzen retten oder öffentliche Grünanlagen vom Müll befreien – nicht, da das eigene Wohlergehen während der Heldentat keinesfalls gefährdet war. Trotzdem ist der selbstlose Einsatz für andere vollkommen ausreichend für die Anerkennung von Alltagshelden, eines Heldentums, das von jedem ausgefüllt werden könnte.[1]

Kritiker dieser Entwicklung stören sich nicht nur am Mangel einer Gefahrenzone, die sie als Voraussetzung für heroische Taten als unabdingbar ansehen, sie bemängeln, dass wahres Heldentum durch die Erhebung von Alltagshelden zu Helden deklassiert werden würde. Die positive Resonanz und Anerkennung von „Helden des Alltags" wird gar als „aktuelle Schwundstufe"[2] des Heroischen begriffen. Als Indiz für die Bedeutungslosigkeit von Alltagshelden gilt neben der als nicht heroisierungswürdig angesehenen Tat die Dekonstruktion ebendieser: Alltaghelden werden nicht nur durch das Aufkommen neuer Schlagzeilen, neuer Heldenfiguren, die den Rezipienten vorgestellt werden, in den Hintergrund gedrängt und vergessen. Sie werden durch die mediale Durchleuchtung ihrer Vergangenheit auf eventuelle, eines Helden nicht ziemende Vortaten, nicht demokratische Einstellungen und persönliche Vorlieben entheroisiert. Bei diesem Prozess wird nicht die Heldentat an sich, sondern der gesamte Mensch unter die Lupe genommen und auf Heldenwürdigkeit hin durch-

---

[1] Zur Demokratisierung und Zivilisierung des Heldischen siehe: Ute Frevert, „Vom heroischen Menschen zum »Helden des Alltags«", in: Merkur 9/10, September/Oktober 2009, S. 803–812.

[2] So die Formulierung Karl Heinz Bohrers und Kurt Scheels im Vorwort zur Ausgabe des Merkur zum Thema Helden: Karl Heinz Bohrer, Kurt Scheel, „Zu diesem Heft", in: Merkur 9/10, September/Oktober 2009, S. 751–752, hier S. 751.

https://doi.org/10.1515/9783110701685-001

leuchtet. Dieser Vorgang, die Dekonstruktion der neuen Helden, so die Kritiker einer Heroisierung von Alltagshelden, sei wiederum ein Beleg dafür, dass Helden innerhalb der Gesellschaft der Bundesrepublik Deutschland keinen Platz mehr hätten.

Die Frage nach Heldenwürdigkeit ist für das Verständnis dafür, was Individuen und Gesellschaften unter heroisch verstehen, von großer Bedeutung, da sie die jeweiligen Wertesysteme in den Fokus der Betrachtung zieht. Die homerischen Helden Achill und Odysseus, deren Rezeption sich bis heute verfolgen lässt, sind mit Makeln und Fehlern behaftet – der Zorn des Achill gilt als eine der sieben Todsünden, die List des Odysseus ist recht umstritten.[3] Trotz dieser Makel gelten Achill und Odysseus als „strahlende Urbilder des Heldentums, der eine, weil er Taten durch außergewöhnliche körperliche Kräfte, der andere durch außergewöhnliche geistige Fähigkeiten vollbringt".[4] Beide Helden haben nicht nur Makel, sie sind auch grundverschieden und beziehen aus unterschiedlichen Gründen das Heldenpantheon.

Zeitgenössische Helden scheinen auf eine vergleichbare Gelassenheit der Rezipienten in Bezug auf Charakterschwächen und Pluralität der Gründe, die für eine Heroisierung antiker Helden ausschlaggebend waren, nicht zu stoßen.[5]

Hat die anthropologische Grundkonstante nach der Suche nach Vorbildern, ja sogar nach Helden, von Homer über Carley und Hirsch bis hin zu zeitgenössischen Autoren vielfach beschrieben und vor allem genährt, nun doch ausgedient?[6] Wie ist die ablehnende Haltung gegenüber Helden einerseits, die Popularität von Alltagshelden andererseits zu erklären? Impliziert diese gar eine Sehnsucht nach Helden jenseits von Trivialisierung, Veralltäglichung und Zivilisierung?

Zwei scheinbar gegenteilige Tendenzen prallen aufeinander: Heldensuche versus Heldenablehnung. Die Heldensuche mündet wiederum häufig in der Entzauberung des Helden. Diese Ablehnung lässt darauf schließen, dass die ambivalente Haltung gegenüber zeitgenössischen Helden aus festen Vorstellungen über das Heroische

---

3 Arbogast Schmitt schreibt dazu: „Homer hat zugleich beide mit charakteristischen Eigenschaften ausgestattet, denen nicht nur der gute Bürger, sondern auch führende Moraltheoretiker wenig Verständnis entgegenbringen." Siehe: Arbogast Schmitt, „Achill – ein Held?", in: Merkur 9/10, September/ Oktober 2009, S. 860–870, hier S. 860.

4 Ebd.

5 Der Charakter Achills wird von Homer in einer Vielschichtigkeit entwickelt, die Hegel zum Ausruf verleitet: „Das ist ein Mensch! – Die Vielseitigkeit der edlen menschlichen Natur entwickelt ihren ganzen Reichtum an diesen einem Individuum." Zitiert nach Schmitt, „Achill", S. 861. Zur Charakterisierung Odysseus siehe: Susan Neiman, „Wenn Odysseus ein Held sein soll, dann können wir es auch", in: Merkur 9/10, September/Oktober 2009, S. 849–859.

6 Julian Hirsch untersuchte in seinem 1914 publizierten Buch „Die Genesis des Ruhmes" Bedingungen für die Zuschreibung von Ruhm. Julian Hirsch, Die Genesis des Ruhmes. Ein Beitrag zur Methodenlehre der Geschichte, Leipzig 1914; Carlyles Buch ist nicht nur eine Beschreibung von Helden, sondern gleichzeitig eine Forderung nach Platz und Akzeptanz für diese und das Heroische in seiner Gegenwart. Thomas Carlyle, Egon Friedell, Über das Heroische in der Geschichte, Bozen 1997. Englischsprachige Erstausgabe: Thomas Carlyle, On Heroes, Hero-Worship, and The Heroic in History, London 1841.

genährt wird, denen heutige Alltagshelden schlicht nicht entsprechen. Diesen Vorstellungen auf die Spur zu kommen, ist kein leichtes Unterfangen.

„Unglücklich das Land, das Helden nötig hat", ein Zitat von Berthold Brecht aus seinem Werk Galileo Galilei, ist oft die spontane Reaktion auf die Frage, welche Bedeutung Helden für die Gesellschaft haben, ob sie gewollt, gebraucht werden. Damit scheint die Frage abgetan zu sein. Doch lohnt es sich, über das Zitat und über die Gründe für seine Anwendung nachzudenken. Ob es Helden gibt oder geben sollte, steht in diesem Zitat nicht zur Debatte. Mit der Aussage, nur Länder im Unglück bräuchten Helden, legt Brecht einen Fokus auf die Frage nach der Erfordernis von Helden. Durch das Beantworten von Fragen nach der Bedeutung von Helden mit dem Zitat von Brecht wird durch die Lokalisierung von Heldentum in Situationen des Unglücks einerseits eine inhaltliche Auseinandersetzung mit Heldentum vermieden, andererseits der Begriff des Helden eben doch ein wenig mit Inhalt gefüllt. Zurück bleibt der Beigeschmack einer Vermeidungsstrategie und Fragen nach Gründen für diese.

Eines der Hindernisse für eine wertfreie analytische Auseinandersetzung mit der Bedeutung von Helden ist die negative Konnotation, die der Begriff Held aufgrund seiner massenhaften Verwendung durch die Nationalsozialisten hat. Die Vereinnahmung der Deutungshoheit über die Bedeutung des Heroischen durch die Nationalsozialisten wurde vielfach hinterfragt. Bereits 1946 kritisierte Viktor Klemperer vehement die Desavouierung des Heldenbegriffs durch seine inflationäre Verwendung und seine Verengung auf „Mut und Aufsspielsetzen des eigenen Lebens"[7] während der nationalsozialistischen Diktatur. In den einleitenden Bemerkungen zu seinem Buch „LTI. Notizbuch eines Philologen" attestierte Klemperer seinen Gesprächspartnern beim Aufkommen des Themas Heroismus völlige Befangenheit in der „fragwürdigsten Auffassung des Heldentums" und forderte, sich vom „nazistischen Heldentum" zu lösen. Die Ablehnung von Helden würde auf einem falschen, nämlich nationalsozialistischen Heldenbegriff beruhen, so Klemperer, und ebendieser würde durch die Ablehnung jeglichen Heldentums weiterhin Bestand haben. Klemperer erklärte: „Durch zwölf Jahre ist der Begriff und ist der Wortschatz des Heroischen in steigendem Maße und immer ausschließlicher auf kriegerischen Mut, auf verwegene todverachtende Haltung in irgendeiner Kampfhandlung angewandt worden."[8] Heroismus sei dagegen „umso reiner und bedeutender, je stiller er ist, je weniger Publikum er hat, je weniger rentabel er für den Helden selber, je weniger dekorativ er ist".[9] Ein echtes Heldentum hätte der Nationalsozialismus gar nicht gekannt. Dennoch hätte es auch in Deutschland zwischen 1933 und 1945 Heroismus gegeben – und zwar auf der Gegenseite von Nazideutschland, in den Konzentrationslagern, bei den Unterstützern

---

7 Viktor Klemperer, LTI. Notizbuch eines Philologen, Stuttgart 2015, S. 14. Die erste Ausgabe des Buches erschien 1946.
8 Ebd., S. 13.
9 Ebd., S. 15.

und Rettern der verfolgten Juden. Das Verständnis von Heroismus, der Begriff des Helden müsse entnazifiziert werden, so Klemperer.

Teilweise scheinen Klemperers Bemühungen um ein neues Verständnis von Heldentum auf fruchtbaren Boden gefallen zu sein. Bemühungen von staatlicher Seite um die Anerkennung von Widerstandskämpfern gegen die nationalsozialistische Diktatur fanden in der jungen Bundesrepublik Deutschland durchaus statt, wobei die Bemühung um Anerkennung die Grenze zur Heroisierung überschritt. Doch im Vergleich zum größten politischen Widerpart, der DDR, die sozialistische Helden en masse propagierte, waren die Bemühungen in Westdeutschland, Heldenfiguren als gesellschaftliche Leitbilder zu etablieren, recht zurückhaltend, wie ein Blick sowohl auf die westdeutsche, als auch auf die seit 1989 entstandene gesamtdeutsche Gedenkstättenlandschaft zeigt: Nicht der Held, sondern das Opfer[10] steht im Mittelpunkt der Gedenkkultur Westdeutschlands aber auch des wiedervereinigten Deutschlands.[11] Beschrieben wird dieser Befund als „Paradigmenwechsel von der historischen Heroisierung zur historischen Viktimisierung",[12] bedingt durch die Erfahrung von Krieg und Tod, der nicht mehr als „Bestandteil des Gesellschaftsvertrages"[13] angesehen werde. Mit dem Ende des Zweiten Weltkriegs und einem Mentalitätswandel, der sich durch die Abwertung von Krieg und Gewalt auszeichnete, hatte „die soldatische und heroische Vergangenheit als Modell für die Zukunft ausgedient",[14] was sich nicht nur im politischen Bereich, sondern auch in der Lebenswelt und im Habitus der Gesellschaft der Bundesrepublik Deutschland widerspiegele. Dass Heroismus sowohl im

---

10 Im Gegensatz zur englischen Sprache, die zwischen „victim" als weltliches Opfer und „sacrafice" als sakrales Opfer unterscheidet, fallen im deutschen Sprachraum beide Bedeutungen zusammen, was eine Vermischung der sakralen und profanen Dimension und somit eine weltanschaulich-religiöse Aufladung des Opferbegriffs zur Folge hat.

11 Der Neubau von Kriegsdenkmälern nach 1945 war geprägt von einer Verdrängung des früheren Heldenideals durch ein Bild der Gefallenen als Opfer, siehe: Meinhold Lurz, Kriegerdenkmäler in Deutschland, Bd. 6, Heidelberg 1987, S. 175; George L. Mosse, Gefallen für das Vaterland. Nationales Heldentum und namenloses Sterben, Stuttgart 1993, S. 259. Dieser Opferbegriff unterscheidet sich stark vom Begriff des Opferhelden der Nationalsozialisten, die das aktive Opfer als heroisch interpretierten (siehe Kapitel 2.4). Nach dem Ende des Zweiten Weltkrieges wurde den Gefallenen als passive Opfer gedacht, die Hinwendung zur Vertriebenen-, Flüchtlings- und Kriegsgefangenenproblematik stellte wiederum die Opfer in den Mittelpunkt der Betrachtung. Die Täter blieben außen vor. Vgl. Helmut König, Politik und Gedächtnis, Weilerswist 2008, S. 509–514; Thomas Kühne, „»Friedenskultur«, Zeitgeschichte, Historische Friedensforschung", in: Ders. (Hg.), Von der Kriegskultur zur Friedenskultur? Zum Mentalitätswandel in Deutschland seit 1945, (Jahrbuch für Historische Friedensforschung, Bd. 9), Münster 2000, S. 13–33, hier S. 20ff.

12 Martin Sabrow, „Heroismus und Viktimismus. Überlegungen zum deutschen Opferdiskurs in historischer Perspektive", in: Potsdamer Bulletin für Zeithistorische Studien Nr. 43/44, Dezember 2008, S. 7–20. Siehe auch: Peter Moeschl, „Das Opfer als Held. Zur Ambivalenz der Viktimisierung", in: Weimarer Beiträge 49 (2003), S. 445–450.

13 Michael Howard, Die Erfindung des Friedens. Über den Krieg und die Ordnung der Welt, München 2005, S. 99.

14 Helmut König, Die Zukunft der Vergangenheit. Der Nationalsozialismus im politischen Bewußtsein der Bundesrepublik, Frankfurt am Main 2003, S. 27.

Bereich in der Kriegsführung selbst als auch auf zivilgesellschaftlicher Ebene ausgedient habe, beschreibt Herfried Münkler: Die westlichen Gesellschaften seien „postheroisch", sie seien gekennzeichnet durch das „Verschwinden bzw. die schwindende Bedeutung eines Kämpfertyps, der durch gesteigerte Opferbereitschaft ein erhöhtes Maß gesellschaftlicher Ehrerbietung zu erwerben trachtet".[15] Auf heroische Zeiten und ihre Überreste – Gedenksteine und Mahnmale – würden postheroische Gesellschaften „aus einem Selbstverständnis des Fortgeschritten-Seins und Gelernt-Habens" zurückblicken.[16]

Nicht Helden, sondern „demokratische Deliberationsprozesse, Wohlstand und Massenkonsum"[17] würden als Integrations- und Loyalitätsfaktoren der Bevölkerung Deutschlands dienen. Diese seien die neuen Mythen, die entstanden sind, nachdem fast alle vor 1945 im Umlauf befindlichen Mythen und damit ihre Helden desavouiert worden waren.[18] Die neuen, teils rein auf materiellen Werten beruhenden Mythen waren gleichzeitig Ausdruck für eine starke Aversion der Bonner Republik gegen historische politische Mythen.[19] Von Verklärung und Überformung, Ästhetisierung und pathetischen Inszenierungen, Kennzeichen alter mythischer Großerzählungen, war bei diesen neuen Mythen nicht viel zu spüren, vielmehr entsprachen sie einem

---

15 Herfried Münkler, Der Wandel des Krieges. Von der Symmetrie zur Asymmetrie, Weilerswist 2006, S. 310. Münkler stellt jedoch auch klar, dass der Rückgang der Todesbereitschaft nicht mit dem Schwinden der militärischen Aktionsfähigkeit der Staaten gleichgesetzt werden darf. Vielmehr wird die militärische Aktionsfähigkeit von Staaten durch die Ersetzung der Wehrpflicht durch Berufs- und Freiwilligenarmeen, das Aufstellen schneller Eingreiftruppen und moderne Waffentechnik gewährleistet. Siehe: Herfried Münkler, „Die Kriege der Zukunft und die Zukunft der Staaten. Von der prekären Verständigung politischer Akteure und der Rolle der Gewalt", in: Wolfgang Knöbl, Gunnar Schmidt (Hg.), Die Gegenwart des Krieges. Staatliche Gewalt in der Moderne, Frankfurt am Main 2000, S. 52–71, hier S. 65. Die Institutionen und Organisationen, die zum Schutz und zur inneren und äußeren Abwehr von Bedrohungen ausgebildet wurden, können laut Münkler durchaus „Charakterzüge heroischer Gemeinschaften" aufweisen. Siehe: Herfried Münkler, „Heroische und postheroische Gesellschaften", in: Merkur 8/9, 61. Jahrgang 2007, S. 742–752, hier S. 752.
16 Ebd.
17 Ute Frevert, Die kasernierte Nation, München 2001, S. 324.
18 Herfried Münkler, Die Deutschen und ihre Mythen, Berlin 2009, S. 19. Wohlgemerkt geht es hierbei um politische, nicht um religiöse Mythen. Vgl. Heidi Hein-Kircher, „Überlegungen zu einer Typologisierung von politischen Mythen aus historiographischer Sicht. Ein Versuch", in: Heidi Hein-Kircher, Hans Henning Hahn (Hg.), Politische Mythen im 19. und 20. Jahrhundert in Mittel- und Osteuropa, Marburg 2006, S. 407–424, hier S. 424.
19 Jens Hacke, Herfried Münkler, „Politische Mythisierungsprozesse in der BRD", in: Dies. (Hg.), Wege in die neue Bundesrepublik. Politische Mythen und kollektive Selbstbilder nach 1989, Frankfurt am Main 2009, S. 15–31, hier S. 17. Freilich gab es Bewegungen wie die „überparteiliche nationalpolitische Sammlungsbewegung Kuratorium »Unteilbares Deutschland«", die auf zahlreichen Feiern, deren Inszenierungen am Hermannsdenkmal und anderen Orten keineswegs „unpathetisch und leidenschaftslos" waren, für die Einheit Deutschlands warben. Edgar Wolfrum, Geschichte als Waffe. Vom Kaiserreich bis zur Wiedervereinigung, Göttingen 2001, S. 82.

„Pathos der Nüchternheit"[20], der für einen demokratischen Verfassungsstaat als angemessen angesehen wurde. Denn nicht nur das Heroische hatte seit den massenhaften Zuschreibungen des Adjektivs „heldenhaft" im Zusammenhang mit Kampfhandlungen um die Vorrangstellung der Rasse und Nation, mit Gewalt, Tod und Soldatentum im nationalsozialistischen Deutschland einen negativen Beigeschmack, sondern auch die Inszenierungen und Rituale, die mit der Heroisierung von Personen einhergingen. Die neuen politischen Mythen der Bundesrepublik Deutschland kamen dagegen ohne Helden aus, also diejenigen Protagonisten, deren Handeln narrativ überformt aus einem Ereignis einen Mythos werden lässt. Doch auch wenn Wohlstand und Massenkonsum als Gründungsmythen der Bundesrepublik eine gewisse Geltung hatten, sie identitätsstiftend und integrativ wirkten, so blieben sie doch ohne die symbolische Verdichtung in einer Person, die quasi zusammenfassend als Synonym für den gesamten Mythos steht, blutleer. Als Symbole galten Dinge: der Mercedesstern, die D-Mark. Die Akzeptanz und der teils hohe Stellenwert dieser nicht personengebundenen Gründungsmythen innerhalb der Gesellschaft bestätigen die Annahme Karl-Heinz Bohrers: „Die Abneigung gegen Heldentum ist keine Nebensache, sondern essentiell für postheroische Gesellschaften."[21]

Der eingangs erfolgte Blick auf von Massenmedien erkorene Alltagshelden,[22] aber auch mehrere Untersuchungen über das deutsche Familiengedächtnis stellen diese Annahme infrage.[23] Helden scheinen, folgt man der Terminologie Jan Assmanns,[24] aus

---

20 Peter Reichel, Schwarz Rot Gold. Kleine Geschichte deutscher Nationalsymbole nach 1945, München 2005, S. 10.

21 Karl Heinz Bohrer, Kurt Scheel, „Zu diesem Heft", in: Merkur 9/10, September/Oktober 2009, S. 751–752, hier S. 752.

22 Seit Oktober 2009 sucht die BZ unter dem Titel „Berliner Helden" ehrenamtliche Helfer für verschiedene Projekte in Berlin; die Berliner Zeitung taz vergibt seit 2005 jährlich den TAZ-Panter Preis: „Neben Einzelpersonen sucht die taz Panter Stiftung deshalb auch HeldInnen, die sich in Vereinen, Interessensgemeinschaften und Aktionsbündnissen organisieren, sozusagen Banden bilden, um unsere Welt ein bisschen besser zu machen." http://www.taz.de/!106589, (Zugriff am 28.9.2018). Gleichwohl werden in der TAZ immer wieder Menschen als Helden betitelt, so z.B. Graciano Rocchigiani. Unter dem Titel „Working Class Hero" erschien am 4. Oktober 2018 ein ausführlicher Nachruf, in dem Rocchigianis Verdienste für den Boxsport als auch seine persönlichen Einstellungen aber auch Verfehlungen benannt werden. (Martin Kraus, „Der Working Class Hero", in: TAZ, 4.10.2018, S. 19.)

23 Harald Welzer, Claudia Lenz, „Opa in Europa. Erste Befunde einer vergleichenden Tradierungsforschung", in: Harald Welzer (Hg.), Der Krieg der Erinnerung. Holocaust, Kollaboration und Widerstand im europäischen Gedächtnis, Frankfurt am Main 2007, S. 7–40, hier S. 10.

24 Der Begriff „kollektives Gedächtnis" wird häufig verwendet bei Untersuchungen, so Aleida Assmann, die „auf das abzielen, was jeweils im Bewusstsein der Bevölkerung wirklich präsent ist. In dieser Bedeutung einer empirisch verifizierbaren Sedimentierung von Geschichte im Gedächtnis wird heute oft der Begriff »kollektives Gedächtnis« benutzt. Er bezieht sich dann auf den gemeinsamen Nenner eines im allgemeinen Bewusstsein verankerten und aktuell geteilten Wissens." (Aleida Assmann, Geschichte im Gedächtnis. Von der individuellen Erfahrung zur öffentlichen Inszenierung, München 2007, S. 11). Jan Assmann beschreibt „kollektives Gedächtnis" als „ein kollektiv geteiltes Wissen vorzugsweise (aber nicht ausschließlich) über die Vergangenheit, auf das eine Gruppe ihr Bewusstsein von Eigenheit und Eigenart stützt". (Jan Assmann, „Kollektives Gedächtnis und kulturelle

dem kommunikativen in das kulturelle Gedächtnis vorzudringen; so haben „Stille Helden" – Menschen, die verfolgten Juden zur Zeit der nationalsozialistischen Diktatur halfen – seit November 2008 in der Berliner Gedenkstättenlandschaft ihren Platz gefunden. Eine Ausstellung im Industriemuseum in Hattingen brachte unterschiedliche Heldentypen dem interessierten Betrachter näher.[25]

Auch in Wissenschaft und Forschung sind Heroisierungen, Heldenkonstruktionen und Heldenfiguren zunehmend en vogue und werden in einer immensen zeitlichen und geographischen Spannbreite, die vom antiken Griechenland und dem Römischen Reich über neuzeitliche und zeitgeschichtliche Heldenkonstruktionen im westeuropäischen Raum bis zur Untersuchung von Formen des Heroischen in China, Russland und dem Nahen Osten im 19. und 20. Jahrhundert reichen, untersucht.[26] Andere Publikationen stechen durch ihre explizite Bemühung heraus, die Deutungshoheit über Begriffe wie Held, heroisch und damit zusammengehörig über die für die Gesellschaft als verbindlich angesehenen, durch Helden symbolisierten Normen und Werte wiederzugewinnen. So bemängelt Susan Neiman, dass nicht nur evangikale und konservative Bewegungen darüber entscheiden dürften, was heroisch sei, und plädiert für die Entwicklung einer normativen politischen Theorie.[27] Auch in

---

Identität", in: Jan Assmann, Tonio Hölscher (Hg.), Kultur und Gedächtnis, Frankfurt am Main 1988, S. 9–19, hier S. 15; zu Assmanns Überlegungen zum Zusammenhang von Gruppenidentität und Gruppenerinnerung siehe: Jan Assmann, Das kulturelle Gedächtnis. Schrift, Erinnerung und politische Identität in frühen Hochkulturen, München 2005, S. 46). Während das kollektive Gedächtnis sich auf Erinnerungspraktiken bezieht, auf die Interaktion, den Austausch von Personen, die sich persönlich an Ereignisse erinnern, also bis zu drei Generationen als Erfahrungs-, Erinnerungs- und Erzählgemeinschaft umfassen können, bezeichnet das kulturelle Gedächtnis Repräsentationen der Vergangenheit, die erst jenseits dieser Schwelle einsetzen, durch Institutionen vorgenommen werden. Der Variantenreichtum an Heldenfiguren in der deutschen Geschichte ist nicht nur ein Indikator für Spannungsverhältnisse innerhalb der Gesellschaft, sondern auch für Spannungen zwischen individuellem, öffentlichem und offiziellem Erinnern, ferner dafür, dass Übergänge von Gedächtnisformen sehr fließend sind, einander überlappen und bedingen. Eine Übersicht über die Vielzahl von Konzepten und Begriffen, die um das Arbeitsfeld Kultur, Erinnerung und Gedächtnis kreisen, bietet das Handbuch von: Astrid Erll, Kollektives Gedächtnis und Erinnerungskulturen. Eine Einführung, Stuttgart 2017.
25 Dietmar Osses (Hg.), Helden. Von der Sehnsucht nach dem Besonderen. Katalog zur Ausstellung im LWL-Industriemuseum Henrichshütte Hattingen, 12. März–31. Oktober 2010, Essen 2010.
26 Im Juni 2009 fand im Einstein Forum eine Tagung unter dem Titel „Verdammte Helden/Heroism reconsidered" statt, die Zeitschrift Merkur widmet den „Helden" eine Doppelausgabe (September/ Oktober 2009), freilich mit der Intention, den anitheroischen Affekt unserer postheroischen Gesellschaft, die in ihrem Egalitarismus keine Außerordentlichkeit dulde, so die Herausgeber im Vorwort, herauszustellen. „Helden – Heroisierungen – Heroismen" heißt ein Sonderforschungsbereich an der Universität Freiburg im Breisgau, der seit 2012 unterschiedliche Konstruktionen, Formen und Funktionen des Heroischen untersucht (https://www.sfb948.uni-freiburg.de/de/profil/?page=1), (Zugriff am 30.9.2018). Der Forschungsbericht von Mitgliedern des Freiburger Sonderforschungsbereichs gibt einen ausführlichen Überblick insbesondere über die Auseinandersetzung mit dem „Phänomen des Heroischen" in Ausstellungen und auf Tagungen. Siehe: https://www.hsozkult.de/literaturereview/id/ forschungsberichte-2216, S.7f. (Zugriff am 30.9.2018).
27 Susan Neiman, Moralische Klarheit. Leitfaden für erwachsene Idealisten, Hamburg 2013.

den USA scheint vor allem die Verbindung von Nation und Held – auch ohne die Desavouierung alles Heroischen durch ein verbrecherisches Regime wie den Nationalsozialismus – einer der Gründe für die Scheu zur Auseinandersetzung mit der Bedeutung des Heroischen beim linken politischen Lager und bei linksorientierten sozialen Bewegungen zu sein. Neimanns Buch ist ein Beispiel dafür, dass die Suche nach Wertorientierung, nach moralischer Klarheit, wie der Titel ihres Buches lautet, öffentlichen Raum gewinnt. Der Apell Neimanns für die Entwicklung einer normativen politischen Theorie, aktuelle Kritik an der „moralischen Obdachlosigkeit der Deutungseliten"[28] und eine breite Bevölkerungsschichten umfassende positive Rezeption von Alltagshelden umreißen ein Bild einer Gesellschaft, die auf der Suche nach neuen Wertorientierungen ist.[29]

Zeitgenössische Heldenfiguren entsprechen zumindest in einem Punkt Klemperers Vorstellung von Heldentum. Sie werden nicht aufgrund kriegerischer todesverachtender Kampfhandlungen zum Helden gekürt, so Klemperers Umschreibung nationalsozialistischer Heldenfiguren, sondern aufgrund außergewöhnlichen und uneigennützigen Engagements. Selbst die Eintagsfliegen unter den Helden, gekürt und gestürzt von der Boulevardpresse, entsprechen diesem Punkt. Die ambivalenten Reaktionen, die sogenannte Alltagshelden nach sich ziehen, machen deutlich, dass die Bedeutung von Heldenfiguren in der Gesellschaft recht unterschiedlich ist. Die Reaktionen zeigen aber auch, dass eine sachliche Auseinandersetzung über Vorstellungen des Heroischen gemieden wird. Anstatt die Bedeutung der einzelnen Heldenfiguren in ihrem Entstehungskontext und ihrer Wirkung zu analysieren, werden diese je nach persönlicher Präferenz bewertet. Die den Bewertungen zugrundeliegenden Wertvorstellungen differieren je nach sozialer Großgruppe, sozialer Bewegung und Milieu, in denen sie gebräuchlich sind – ein Kennzeichen pluralistischer Gesellschaften. Doch trotz fortschreitender Differenzierung und Individualisierung scheinen „Identifikationsbedürfnisse (strukturell der Rolle der Religion nicht unähnlich) keineswegs aus den modernen Gesellschaften [zu] verschwinden".[30] Die Popularität von Helden jeglicher Couleur ist ein Indikator für das Bedürfnis nach

---

28 So die Einschätzung der Regierungspolitik von Harald Welzer in der linken Tageszeitung „die TAZ" am 12.9.2017.

29 Dass diese Suche keinesfalls neu ist, zeigt ein Blick auf die politische Ideengeschichte. Einen kurzen und prägnanten Überblick angefangen bei Nietzsche und seiner „Umwertung aller Werte" und der Wertephilosophie Schelers bis heute bietet: Andreas Rödder, „Werte und Wertewandel. Historisch-politische Perspektiven", in: Ders. (Hg.), Alte Werte – Neue Werte. Schlaglichter des Wertewandels, Göttingen 2008, S. 9–25; Hans Joas, Die Entstehung der Werte, Frankfurt am Main 1999, S. 11–16; zur Studie und Rezeption von: Ronald Inglehart, The Silent Revolution. Changing Values and Political Styles among Western Publics, Princeton 1977 siehe ebefalls: Andreas Rödder, „Vom Materialismus zum Postmaterialismus? Ronald Ingleharts Diagnosen des Wertewandels, ihre Grenzen und Perspektiven", in: Zeithistorische Forschungen/Studies in Contemporary History, Online-Ausgabe, 3 (2006), www.zeithistorische-forschungen.de/3–2006/id=4658, S. 480–485.

30 Jens Hacke, Herfried Münkler, „Einleitung", in: Dies. (Hg.), Wege in die neue Bundesrepublik. Politische Mythen und kollektive Selbstbilder nach 1989, Frankfurt am Main 2009, S. 7–13, hier S. 8.

kollektiver Identität und damit einhergehend nach identitätsstiftenden und integrativ wirkenden Symbolen in der Gesellschaft. Was unter „heroisch" verstanden wird, ist freilich eine „Verhandlungs- und Ansichtssache".[31]

In dieser Arbeit geht es nicht um eine Bewertung, also um die Frage, welche Heldenfiguren nun wahr oder echt sind, ob bestimmte Personen zu Recht heroisiert wurden oder nicht.[32] Diskussionen solcher Art sollten einschlägigen Meinungsforen vorbehalten bleiben. Auch geht es nicht darum, historische Figuren auf ihre Heldentauglichkeit abzuklopfen[33] oder gar Personen zu heroisieren.[34] Gleichwohl muss eingeräumt werden, dass auch diese Arbeit an der langjährigen Diskussion zum Thema Helden – auch wenn diese durch Beobachtung erfolgt – teilnimmt.

Ziel dieser Arbeit ist es, die Genese, die Bedeutung und die Funktionen von neu konstruierten und alten aber wiederbelebten Heldenbildern in den besetzen Zonen und der Bundesrepublik Deutschland seit 1945 bis zur Wiedervereinigung 1990 zu klären. Dabei werden Heroisierungsprozesse in historischer Perspektive beobachtet und hinterfragt, womit gleichzeitig der Wandel des Verständnisses vom Heroischen und damit die Vielfalt, Wandelbarkeit und Interpretierbarkeit von Heldenbildern, ihre Zeitbedingtheit und Historizität aufgezeigt werden sollen. Denn ebenso wie Mythen bleiben Helden als deren wesentlicher Teil unbestimmt, können daher an Erfordernisse durch Neuinterpretation angepasst werden.[35]

1.2 Vorgehen, Materialgrundlage

Auf eine essentialistische Definition des Begriffs „Held" im Vorfeld der Analyse von Heroisierungen und Vorstellungen vom Heroischen wird verzichtet, um eine Einschränkung des Forschungsfeldes auf ebendiese zu vermeiden. Nach Reinhart Ko-

---

31 So auch die Einschätzung von Reiling und Rhode, siehe: Jesko Reiling, Carsten Rohde, „Vorwort. Zur Ambivalenz des Heroischen im 19. Jahrhundert", in: Ders. (Hg.), Das 19. Jahrhundert und seine Helden. Literarische Figurationen des (Post-)Heroischen, Bielefeld 2011, S. 7–15, hier S. 8.
32 Eine Heroisierung umfasst mehrere Komponenten, von denen die Benennung einer Person als „Held" nur eine ist, weshalb in dieser Arbeit explizit von „Heroisierungen" die Rede ist.
33 „Ist Graf Dracula ein Held?" und „Eine Sehnsucht nach Freiheit. Autoethnographische Zugänge zur Repräsentation von Männlichkeit bei Harley-Davidson-Fahrern" sind zwei von vielen Aufsätzen, die sich mit Vorstellungen vom Heroischen im folgenden Sammelband beschäftigen: Johanna Rolshoven, Toni Janosch Krause, Justin Winkler (Hg.), Heroes. Repräsentationen des Heroischen in Geschichte, Literatur und Alltag, Bielefeld 2018. Basilius Groens Aufsatz „Nikos Kazantzakis und seine Helden" und der Aufsatz von Käthe Sonnleitner „Der frühmittelalterliche König – ein Held? Die Konstruktion von Männlichkeit bei Widukind von Corvey" verweisen auf die Rolle des Heldensängers und damit auf die Konstruktion von Helden. Auf unterschiedliche Deutungsmuster verweist Christan Schmitz in seinem Aufsatz „Dietrich Bonhoeffer (1906–1945). Widerstandskämpfer, Märtyrer, Vorbild, Held?".
34 So das Vorgehen von: Jürgen Busche, Heldenprüfung. Das verweigerte Erbe des Ersten Weltkriegs, München 2004.
35 Zum Begriff des Mythos siehe: Herfried Münkler, Jens Hacke, „Politische Mythisierungsprozesse in der BRD", S. 19.

selleck umfasst der „Begriff" mehr als nur das für genau diesen Begriff verwendete Wort: Begriffe sind „Konzentrate vieler Bedeutungsgehalte".[36] Der Wandel von Vorstellungen des Heroischen wird daher nicht als Einzelwortstudie nachvollzogen. Vielmehr sind der gesellschaftliche Kontext, Erfahrungswissen und Erwartungshorizonte aller beteiligten Akteure, die Praktiken von Heroisierungen und die Zuschreibung von Attributen im Zuge der Heroisierung auf der symbolischen, verbalen und ikonographischen Ebene in die Untersuchung einzubeziehen.[37]

Die Untersuchung von Vorstellungen vom Heroischen, von Heroisierungsbemühungen, ihrer Rezeption, ihrem Wandel und den mit ihnen verbundenen Zielen folgt einem hermeneutisch-interpretativen Ansatz und wird von der Annahme geleitet, dass Heroisierungen als Antwort auf Herausforderungen und Probleme konstruiert wurden. Brechts Diktum „Unglücklich das Land, das Helden nötig hat" folgend, liegt daher ein besonderes Augenmerk auf den konkreten Situationen, aus denen heraus Heroisierungen erfolgten, Heldenfiguren konstruiert, wiederbelebt oder auch verworfen wurden. Gleichwohl darf der größere zeitliche und kulturelle Rahmen, in dem einzelne historische Ereignisse Anlass zur Heldengenese gaben, nicht aus den Augen geraten. Politische, ökonomische, gesellschaftlich-kulturelle Umbrüche, Herausforderungen und Krisen bedingen aufgrund der mit ihnen häufig einhergehenden kritischen Auseinandersetzung von Überlieferungen und Traditionen eine fundamentale Abkehr von Traditionen oder eine Neuinterpretation nicht nur alter Traditionen, Mythen und Heldenbilder, sondern auch der historischen Ereignisse selbst.

Es gibt jedoch auch einen anderen nicht zu unterschätzenden Aspekt, der sich bei Systemumbrüchen bemerkbar macht, nämlich „dass die untergegangenen Systeme über den Zeitpunkt ihres Untergangs hinaus Wirkungen zeigten und mitunter in durchaus erheblichem Umfang die neuen politischen Systeme prägten, die sich ihrerseits als Negation ihrer Vorgänger begreifen. Dieses Faktum ist wohlbekannt: Po-

---

36 Reinhart Koselleck, „Begriffsgeschichte und Sozialgeschichte", in: ders., Vergangene Zukunft. Zur Semantik geschichtlicher Zeiten, Frankfurt am Main 1989, S. 107–129, hier S. 120. Als Begründung der Begriffsgeschichte im deutschen Wissenschaftsraum gilt das von Koselleck mitbegründete Lexikon der „Geschichtlichen Grundbegriffe": Otto Brunner, Werner Conze, Reinhart Koselleck (Hg.), Geschichtliche Grundbegriffe. Historisches Lexikon der politisch-sozialen Sprache in Deutschland, 8 Bände, Stuttgart 1972–1997. Gegenstand des Lexikons sind „zentrale Verfassungsbegriffe; Schlüsselworte der politischen, wirtschaftlichen und der gesellschaftlichen Organisation; Selbstbenennungen entsprechender Wissenschaften; Leitbegriffe politischer Bewegungen und deren Schlagworte; Bezeichnungen dominierender Berufsgruppen und sozialer Schichtung; theoretisch anspruchsvolle Kernbegriffe, auch deren Ideologien, die den Handlungsraum und die Arbeitswelt gliedern und auslegen". Siehe: Reinhart Koselleck, „Vorwort", in: Otto Brunner, Werner Conze, Reinhart Koselleck (Hg.), Geschichtliche Grundbegriffe. Historisches Lexikon der politisch-sozialen Sprache in Deutschland, Bd. 1, Stuttgart 1972, S. V-VIII, hier S. VII.
37 Zur Erweiterung des ursprünglichen Konzepts der „Geschichtlichen Grundbegriffe": Günter Lottes, „The State of the Art. Stand und Perspektiven der »intellectual history«", in: Frank-Lothar Kroll (Hg.), Neue Wege der Ideengeschichte, Festschrift für Kurt Kluxen zum 85. Geburtstag, Paderborn 1996, S. 27–45, hier S. 40. Ferner: Dietrich Busse, Historische Semantik. Analyse eines Programms, Stuttgart 1987, S. 14 ff; Achim Landwehr, Geschichte des Sagbaren, Tübingen 2004, S. 51.

litische und gesellschaftliche Strukturen sowie habituelle Gewohnheiten sind langlebig und hören mit dem Ende der ihnen korrespondierenden politischen Systeme keineswegs zu existieren auf".[38] Voraussetzung für die Beantwortung von Fragen der Gegenwart und Zeitgeschichte ist daher eine historische Tiefendimension, die es ermöglicht, prägende Traditionen, epochenübergreifende Kontinuitäten und wiederkehrende Strukturelemente zu erkennen. Durch Gegenüberstellung und Vergleich schärfen sich die Konturen und das Verständnis für Altes und Neues, Parallelen und Unterschiede, Kontinuitäten und Diskontinuitäten. Um diese im Blick zu haben, erfolgt die Untersuchung von Helden, Heroisierungen und ihren Funktionen in der Bundesrepublik Deutschland bis 1989 im Kontext historischer Prozesse und Strukturen langer Dauer und wird in einen großen diskursiven Rahmen eingebettet. Insbesondere in Hinsicht auf die Überprüfung ihres Nachlebens über Systemwechsel hinaus ist die Kenntnis historischer Heldenfiguren notwendig.

Auf eine umfangreiche Darstellung von vor und nach 1945 zirkulierenden Heldenbildern und Heroisierungsbemühungen wird bewusst verzichtet. Vielmehr soll die Vielfalt, die Heterogenität und die Historizität von Vorstellungen des Heroischen anhand unterschiedlicher Fallbeispiele dargestellt werden. Exemplarisch werden anhand von Heroisierungsbemühungen politischer und kultureller Eliten, sozialer Bewegungen und soziomoralischer Milieus und gesellschaftlicher Randgruppen, die jeweiligen Vorstellungen des Heroischen, die Genese von Helden und ihre Rezeption aufgezeigt. Besonderes Augenmerk liegt dabei auf den Akteuren der Heroisierung, der Analyse der Gründe für ihre Heroisierungsbemühungen, der Mittel, die zur Heroisierung verwendet wurden und der Bedeutung und Funktionen, die sie neuen oder historischen revitalisierten oder umgedeuteten Heldenfiguren zuschrieben. Ziel ist es auch, epochenübergreifende Merkmale von Helden und Heroisierungen herauszuarbeiten.

Im zweiten Kapitel dieser Arbeit werden Vorstellungen des Heroischen, von Heroisierungsbemühungen und der Rolle von Ehrungen und Auszeichnungen, auch in ihrer Funktion als Indikatoren für als verbindlich angesehene Normen und Werte, in den Vorgängerstaaten der Bundesrepublik Deutschland untersucht. Aufgrund des in der Bundesrepublik Deutschland immer wieder stattgefundenen Bezugs auf Preußen – sowohl durch politische und kulturelle Eliten als auch durch soziomoralische Milieus in positiver oder ablehnender Hinsicht – markiert die Entstehung des Preußischen Königreichs gleichsam den Beginn der Untersuchung, die auf andere Vorgängerstaaten der Bundesrepublik Deutschland – die süddeutschen Staaten, das Deutsche Kaiserreich, die Weimarer Republik und das nationalsozialistische Deutschland – ausgeweitet wird. Da es sich bei diesen nicht nur um unterschiedliche Staaten, sondern auch um unterschiedliche Staatsformen handelt, die von Monarchien über die republikanische Staatsform während der Weimarer Republik bis hin zur Diktatur reichen, ist die Frage, welche politischen und gesellschaftlichen Gruppen

---

38 König, Die Zukunft der Vergangenheit, S. 170.

aus welchen Gründen Heroisierungen vornahmen und welche Personen heroisiert wurden, von besonderem Erkenntnisinteresse. Des Weiteren wird herausgearbeitet, welche Attribute den jeweiligen Helden zugeschrieben wurden, welche Funktionen sie erfüllen sollten und wie die jeweiligen Helden rezipiert wurden. Inwieweit politische und soziale Ordnungen Vorstellungen vom Heroischen prägen und inwieweit wiederum ein heroischer Habitus spezifische Gruppen, Gemeinschaften oder gar ganze Gesellschaften geprägt hat, sind ebenfalls zentrale Fragen.

Eine Untersuchung von Heroisierungen und der Bedeutung von Helden in der Bundesrepublik Deutschland muss nicht nur Entwicklungen seiner Vorläuferstaaten, sondern auch Vorstellungen vom Heroischen und die Bedeutung von Helden von Seiten seines Bruderstaates, der DDR, im Blick haben, da sich beide deutsche Staaten gerade in ihren Abgrenzungsbemühungen immer aufeinander bezogen. Die Untersuchung von Heroisierungen in der Bundesrepublik darf daher die „asymmetrisch verflochtene Parallelgeschichte"[39] beider Staaten nicht außer Augen lassen. Gerade die Symbol- und Geschichtspolitik beider Staaten kann nur unter Einbeziehung der Einwicklungen im jeweils anderen Staat nachvollzogen werden. Die Bundesrepublik Deutschland und die DDR hatten eine gemeinsame Vergangenheit – die freilich unterschiedlich gedeutet wurde – und waren darum bemüht, den Konkurrenzkampf um den nationalen Führungsanspruch für sich zu entscheiden: „Die Formen der Repräsentation waren also nie allein narzisstische Selbstspiegelungen, sondern stets ein Schlagabtausch mit dem anderen deutschen Teilstaat, der den eigenen Gesellschaftsentwurf als allein zukunftsträchtig hervorheben sollte."[40]

Im dritten Kapitel werden anhand ausgewählter Fallbeispiele exemplarisch Heroisierungsbemühungen und Vorstellungen vom Heroischen unterschiedlicher Akteure – kultureller und politischer Eliten, breiter Bevölkerungsschichten, sozialer Bewegungen, soziomoralischer Milieus und gesellschaftlicher Randgruppen in der Bundesrepublik Deutschland untersucht. Ziel ist es, sowohl wiederkehrende Merkmale von Heroisierungen und Heroen, die Funktionen von Heroisierungen insbesondere im Hinblick auf die Stabilisierung und Legitimation politischer Macht sowie Faktoren für Erfolg oder Misserfolg von Heroisierungsbemühungen herauszuarbeiten, als auch die Historizität und Heterogenität von „Helden" in Abhängigkeit von Vorstellungen vom Heroischen der jeweiligen „Heldensänger" hervorzuheben.

Das Kapitel beginnt mit einer Darstellung der politischen, sozialen und wirtschaftlichen Situation Deutschlands nach dem Ende des Zweiten Weltkriegs. Das Jahr 1945 ist für die Untersuchung von Heroisierungen, Heldenbildern und ihren Funktionen für die Bundesrepublik Deutschland in mehrerer Hinsicht bedeutsam. Mit dem Ende des Zweiten Weltkrieges und dem Ende der nationalsozialistischen Diktatur war dieses Jahr eine Zäsur, die – gefördert durch Maßnahmen der Alliierten, die unter den

---

39 Christoph Kleßmann, „Verflechtung und Abgrenzung – Umrisse einer gemeinsamen deutschen Nachkriegsgeschichte", in: Klaus Schönhoven, Dietrich Staritz (Hg.), Sozialismus und Kommunismus im Wandel. Hermann Weber zum 65. Geburtstag, Köln 1993, S. 486–499.
40 Wolfrum, Geschichte als Waffe, S. 75.

Stichworten „Entnazifizierung und Reeduction" liefen – eine Problematisierung und Neubesetzung bis dato offiziell gültiger Werte und Normen einleitete. Wie stark Werte und Normen tatsächlich verändert wurden und welche Orientierungen Gültigkeit erlangten, ist daran ersichtlich, ob vor einem Systemwechsel abgelehnte Leitbilder nach diesem Anerkennung fanden oder ob an alten Leitbildern und an alten Heldenfiguren festgehalten wurde.

Ein Indikator dafür, welche Normen und Werte in einer Gesellschaft bestimmend sind oder prägend sein sollen, ist die Verleihung von Orden und Ehrenzeichen, die an Personen stattfindet, deren Handeln als ebendiesen Normen und Werten entsprechend interpretiert und aufgrund dessen ausgezeichnet wird. Eine kurze Darstellung der Auszeichnungssysteme nach Gründung der Bundesrepublik Deutschland 1949 soll Aufschluss darüber geben, welche Handlungen aus welchen Gründen als auszeichnungswürdig befunden wurden und ob eine Anknüpfung an historische Auszeichnungen oder deren Wiederbelebung stattfand.

Freilich ist die Verleihung eines Ordens per se noch keine Heroisierung. Doch nicht nur im Falle der DDR, sondern auch in der Bundesrepublik Deutschland gab es eine Auszeichnung, die mit einer Betitelung der Ausgezeichneten als Helden einherging. Nach der Übersicht über Orden und Ehrenzeichen der Bundesrepublik wird daher die Ehrungsinitiative „Unbesungene Helden" im Hinblick auf die Intention des Initiators und seine Vorstellungen von Heldentum untersucht. In Rückbezug auf den jeweiligen historischen Kontext werden Beginn, Verlauf und Ende der Auszeichnungsinitiative dargestellt und Voraussetzungen und Bedingungen für Erfolg- und Misserfolg von Heroisierungen herausgearbeitet.

Wie bereits erläutert, war das Jahr 1945 eine Zäsur, die eine Problematisierung und Neubesetzung bis dato offiziell gültiger Werte und Normen einleitete und damit auch eine Neubewertung der Gegner des nationalsozialistischen Regimes vermuten lässt. Die prominentesten Gegner waren die Männer und Frauen, die an der Planung und Durchführung des Attentats auf Hitler und des darauf erfolgten Staatsstreichs am 20. Juli 1944 beteiligt waren. Die Rezeption der Verschwörung und der Umgang mit den Verschwörern in Nachkriegsdeutschland bilden daher den nächsten Untersuchungsschwerpunkt dieser Arbeit. Es wird gefragt, auf wessen Initiative hin die Verschwörung des 20. Juli und seine Protagonisten Eingang in die Erinnerungskultur der Bundesrepublik fanden, wie und in welchem Rahmen an die Verschwörer des 20. Juli 1944 erinnert wurde, welche Interessen die erinnernde Gesellschaft hatte, ob die Verschwörer heroisiert wurden, welche Funktionen die Erinnerung an den 20. Juli erfüllen sollte und wie sich die Rezeption der Verschwörer des 20. Juli 1944 im Laufe der ersten Nachkriegsjahrzehnte bis 1989 geändert hat.

Das öffentliche Gedenken an den 20. Juli 1944 machte nach der Gründung der Bundesrepublik die Abwendung vom Nationalsozialismus durch Ehrung und Heroisierung seiner Gegner deutlich. Die Reden, die in dieser Arbeit analysiert werden, zeigen nicht nur die Bemühung um Anerkennung und Heroisierung der Verschwörer des 20. Juli auf. Sie lassen auch auf weit verbreitete Ressentiments gegenüber den Verschwörern schließen, denen die Redner zu begegnen suchten. Während die offiziellen Ehrungen der Verschwörer des 20. Juli 1944 in diesen neue Leitbilder der Bundesrepublik schaffen wollten, hielten weite Teile der Bevölkerung an alten Leitbildern und auch an Vorstellungen des Heroischen, die sie bis 1945 hatten, fest. Eine Untersuchung der Zeitschrift „Landser" zeigt diese Vorstellungen auf, rekonstruiert konkurrierende Heldenbilder und stellt Fragen nach den Beweggründen für das Festhalten am Heldentum des „Landsers".

Nicht der 20. Juli 1944, sondern der 17. Juni 1957 wurde zu einem öffentlichen Feiertag in der Bundesrepublik Deutschland erklärt. Die Ereignisse des 17. Juni 1957 in der DDR und ihre Rezeption in der Bundesrepublik Deutschland zeigen auf, wie sehr Deutung und Überhöhung der Protagonisten von politischen Zielen der jeweiligen Akteure abhängen und zu politischen Zwecken instrumentalisiert werden.

Das „Wunder von Bern" ist der nächste Untersuchungsschwerpunkt. An der Genese und dem Umgang mit den „Helden von Bern" werden sowohl Unterschiede zwischen Starkult und Heldenverehrung, als auch die Wirkmächtigkeit von Werten, die von historischen Heldenfiguren symbolisiert wurden, aufgezeigt.

Den Eingangsüberlegungen folgend, dass Umbrüche als Katalysatoren für eine Ablehnung von alten Werten, Normen und Leitbildern, ihrer Neuinterpretation oder einer Neuschaffung wirken, liegt der nächste Schwerpunkt auf dem Jahr 1968. Nach Claus Leggewie handelt es sich bei diesem Jahr um eine „Neugründung" ähnlich dem Jahr 1949.[41] Eingebettet in den historischen Kontext, dem seit Beginn der 60er Jahre stattfindenden Wandel von Politik und Gesellschaft der Bundesrepublik, werden Intentionen, Leitbilder und Heroisierungsbemühungen der neuen sozialen und politischen Bewegungen und ihrer Akteure untersucht. Die Umbruchszeit von 1968 und das Aufkommen neuer sozialer Bewegungen lassen vermuten, dass neue Heldenfiguren geschaffen wurden. Nach einer Analyse des medialen aber auch des internen Umgangs mit Rudi Dutschke als einem der bekanntesten Protagonisten der Studentenproteste werden Unterschiede erläutert, die zwischen der ikonischen Präsentation von Idolen, der medialen Erzeugung von Starkult und posthumen Heroisierungsbemühungen liegen.

Als Basis für die hermeneutisch-interpretative Untersuchung von Vorstellungen vom Heroischen, von Heroisierungsbemühungen, Heldenbildern, ihrer Bedeutung und ihren Funktionen dienen Forschungsliteratur, schriftliche Quellen wie Reden, Briefe und Manifeste und vereinzelt Bild- und Filmaufnahmen. Ferner erfolgt eine Untersuchung von Praktiken und Zuschreibungen bei Ehrungen von Personen und Personengruppen im Rahmen von Festakten, Begräbnissen und Gedenktagen. Ebenso werden Zeitungsartikel in die Analyse mit einbezogen. Wie Ute Frevert dargelegt hat, übernehmen Medien „für politische Kommunikationsprozesse nicht nur eine darstellende Funktion; sie bilden nicht nur ab, sondern sie greifen durch die ihnen ei-

---

41 Claus Leggewie, „Der Mythos des Neuanfangs. Gründungsetappen des Bundesrepublik Deutschland: 1949–1968–1989", in: Helmut Berding (Hg.), Mythos und Nation. Studien zur Entwicklung des kollektiven Bewußtseins in der Neuzeit, Bd. 3, Frankfurt am Main 1996, S. 275–302.

genen Auswahl- und Rahmungsentscheidungen auch performativ ein".[42] Es ist also zu beachten, dass ob und wie über beispielsweise Ehrungen berichtet wurde, von den persönlichen Präferenzen der Herausgeber und Autoren abhing.[43] Das Nachleben von Kriegshelden über den Systemumbruch von 1945 hinaus und seine Bedeutung für breite Bevölkerungsschichten in der Bundesrepublik Deutschland wird wie erwähnt anhand einer Analyse der Romanhefte „Der Landser"[44] nachvollzogen. Über die Rezeption der Hefte – Auflagenstärke und Untersuchungen zur Herkunft der Rezipienten – lassen sich Rückschlüsse ziehen, die auf Heldenvorstellungen jenseits der kulturellen und politischen Eliten verweisen. Freilich war die Autorenschaft auch in dieser Publikation nur einer kleinen Gruppe zugänglich.

Daher muss eingeräumt werden, dass der Schwerpunkt der Arbeit bei der Analyse von Heroisierungsbemühungen der kulturellen und politischen Eliten der Bundesrepublik Deutschland verbleibt, da Praktiken und Zuschreibungen bei Gedenktagen und Ehrungen von Personen und Personengruppen durch öffentliche Institutionen in den Bereichen Politik, Verwaltung und Universitäten von ebendiesen Eliten vorgenommen wurden. Ebenso war das Publizieren in Medien wie Zeitungen nicht jedermann, sondern einem Bruchteil der Bevölkerung vorenthalten. Zwar entwickelte sich eine Vielzahl von Druckerzeugnissen im alternativen Milieu, doch ging die Reichweite der vielen Blätter kaum über dieses hinaus und ist daher nicht repräsentativ für breite Bevölkerungsschichten.[45]

---

42 Ute Frevert, „Neue Politikgeschichte. Konzepte und Herausforderungen", in: Dies., Heinz-Gerhard Haupt (Hg.), Neue Politikgeschichte. Perspektiven einer historischen Politikforschung, Frankfurt am Main 2005, S. 7–26, hier S. 19.

43 Freilich waren diese von politischen Rahmenbedingungen beeinflusst. Die erforderlichen Konzessionen zur Herausgabe von Zeitungen nach dem Ende des Zweiten Weltkriegs wurden von den Alliierten vergeben. Trotz dieser Maßnahmen waren, ebenso wie in der Verwaltung und Gerichtsbarkeit der Bundesrepublik Deutschland, auch innerhalb der nach 1945 neu entstandenen Medien Mitarbeiter mit nationalsozialistischer Vergangenheit angestellt. Siehe: Lutz Hachmeister, „Ein deutsches Nachrichtenmagazin. Der frühe »Spiegel« und sein NS-Personal", in: Lutz Hachmeister, Friedemann Siering (Hg.), Die Herren Journalisten. Die Elite der deutschen Presse nach 1945, München 2002, S. 87–120.

44 Hierbei kann auf bereits vorhandene Forschungsliteratur zum Thema zurückgegriffen werden: Klaus F. Geiger, Kriegsromanhefte in der BRD. Inhalte und Funktionen, (Untersuchungen des Ludwig-Uhland-Instituts der Universität Tübingen, Bd. 35), Tübingen 1974; Habbo Knoch, „Der späte Sieg des Landsers. Populäre Kriegserinnerungen der fünfziger Jahre als visuelle Geschichtspolitik", in: Arbeitskreis Historische Bildforschung (Hg.), Der Krieg im Bild. Bilder vom Krieg, Frankfurt am Main/New York 2003; Ders., „»Gewissenlose Führung« und »anständige Landser«. Die Wehrmacht im Wandel bundesrepublikanischer Erinnerungspolitik", in: Haus der Geschichte Baden-Württemberg (Hg.), Verräter? Vorbilder? Verbrecher? Kontroverse Deutungen des 20. Juli 1944 seit 1945, Berlin 2016, S. 43–71; Ernst Antoni, Landser-Hefte. Wegbereiter für den Rechtsradikalismus, München 1979.

45 In den siebziger und achtziger Jahren lassen sich 171 linke Zeitschriften alleine in West-Berlin nachweisen, wobei nur eine von ihnen – die tageszeitung (taz) überregional als „Sprachrohr des Alternativmilieus" ausstrahlte. Siehe: Sven Reichardt, Authentizität und Gemeinschaft. Linksalternatives Leben in den siebziger und frühen achtziger Jahren, Berlin 2014, S. 25.

Mit Blickrichtung auf Ähnlichkeiten, Unterschiede, Funktions- und Kulturtransfer wird die Arbeit von folgenden Fragen geleitet: Gab es Heroisierungsbemühungen in der Bundesrepublik Deutschland, Versuche, historische Helden zu revitalisieren oder hatten diese weiterhin Bestand? Wer waren die Konstrukteure von Heldenbildern, also die Heldensänger, und aus welchen Motiven heraus schufen sie Helden oder versuchten historische Heldenfiguren wiederzubeleben? Auf welche Art und Weise, in welchem Zusammenhang wurden Heldenbilder konstruiert? Welche Eigenschaften wurden den Helden zugeschrieben? Waren es Attribute von Heldenfiguren aus der Zeit bis 1945? Welche soziopsychologischen Funktionen sollten diese Helden erfüllen? Für welche politischen oder sozialen Ordnungen setzten sich heroisierte Personen ihren „Sängern" nach ein? Welche Handlungen wurden narrativ als heroisch gedeutet? Nach welchen Mustern und in welchem Rahmen erfolgten die Heroisierungen? Welche Merkmale waren allen Helden gemeinsam?

Im vierten abschließenden Kapitel werden epochenübergreifende Merkmale sowohl zur Genese, zur Bedeutung und zu den Funktionen von Heroisierungsprozessen und Helden, als auch zu Bedingungen von Erfolg oder Misserfolg bei Heroisierungen aufgezeigt.

2 Vorstellungen über das Heroische, Heroisierungen und Helden in den Vorgängerstaaten der Bundesrepublik Deutschland und in der DDR

2.1 Helden in Preußen und im Deutschen Bund: Kriegs- und Geistesheroen, Helden der Befreiungskriege, Revolutionäre und Arbeiterhelden

Das allgemein verbreitete Bild eines Helden im deutschsprachigen Raum im 18. und im 19. Jahrhundert ist das eines Mannes in Uniform, den Auszeichnungen unterschiedlichster Art zieren. Differenzierungen in ritterliche Helden, bürgerliche Helden und Geisteshelden werden zwar vorgenommen, doch der Ruhm vor allem „Kriegshelden"[1] zugestanden. Einer der Gründe für diese Einschätzung ist ein nach 1945 erfolgter Blick auf die Geschichte Preußens und des Deutschen Reiches, der die dominante Rolle Preußens bei der Gründung des Kaiserreiches und den „preußischen Militarismus" akzentuierte, Entwicklungen in den übrigen Ländern des deutschen Reiches ausklammerte oder wiederum dem Gewicht Preußens unterordnete, mit dem Ziel zu erklären, wie es zu der Entwicklung gekommen ist, die das „Dritte Reich" ermöglichte. Diese Geschichtsschreibung verengte mit der Perspektive und Fragestellung nach Erklärungsmustern für den Weg Deutschlands in den Nationalsozialismus eine wertfreie Auseinandersetzung mit Preußen.[2]

---

1 Ute Frevert, „Herren und Helden. Vom Aufstieg und Niedergang des Heroismus im 19. und 20. Jahrhundert", in: Richard von Dünen (Hg.), Erfindung des Menschen. Schöpfungsträume und Körperbilder 1500–2000, Wien 1998, S. 323–341, insbesondere S. 337f.
2 Schriftsteller sowie Historiker förderten diese Interpretation. So hat Thomas Mann in seinen Romanen und Reden die Dominanz eines von ihm als militaristisch angesehenen Preußens in der deutschen Geschichte betont. Das „Dritte Reich" nannte Thomas Mann das „unheilige Deutsche Reich preußischer Nation". Zitiert nach Heinrich August Winkler, Der lange Weg nach Westen. Deutsche Geschichte vom „Dritten Reich" bis zur Wiedervereinigung, Bd. 2, München 2010, S. 114. In Linie dieser Interpretation bewegt sich auch Büsch mit seiner Studie, in der er die Auswirkungen der Rückkehr von Soldaten auf das kommunale Leben im jungen preußischen Königreich untersucht, siehe: Otto Büsch, Militärsystem und Sozialleben im alten Preußen 1713–1807, (Veröffentlichungen der Historischen Kommission zu Berlin, Bd. 7), Berlin 1962. Doch der „preußische Militarismus" galt nicht allen Historikern als ausschlaggebend für den Weg Deutschlands in den Nationalsozialismus. Friedrich Meinecke machte in seinem 1946 erschienen Buch „Die deutsche Katastrophe" mehrere Entwicklungen für das Aufkommen des „Dritten Reichs" verantwortlich: den „preußischen Militarismus", aber auch Entwicklungen der Moderne wie die Französischen Revolution, die Aufklärung und die Industrialisierung. Friedrich Meinecke, Die deutsche Katastrophe, Wiesbaden 1949. Die Gewichtung des „preußischen Militarismus" für den Weg Deutschlands in den Nationalsozialismus fällt bei anderen Historikern wiederum gegenüber anderen Gründen zurück. Einen Überblick bietet: König, Politik und Gedächtnis, S. 503ff. Freilich bedeutete die Lokalisierung allen Übels in Preußen die Exkulpation der anderen Gebiete des Deutschen Reiches – ein Narrativ, welches – gefördert von den Alliierten, ins-

https://doi.org/10.1515/9783110701685-002

Doch welche Heldenbilder gab es in Preußen? Welche Vorstellungen vom Heroischen hatten Volk und Eliten? Unterschieden sich die Bilder von Helden in Preußen
von den Heldenfiguren anderer Länder des Norddeutschen Bundes und später des
Deutschen Reiches?

Um Heldenbilder in Preußen zu rekonstruieren, ist ein differenzierter Blick auf die
preußische Geschichte, auf die Bedeutung seiner Armee und auf Vorstellungen, die
einzelne preußische Könige über außergewöhnliche Verdienste, über die Sichtbarmachung dieser Verdienste und über Heldentum hatten, erforderlich. Schnell steht
fest, dass bei näherer Betrachtung die Bedeutung dessen, was in Preußen als heldenhaft galt, einer Differenzierung und kritischen Analyse der weitläufig üblichen
Gleichsetzung von Held und Kriegsheld und als Folge einer Ausweitung der Bedeutung des Heroischen über kriegerisches Heldentum hinaus bedarf. Freilich war Heldentum im Krieg eine Konstante in der preußischen Geschichte, doch nicht das al-
leinige Ideal – weder des Königshauses noch innerhalb der Bevölkerung. Betrachten
wir nun die Vorstellung über Helden in der preußischen Monarchie selbst. Welche
Vorstellungen hatten die preußischen Könige von Heldentum? Wurden ihnen selbst
Heldenattribute zugeschrieben? Welche Verdienste wurden ausgezeichnet und gingen
diese Auszeichnungen über eine reine Sichtbarmachung der Verdienste in Richtung
Heroisierung hinaus?

Das erste Ereignis, das die gängige Interpretation Preußens als militaristischer
Staat, in dem der Krieg und seine Helden eine herausragende Rolle spielen, infrage
stellt, ist der Beginn des preußischen Königtums selbst. Denn die Krönung des
brandenburgischen Kurfürsten Friedrich III. zu König Friedrich I. am 19. Januar 1701 in
Königsberg war ein für die damalige Zeit erstaunliches Ereignis. Ohne Krieg und
Blutvergießen rang der protestantische Kurfürst „in seiner erfreulicherweise absolut
unheroischen Art"[3] unter Einsatz diplomatischer und monetärer Mittel dem katholischen Kaiser Leopold die Zustimmung zur Königskrönung ab. Auch wenn der König
von Zeitgenossen und Nachfahren wegen der allzu friedlichen Durchsetzung seiner
Königswürde belächelt wurde, erlangte das junge Königreich Preußen Prestige und
Ruhm – und das nicht nur aufgrund seiner gewonnenen Kriege.[4]

Die bei den Verhandlungen zum Erwerb des Königstitels augenscheinliche
Friedfertigkeit des ersten Königs in Preußen, Friedrich I., erscheint im Hinterhof des

---

besondere durch die Auflösung Preußens als „Träger des Militarismus und der Reaktion" durch den
Alliierten Kontrollrat 1947 – äußerst populär wurde und bis heute nachwirkt.

3 So die Charakterisierung durch: Heinz Ohff, Preußens Könige, München 2005, S. 15.

4 Freilich war dieser Ruhm auch auf kriegerischen Erfolgen gegründet, insbesondere die Schlacht bei
Fehrbellin 1675 festigte den Ruf des Großen Kurfürsten Friedrich Wilhelm und der militärischen Stärke
Preußens. Dennoch trug auch dieser militärische Erfolg nicht zur stärkeren internationalen Aner-
kennung des Hauses Brandenburg bei. Zur Schlachtbeschreibung sowie dem Umgang mit den aus
Brandenburg fliehenden Schweden: Christopher Clark, Preußen. Aufstieg und Niedergang. 1600–1947,
München 2007, S. 68–72. Zur Mächte- und Bündnispolitik siehe ebd., S. 74 ff und zur Krönung ebd.,
S. 93 ff.

von ihm erbauten Zeughauses in Berlin jedoch in einem anderen Licht und verweist auf die Vielschichtigkeit des damaligen politischen Kommunikationssystems, welches in Festen und Ritualen wie Krönungen, aber auch in Kunst und Architektur Macht- und Herrschaftsansprüche verdeutlichte. Unter dem lateinischen Motto „den Feinden zum Schrecken" zieren die Wände des Innenhofs wie abgeschlagen wirkende, teils mit Turbanen versehene Köpfe sterbender Krieger. Diese steinernen Köpfe, geschaffen vom Bildhauers Andreas Schlüter, heben sich deutlich von der Fassade des Innenhofs ab, an der sie angebracht sind.[5] Ursprünglich sollte der König, in Kriegsuniform und mühelos scheinender schreitender Bewegung, in der Mitte des Innenhofes aufgestellt werden. Dies wäre ein scharfer Kontrast gewesen – hier der ruhig einherschreitend siegreiche Feldherr, dort die Feinde im Todeskampf. Verwirklicht wurde diese Idee Schlüters aus verschiedenen Gründen nicht. Der wohl wichtigste Grund war, dass Friedrich noch als Kurfürst das Standbild in Auftrag gegeben hatte, dieses aber erst nach seiner Selbstkrönung zum König in Preußen fertiggestellt wurde, Friedrich somit als Kurfürst, also ohne königliche Insignien darstellte.[6] Die im Innenhof des Zeug- hauses an der Fassade angebrachten Häupter sind jedoch auch nach dem Verzicht der Aufstellung ihres geplanten Counterparts im Innenhof verblieben und ziehen bei ih- ren Betrachtern eine Interpretation als Verbildlichung der Brutalität der Schlacht nach sich. Doch diese greift zu kurz, da sie den ursprünglichen Plan Schlüters, den sieg- reichen Feldherren als Statue in mühelos schreitender Bewegung inmitten des Hofes als Gegenbild zu seinen sterbenden Feinden aufstellen zu lassen, ausklammert.[7]

Das preußische Militär, das bei der Erlangung des Königstitels für Preußen keine Rolle spielte, bekam unter Friedrich Wilhelm I., große Aufmerksamkeit, einem König, der aufgrund seiner Affinität zum Militärischen in die Geschichtsschreibung als „Soldatenkönig" eingegangen ist. In vielen Bereichen unterschied sich der Regie- rungsstil Friedrich Wilhelms I. sehr von dem seines Vaters. Das von König Friedrich I. geschätzte prunkvolle Hofleben, Feste und Zeremonien fielen dem Rotstift Friedrich Wilhelms I. zum Opfer. Eine raue, von Männern dominierte Hofkultur zog am Hof des Königs ein. Kennzeichen dieser neuen Hofkultur waren neue Formen des Umgangs und der Repräsentation, die sich bewusst von barocken Vorbildern und der damals an europäischen Höfen üblichen Etikette nicht nur abgrenzten, sondern diese durch die „Umkehrung aller Werte und Umgangsformen"[8] desavouierten. Die Regentschaft von König Friedrich Wilhelm I. ging jedoch über die Verbannung barocker Pracht und die Einführung rauer Sitten hinaus. Er baute eine effiziente Verwaltung in Preußen auf, brachte die Trockenlegung von Sümpfen voran und nahm Migranten auf, die er in

---

5 Zur Beschreibung und möglichen Interpretation der Köpfe als Darstellung des Gigantensturzes siehe: Hans Ottomeyer, „Die Gigantenmasken im Berliner Zeughaus", in: Ulrike Kretschmar (Hg.), Das Berliner Zeughaus. Vom Waffenarsenal zum Deutschen Historischen Museum, München 2006, S. 72–97, hier S. 74 ff.
6 Siehe DHM-Magazin, Heft 6, 2/1992.
7 https://www.dhm.de/archiv/magazine/zeughaus/Skulpturenschmuck.html (Zugriff am 27.6.2017).
8 So Clark. Siehe ders., Preußen. Aufstieg und Niedergang, S. 111.

Teilen Preußens, wo Arbeitskräfte benötigt wurden, ansiedelte.[9] Sparsam war Friedrich Wilhelm I. freilich nicht auf allen Gebieten, sondern investierte in den Aufbau einer modernen und schlagkräftigen Armee, die er jedoch äußerst selten und nur im Bündnisfall zu Kriegszwecken nutzte.

Umso mehr gebrauchte sie hierzu sein Sohn Friedrich II. In den Schlesischen Kriegen und im Siebenjährigen Krieg behauptete Friedrich der Große den Status Preußens und reihte das junge Königreich in die Liga der damaligen europäischen Großmächte ein.[10] Vor allem nach dem Sieg im erst als aussichtslos geltenden Siebenjährigen Krieg wurde dem preußischen Militär staatstragende Bedeutung zugeschrieben. Friedrich selbst ging es im Ersten Schlesischen Krieg nicht nur um reinen Machterhalt bzw. Machtzugewinn. Ruhm und Ehre, der Erwerb von Attributen eines Heros, eigenes auf militärischen Erfolg gegründetes Heldentum waren ebenso sein Anliegen.[11] Dieses konnte er in seinen ersten Regierungsjahren mit den Siegen gegen Kaiserin Maria Theresia realisieren und wurde mit der Eroberung Schlesiens als Kriegsheld in ganz Europa bekannt.

Welchen Stellenwert „Ehre" als handlungsleitendes Motiv bei Friedrich II. einnahm, ist an seiner unmittelbar nach seinem Amtsantritt erfolgten Stiftung des Ordens „Pour le mérite" ersichtlich, mit dem er bis auf wenige Ausnahmen vorrangig Angehörige seines Militärs, sofern sie adliger Abstammung waren, für ihre Verdienste im Krieg auszeichnete. Die drei Ausnahmen waren Maupertuis, Francesco Graf Algarotti und Voltaire. Die Ausgezeichneten erhielten nicht nur den Orden, sondern auch ein Geldgeschenk, dessen Betrag ganz im Ermessen des Königs lag.[12] Obwohl nicht so festgelegt, wurde der Orden fast ausschließlich an Militärs verliehen. Schon als Kronprinz verherrlichte Friedrich II. Feldherren wie Gustav Adolf oder Karl XII. Prinz Eugen suchte der junge Friedrich sogar persönlich auf, nicht nur um Einblicke in seine Kriegskunst zu gewinnen, sondern auch um ihn persönlich kennen zu lernen. Seinen Kriegshelden hielt Friedrich der Große zu Lebzeiten die Stellung und ließ als erster europäischer Herrscher für erfolgreiche Generäle Denkmäler errichten. Dass Friedrich

---

9 Zu den Verwaltungsreformen Friedrich Wilhelms I. siehe: Ebd., S. 112 ff. Zur Rolle des Heeres und den militärischen Reformen Friedrich Wilhelms I. siehe: Ebd., S. 125.

10 Zu Recht weist Duchhardt darauf hin, dass vor allem an der Beteiligung Preußens an der Teilung Polens von 1772 sein neuer Großmachtstatus ersichtlich war. Siehe: Heinz Duchhardt, Balance of Power und Pentarchie, Internationale Beziehungen 1700–1785, Paderborn 1997, S. 381.

11 Zur Intention Friedrichs II., durch den Überfall auf Schlesien zu Ruhm zu kommen, siehe Johannes Kunisch, Friedrich der Große. Der König und seine Zeit, München 2010, S. 167.

12 Horst Fuhrmann, Pour le mérite. Über die Sichtbarmachung von Verdiensten. Eine historische Besinnung, Sigmaringen 1992, S. 35. Friedrich kümmerte sich aber auch um das materielle Auskommen verdienter Offiziere, die keinen Orden verliehen bekommen haben. Die Ausgestaltung des mit Brillanten besetzten Ordens für Voltaire war besonders kostbar; ferner wurde Voltaire eine Jahresrente in Höhe von 6.000 Talern zugesichert. Doch die Ehre, die Friedrich der Große Voltaire zuteilwerden ließ, währte nicht lange. Nachdem Voltaire Maupertuis, den Präsidenten der preußischen Akademie, in der Satire »Akakia« verhöhnte, „ließ Friedrich II. das Buch durch den Henker verbrennen und forderte den Orden zurück". Ebd., S. 47.

II. selbst zum Teil – alles andere als ein Held – bei verloren geglaubten Schlachten floh, brachte ihn von seinen Idealen und der Vorstellung von Heldentum im Krieg nicht ab.[13]

Doch handelte es sich bei diesen Vorlieben um genuin preußische? Die von Friedrich II. verehrten Persönlichkeiten waren in ganz Europa anerkannte Staatsmänner und Kriegshelden. Auch die Sehnsucht nach Ruhm und Unsterblichkeit waren keine friderizianische Eigentümlichkeit, vielmehr handelte es sich bei diesen um „ein altes, auf antikes Denken zurückgehendes Motiv [...], das in besonderer Weise auch die Fürstenethik der Frühen Neuzeit geprägt hat. Sie waren zentraler Bestandteil eines kulturellen Gedächtnisses, das mit der Entstehung und dem Selbstverständnis des alteuropäischen Adelsstandes aufs innigste verknüpft war und gerade auch den Krieg als ein Szenarium erscheinen ließ, wo Ehre eingelegt und Mannhaftigkeit bewiesen werden konnten".[14] Heldentum und Krieg waren demnach keine preußische Verknüpfung, sondern waren tief verankert in der europäischen Adelskultur.[15]

Die Verbindung von Heldentum und Krieg war jedoch nicht zwingend.: „Held, lat. Heros, ist einer, der von Natur mit einer ansehnlichen Gestalt und ausnehmender Leibesstärcke begabt, durch tapfere Thaten Ruhm erlanget, und sich über den gemeinen Stand derer Menschen erhoben."[16]

Friedrich war dreizehnjähriger Kronprinz, als diese Zeilen gedruckt wurden. Betrachtet man diese zeitgenössische Definition, so ist festzustellen, dass ein expliziter Bezug von Heldentum und Krieg fehlte. Dagegen wurden eine „ansehnliche Gestalt" und körperliche Stärke als Attribute eines Helden beschrieben, der zu diesem durch die Ausübung einer tapferen Tat sich über den „gemeinen Stand" der Menschen erhoben hätte. Welche „tapfere" Tat es genau ist, die Ruhm erzeugt und aus Menschen Helden macht, blieb in dieser Definition offen. Auch Friedrich hatte einen offenen Begriff von Heldentum. Heroisches Handeln lokalisierte er nicht nur in den Feldzügen und Schlachten, sondern auch in der Infrastrukturpolitik seines Vaters. Dessen Aufbauarbeit nach der Pestepidemie in Preußen rühmte Friedrich in seinen Briefen an

---

13 Kunisch, Friedrich der Große, S. 65 und S. 167. Zu Friedrichs Flucht bei der Schlacht bei Mollwitz in Oberschlesien siehe Ohff, Preußens Könige, S. 108.

14 Kunisch, Friedrich der Große, S. 68 f.

15 Der Erwerb von Ruhm, Ehre und Größe der Individuen und damit gleichermaßen der adligen Häuser, der sie entstammten, war handlungsanleitend nicht nur für das Verhalten im Kriegsfall, sondern auch im Umgang der Dynastien untereinander, der sich insbesondere in ihrer Heiratspolitik oder den Bemühungen um die Ausübung von Ämtern, denen ein hoher gesellschaftlicher Stellenwert zugesprochen wurde, widerspiegelte. Oftmals kosteten die Stellen den jeweiligen Inhaber weitaus mehr, als sie Einträge einbrachten. Dennoch waren die Ämter aufgrund des Prestiges, des symbolischen und sozialen Kapitals, das mit ihnen einherging, äußerst begehrt, freilich mit der vagen Hoffnung auf spätere Begleichung der Kosten oder anderweitiger Vorteile. Siehe die Analyse zum Habsburger Hof: Barbara Stollberg-Rilinger, Maria Theresia. Die Kaiserin in ihrer Zeit, München 2018, S. 13 und S. 50 f.

16 Johann Heinrich Zedler, Grosses vollständiges Universal-Lexicon Aller Wissenschafften und Künste, Bd. 12, Leipzig 1735, Spalte 1214 f.

Voltaire als „heroisch".[17] Angesichts der tiefgreifenden Differenzen zwischen ihm und seinem Vater, ist diese wohlwollende Beurteilung seines Vaters erstaunlich. Vielleicht jedoch sollte die Zuschreibung von Ruhm für seinen Vater für die Bewertung seiner eigenen Aufbauarbeit in Preußen, die er während der letzten Regierungsjahrzehnte leistete, Vorschub leisten.[18] Mit kriegerischem Heldentum, dem Streben nach Ruhm durch und im Krieg hat sich Friedrich nochmals intensiv nach den Erfahrungen des Leids seiner Armee und der preußischen Bevölkerung während der Feldzüge des Siebenjährigen Krieges kritisch auseinandergesetzt: „Unser Kriegsruhm ist aus der Ferne sehr schön zu betrachten; aber wer Zeuge ist, mit welchem Jammer und Elend dieser Ruhm erkauft wird, unter welchen körperlichen Entbehrungen und Strapazen, in Hitze und Kälte, in Hunger, Schmutz und Blöße, der lernt über den »Ruhm« ganz anders zu urteilen."[19]

Schon zu seinen Lebzeiten wurde Friedrich der Große von einigen Zeitgenossen zum „Helden" gekürt, beispielsweise von Voltaire, der den König als „Held" in seinen Briefen ansprach. In welchem Verhältnis hier Schmeichelei und Ironie zueinander standen, ist letztlich nicht klar.[20] Nicht nur durch die direkte Anrede als Held wurde Friedrich II. heroisiert, sondern auch durch die Zuschreibung der Bezeichnung „Der Große".[21] Wie Jürgen Luh detailliert rekonstruiert, sind sowohl die Verleihung des Beinamens „Der Große" als auch Heroisierungen Friedrichs II. in Briefwechseln auf sein eigenes Bemühen zurückzuführen.[22] Beispielhaft für das stete Bemühen Friedrichs um seinen Ruhm war sein persönliches Engagement bei den Vorbereitungen einer auf historischen Vorbildern aufbauenden Huldigung durch die Stände Schlesiens in Breslau im Jahr 1741.[23] Diese verlief äußerst erfolgreich: „Fast alle Standesherren waren *in persona* erschienen und machten dem neuen Herrscher ihre Aufwartung – ob

---

17 Kunisch, Friedrich der Große, S. 473.
18 Zur Politik Friedrichs II. nach den Schlesischen Kriegen und zur Rezeption des Königs als Held und Zentralfigur des Preußenmythos siehe Münkler, Die Deutschen und ihre Mythen, S. 239 ff; zum Wiederaufbau Preußens nach dem Siebenjährigen Krieg siehe Kunisch, Friedrich der Große, S. 463 ff.
19 Zitiert nach: Kunisch, Friedrich der Große, S. 444. Friedrich beschreibt das Kriegsgeschehen realistisch, doch noch gelinde. Mit einer realistischen Beschreibung vom Schlachtgeschehen als Reaktion auf Bemühungen Kriegshandlungen zu heroisieren, reagieren in Folge Fontane (siehe Kapitel 2.2) und insbesondere Schriftsteller und Anti-Kriegs-Aktivisten nach dem Ende des Ersten Weltkriegs (siehe Kapitel 2.3).
20 Tillmann Bendikowski, Friedrich der Große, München 2011, S. 49.
21 Theodor Schieder, Friedrich der Große. Ein Königtum der Widersprüche, Frankfurt am Main 1983, S. 473–477.
22 Jürgen Luh, „Friedrichs Wille zur Größe", in: Michael Kaiser, Jürgen Luh (Hg.), Friedrich und die historische Größe. Beiträge des dritten Colloquiums in der Reihe „Friedrich300" vom 25./26. September 2009, (Friedrich300 – Colloquien, 3), (www.perspectivia.net/publikationen/friedrich300-colloquien/friedrich-groesse/luh_wille), Zugriff am 22.10.2018.
23 Damit folgte er dem Beispiel Friedrichs I., der nicht nur seine Selbstkrönung 1701 in Königsberg minuziös plante, sondern auch den Ablauf der Reise zur Krönung nach Königsberg. Siehe: Clark, Preußen. Aufstieg und Niedergang, S. 93 ff.

aus Liebe oder Furcht vor Expropriation bleibt dahingestellt.“[24] Auch bei weniger bedeutsamen Auftritten des Königs, beispielsweise bei seinen Ankünften in Dörfern und Städten, wurden Vivat-Rufe und andere verbal zu äußernde Lobpreisungen auf den König vom Königshaus selbst vorgegeben. Über Huldigungen der Stände und begeisterte Menschen in Städten und auf dem Land, die den König freudig empfingen, berichtete anschließend die Presse, die freilich vom Königshaus zensiert wurde.[25] Auch wurden Flugschriften mit Gedichten und Liedern auf den König, Gemälde und Radierungen erstellt, welche die Zeremonien und Empfänge für die Nachwelt festhielten und – im Falle von Flugschriften – massenwirksam kommunizierten. Maler, Verleger und Literaten rühmten den König in Form von Gemälden, Stichen, Radierungen, Flugblättern und Presseartikeln. Die positive Reaktion von Untertanen aller Schichten kann allerdings nicht allein aus ausgeübtem Zwang oder erhofften monetären Aspekten heraus erklärt werden. Vielmehr sonnten sich die Untertanen im Glanz ihres Königs, gewannen durch die zur Schau gestellte Verbindung mit dem von ihnen Gerühmten selbst an Ruhm und formulierten an den durch sie geehrten König Wünsche und Forderungen.[26]

Bemerkenswert ist, dass Friedrich II. in seinen eigenen Ahnengalerien – abgesehen vom Großen Kurfürsten, dessen Verdienste er betonte – „nicht seine Vorfahren als seine Ahnen präsentierte, sondern selbstgewählte Heroen der Antike“.[27] Damit stellte er eine imaginäre Kontinuität auf, die seine Vorfahren überging, aber an Ruhmestaten antiker Helden anknüpfte, ein Umstand, der Interpretationen der Handlungen Friedrichs als Beispiele für eine Ruhmessucht, nach sich ziehen kann. So kommt Luh zum Fazit, dass die Heroisierung Friedrichs lediglich auf seine eigene Ruhmessucht und Fähigkeit zur Selbstvermarktung zurückzuführen sei. Freilich gilt auch in älterer Forschung die „Ruhmessucht“ Friedrich II. als Haupttrieb seines Handelns, betont aber, dass er nicht nur das Ansehen eines Feldherrn, sondern Ruhm in vielen Lebensbereichen anstrebte.[28]

24 Zur Inszenierung der Huldigung Friedrichs II. durch die schlesischen Stände in Breslau am 7. November 1741 siehe: Ute Frevert, Gefühlspolitik. Friedrich II. als Herr über die Herzen?, Göttingen 2012, S. 66–69. Siehe auch: Norbert Conrads, „Politischer Mentalitätswandel von oben. Friedrichs II. Weg vom Gewinn Schlesiens zur Gewinnung der Schlesier“, in: Peter Baumgart (Hg.), Kontinuität und Wandel. Schlesien zwischen Österreich und Preußen, Sigmaringen 1990, S. 219–236.

25 So beispielsweise die Schlesische Zeitung, die ab 1742 erschien – „prall gefüllt mit Artikeln und Gedichten zum Ruhm des Eroberers“. Frevert, Gefühlspolitik, S. 78.

26 Ebd., S. 98.

27 Franziska Windt, „Ahnen und Heroen“, in: Michael Kaiser, Jürgen Luh (Hg.), Friedrich und die historische Größe. Beiträge des fünften Colloquiums in der Reihe „Friedrich300“ vom 30. September bis 1. Oktober 2011 (Friedrich300 – Colloquien, 5), (www.perspectivia.net/publikationen/friedrich300-colloquien/friedrich-dynastie/windt_ahnen), Absatz 49, (Zugriff am 20.10.2018).

28 Jürgen Luh, Der Große. Friedrich II. von Preußen, München 2011, S. 9 ff. Ebenso stellt Johannes Unger in seiner Biographie die Ruhmessucht, den „Geltungsdrang“ Friedrichs, als zentrales Motiv seines Handelns heraus: Johannes Unger, Friedrich. Ein deutscher König, Berlin 2012, S. 11.

Ob Friedrichs Beiname „Der Große" auf Selbstinszenierung, modern ausgedrückt auf Eigen-PR, auf vorauseilenden Gehorsam oder auf tatsächliche Begeisterung zurückzuführen ist – für die Nachwelt war mit seinem Tod weder das Wollen Friedrichs II., noch das von oben verordnete Sollen ausschlaggebend, sondern vielmehr die Bereitschaft, Friedrich II. zu huldigen und ihn zu heroisieren. An die bereits zu Lebzeiten erfolgte äußerst erfolgreiche Heroisierung Friedrichs des Großen knüpften mit unterschiedlichen Zielen seine Nachkommen, Teile der Bevölkerung Preußens bis hin zu den Nationalsozialisten an. Bis heute ist Friedrich II. trotz der Rekonstruktion seiner eigenen Bemühungen um eine Heroisierung und kritischer Auseinandersetzung mit seiner Innen- wie Außenpolitik unangefochten fest im kulturellen Gedächtnis als Friedrich der Große eingeprägt – nicht nur wegen seiner militärischen Erfolge, sondern auch wegen der ihm zugeschrieben Leistungen um den Aufbau Preußens und seiner religiösen Toleranz.

Während die Regierungszeit Friedrichs II. vor allem von der Huldigung von Kriegshelden und eigener Bemühungen um Heldenstatus geprägt war, gab sein Nachfolger Friedrich Wilhelm II. Geistesheroen, die er um sich sammelte und förderte, den Vorrang und ging vor allem als an den Künsten interessierter König in die Geschichte ein. Charakteristisch für seine Regierungszeit waren der Ausbau der preußischen Hauptstadt zu „Spree-Athen", die Blüte von Kunst und Architektur[29] in Preußen und die Einflussnahme von Freidenkertum und Rosenkreuzern auf die Politik. Gleichwohl vergrößerte ausgerechnet dieser so oft als „schöngeistig" bezeichnete König das Staatsgebiet beträchtlich – jedoch ebenso wie der erste preußische König Friedrich I. wiederum auf friedlichem Wege: Nicht durch kriegerische Eroberung, sondern durch Ankauf der Fürstentümer Ansbach und Bayreuth und im Falle der zweiten und der dritten Teilung Polens durch Verhandlungen mit dem Petersburger Hof. Weniger erfolgreich erwies sich die Beteiligung Preußens am „Ersten Revolutionskrieg" (1792–1797).[30] Den adligen Kombattanten dieses Krieges wurden zahlreiche Denkmäler gewidmet. Eine Ausnahme in der damaligen Denkmalkultur bildete das von Friedrich Wilhelm II. gestiftete und 1793 errichtete Hessendenkmal in Frankfurt am Main. Unter der auf Inschrift „Hier starben den Tod der Helden" sind auf diesem nicht nur Offiziere namentlich aufgeführt, sondern auch Namen von einfachen Gefallenen eingraviert.[31] Die Revolutionskriege waren folgenreich für das Gefüge Europas. Auch die persönliche Entwicklung des Sohns Friedrich Wilhelms II. und Thron-

---

29 Das Brandenburger Tor, entworfen von Carl Gotthard Langhans, ist eines der bekanntesten Bauwerke, die Friedrich Wilhelm II. errichten ließ.

30 Vor allem am Nachschub mangelte es dem preußischen Heer. Munitionswägen und Feldbäckereien waren im Gegensatz zu Feldbordellen Mangelware. Dazu ausführlich siehe: Ohff, Preußens Könige, S. 163.

31 1844 übernahm Friedrich Wilhelm IV. die Kosten für die Sanierung dieses Denkmals, dieses wurde inklusive der Namen der Gefallenen wiedererrichtet. Siehe: Jörg Koch, Von Helden und Opfern. Kulturgeschichte des deutschen Kriegsgedenkens, Darmstadt 2013, S. 11 f.

folgers war durch das hautnahe Erleben des Elends auf dem Schlachtfeld und ungeordneter fluchtartiger Rückzüge geprägt.[32]

Nach seiner Thronbesteigung musste Friedrich Wilhelm III. Fragen nach Krieg und Heldentum während seiner von den Befreiungskriegen gegen Napoleon geprägten Regentschaft neu stellen und beantworten. Denn nicht nur an Schlagkraft und Schnelligkeit war die preußische Armee den Franzosen weit unterlegen. 1806, nachdem mehrere preußische Städte und Festungen vor den anrückenden Franzosen teils trotz zahlenmäßiger Überlegenheit und genügender Vorräte kapitulierten, nach der verlorenen Schlacht bei Jena und Auerstedt und nachdem der König selbst die Erfahrung machen musste, dass weder seine Adjutanten noch er persönlich die Truppen am Fliehen hindern konnten, hatte sich Friedrich Wilhelm III. mit einem weiteren Grund für die Niederlagen Preußens auseinanderzusetzen: Seine Armee litt an mangelndem Kampf- und Siegeswillen. Die Wahrscheinlichkeit eines Heldentods auf dem Schlachtfeld umgingen viele Soldaten durch Desertion.

Auf die Missstände in seiner Armee reagierte der König am 12. Dezember 1806 mit dem „Publikandum von Ortelsburg" und verfügte, dass Deserteure von nun an mit dem Tod bestraft werden sollten. Gleichzeitig bot Friedrich Wilhelm III. jedem, der sich in der Schlacht auszeichnete, unabhängig von seinem Stand eine Beförderung in den Offizierskorps an und schuf somit einen Anreiz für gesteigerte Risikobereitschaft und mehr Anstrengung im Kampf,[33] wesentlichen Faktoren für den Ausgang militärischer Konfrontation. Der König, der die Grauen der Revolutionskriege als Kronprinz hautnah miterlebte, versuchte nun seine Soldaten für heldenhaftes, damit auch todesbereites Verhalten im Krieg gegen Napoleon mit dem Anreiz zum sozialen Aufstieg zu motivieren. Bei diesen Anreizen ließ es der König jedoch nicht bestehen, sondern trieb eine grundlegende Reform und Qualitätssteigerung des Militärs mit der Einberufung einer Reorganisationskommission im Juli 1807 an, der Gerhard Johann von Scharnhorst, August Wilhelm Neidhardt von Gneisenau, Hermann von Boyen, Carl Wilhelm Georg von Grolman und Carl von Clausewitz angehörten. Armee und Nation sollten nach dem Willen der Reformer durch die Einführung einer allgemeinen Wehrpflicht bzw. den verpflichtenden Dienst in einer Landwehr für alle diejenigen, die nicht zum Dienst in die Armee einberufen werden konnten, vereint werden. 1813 wurden die Vorstellungen der Reformer mit der Einführung der allgemeinen Wehr-

---

32 Ob der Kronprinz aufgrund der Schlachterlebnisse tatsächlich wie von Ohff eingeschätzt zum „Pazifisten" wurde, sei dahingestellt, siehe: Ohff, Preußens Könige, S. 165.

33 Mit dem Angebot einer standesunabhängigen, allein auf militärischem Erfolg beruhenden sozialen Aufstiegsmöglichkeit begegnete Friedrich Wilhelm III. einem gravierenden Problem der Preußischen Armee. Während 1763 nach dem Ende des Siebenjährigen Krieges 103.021 Preußen und 47.659 Ausländer, also 68,4 % zu 31,6 %, in der Armee beschäftigt waren, waren 1786 von insgesamt 195.000 Mann überproportional viele Ausländer im Dienst. 110.000 Mann stammten nicht aus Preußen. Ausführlich zu den Gründen für die hohe Anzahl ausländischer Soldaten siehe: Clark, Preußen. Aufstieg und Niedergang, S. 35. Zum Verhältnis von ausländischen und einheimischen Soldaten in Preußen: Kunisch, Friedrich der Große, S. 180.

pflicht in Preußen, auch als Antwort auf die französische *levée en masse*, umgesetzt.[34] Jeder Bürger konnte nun zum Kriegshelden werden.

Doch die „Demokratisierung des Heldentums"[35] auf dem Schlachtfeld brachte eine Schattenseite mit sich: die Demokratisierung des Todes. Der öffentliche Umgang mit dem Tod der Soldaten war eine neue innenpolitische Herausforderung in einer Zeit, die von Forderungen nach politischer Teilhabe durchzogen war. Auf diese Forderungen antwortete Friedrich Wilhelm III. 1813 mit der Stiftung des Eisernen Kreuzes, womit Friedrich Wilhelm III. einen Vorschlag Gneisenaus aufgriff, nämlich „den gezielten Einsatz von Ehrenzeichen als »Bezahlung« für die Krieger".[36] Nicht die Gewährung von Rechten auf politische Teilhabe, sondern eine symbolische Auszeichnung sollte die Anstrengungen der Soldaten kompensieren. Das Eiserne Kreuz wurde posthum an tote Soldaten und an überlebende Kriegsteilnehmer für besondere Tapferkeit verliehen, erfüllte somit eine Sinnstiftung für die Toten, schaffte aber auch Anreize für die Lebenden und wurde unabhängig vom Stand an alle Ränge innerhalb des Militärs verliehen – mit Ausnahme adliger Offiziere. Diese zeichnete Friedrich Wilhelm III. in der Tradition Friedrichs des Großen mit dem nur dem Adel vorbehaltenen Orden „Pour le mérite" aus.[37] Friedrich Wilhelm III. stiftete das Eiserne Kreuz in Erinnerung an seine verstorbene Ehefrau Königin Luise. Ihr wurde posthum das erste Eiserne Kreuz verliehen.[38] Trotz seiner berühmten ersten Empfängerin blieb das Eiserne Kreuz Männern vorbehalten. Gleichwohl sollten die Verdienste von Frauen im Krieg anerkannt werden, weshalb Friedrich Wilhelm III. im Andenken an seine verstorbene Frau einen weiteren, nach ihr benannten Orden stiftete. Dieser Orden hatte ebenfalls die Form eines Kreuzes, war jedoch preußischblau emailliert. Eine in der Mitte des Kreuzes angebrachte Plakette enthielt die Initiale „L". Der Luisenorden wurde ebenso wie das Eiserne Kreuz ungeachtet der Standes- und Religionszugehörigkeit an Frauen verliehen. Wurden die Männer mit dem Eisernen Kreuz für Ihre Tapferkeit und Verdienste im Krieg ausgezeichnet, standen bei der Verleihung des Luisenkreuzes so genannte typisch weibliche Züge im Vordergrund – die Wahrneh-

---

34 Clark, Preußen. Aufstieg und Niedergang, S. 378 ff. Zur *levée en masse* und zur Ablösung von Kabinettskriegen durch Kriege der Nationen siehe: Herfried Münkler, Über den Krieg. Stationen der Kriegsgeschichte im Spiegel ihrer theoretischen Reflexion, Weilerswist 2002, S. 116 ff und Ders., Wandel des Krieges, S. 51–56.
35 Frevert, „Herren und Helden", S. 338.
36 Andreas Dörner, Politischer Mythos und symbolische Politik. Der Hermannmythos. Zur Entstehung des Nationalbewußtseins der Deutschen, Reinbek bei Hamburg 1996, S. 69.
37 Adlige Offiziere zeichnete Friedrich Wilhelm III. in der Tradition Friedrichs des Großen auch mit dem nur dem Adel vorbehaltenen Orden „Pour le mérite" aus. Circa Zweieinhalbtausend Mal vergab der König den Orden, davon fünfzehnhundert Mal an Ausländer. Dazu siehe: Fuhrmann, Pour le mérite, S. 39.
38 Clark, Preußen. Aufstieg und Niedergang, S. 434. Zum Kult um Königin Luise siehe: Münkler, Die Deutschen und ihre Mythen, S. 267 f.

mung charitativer Aufgaben.[39] Krieg, Heldentum und Männlichkeit sind zur Zeit der Befreiungskriege eine enge Verbindung eingegangen, die fortan eine Konstante in der offiziellen Heldenverehrung in Preußen und später im Deutschen Reich bilden sollte.

Zwar wurden durch die Verleihung des Eisernen Kreuzes viele Soldaten der Befreiungskriege geehrt, doch in der offiziellen preußischen Gedächtnislandschaft sucht man einzelne Kriegshelden, die nicht der Monarchie oder dem Generalstab angehörten, vergebens. Im Zentrum der Memorialkultur stand die von ihren Feldherren umringte preußische Monarchie. „Der König dem Volke das auf seinen Ruf hochherzig Gut und Blut dem Vaterland darbrachte den Gefallenen zum Gedächtnis den Lebenden zur Anerkennung den künftigen Geschlechtern zur Nacheiferung"[40] lautete die Inschrift auf dem von Karl Friedrich Schinkel[41] entworfenen und 1821 eingeweihten Denkmal auf dem Kreuzberg in Berlin. Das im neugotischen Stil errichtete Denkmal birgt in seinen Nischen antike Helden- und Göttergestalten, die Gesichtszüge von Mitgliedern des Königshauses oder von Feldherren tragen. Auch Königin Luise wird dargestellt – als Allegorie der Eroberung von Paris im Jahr 1814. Eine Gestalt, die den einfachen Soldaten personifiziert hätte, ist nicht vorhanden. Auch unterblieben nationale Bezüge zu „Deutschland", die z.B. durch die Verwendung der „Germania" hätten geschaffen werden können.[42] Die Toten, die zumeist noch anonym in Massengräbern bestattet wurden, fanden nach Order Friedrich Wilhelm III., die Namen der Verstorbenen in den jeweiligen Gemeinden auf im Innenraum oder an der Außenwand angebrachten „Gedächtnistafeln" festzuhalten, im religiösen Rahmen Erwähnung. Damit wurden die einzelnen Gefallenen als preußische Christen und nicht als preußische Bürger erinnert, die „Sprengkraft der Individualisierung" somit abgemildert.[43] Einzelne Protagonisten der Befreiungskriege wie beispielsweise der Dichter

---

39 So Karen Hagemann, „Der »Bürger« als Nationalkrieger. Entwürfe von Militär, Nation und Männlichkeit in der Zeit der Freiheitskriege", in: Karen Hagemann, Ralf Pröve (Hg.), Landsknechte Soldatenfrauen und Nationalkrieger, Frankfurt am Main 1998, S. 78–89.
40 Zitiert nach Helmut Caspar, Marmor, Stein und Bronze. Berliner Denkmalgeschichten, Berlin 2003, S. 216.
41 In Erinnerung an die Befreiungskriege gestaltete Schinkel des Weiteren die Neue Wache und die Schlossbrücke in Berlin. Diese zieren acht idealisierte Helden, die teils im Zusammenspiel mit der Göttin Nike dargestellt werden. Auch an der Neuen Wachen finden sich Skulpturen, die den Kampf gegen Napoleon darstellen. Ausführlich zu Schinkels Bauten in Berlin siehe: Heinz Ohff, Karl Friedrich Schinkel, Berlin 2003, S. 74ff und S. 81f.
42 Heinrich August Winkler, Der lange Weg nach Westen. Deutsche Geschichte vom Ende des Alten Reiches bis zum Untergang der Weimarer Republik, Bd. 1, München 2010, S. 69. Beide Bezüge – Germania und Personifizierung der einfachen Soldaten – werden dagegen im Kyffhäuser Denkmal geschaffen (siehe Kapitel 2.2 dieser Arbeit).
43 Manfred Hettling, Jörg Echternkamp, „Heroisierung und Opferstilisierung. Grundelemente des Gefallenengedenkens von 1813 bis heute", in: Dies. (Hg.), Gefallenengedenken im globalen Vergleich. Nationale Tradition, politische Legitimation und Individualisierung der Erinnerung, München 2013, S. 123–158, hier S. 130.

Theodor Körner wurden von offizieller Seite heroisiert.[44] Doch dies bildete in Preußen die Ausnahme. Die von offizieller Seite vorangetriebene „Demokratisierung des Heldentums" ist nach den Befreiungskriegen mit der antinationalen, gegenrevolutionären und restaurativen Politik an ihr vorläufiges Ende gekommen. Durch die Verleihung des Eisernen Kreuzes wurden zwar auch einfache Soldaten als Kriegshelden geehrt, dies erfolgte auch durch ihre direkte Benennung als „Helden"[45] auf zahlreichen Denkmalsockeln, politische Teilhaberechte wurden daraus jedoch nicht abgeleitet.

Die Regentschaft Friedrich Wilhelm III. war von den Befreiungskriegen geprägt, es greift jedoch zu kurz, sein Wirken auf diese zu reduzieren. Herausragende Persönlichkeiten des kulturellen Lebens in Preußen wurden nach Ende der Befreiungskriege weiterhin maßgeblich von Friedrich Wilhelm III. gefördert.[46] Georg Wilhelm Friedrich Hegel, Wilhelm und Alexander von Humboldt und Bettina von Armin oder Künstler wie Karl Friedrich Schinkel und Daniel Rauch sind einige Beispiele, die während der Regentschaft Friedrich Wilhelm III. in Berlin wirkten und als „Geistesheroen" in die deutsche Geschichte eingingen.[47] Deren offizielle Würdigung unternahm der Sohn und Nachfolger von Friedrich Wilhelm III.

1840, in einer Zeit, in der neue gesellschaftliche Gruppierungen Forderungen nach Freiheit, nationaler Einigung, politischer Teilhabe und einer Bindung der Monarchie an eine Verfassung erhoben, übernahm Friedrich Wilhelm IV. den preußischen Thron. Ebenso wie sein Vater wurde Friedrich Wilhelm IV. Ordensstifter. Doch nicht Militärs, sondern die Förderung von Forschung, Wissenschaft und Künsten und der Ausbau Berlins, insbesondere die Gestaltung der Berliner Museumsinsel, waren ihm ein besonderes Anliegen.[48] Am 31. Mai 1842 stiftete Friedrich Wilhelm VI. die „Friedensklasse für Wissenschaften und Künste" des von Friedrich dem Großen begründeten militärischen Ordens „Pour le mérite" und beauftragte Alexander von Humboldt als ersten Ordenskanzler, 30 Mitglieder aus Preußen und weitere ausländische Mitglieder des Ordens vorzuschlagen.[49] Letzterer Vorgang war für die damalige Zeit außergewöhnlich. Denn nicht nur bei der Gründung des Ordens, sondern auch für die Zeit seines Fortbestands, bekamen die Mitglieder das Recht, neue Mitglieder zu

---

44 René Schilling, Kriegshelden. Deutungsmuster heroischer Männlichkeit in Deutschland 1813– 1945, (Krieg in der Geschichte, Bd. 15), Paderborn 2002, S. 28 f.

45 „Die gefallenen Helden ehrt dankbar König und Vaterland. Sie ruhen in Frieden" war eine häufig verwendete Inschrift auf Kriegsdenkmälern; siehe: Clark, Preußen. Aufstieg und Niedergang, S. 442.

46 Volker Ullrich, Das erhabene Ungeheuer. Napoleon und andere historische Reportagen, München 2008, S. 222.

47 Eine ausführliche Übersicht bietet: Gerd Reichardt, Heroen der Kunst. Standbilder und Denkmale für bildende Künstler im 19. Jahrhundert, Köln 2009.

48 David E. Barclay, Anarchie und guter Wille. Friedrich Wilhelm IV. und die preußische Monarchie, Berlin 1995, S. 77. Siehe auch: Eva Börsch-Supan, „Die geistige Mitte Berlins gestalten. Friedrich Wilhelms IV. Pläne zum Dom, zur Schlosskapelle und zur Museumsinsel", in: Jörg Meiner, Jan Werquet (Hg.), Friedrich Wilhelm IV. von Preußen. Politik – Kunst – Ideal, Berlin 2014, S. 47–62, hier S. 47.

49 Fuhrmann, Pour le mérite, S. 42ff; Franz Herre, Friedrich Wilhelm IV. Der andere Preußenkönig, Gernsbach 2007, S. 89.

bestimmen – eine „Anerkennung der Autonomie der Gelehrten- und Künstlerrepublik"[50] von Seiten Friedrich Wilhelms IV., der damit auf das eigene Recht der Mitgliedsernennung verzichtete. Die Ordensstiftung sollte somit nicht nur die Verdienste von Gelehrten und Künstlern aufzeigen, sondern auch das königliche Engagement Friedrich Wilhelms IV. für diese sichtbar machen, der Orden „sollte dem Gedanken der Versöhnung der Monarchie mit den Repräsentanten von Geist und Kultur Ausdruck geben, deren Beziehungen in den vorausgegangenen Jahrzehnten sehr gelitten hatten".[51] Von den einzelnen Ordensmitgliedern ließ der preußische König Gemälde anfertigen, förderte damit wiederum Künstler durch Auftragsvergabe und hielt so die Ausgezeichneten seiner Zeit für sich, sein Umfeld und seine Nachkommen in seinen privaten Gemächern fest.[52] Eine rein private Angelegenheit war die ausgeprägte Vorliebe Wilhelms IV. für Kunst und Kultur dennoch nicht. Vielmehr spiegelten die von ihm in Auftrag gegeben Bauwerke und seine Selbstinszenierung als Förderer von Kunst und Architektur sein Politikverständnis wider, dessen Hauptziel – die Bekämpfung der Revolution und Stärkung der monarchisch-ständischen Werte – durch Traditionsbewahrung und Traditionsschöpfung erreicht werden sollten.[53] Durch Traditionsbildung, beispielsweise der Stiftung des Ordens „Pour le Mérite", wurde die Macht des Königs sichtbar. Er bestimmte die Kriterien, nach denen seine Geisteshelden ausgezeichnet wurden und die Funktionen, die sie im neuen Orden einnehmen sollten. Das Gewähren von Mitspracherechten für diese bei der Wahl neuer Mitglieder war kein Eingeständnis gegenüber dem politischen Zeitgeist, sondern Ausdruck monarchischen Gottesgnadentums. Durch die Ordensstiftung wahrte der König Traditionen, füllte sie jedoch gleichzeitig mit neuen Inhalten, da er sich mit der Stiftung eines Friedensordens explizit von der Stiftung des Eisern Kreuzes durch seinen Vater Friedrich Wilhelm III. absetzte und sich in die Tradition Friedrichs des Großen stellte. Friedrich der Große war ihm außerordentlich wichtig: „Allein schon sein Umgang mit dem ganz vom Geiste Friedrichs des Großen geprägten Sanssouci ist aufschlußreich. Er bezog, was bis dahin kein Hohenzoller gewagt hatte, im Schloß Wohnung, plante nördlich des Parks zum Gedächtnis an seinen Urgroßonkel eine Art Akropolis und ließ – ein fast skurriler Zug – in der von ihm mitgestalteten Friedenskirche in den Altar als eine Art Reliquie jene Schnupftabaksdose einarbeiten, die in der Schlacht bei Ku-

---

50 So die Beurteilung dieses Vorgangs durch: Theodor Schieder, „Der Orden Pour le mérite für Wissenschaften und Künste", in: Orden Pour le mérite für Wissenschaften und Künste (Hg.), Die Mitglieder des Ordens. Erster Band. 1842–1881, Berlin 1975, S VIXLVII, hier S. VII.
51 Ebd.
52 Zu den Bemühungen, die Gemäldesammlung Friedrich Wilhelms IV. in eine öffentliche Nationalgalerie überzuführen siehe: Katrin Herbst, „Die Rolle des Ordens Pour le mérite für die nationale Bildnissammlung", in: Dies. (Hg.), Pour le mérite. Vom königlichen Gelehrtenkabinett zur nationalen Bildnissammlung, Berlin 2006, S. 21–28.
53 David E. Barclay, „Das monarchische Projekt Friedrich Wilhelms IV. von Preußen", in: Frank-Lothar Kroll, Inszenierung oder Legitimation? Monarchy and the Art of Representation. Die Monarchie in Europa im 19. und 20. Jahrhundert. Ein deutsch-englischer Vergleich, Berlin 2015, S. 35–44; Frank-Lothar Kroll, Das geistige Preußen. Zur Ideengeschichte eines Staates, Paderborn 2001, S. 55ff.

nersdorf als Kugelfang Friedrich II. das Leben gerettet hatte. Auch das Kleinod des neuen Ordens mit der römischen »II«, die dem viermal wiederholten, doppelt gekrönten F hinzugesetzt wurde, betont die Anknüpfung an Friedrich II. ebenso wie der ursprüngliche Plan, die Zahl der Mitglieder entsprechend den Regierungsjahren Friedrichs des Großen auf 46 festzulegen, was Humboldt dem König unmittelbar vor dem Gründungsdatum, als bereits Namen feststanden, ausredete."[54]

Auch mit der Verleihung des Ordens „Pour le Mérite" selbst sollte laut Präambel der Stiftungsurkunde Friedrich der Große geehrt werden. Die Verleihungstage wurden von Friedrich Wilhelm IV. festgelegt auf den Geburtstag Friedrichs des Großen, den 24. Januar, den Beginn seiner Regentschaft am 31. Mai und seinen Todestag am 17. August.[55] Es ist anzunehmen, dass sich Friedrich Wilhelm IV. mit Bedacht in die Tradition Friedrichs II. stellte und als sein Nachfolger stilisierte. Seine Regentschaft war von sozialen und politischen Forderungen und Umbrüchen geprägt, die in der Geschichtsforschung als „Vormärz" zusammengefasst werden. Hoffnungen nach der Einführung einer konstitutionellen Monarchie und nationaler Einheit, die mit der Thronbesteigung Friedrich Wilhelms IV. geäußert wurden, entkräftete der Monarch und stellte klar, dass er seine Regentschaft als Gottesgnadentum verstehe und eine Konstitution ablehne.[56] Mit der Herausstellung seiner Verbundenheit zu Friedrich dem Großen unterstrich Friedrich Wilhelm IV. die Legitimität seiner Herrschaft und verdeutlichte seine Abgrenzung zu Forderungen nach Nationalstaatlichkeit und Konstitution. Der Vorrang der vom König hofierten Geistesheroen blieb auch von der Revolution von 1848/49 unberührt. Den „Märzgefallenen" der Revolution von 1848, denen Wilhelm IV. mit entblößtem Haupt die letzte Ehre erwies, bevor sie nach einer Trauerfeier im Friedrichshain beigesetzt wurden, wurde eine Ausschmückung der Grabstätte versagt.[57]

Im Gegensatz dazu stand der Umgang der Monarchie mit den Gefallenen, die für die Niederschlagung der Aufstände gekämpft hatten: „Die preußischen Kriegerdenkmäler, errichtet für die in den Barrikaden- und nationalen Unabhängigkeitskämpfen gefallenen Soldaten, repräsentierten den politischen Gegenentwurf zum Totenkult der Demokraten. Im Mittelpunkt dieses Totenkults steht die Glorifizierung eines – als unpolitisch postulierten – militärischen Gehorsams."[58] Zum einen wurde mit Herausstellung der Obrigkeitstreue der Soldaten die Akzeptanz der Monarchie innerhalb aller militärischer Ränge und damit Rückhalt und Stärke der monarchischen Ordnung

---

54 Fuhrmann, Pour le Mérite, S. 46.
55 Ebd.
56 Winkler, Der lange Weg nach Westen, Bd. 1, S. 86.
57 Zur Revolution in Preußen: Eva Maria Werner, Kleine Geschichte der deutschen Revolution von 1848/49, Wien 2009, S. 122–129. Zur Rolle Wilhlems IV. während des Trauerzugs und – im heutigen Sprachgebrauch – ökumenischen Beisetzung der Gefallenen: Manfred Hettling, „Das Begräbnis der Märzgefallenen in Berlin", in: Manfred Hettling, Paul Nolte (Hg.), Bürgerliche Feste. Symbolische Formen politischen Handelns im 19. Jahrhundert, Göttingen 1993, S. 95–123.
58 Manfred Hettling, Totenkult statt Revolution. 1848 und seine Opfer, Frankfurt am Main 1998, S. 16.

demonstriert. Zum anderen wurde durch die Zurschaustellung der Einigkeit von Obrigkeit und Militärs bis hin zu den untersten Rängen den revoltierenden Akteuren ihre Legitimität abgesprochen. Denn nicht nur Offiziere wurden auf den für die Gefallenen der März-Unruhen gestifteten Denkmälern verewigt, sondern auch „Gemeine", ein bis dato unüblicher Vorgang: Als besondere Auszeichnung und Dank für ihre Treue wurden die Namen der einfachen Soldaten auf den Denkmälern eingraviert. Der jeweilige Truppenteil, dem die gefallenen Soldaten angehörten, war federführend beim Bau der Denkmäler und – zusammen mit der Kirche – bei der Durchführung der jährlich stattfindenden Gedenkfeiern. Es erfolgte somit also auch eine bewusste Kanonisierung der Feierlichkeiten, die an den gemeinsamen Kampf gegen die Unruhen erinnerten. Die Denkmäler für die Gefallenen bedienten sich eines traditionellen Formenarsenals, der auf Tod und Sieg zugleich hinwies und das Sterben durch den Sieg mit Sinn erfüllte: Triumphbögen, Obelisken und gotische Säulen zierten Kreuze, Lorbeerkränze, Helme und Adler. Im Zuge der Denkmalserrichtungen nach der Niederschlagung der Märzrevolution wurde 1851 auch ein Triumphbogen als Tor zum Park des Schlosses Sanssoucis in Potsdam errichtet. Mit diesem ehrte der Auftraggeber Wilhelm IV. jedoch nicht die einfachen Soldaten, sondern seinen Bruder, den späteren Wilhelm I. aus Dankbarkeit für die Niederschlagung der Aufständischen in Rheinland-Pfalz und in Baden, wie die Gravur besagt.[59]

Nachdem König Wilhelm I. 1861 die Regentschaft übernahm, kehrten mit den deutschen Einigungskriegen 1864, 1866 und 1870/71 vermehrt das Gedenken und die Verehrung von Kriegshelden auf die politische Bühne zurück. Ebenso wie in den Befreiungskriegen wurde der Gefallenen in einer latenten Spannung zwischen Forderungen nach politischer Teilhabe auf der einen Seite und der Sicherung der monarchischen Ordnung auf der anderen Seite gedacht. So wurden nach 1870 Soldatenfriedhöfe angelegt. Ihre Dauerhaftigkeit wurde in zwischenstaatlichen Verträgen geregelt, auch wurden auf einem Friedhof Soldaten mehrerer Nationen bestattet. Die Sinnhaftigkeit des Opfers wurde in Denkmälern durch den Bezug zum Sieg manifestiert, oft durch die Abbildung der griechischen Siegesgöttin Nike und der Darstellung der siegreichen Feldherren und natürlich des Monarchen selbst. Die Gefallenen selbst wurden an Gedenktagen und während Denkmaleinweihungen als „Helden" bezeichnet und geehrt.[60]

Zusammenfassend muss zwischen zweierlei Heldentypen, die von der Gründung des Preußischen Königreichs an bis zur Ausrufung des Deutschen Kaiserreichs 1871 von Seiten der Regierenden, der preußischen Könige, geschaffen und verehrt wurden, unterschieden werden: Zum einen wurden Kriegshelden, zum anderen Geistesheroen verehrt. Als Kriegshelden wurden die Offiziere und die Könige selbst, insbesondere

---

59 Zur Beschreibung des Tores inklusive Bildmaterial siehe: Helmut Caspar, Fürsten, Helden, große Geister. Denkmalschichten aus der Mark Brandenburg, Berlin 2004, S. 127 f.
60 Hettling, Echternkamp, „Heroisierung und Opferstilisierung. Grundelemente des Gefallenengedenkens von 1813 bis heute", S. 134 ff. Eine ausführliche Beschäftigung mit Wilhelm I. findet im Kapitel 2.2 statt.

Friedrich II. als oberste Heerführer, glorifiziert und in zahlreichen Denkmälern in Kriegsuniform versinnbildlicht. Aber auch die Soldaten der Befreiungskriege wurden gewürdigt und mit der Verleihung des Eisernen Kreuzes als Kriegshelden geehrt. Zum anderen wurden Geistesheroen, zu denen Gelehrte, Künstler und Musiker zählten, durch Auftragsvergabe gefördert und durch die Vergabe des Ordens „Pour le Mérite" ausgezeichnet. Ebenso wie Kriegshelden adliger Abstammung wurden Geistesheroen in Form von Denkmälern und Gemälden individuell sichtbar gemacht. Die mit dem Eisernen Kreuz ausgezeichneten Kriegshelden der Befreiungskriege dagegen blieben überwiegend anonym. Im Gegensatz dazu fanden diejenigen Soldaten, die für den Erhalt der Monarchie während der Märzrevolution 1848 kämpften, namentliche Erwähnung auf neu errichteten Denkmälern. Auch andere Formen von außergewöhnlichen Verdiensten von Monarchen wie der erfolgreiche Aufbau der Infrastruktur eines Landes oder besondere Bemühungen um die Förderung der Künste wurden als heroisch benannt und gewürdigt.

Alle Einzelstaaten des Deutschen Bundes und später auch des Norddeutschen Bundes schauten auf ihre eigene Landesgeschichte, auf eigene Mythen und Heldenbilder zurück, die durch die jeweils eigenen politischen und sozialen Entwicklungen geprägt waren. Neben Unterschieden zwischen den einzelnen Ländern gab es auch Gemeinsamkeiten in den Vorstellungen über Heldentum, in der Ehrung von Helden und den ihnen zugedachten Funktionen Legitimierung und Mobilisierung. Ähnlich wie in Preußen genossen sowohl Kriegs- als auch Geisteshelden in Bayern hohes Ansehen. Während die preußischen Könige mal mehr die einen, dann wieder die anderen auszeichneten, hofierten und förderten, stellte König Ludwig I. in Bayern Geistesheroen und Kriegshelden in der von 1825 bis 1848 im klassizistischen Stil erbauten Ruhmeshalle Walhalla gleichrangig nebeneinander. Könige und Kaiser, Heerführer, Gelehrte und Künstler vom Mittelalter an sind in der Walhalla vereint. Ludwig I. bestimmte nicht nur, wer in die Ruhmeshalle einziehen dürfe: „Kein Stand, auch das weibliche Geschlecht nicht, ist ausgeschlossen. Gleichheit besteht in der Walhalla; hebt doch der Tod jeden irdischen Unterschied auf! Die Stelle in ihr wird durch die Zeit des Eintritts in die Ewigkeit bestimmt."[61] Der bayrische König bestimmte auch ihre Funktion: die Halle sollte dazu führen, „dass »teutscher der Teutsche aus ihr

---

[61] Zitiert nach: Herman Glaser, „Ein deutsches Mißverständnis. Die Walhalla bei Regensburg", in: Heinz Ludwig Arnold, Lothar Baier, Walter Busse u. a., Wallfahrtsstätten der Nation. Vom Völkerschlachtdenkmal zur Bavaria, Frankfurt am Main 1971, S. 69 – 82, hier S. 70. Glaser selbst kritisiert die Walhalla als Tempel zur Erziehung von Untertanen, aus dem der Gedanke der Aufklärung explizit verdrängt wurde: „Das semantische Klima der nationalen Instruktion (bis zu den Führungen unserer Zeit) ist das einer wehmutsvoll zerfließenden Servilität. Den Heroen von Kunst und Kultur naht sich die deutsche offizielle Verehrung mit gebeugtem Rücken." Ebd., S. 75. Ferner bemängelt er, daß bei der Eröffnung 1842 lediglich 42 Kulturhelden, dagegen 111 Kriegshelden in die Galerie aufgenommen wurden.

trete, als er gekommen«."[62] Bis heute werden dort 191 Personen „teutscher Zunge" als Büste oder Namenstafel dem Besucher vorgestellt.[63] Nach der Walhalla ließ Ludwig I. mehrere Bauwerke folgen, in denen „bedeutende bayerische Persönlichkeiten, die sich um ihr Land, um Wissenschaft und Kunst, verdient gemacht hatten" vorgestellt wurden.[64]

Die Erbauung der Walhalla durch Ludwig I., einem ebenso wie Friedrich Wilhelm IV. von Preußen für „deutschen Kulturnationalismus"[65] empfänglichen Romantiker, fiel in eine Zeit sozialer und politischer Umwälzung in ganz Europa, die mit der Bezeichnung „Vormärz" in die Geschichtsschreibung einging. Politische Forderungen wurden von unterschiedlichsten Gruppen erhoben und changierten zwischen dem Recht nach politischer Teilhabe, der Bindung von Monarchien an Konstitutionen sowie wirtschaftlicher und sozialer Besserstellung armer Bevölkerungsgruppen. Gemeinsam war allen Forderungen erhebenden Gruppen, dass sie jeweils eigene Helden schufen, welche die Proteste legitimieren und die Anhängerschaft mobilisieren sollten. Zwei Beispiele illustrieren die Bandbreite der damaligen politischen Forderungen, der protestierenden sozialen Schichten und die Modi des Protestes: Die Göttinger Sieben und die Märzgefallenen – sie stehen exemplarisch für von Revolution weit entfernten akademischen Protest einerseits und im Falle der Märzgefallenen für revolutionären Kampf andererseits.

Der Protest von sieben Professoren gegen die Aufhebung der Verfassung im Königreich Hannover, die 1833 als „Staatsgrundgesetz" verabschiedet worden war, hatte über Landesgrenzen hinweg eine besondere Bedeutung und Ausstrahlungskraft im gesamten Deutschen Bund. Nach seinem Amtsantritt 1837 hob König Ernst August von Hannover die liberale Verfassung auf, worauf sieben Professoren der Göttinger Universität – der Staatsrechtler und Historiker Christoph Friedrich Dahlmann, der Jurist Wilhelm Eduard Albrecht, der Theologe und Orientalist Georg Heinrich August Ewald, der Historiker Georg Gottfried Gervinus, die Germanisten Jakob und Wilhelm Grimm und der Physiker Wilhelm Weber – eine „Protestation" einlegten. Dahlmann kam dabei als Mitverfasser der Verfassung von 1833 und Initiator des Protestes gegen ihre Aufhebung eine besondere Stellung zu. Infolge ihres Protestes wurden alle Professoren von König Ernst August ihrer Ämter enthoben und teilweise – Dahlmann, Jacob Grimm und Gervinus – des Landes verwiesen.[66] In der politisch aufgeheizten Stim-

---

62 Zitiert nach: Manfred Hettling, Paul Nolte, „Bürgerliche Feste als symbolische Politik", in: Dies. (Hg.), Bürgerliche Feste. Symbolische Formen politischen Handelns im 19. Jahrhundert, Göttingen 1993, S. 7–36, hier S. 22.

63 Staatliches Hochbauamt Regensburg (Hg.), Walhalla. Amtlicher Führer, Regensburg 2008, S. 3.

64 https://www.schloesser.bayern.de/deutsch/schloss/objekte/mu_ruhm.htm (Zugriff am 20.10.2018). Seit 1966 werden in der Ruhmeshalle in München wieder neue Büsten aufgestellt.

65 Clark, Preußen. Aufstieg und Niedergang, S. 503.

66 Ulrich Hunger, „Die Georgia Augusta als hannoversche Landesuniversität. Von ihrer Gründung bis zum Ende des Königreichs", in: Ernst Böhme, Rudolf Vierhaus (Hg.), Göttingen. Geschichte einer Universitätsstadt. Vom Dreißigjährigen Krieg bis zum Anschluss an Preußen. Der Wiederaufstieg als Universitätsstadt (1648–1866), Göttingen 2002, S. 139–213, hier 197 ff.; Jörg H. Lampe, „Politische

mung des Vormärz löste die Entlassung der Professoren eine große Welle der Empö-
rung und Proteste nicht nur bei Studenten, sondern auch bei breiten Teilen der Öffentlichkeit aus. Insbesondere die freiheitlichen Kräfte in Deutschland stilisierten die
Göttinger Professoren aufgrund ihres Widerstands gegen die Aufhebung des Staats-
grundgesetzes durch König Ernst August zu Helden, die infolge weit über die Landesgrenzen des Königreichs Hannover gefeiert wurden. Den Göttinger Sieben zu Ehren
wurden politische Lieder geschrieben, als Bekenntnis zu ihnen und ihren Zielen gesungen und Schiffe nach ihnen getauft.[67]

Neben Universitätsprofessoren wie den Göttinger Sieben erlangten in der politisch
aufgeheizten Situation des Vormärz 1848 Revolutionäre Heldenstatus, der posthum
von ihren Anhängern gestärkt und an Forderungen nach Nachahmung geknüpft
wurde. So wurden während ihres öffentlichen Begräbnisses die Märzgefallenen vom
Wortführer der Demokraten Georg Jung zu Märtyrern von Freiheit und Recht stilisiert,
deren „heiliges Vermächtnis zu übernehmen sei und für das weitergekämpft werden
solle".[68] An diesem Vermächtnis und am Kult um ihre toten Helden hielten die Demokraten trotz Repressionen auf jährlich stattfindenden Gedenktagen fest. Ebenso
wie die Märzgefallenen auf ihrer Beerdigung in Berlin wurde Robert Blum, der nach
seinem Tod in seiner sächsischen Heimat zum Helden verklärt wurde, in Reden, Gedichten und auch ikonographisch in die Nähe christlicher Märtyrer gerückt. Blums

---

Entwicklungen in Göttingen vom Beginn des 19. Jahrhunderts bis zum Vormärz", in: Ebd., S. 43–102,
hier 91 ff.

67 Zu den langfristigen Auswirkungen des Widerstands auf die „politische Macht des deutschen
Professorentums", siehe: Winkler, Der lange Weg nach Westen, Bd. 1, S. 84; zur Rezeption der Göttinger
Sieben außerhalb des Königreichs Hannover: Wolfgang Hardtwig, Vormärz. Der monarchische Staat
und das Bürgertum, München 1985, S. 25. Die Göttinger Sieben wirkten noch bis in die Nachkriegszeit
nach. 1955 kam es zu Protesten an der Universität gegen die Besetzung einer Stelle mit einem aus der
NS-Zeit belasteten Kandidaten. Die Protestierenden stellten sich explizit in die Tradition der Göttinger
Sieben. Siehe: Albrecht Schöne, „»Protestation des Gewissens«. Die Göttinger Sieben im Widerstand
gegen den Souverän", in: Horst Albach (Hg.), Über die Pflicht zum Ungehorsam gegenüber dem Staat,
Göttingen 2007, S. 9–26, hier S. 22 f. Die anhaltende Heroisierung der sieben Professoren wird jedoch
auch kritisiert. So bemängelt Hermann Wellenreuther in seiner Rezension zur Quellensammlung von
Wilhelm Bleek und Bernhard Lauer, Protestation des Gewissens. Die Rechtfertigungsschriften der
Göttinger Sieben, Kassel 2012: „Hier bleiben die Herausgeber einer langen, bis in die 1840er-Jahre
zurückreichenden Tradition verhaftet, die die Göttinger Professoren als Helden des Widerstandes, als
Verteidiger des öffentlichen Gewissens, als herausragende Repräsentanten des deutschen vormärzli-
chen Konstitutionalismus und als Vorbilder für Widerstand gegen die Obrigkeit feiert. Zugegeben: Sie
finden sich damit in hervorragender Gesellschaft. Aber besser wird dies dadurch nicht. Welchen Preis
zahlen wir für diese hartnäckige Heldenverehrung? Der verfassungsmäßige Rahmen, in dem das
Phänomen »Göttinger Sieben« und der Konstitutionalismus steht, wurde auf die Formel »Tyrannei und
Freiheit« verkürzt." Hermann Wellenreuther, „Rezension zu: Wilhelm Bleek und Bernhard Lauer,
Protestation des Gewissens. Die Rechtfertigungsschriften der Göttinger Sieben, Kassel 2012", in: H-Soz-
Kult, 14.11.2014 (www.hsozkult.de/publicationreview/id/rezbuecher-22557).

68 Hettling, Totenkult statt Revolution, S. 41. Die Stilisierung der Toten als Märtyrer für Freiheit und
Recht, deren Vermächtnis weiterzuführen sei, erinnert stark an die Stilisierung der Verschwörer vom
20. Juli 1944 (siehe Kapitel 3.3).

öffentliche Verehrung auf jährlichen Gedenkfeiern ging über „in die Präsentation eines Idols, eines politischen Vorbilds".[69] Der durch Kanonisierung und Verbreitung von Druck- und Bildmedien geschürte Kult um die zu Tode gekommenen Revolutionäre von 1848 hatte mehrere Funktionen: durch Aufforderung zur Erfüllung des Vermächtnisses der Toten erfolgte eine Mobilisierung der Anhängerschaft. Dass es eine große Anhängerschaft gab, wurde durch die Anzahl der Teilnehmer auf den Gedenkveranstaltungen selbst und durch die Berichterstattung der Presse über diese weithin sichtbar. Durch ihre Teilnahme bekannten sich die Anwesenden zu den Zielen der Märzgefallenen oder Blums, wodurch sie sich vom bestehenden politischen System abgrenzten und sich als Gruppe integrierten.[70] Doch nicht nur posthum wurde Revolutionären Heldentum zugesprochen. Auch gescheiterte und überlebende Revolutionäre von 1848/49 erlangten Ruhm und Ehre. Das Beispiel der badischen Abgeordneten Friedrich Hecker und Gustav Struve, die ihre antimonarchischen Forderungen im Frankfurter Vorparlament nicht durchsetzen konnten und mit ihren beiden Aufstandsversuchen in Baden[71] scheiterten, zeigt, dass die Verehrung von Menschen als Helden deren gewaltsamen Tod nicht voraussetzte. Denn obwohl die Aufstände Heckers und Struves in kürzester Zeit scheiterten, erlangten beide große Popularität innerhalb ihrer Anhänger und wurden kultisch verehrt.[72] Ein Grund hierfür ist freilich, dass die politischen Forderungen der Revolutionäre das Scheitern der Revolutionen überlebten und auch nach 1848 weiterhin von unterschiedlichen Akteuren während, aber auch jenseits von Gedenkfeiern für die Helden der Revolutionen erhoben wurden.

Einer dieser Akteure war Ferdinand Lassalle. Sein Werdegang vom politischen Agitator zum Helden der Arbeiterbewegung zeigt Mechanismen, Funktionen und

---

69 Eine ausführliche Beschreibung der meist im kirchlichen Rahmen und daher von der protestantischen Liturgie geprägten Feiern für Blum bietet ebenfalls Hettling, Totenkult statt Revolution, S. 52–75, hier S. 65. Auf sogenannten Blumfeiern und Gedenkveranstaltungen wurde an den Revolutionär erinnert, „später dann nahm die Sozialdemokratie Blum in ihren proletarischen Himmel auf". Ebd., S. 75.

70 Ausführlich zur Rezeption Blums nach seinem Tod siehe: Peter Reichel, Robert Blum. Ein deutscher Revolutionär 1807–1848, Göttingen 2007, S. 178–194.

71 Am 12. April 1848 rief Hecker in Konstanz die deutsche Republik aus und errichtete einen Freiwilligenverband, der jedoch innerhalb weniger Tage von Bundestruppen geschlagen wurde. Siehe: Winkler, Der lange Weg nach Westen, Bd. 1, S. 105. Nach dem Scheitern flüchtete Hecker in die USA. Siehe: Werner, Kleine Geschichte der deutschen Revolution von 1848/49, S. 119. Am 20. September 1848 rief Struve in Lörrach die deutsche Republik aus, wurde jedoch innerhalb weniger Tage militärisch geschlagen.

72 Hecker, der nach der Niederschlagung des Aufstands in die USA geflüchtet war und dort politisch aktiv wurde, kehrte 1873 zu einer Rundreise zurück. Auf seiner Station in Mannheim wurde er von 10.000 Menschen jubelnd empfangen. Siehe: Kurt Hochstuhl, Friedrich Hecker. Revolutionär und Demokrat, Stuttgart 2011, S. 116. Siehe auch: Schieder, Wolfgang, „Hecker, Friedrich", in: Neue Deutsche Biographie 8 (1969), S. 180–182 (Online-Version, URL: https://www.deutsche-biographie.de/pnd11854750X.html#ndbcontent); Norbert Deuchert, Vom Hambacher Fest zur badischen Revolution. Politische Presse und Anfänge deutscher Demokratie 1832–1848/49, Stuttgart 1983.

Bedingungen erfolgreicher Heroisierungen auf. Lassalle, 1825 als Sohn einer Kaufmannsfamilie in Breslau geboren, während der Revolution „aktiver Parteigänger von Marx"[73] und nach dieser bis zur Überwerfung mit Marx als dessen Sachverwalter tätig, wurde nach der Verbüßung einer Haftstrafe wegen Aufforderung zum Widerstand gegen Staatsbeamte wissenschaftlich, publizistisch und auch wieder politisch aktiv.[74] 1863 wurde Lassalle Mitbegründer des Allgemeinen Deutschen Arbeitervereins (ADAV) in Leipzig – die Vorläuferorganisation der SPD – den er bis zu seinem Tod grundlegend prägte. Lassalles Hauptanliegen waren die Verwirklichung eines allgemeinen geheimen Wahlrechts und die Bildung von staatlich unterstützten Produktionsgenossenschaften. Im Gegensatz zu Marx lehnte Lassalle einen revolutionären Umsturz und die Errichtung einer klassenlosen Gesellschaft ab und plädierte für die Verfolgung der Interessen der Arbeiterschaft auf parlamentarischem Weg. Lassalles zahlreiche Auftritte als Redner im Rahmen von Versammlungen der sich formierenden Arbeiterbewegung gaben ihm die Möglichkeit massenwirksam nicht nur seine politischen Ziele, sondern auch seinen Kampf für diese herauszustellen, wobei er sich zum „Anwalt der Armen und Unterdrückten"[75] stilisierte, der im Kampf um die Rechte der Arbeiterklasse große Opfer – wie Verfolgung und Anklage durch staatliche Behörden – auf sich genommen hätte. Die Auftritte fanden innerhalb eines kurzen Zeitraums an unterschiedlichen Orten statt, „um so mit Hilfe der Zeitungsberichterstattungen den Eindruck einer mächtigen Bewegung zu erzeugen".[76] Die mit einstudierten theatralischen Gesten untermalten Reden dauerten zwei bis vier Stunden, wurden stenographisch aufgezeichnet und anschließend als Druckfassungen publiziert. Gegenüber Kritik war Lassalle unnachgiebig. Wer ihn während seiner Reden störte, wurde aus dem Saal entfernt, kritische Journalisten bezichtigte Lassalle der Lüge und Verleumdung und stellte sie als den „gefährlichsten Feind" dar.[77] Lassalles letzte Auftritte vor seinem Tod im Mai 1864 zeugen von seiner Popularität und ihrer gekonnten Inszenierung: „Lassalle wurde am jeweiligen Bahnhof von großen Menschenmengen mit Hochrufen empfangen, Chöre sangen selbstverfertigte Lieder, er fuhr im offenen Wagen oder einer ganzen Wagenkolonne zum Versammlungsort, passierte »Ehrenbögen« und Spaliere (auch von blumenwerfenden »Frauen und Jungfrauen«), sprach in mit Girlanden und Blumen geschmückten Räumen, bis er dann wieder unter ähnlichen Jubelbezeugungen verabschiedet wurde."[78] Nach Lassalles Tod wurden an verschiedenen Orten Leichenfeiern abgehalten. Ein großes Begräbnis plante Lassalles ehemalige Lebensgefährtin Sophie von Hatzfeld. Sie ließ Lassalles Leiche einbalsa-

73 Winkler, Der lange Weg nach Westen, Bd. 1, S. 148.
74 Wilfried Nippel, „Charisma, Organisation und Führung. Ferdinand Lassalle und die deutsche Arbeiterpartei", in: Mittelweg 36, 6/2018, S. 16–42, hier S. 17 f.
75 Nippel, „Charisma, Organisation und Führung", S. 24.
76 Ebd., S. 22. Siehe auch: Hartmut Stirner, Die Agitation und Rhetorik Ferdinand Lassalles, Marburg 1987.
77 Nippel, „Charisma, Organisation und Führung", S. 24.
78 Ebd., S. 34.

mieren und organisierte eine feierliche Überführung durch mehrere Städte nach Berlin, wo Lassalle feierlich begraben werden sollte. Nach dem Einschreiten von Lassalles Mutter wurde dieser Plan jedoch nicht durchgeführt, sondern auf ihr Bestreben hin der Leichnam in Düsseldorf von der Polizei beschlagnahmt und anschließend im kleinen Kreis auf dem jüdischen Friedhof in Breslau beigesetzt.[79]

Lassalles posthume Stilisierung zum Helden der Arbeiterklasse ging vor allem auf die Bemühungen Sophie von Hatzfelds zurück. Die Gräfin verschrieb sich der unablässigen Pflege des Nachrufs Lassalles als Kämpfer für die Rechte von Armen und Unterdrückten. Auch Lassalles gewaltsamer Tod spielte in der Erinnerung der Gräfin an Lassalle eine für den Erfolg der Heroisierung große Rolle, da er zum Opfer einer politischen Intrige stilisiert wurde. Die genauen und trivialen Umstände seines Todes kümmerten seine Anhängerschaft wenig. Der ADAV erklärte seinen Todestag zum Gedenktag, der auch noch nach dem Aufgehen der ADAV in der SPD beibehalten wurde. Die Lassalle-Feiern liefen nach einem festen Ritual ab, welches Elemente von christlichem Totengedenken und Heiligenverehrung mit politischer Agitation verband: Der Festsaal wurde mit schwarzem Stoff ausstaffiert und eine Büste Lassalles auf eine mit Blumen geschmückte Bühne gestellt. Die Feier wurde mit Musik eröffnet, ihr Höhepunkt war eine die Verdienste Lassalles herausstellende Rede. Anschließend wurde die Büste Lassalles von einem Mädchen mit einem Blumenkranz geschmückt, es wurden Lieder gesungen und Gedichte vorgetragen. Nicht nur religiöse Riten, auch eine religiöse Semantik fand Eingang in das öffentliche Gedenken: „Lassalle wurde zum »Messias«, sein Tod im Duell zum »Opfertod für das unerlöste Proletariat«."[80] Die unmittelbar nach seinem Tod einsetzende Mythisierung Lassalles erreichte im Kaiserreich als Gegenbewegung zum Bismarck-Kult ihren Höhepunkt.[81]

Das Beispiel Lassalles veranschaulicht, welche Faktoren die Heroisierung einer Person begünstigen, zeigt Bedingungen für erfolgreiche Heroisierungen und ihre Funktionen auf. Vorschub für die erfolgreiche Heroisierung leistete Lassalle selbst. Mit zahlreichen Auftritten und der Presseberichterstattung über diese erarbeitete sich Lassalle einen großen Bekanntheitsgrad. Die Auftritte waren inszeniert und erinner-

---

79 Ebd. S. 25.

80 Arno Herzig, „Die Lassalle-Feiern in der politischen Festkultur der frühen deutschen Arbeiterbewegung", in: Dieter Düding, Peter Friedemann, Paul Münch (Hg.), Öffentliche Festkultur. Politische Feste in Deutschland von der Aufklärung bis zum Ersten Weltkrieg, Reinbek bei Hamburg 1988, hier S. 325. Siehe auch: Arno Herzig, „Der Lassalle-Kult als säkularisierter Kult eines politischen Heiligen", in: Jürgen Petersohn (Hg.), Überlieferung, Frömmigkeit, Bildung als Leitthemen der Geschichtsforschung. Vorträge beim wissenschaftlichen Kolloquium aus Anlaß des 80. Geburtstags von Otto Meyer, Wiesbaden 1987, S. 114–130.

81 Wolfrum, Geschichte als Waffe, S. 23. Lassalle zu (posthumen) Ehren wurden zahlreiche Büsten und Bilder geschaffen, Lieder und Gedichte geschrieben. Das einzige, was fehlte, war die Errichtung von Denkmälern. Dieses Privileg blieb bis dato der Staatsführung vorbehalten. Erst im Kaiserreich entstanden auf bürgerliche Initiative hin zahlreiche Denkmäler. Freilich gingen die mit ihnen geehrten Personen mit der offiziellen Denkmalpolitik konform. Siehe die Ausführungen zum Kyffhäuser-Denkmal in Kapitel 2.2.

ten an monarchische Empfänge, womit eine große Bedeutung und ein hohes Ansehen Lassalles suggeriert wurden. In seinen Reden und Schriften stilisierte sich Lassalle zum Interessenvertreter der Armen und Arbeiter – ohne einen revolutionären Umsturz zu fordern – und nutze Begrifflichkeiten aus dem religiösen Bereich, um mit ihrer Hilfe seine politische Arbeit als Opfer darzustellen. Kurze Zeit nachdem er die ADAV mitbegründete, starb Lassalle an den Folgen eines Duells. Dieser unerwartete und frühe Tod durch Fremdeinwirkung, die Verklärung der Todesumstände und die Nichtaufklärung des Anlasses für das Duell, wurden von seiner ehemaligen Lebensgefährtin und Mitgliedern des ADAV genutzt, um ihn zu einem politischen Opfer zu stilisieren. Die auf seinen Tod hin initiierten jährlichen Gedenkfeiern trugen nicht nur zur fortwährenden Erinnerung an Lassalle bei. Aufgrund ihrer an religiösen Zeremonien angelehnten Ausgestaltung bewirkten sie eine sakrale Überhöhung Lassalles. Die Festakte wirkten aber auch auf die Teilnehmenden zurück, da durch den gemeinsamen Vollzug ritueller Handlungen, durch das gemeinsame Singen von Liedern aus Zuschauern aktive Teilnehmer der Festakte wurden und Emotionen hervorgerufen und gestärkt wurden.[82] Gemeinsame Handlungen und das gemeinsame Ehren eines anerkannten Vorbildes wirkten auf die Anwesenden integrativ und identitätsstiftend, das Interpretieren eigenen Handelns als Nachfolge des Helden legitimierte dieses und wirkte mobilisierend. Die ADAV und später die Sozialdemokraten ehrten Lassalle aufgrund der ihm zugeschriebenen Verdienste für die Erreichung von Zielen, die sie als die ihrigen anerkannten.

Fazit:

1735 wurde im Zedler-Lexikon „der Held" als jemand beschrieben, der, von Natur mit einer ansehnlichen Gestalt und ausnehmender Leibesstärke ausgestattet, aufgrund tapferer Taten Ruhm erlangte und sich über „den allgemeinen Stand" der Menschen erhoben hätte.[83] Im deutschsprachigen Raum im 18. und 19. Jahrhundert gab es eine Vielzahl von Menschen, die aufgrund ihrer Taten Ruhm erlangten und als Helden geehrt, gefeiert oder auch betrauert wurden. Freilich erlangten Menschen nicht einfach mit der Ausübung einer außergewöhnlichen und tapferen Tat Ruhm und Ehre. Voraussetzung für ihre Stilisierung zu Helden war die Bereitschaft Dritter, durch verbale und symbolische Handlungen sie öffentlichkeitswirksam zu Helden zu stilisieren.

---

82 Die Auswirkung gemeinsamen Singens für die Integration und Identität von Gruppen kann nicht hoch genug veranschlagt werden. So hat Münkler in Bezug auf die Genese der Kriegsbegeisterung im Ersten Weltkrieg den gemeinsamen Gesang als integratives Moment herausgestellt, in dem sich die „*viktime* Gesellschaft in eine *sakrifizielle* Gemeinschaft" transformierte. Siehe: Herfried Münkler, Der große Krieg. Die Welt 1914–1918, Berlin 2013, S. 226.
83 Johann Heinrich Zedler, Grosses vollständiges Universal-Lexicon Aller Wissenschafften und Künste, Bd. 12, Leipzig 1735, Spalte 1214 f.

Diese „Dritten", die Heldensänger, bestimmten darüber, wer geehrt werden sollte und definierten die Gründe dafür. Nicht nur die politische Elite, sondern auch neue Gruppen von politischen Akteuren wie die Arbeiterbewegung, schufen ihre eigenen Helden. Die Tapferkeit der Helden – ein im Zedler-Lexikon aufgestelltes Kriterium zur Erlangung von Ruhm und eine der vier christlichen Kardinaltugenden – war einer der möglichen Gründe für die Stilisierung von Personen zu Helden, jedoch nicht zwingend notwendig. Der gemeinsame Nenner aller Heldenfiguren im 18. und 19. Jahrhundert war die Außergewöhnlichkeit der Taten des Helden. Personen wurden aufgrund außergewöhnlich tapferer Taten, nichtalltäglicher Opferbereitschaft und aufgrund von auf herausragender Klugheit basierendem Wirken gelobt, geehrt und gerühmt.

Dies geschah durch Anwendung unterschiedlicher Mittel auf einer verbal-sprachlichen und einer symbolischen Ebene. Diese Mittel wurden von den jeweiligen ehrenden Personen oder Personengruppen je nach ihren Möglichkeiten und Zielen unterschiedlich gehandhabt und miteinander kombiniert. Aufgrund ihrer politischen und monetären Möglichkeiten hatten Königs- und Adelshäuser die vielfältigsten Mittel zur Verfügung, Personen aufgrund hervorragender Verdienste öffentlich zu ehren, zu rühmen und sie zu Helden zu stilisieren. Ein Mittel war die Stiftung von Auszeichnungen wie Orden, Tapferkeitsmedaillen und anderen Ehrenzeichen, deren Vergabe oftmals mit monetären Leistungen wie Prämien oder der Zusicherung von Renten verbunden war. Auch durch den Bau von Denkmälern oder die Beauftragung von Gemälden, Stichen und Radierungen, die Ereignisse, Personen und ihre Verdienste unter Verwendung einer glorifizierenden Bildsprache, durch Verwendung spezifischer allegorischer Figuren oder Symbole darstellten, wurden diese öffentlich gewürdigt.

Sowohl die Verleihung von Orden und Ehrenzeichen als auch die Einweihung von Denkmälern fand im Rahmen von Feiern statt, deren Ausgestaltung ebenfalls ruhm-fördernd wirken konnte. Weitere Anlässe für Festakte waren Empfänge von Personen, Huldigungen, Geburtstage, Begräbnisse, Todestage, das Gedenken an Ereignisse. Die Feiern hatten – trotz der vielen unterschiedlichen Anlässe – gemeinsame Merkmale hinsichtlich ihrer Ausgestaltung. Sie waren musikalisch untermalt, während der Feiern wurden rituelle Handlungen vollzogen und Reden gehalten, in denen das Handeln und Wirken der Ausgezeichneten beschrieben und mit Hilfe rhetorischer Mittel überhöht wurde. Dies konnte durch die direkte Verwendung des Wortes „Held" oder „heldenhaft" geschehen, aber auch durch Heraushebung von Eigenschaften, die – wie Tapferkeit oder Opferbereitschaft – als Kennzeichen heroischen Handelns galten.

Über die Verleihungen von Auszeichnungen, die Einweihung von Denkmälern, über Feiern zu diversen Anlässen und über diejenigen, die geehrt wurden, wurde wiederum in Flugblättern und Presseartikeln berichtet, womit der Bekanntheitsgrad der Person nochmals verstärkt wurde. Dazu dienten auch Monographien und auto-biographische Schriften. Sie waren nicht nur ein Mittel zur Förderung des Ruhms anderer, sondern auch ein Mittel zur Selbstheroisierung. Dieser konnten die Autoren direkt und indirekt Vorschub leisten, indem in Hoffnung auf die Anwendung dersel-ben Zuschreibung auf den Verfasser Handlungen anderer Personen als heroisch be-zeichnet oder umschrieben wurden.

Anleihen bei einer antiken und christlichen Begriffs- und Formensprache bei der Ausgestaltung von Feiern, aber auch von Denkmälern, Gemälden und Zeichnungen, ob von politischer Seite oder politischen Bewegungen initiiert, waren die Regel.[84] Ferner wurden insbesondere in Reden und Presseerzeugnissen zentrale christliche Begriffe wie Opferbereitschaft oder der Begriff des Märtyrers ihrer jenseitigen Ziele befreit, mit Zielen der jeweils ehrenden Gemeinschaften gefüllt und mit den Geehrten in Verbindung gebracht – auch durch Imagination und direkte Interpretation ihres Handeln und Wirkens als Nachfolge Christi. Die Adaption religiöser Riten und christlicher Begriffe förderte nicht eine sakrale Überhöhung der geehrten Personen, sondern wirkte auf die Teilnehmer der Festakte selbst zurück. Durch Vollzug ritueller Handlungen und gemeinsames Singen wurden aus Zuschauern aktive Teilnehmer einer Zeremonie, die somit nicht nur an der Ehrung und am Gedenken, sondern an dessen religiöser Aufladung persönlich beteiligt waren. Diese Mittel zur Heroisierung von Personen verwendeten sowohl die politischen Eliten als auch neue politische Gruppierungen. Ihre Anwendung und Kombination differierte jedoch je nach monetären und politischen Möglichkeiten der einzelnen „Heldensänger". Je mehr Mittel kombiniert werden konnten und je länger das Gedenken an einzelne Personen Bestand hatte, umso größer war die Wahrscheinlichkeit, dass diese als Helden in das kollektive Gedächtnis auch jenseits der sie heroisierenden Gruppen übergingen, doch dies war kein Garant. Mittel und Formen von Heroisierungen erklären ihren Erfolg nur teilweise. Zum großen Teil hängt der Erfolg vom Inhalt dessen ab, was mit der Person des Helden symbolisiert wurde und damit auch von der Bereitschaft, den Helden und die Initiatoren der Heroisierung anzuerkennen.

Ein Beispiel für ein Scheitern, eine Person zu einem von vielen anerkannten Helden zu stilisieren, sind die Bemühungen Kaiser Wilhelms II., seinen Großvater Wilhelm I. zu Wilhelm dem Großen zu küren.

2.2 Heldenvielfalt im Deutschen Kaiserreich

Das Deutsche Kaiserreich wurde 1871 nach drei erfolgreichen Kriegen ausgerufen und war ein Zusammenschluss von 22 Fürstenstaaten und drei freien Hansestädten, welche auf ihre jeweils eigene Geschichte und Traditionen zurückblickten.[85] Die Politik

---

84 Anleihen bei germanischen Symbolen fanden bei der Erbauung von Denkmälern nach der Gründung des Kaiserreichs statt. Davor sind sie bei Festen der Nationalbewegung wie dem Wartburgfest zu finden. Siehe: George L. Mosse, Die Nationalisierung der Massen. Von den Befreiungskriegen bis zum Dritten Reich, Frankfurt am Main 1993, S. 98.

85 Eine knappe Zusammenfassung des Wegs zur Gründung des Deutschen Kaiserreichs inklusive Kartenmaterial bietet: Jörg Fisch, Europa zwischen Wachstum und Gleichheit. 1850 – 1914, Stuttgart 2002, S. 76 – 82. Ausführlich: Eberhard Kolb, Europa und die Reichsgründung, München 1980; Friedrich Lenger, Industrielle Revolution und Nationalstaatsgründung, Stuttgart 2003; Wolfgang Mommsen, Das Ringen um den nationalen Staat. Die Gründung und der innere Ausbau des Deutschen Reiches

des jungen Kaiserreiches wurde zusätzlich geprägt von der Auseinandersetzung mit neuen politischen und sozialen Kräften wie dem katholischen Zentrum, der Sozialdemokratie, den Liberalen und den Konservativen. Aufgrund der Rolle Preußens als einigende Kraft bei der Reichsgründung, der Personalunion des preußischen Königs und deutschen Kaisers und der Verbindung des Reichskanzleramtes und des Amtes des preußischen Ministerpräsidenten hatte Preußen innerhalb des Deutschen Reiches eine Vorrangstellung. Besonderes Augenmerk liegt daher in nachfolgender Betrachtung bei der Bedeutung des Heroischen bei den Deutschen Kaisern nach Gründung des Deutschen Reiches im Jahr 1871. Ihre Vorstellungen vom Heldentum, die Bemühungen um Heroisierungen einzelner Personen und die Art und Weise, wie diese stattfanden, wird ebenso beleuchtet wie die Rezeption dieser Bemühungen. Ferner wird untersucht, ob es neben Heroisierungsbemühungen von Akteuren der politischen Elite zur Ausbildung konkurrierender Heldenfiguren und alternativer Vorstellungen von Heldentum kam.

Die deutschen Kaiser sowie ihre Affinität zum Heroischen waren höchst unterschiedlich. Wilhelm I. sah sich mehr als preußischer König denn als deutscher Kaiser und verkörperte einen bescheidenen und zurückhaltenden Regierungsstil.[86] Seine erfolgreich geführten Kriege – der Deutsch-Dänische Krieg von 1864, der Preußisch-Österreichische Krieg von 1866 und der Deutsch-Französische Krieg von 1870/71 – und die Proklamation des Deutschen Kaiserreichs und Ausrufung Wilhelms I. zum Deutschen Kaiser wurden zum Anlass für den Bau zahlreicher Denkmäler im gesamten Gebiet des Deutschen Reiches, für Pressemitteilungen, Gedenkschriften, Gedenkfeierlichkeiten und für die Schaffung von Gemälden, welche die einzelnen Ereignisse auf dem Weg zur Kaiserkrönung und diese selbst für die Nachwelt festhielten.[87] Sie sollten nicht nur von den Ereignissen berichten, sondern legitimierende und – vor allem in Bezug auf die Gefallenen – sinnstiftende Funktionen erfüllen. Das berühmteste Denkmal, das anlässlich der Einigungskriege erbaut wurde, ist die Siegessäule in Berlin, die am 2. September 1873, dem dritten Jahrestag der siegreichen Schlacht bei Sedan, eingeweiht wurde. Oben auf der Säule steht eine goldene, mit einem antiken Gewand bekleidete Siegesgöttin, die in ihrer rechten Hand einen Lorbeerkranz, in der linken Hand ein mit dem Eisernen Kreuz versehenes Feldzeichen hält. Auf ihrem Kopf trägt sie einen mit Adlerflügeln geschmückten Helm, der die Göttin als Borussia, die

---

unter Otto von Bismarck 1850–1890, Berlin 1993; Wolfram Siemann, Gesellschaft im Aufbruch. Deutschland 1850–1871, Frankfurt am Main 1990.

86 Clark, Preußen. Aufstieg und Niedergang, S. 674. Zum Regierungsstil Wilhelms I. im Vergleich mit Wilhelm II. siehe Ders., Wilhelm II. Die Herrschaft des letzten deutschen Kaisers, München 2008, S. 57 f.

87 Die Bilder von Adolph Menzel und Anton von Werner sind seitdem fester Bestandteil von Geschichtsbüchern in Schulen, Postkarten etc. Siehe auch: Thomas Nipperdey, „Nationalidee und Nationaldenkmal in Deutschland im 19. Jahrhundert", in: Historische Zeitschrift, Bd. 206, München 1968, S. 543–544. Eine ausführliche Schilderung der Kaiserproklamation und ihrer Rezeptionen bietet Volker Ullrich, Die nervöse Großmacht 1871–1918. Aufstieg und Untergang des deutschen Kaiserreichs, Frankfurt am Main 1997, S. 19 ff. Zur Entstehung von Menzels Gemälde der Kaiserproklamation siehe ebd., S. 22–24.

Personifikation Preußens, charakterisiert. Nicht nur erinnert dieses Denkmal an den Sieg Preußens, sondern es erfüllt eine Funktion der Sinnstiftung, indem es den Tod von Soldaten – Szenen von der Verabschiedung von Soldaten von ihren Familien, ihrer Segnung durch Geistliche und vom Schlachtgeschehen selbst sind am Fuß der Säule angebracht – mit der Gründung des Deutschen Kaiserreichs nach dem erfolgreich geführten Krieg in Bezug setzt. Ebenso wie die Siegessäule in Berlin erinnerten die nach 1871 errichteten Denkmäler nicht nur an den Sieg und die Reichseinigung, sondern verliehen mit diesen Bezügen dem Tod von Soldaten Sinn. Das Formenarsenal und die Ikonographie der politischen Denkmäler und Totenmale blieben bis in das 19. Jahrhundert stabil und schöpften überwiegend aus antik-christlichen Traditionen.[88] Die Gefallenen selbst wurden während einzelner Denkmaleinweihungen und an Gedenktagen an einzelne Schlachten als „Helden" benannt und geehrt.[89]

Die nach der Reichsgründung errichten Denkmäler und die vielen Gemälde standen jedoch in einem seltsamen Kontrast zum Kaiser, der sowohl die letztlich von ihm geführten Kriege als auch seine Proklamation zum Deutschen Kaiser im Januar 1871 scheute. Diese Scheu ging sogar so weit, dass Wilhelm I. überlegte, statt den Kaisertitel anzunehmen vom Thron zurückzutreten und die politische Verantwortung seinem Sohn zu übertragen. Laut Andreas Rose war Wilhelm I. „[...] kein Mann der Selbstinszenierung, keine herausragende politische oder geistige Größe und trotz aller militärischer Ausbildung auch kein großer Feldherr. Die Schlachten wie auch die machiavellistische Staatskunst überließ er allzu gern anderen, seinem Sohn, Kronprinz Friedrich, und namentlich natürlich Helmut von Moltke und Otto von Bismarck. An »historische Größe« und die Frage seines eigenen Nachruhms, dies darf als gesichert gelten, verschwendete er selbst keinen Gedanken. Nicht einmal von Denkmälern ihm zu Ehren wollte er etwas wissen. Sie waren ihm unangenehm, und wenn sie denn schon unbedingt zu seinen Lebzeiten errichtet werden mussten, sollten sie wie auf der Kölner Hohenzollernbrücke in der Nacht enthüllt werden, um ja kein Aufsehen zu erregen."[90] Selbstheroisierung oder auch Begeisterungsfähigkeit für andere Helden, seien es Militärs oder Künstler, fehlen bei Wilhelm I. – im Gegensatz vor allem zu seinem Ahnen König Friedrich II., der sich selbst in eine Tradition antiker Heroen stellte oder seinem Bruder Friedrich Wilhelm IV., der während seiner Regentschaft Friedrich den Großen, Künstler und Wissenschaftler zu seinen Helden erklärte. Einer

---

88 Reinhart Koselleck, „Einleitung", in: Reinhart Koselleck, Michael Jeismann (Hg.), Der politische Totenkult. Kriegerdenkmäler in der Moderne, München 1994, S. 9–20, hier S. 9. Mosse weist darauf hin, dass auch germanische Symbole wie Eichenlaub oder Feuersäulen in Ikonographie und Feiern vor allem in der jungen, während der Befreiungskriege entstandenen Nationalbewegung verwendet wurden. Siehe: Mosse, Die Nationalisierung der Massen, S. 56–61.
89 Hettling, Echternkamp, „Heroisierung und Opferstilisierung. Grundelemente des Gefallenengedenkens von 1813 bis heute", S. 134 ff.
90 Andreas Rose, „Wilhelm I. – ein Großer?", in: Michael Kaiser, Jürgen Luh (Hg.), Friedrich und die historische Größe. Beiträge des dritten Colloquiums in der Reihe „Friedrich300" vom 25./26. September 2009, (URL: https://www.perspectivia.net/publikationen/friedrich300-colloquien/friedrich-groesse/rose_wilhelm (Zugriff am 22.10.2018).

der Gründe für die Skepsis Wilhelms I. dürfte ein Blick auf die heterogenen Vorstellungen vom Heldentum im Deutschen Kaiserreich gewesen sein, aber auch seine Erfahrungen der Revolution von 1848/49: „Vielleicht war es die Revolutionserfahrung, die den noch im 18. Jahrhundert Geborenen vor derlei Huldigungen zurückschrecken ließ. In jedem Fall aber gilt es, bei der letztlich »verweigerten Größe« Wilhelms I. festzuhalten, dass er sich diese Größe bereits selbst verweigerte."[91]

Ein besonders markantes Beispiel für die Abhängigkeit heroischer Zuschreibungen von politischen Einstellungen der jeweiligen Heldensänger ist die Rezeption und Würdigung von Otto von Bismarck einerseits und seinem Attentäter Ferdinand Cohen-Blind andererseits. In der Hoffnung, mit dem Tod Bismarcks einen österreichisch-deutschen Krieg zu vermeiden, feuerte Cohen-Blind am 7. Mai 1866 aus nächster Nähe fünf Schüsse auf den Ministerpräsidenten ab. Das Attentat misslang, Cohen-Blind wurde verhaftet und nahm sich in seiner Gefängniszelle das Leben. In den süddeutschen Staaten, aber zum Teil auch im Königreich Preußen selbst, wo Bismarck bei den Liberalen umstritten und bei den unteren Schichten unbeliebt war, wurde Cohen-Blind in eine Traditionslinie mit Wilhelm Tell gestellt und „wie ein Held gefeiert".[92] Das zweite Attentat auf Bismarck – des katholischen Böttchergesellen Kullmann 1874 in Kissingen – nutzte Bismarck für die Rechtfertigung seines Kampfs gegen die Zentrumspartei und suchte auf dem Höhepunkt des Kulturkampfs die Unterstützung der Nationalliberalen.[93] Eine Stilisierung Kullmanns zum Helden – im Gegensatz zum Attentäter Cohen-Bild – erfolgte nicht.

Bismarck selbst blieb in weiten Kreisen der preußischen Gesellschaft und vor allem bei seinen politischen Gegnern bis zu seinem erzwungenen Rücktritt 1890 umstritten. Nach seinem Rücktritt jedoch entwickelte sich schlagartig ein Bismarck-kult, den er selbst nach Kräften förderte.[94] Mit Hilfe seiner publizistischen Mitarbeiter schürte der ehemalige Reichskanzler, preußische Außenminister und Ministerpräsident Bismarck den Kult um seine Person durch geschickte Lancierung von Stellungnahmen, Nachblicken und Anekdoten über seine Tätigkeit als Staatsmann, vor allem in den „Hamburger Nachrichten", die zum zentralen Medium von Bismarcks Selbstinszenierung wurden.[95] Nichtsdestotrotz darf die Popularität Bismarcks nicht nur auf seine eigenen Bemühungen reduziert werden. Zeitgenössische Quellen, auch aus gegnerischem politischem Lager, geben Auskunft über die Ausstrahlung Bismarcks, für deren Erklärung von Historikern wie Hans-Ulrich Wehler der Charisma-Begriff Max Webers zu Hilfe genommen wurde. Ob mit Charisma das Besondere an Bismarcks

---

91 Rose, „Wilhelm I. – ein Großer?", Absatz 2.
92 Ullrich, Das erhabene Ungeheuer, S. 39; ausführlich siehe Ders., Fünf Schüsse auf Bismarck. Historische Reportagen 1789–1945, München 2002.
93 Lothar Gall, Bismarck. Der weiße Revolutionär, München 2002, S. 615 f.
94 Ebd., S. 824.
95 Die Folgen dieser Medientätigkeit – Ströme von Bismarckanhängern zu Bismarcks letzter Wohnstätte Friedrichsruh oder nach Kissingen einerseits und die Reaktionen Wilhelms II. und der Reichsregierung auf die Popularität Bismarcks andererseits – schildert ausführlich Gall, siehe: Ebd., S. 824 ff.

Ausstrahlung letztlich zutreffend beschrieben wird, ist bis heute umstritten. Unumstritten ist seine persönliche Ausstrahlung, die nicht mit Selbstinszenierung, Ämterkumulation oder gar Verdiensten in den Einigungskriegen, erklärt werden kann.[96] Nicht zufällig begann Bismarck mit seinen Bemühungen um Anerkennung seiner Verdienste mit dem Amtsantritt Wilhelms II. Gezwungen zu gehen, wollte er die Pflege seines Andenkens nicht ausgerechnet demjenigen überlassen, der für seinen Rückzug verantwortlich war.

Kaiser Wilhelm II. trat in die Fußstapfen seines jung verstorbenen Vaters Kaiser Friedrichs III. Das war kein leichtes Erbe, denn Friedrich III. „hinterließ [...] einen bis heute fortwirkenden Mythos: die verbreitete Meinung, Kaiser Friedrich hätte, wäre ihm eine längere Regierungszeit beschieden gewesen, der deutschen Geschichte eine andere Richtung gegeben – im Innern eine liberale Wendung, nach außen die Verständigung mit England".[97] Friedrich III. wurde zwar als „Sieger von Königsgrätz" als Kriegsheld gefeiert, doch blieb er dem Krieg gegenüber ein Leben lang skeptisch eingestellt.[98] Die Gesellschaft des Kaiserreichs nahm ihn als bekennenden Pazifisten wahr, ein Umstand, der entscheidend zur Legendenbildung und posthumen Verherrlichung des zweiten deutschen Kaisers beitrug, eine realistische Einschätzung der tatsächlichen Handlungsmöglichkeiten Friedrichs III. jedoch ausklammerte.

Kaiser Wilhelm II. versuchte seine Herrschaft mit Traditionsbildung zu legitimieren und zu stärken. Seinen Vater Friedrich III. überging er dabei und stellte stattdessen seinen Großvater Kaiser Wilhelm I., die Reichseinigung und sich selbst in den Mittelpunkt. Insbesondere initiierte und förderte Wilhelm II. zu diesem Zweck unterschiedliche Bauvorhaben. Eines dieser von Wilhelm II. geförderten Bauvorhaben war das Kyffhäuser-Denkmal, erbaut auf der Ruine der mittelalterlichen Reichsburg Kyffhausen im Harz, in welcher der Sage nach Kaiser Barbarossa weilte. Die Maße des riesigen Denkmals sind so gewählt, dass das Bauwerk von Weitem wie eine nicht einzunehmende Burg erscheint. Am Sockel des Turms sitzt Kaiser Friedrich I. Barbarossa in einer angedeuteten Höhle, mit einer Hand hält er sein Schwert, die andere versinkt in seinem Bart – eine direkte Anspielung auf den Barbarossa-Mythos, dem zufolge Kaiser Rotbart schläft und im geeignetem Moment aufwachen wird, um die Welt zu regieren. Oberhalb des sitzenden, steinernen Barbarossas reitet Wilhelm I., mit Pickelhaube und Orden geschmückt, aus einer Öffnung aus dem Turm hinaus. Im Gegensatz zu Barbarossa ist das Reiterbild nicht aus Stein, sondern aus Metall. In der Gründungsurkunde heißt es: „Auf dem Kyffhäuser, in welchem nach der Sage Kaiser Friedrich der Rotbart der Erneuerung des Reiches harrt, soll Kaiser Wilhelm der Weißbart erstehen, der die Sage erfüllt hat."[99] Das Mittelalter und Barbarossa am Sockel des Turms bilden „das Fundament, auf dem das Reich neu errichtet worden

---

96 Clark, Wilhelm II., S. 51 f.

97 Winkler, Der lange Weg nach Westen, Bd. 1, S. 257. Siehe auch Gall, Bismarck, S. 791 f.

98 Ohff, Preußens Könige, S. 321 f.

99 Zitiert nach: Winkler, Der lange Weg nach Westen, Bd. 1, S. 278. 1900 hatte der Kyffhäuserbund 1,6 Millionen Mitglieder, 1910 waren es 2,6 Millionen Mitglieder – eine Massenbewegung. Siehe ebd.

war".[100] Wilhelm I. wird somit als Nachfolger Kaiser Friedrichs I., das Deutsche Kaiserreich als Nachfolger des Heiligen Römischen Reiches dargestellt. Das Kyffhäuser-Denkmal ging auf eine Initiative mehrerer Landeskriegerverbände zurück, die sich 1899 zu einem Dachverband zusammenschlossen, der sich den Namen Kyffhäuserbund gab und damit wiederum auf das von den einzelnen Landeskriegerverbänden finanzierte Denkmal verwies. Der Kyffhäuser-Mythos war für die Mitglieder der Kriegerverbände als integratives Moment überaus wichtig und spiegelte Denken und Geschichtsbewusstsein des Verbandes wider. Die Mitglieder waren überwiegend „Handwerker, Ladenbesitzer, Bauern, Tagelöhner, untere Beamte, Angestellte und Arbeiter – »kleine Leute« also, die die Erinnerung an ihre Militärzeit und, wenn sie alt genug waren, an den deutsch-französischen Krieg pflegten und eben dadurch den Gedanken der Nation als Wehrgemeinschaft *aller* deutschen Männer, auch der am wenigsten vermögenden und am geringsten gebildeten, hochhielten".[101] Die Veteranen, die das Denkmal bauen ließen, huldigten mit diesem nicht nur Kaiser Wilhelm I., der als Nachfolger Barbarossas als Reicheiniger dargestellt wurde, sondern auch sich selbst: Zwei allegorische Figuren sitzen rechts und links vor dem Tor, aus dem Kaiser Wilhelm I. hinausreitet. Die weibliche Figur symbolisiert die Geschichte, der germanische Krieger steht wiederum für die Soldaten, die mit ihrem Einsatz die Reichseinigung unter Wilhelm I. möglich gemacht haben – und das Denkmal finanzierten. Der Barbarossa-Mythos, der von den Veteranenvereinen bemüht wurde, war somit mehr als eine Verklärung des Mittelalters. Im Gegensatz zu den von Kaiser Wilhelm II. initiierten und geförderten Denkmälern gab sich die Nation im Kyffhäuser Denkmal – symbolisiert durch den germanischen Krieger – einen Platz in der Ikonographie des Kaiserreichs.[102] Dieser wurde auch dadurch unterstrichen, dass Kaiser Wilhelm II. persönlich das Kyffhäuser-Denkmal am 18. Juni 1896 einweihte.

In seinen eigenen Denkmalinitiativen bezog sich Kaiser Wilhelm II. ebenfalls wie die Initiatoren des Kyffhäuser Denkmals sowohl auf Wilhelm I. als auch auf Barbarossa. So ließ er Kaiserpfalz in Goslar sanieren und im Zuge der Arbeiten vor dem Gebäude Kaiser Wilhelm I. und Kaiser Friedrich I. Barbarossa als Reiterstatuen aufstellen.[103] Auf den Sockeln der beiden Statuen wurden die Namen beider Kaiser golden eingraviert. Der überlieferte Name des mittelalterlichen Königs verwunderte damals nicht besonders, entsprach er doch der damals wie heute üblichen Bezeichnung. Kaiser Wilhelm I. bekam jedoch den Beinamen der Große. Dies war einer der vielen

---

100 Münkler, Die Mythen der Deutschen, S. 64.

101 Winkler, Der lange Weg nach Westen, Bd. 1, S. 277.

102 Einen politisch weitaus bedeutenderen Platz hatte das Volk aufgrund des allgemeinen und gleichen Reichstagswahlrechts. Diesem entsprach die politische Ikonographie des Kaiserreichs keinesfalls. Siehe: Winkler, Der lange Weg nach Westen, Bd. 1, S. 279.

103 Auch im Inneren der Pfalz wählte der Kaiser bewusst den Bezug zu Barbarossa. Eine ausführliche Beschreibung der Ausgestaltung der Pfalz bietet: Monika Arndt, Der Weißbart auf des Rotbarts Throne. Mittelalterliches und preußisches Kaisertum in den Wandbildern des Goslarer Kaiserhauses, Göttingen 1977.

Versuche Wilhelms II., seinen Großvater Wilhelm I. nicht nur als Erbe und Vollender der von Friedrich Barbarossa begonnen Reichseinigung, sondern durch Verleihung des Titels „Der Große" ebenso als Nachfolger Friedrichs des Großen darzustellen. Freilich stellte sich Wilhelm II. mit der Zurschaustellung einer Tradition des jungen Kaiserreichs bis ins Mittelalter selbst als letztes Glied dieser Legitimationskette dar und versuchte, das Deutsche Reich als Fortführung des mittelalterlichen Kaiserreichs Barbarossas und seine Herrschaft als Nachfolge auf seine berühmten Vorfahren Barbarossa, Friedrich den Großen und Wilhelm I. zu legitimieren. Indem sich Wilhelm II. in die Tradition seiner Vorfahren als Reichseiniger stellte, hob er sein Selbstverständnis als integrative Kraft, die historische und konfessionelle Gegensätze, aber auch wirtschaftliche Ungleichgewichte der einzelnen Bundesländer im Deutschen Reich überwinden könnte, heraus.[104] Mit der Heroisierung seiner Vorfahren verfolgte Kaiser Wilhelm II. somit dezidiert politische Ziele: die Legitimierung und Stärkung seiner Herrschaft.

Bis 1902 wurden auf dem Gebiet des Deutschen Reiches insgesamt 322 Denkmäler auf Initiative des Bürgertums und Wilhelms II. für den ersten deutschen Kaiser aufgestellt.[105] Ferner initiierte Wilhelm II. das Feiern von Geburts- und Todestagen der Hohenzollern an Schulen, auf öffentlichen Gedenkveranstaltungen zu Jahrestagen der Reichsgründung und gab Festschriften in Auftrag. Sein Ziel war klar: Wilhelm I. sollte Wilhelm II. als „Nationalheros" dienen, „in dessen Glanz sich auch der Enkel sonnen wollte".[106] Dies gelang ihm nicht wirklich. Die Resonanz der Presse, vor allem in Artikeln und Karikaturen in Satirezeitschriften wie dem *Simplizissimus* aus München oder der in Berlin herausgegebenen Zeitschrift *Die Zukunft*, auf die von Wilhelm II. initiierten oder geförderten Denkmalbauten und den auf vielen Denkmalsinschriften gemeißelten Beinamen „der Große", waren kritisch bis spöttisch.[107] Wilhelm II. war der erste deutsche Kaiser, der sich der Medien zur Popularisierung und charismati-

---

104 Clark, Wilhelm II., S. 678. Siehe auch: Reinhard Alings, Monument und Nation. Das Bild vom Nationalstaat im Medium Denkmal. Zum Verhältnis von Nation und Staat im deutschen Kaiserreich 1871–1918, Berlin 1996, S. 108–110.

105 Eine Übersicht über den Bau von Denkmälern für Wilhelm I. und Bismarck nach 1888 bietet Winkler, Der lange Weg nach Westen, Bd. 1, S. 278 ff.

106 Rose, „Wilhelm I. – ein Großer?", Absatz 6. Wilhelm II. initiierte das Feiern von Geburts- und Todestagen der Hohenzollern an Schulen, öffentlichen Gedenkveranstaltungen zu Jahrestagen der Reichsgründung etc. Ferner gab er Festschriften in Auftrag. Es erschienen: Wilhelm Oncken, Unser Heldenkaiser. Festschrift zum hundertjährigen Geburtstage Kaiser Wilhelm des Großen, Berlin 1897; Bernhard von Kugler, Deutschlands größter Held! 1797–1897. Jubel Ausgabe. Zur hundertjährigen Gedächtnis-Feier des Geburtstages weiland Sr. Majestät Kaiser Wilhelm I., Dresden 1897.

107 Ohff, Preußens Könige, S. 348 f. Siehe auch: Franz Herre, „Kaiser Wilhelm I. Der letzte Preuße und das Zweite Reich", in: DAMALS. Zeitschrift für Geschichtliches Wissen, Heft 2, Februar 1981, S. 95–114, hier S. 95. Wilhelm II. ließ auch Kirchen in Gedenken an seinen Großvater als auch an seinen Vater bauen: die Kaiser-Wilhelm-Gedächtnis-Kirche in Berlin Charlottenburg und die Kaiser-Friedrich-Gedächtniskirche im Berliner Hansaviertel, die jedoch im Zweiten Weltkrieg stark zerstört wurden. Zur Reaktion auf das Denkmal vor dem Berliner Schloss siehe Rose, „Wilhelm I. – ein Großer?", Absatz 20 ff.

schen Darstellung nicht nur seiner Ahnen, sondern auch seiner eigenen Person durch Veröffentlichung von Fotografien und von Filmen, die private und öffentliche Termine und Auftritte des Kaisers und seiner Familie festhielten, bediente.[108] Doch je mehr der Kaiser aktiv – vor allem in Reden – für sich warb, umso kritischer reagierte ein Teil der Presse und machte ihn zum Gegenstand von Spott und Karikatur.[109] Dennoch: Clark weist zu Recht darauf hin, dass „öffentliche" und „veröffentlichte" Meinung nicht ein und dasselbe seien.[110] Der Kaiser blieb ein „nationales Symbol", „nicht zuletzt mangels Alternative, weil das Reich über so wenige echte nationale Symbole verfügte".[111] Innerhalb breiter Volksschichten in Preußen blieb Wilhelm II. bis zum Ausbruch des Ersten Weltkriegs populär, seine Beliebtheit erreichte bei Kriegsbeginn sogar einen weiteren Höhepunkt. Doch in den ersten Monaten des Krieges wurde er immer mehr von Paul von Hindenburg abgelöst, auf den sich Hoffnungen auf einen Sieg und Kritik an der Regierung zugleich vereinigten und der sich wie zuvor Bismarck und Wilhelm II. um eine starke Präsenz in den Medien bemühte.[112]

Dass der Versuch Wilhelms II., seinen Großvater zu heroisieren, ihn als Wilhelm den Großen in das kollektive Gedächtnis des Deutschen Kaiserreichs eingehen zu lassen, trotz all seiner Bemühungen scheiterte, zeigt nicht nur auf, dass der Erfolg von Heroisierungsbemühungen von mehreren Faktoren als der Intention der Heldensänger abhängt: Das Scheitern stellt die Charakterisierung des Deutschen Kaiserreichs als reinen Obrigkeitsstaat infrage. Das Kaiserreich sei nicht nur als „Summe der Entscheidungen und Motive seiner Führung, sondern auch als Summe seiner Bevölkerung zu begreifen, sei es auch nur eine schweigende, sich den Absurditäten ihrer Zeit verweigernde Mehrheit. Nicht nur Taten, sondern auch Unterlassungen gilt es demzufolge in die historische Analyse miteinzubeziehen, wozu auch die vergeblichen Versuche, aus Wilhelm I. einen »Großen« zu machen, herangezogen werden können".[113] So wie es die Bevölkerung unterließ, auf die Versuche Wilhelms II. seinen Großvater zum Helden zu küren, einzugehen, so stieß dieses Bemühen Wilhelms II. bei den politischen Eliten der anderen Länder des Deutschen Kaiserreiches auf Un-

---

108 Clark, Wilhelm II, S. 212. Auch Friedrich II. war um seinen Ruf als Heros bemüht, doch – seiner Zeit geschuldet – konnte er nicht auf eine vielfältige Presselandschaft zugehen wie Wilhelm II.

109 Jost Rebentisch, Die vielen Gesichter des Kaisers. Wilhelm II. in der deutschen und britischen Karikatur, Berlin 2000, S. 60 ff.

110 Clark, Wilhelm II., S. 238 und S. 240.

111 Winkler, Der lange Weg nach Westen, Bd. 1, S. 280.

112 Clark, Wilhelm II., S. 311 ff. Selbst in Bayern und sogar unter SPD-Anhängern war Wilhelm II. überaus beliebt, siehe: Clark, Preußen, S. 679. Zu Hindenburg siehe Kapitel 2.3.

113 So das Fazit von Rose. Siehe: Ders., „Wilhelm I. – ein Großer?", Absatz 17. Dieser Charakterisierung widersprechen ebenfalls neuere Untersuchungen zur Zusammenarbeit von monarchisch-kaiserlicher Reichsleitung und demokratisch-parlamentarischer Reichstagsmehrheit ab 1899. Siehe: Frank-Lothar Kroll, Geburt der Moderne. Politik, Gesellschaft und Kultur vor dem Ersten Weltkrieg, Berlin 2013, S. 12.

verständnis und Ablehnung.[114] Zwar sei das Wort „der Große" „auf einige Denkmal-
sockel gewandert, aber nicht in die Seele des Volkes und nicht in das Vokabular der
Historiker."[115]

Große Teile der Bevölkerung des Deutschen Reiches hatten Sympathien für andere Helden als für monarchische. Einer dieser Helden war Friedrich Wilhelm Voigt.
Voigt, ein mehrfach vorbestrafter Kleinkrimineller, erwarb im Oktober 1906 bei einem
Trödler eine alte Uniform, zog sie an und befahl einer Wachmannschaft in Plötzensee,
ihn nach Köpenick zu begleiten. Im Rathaus von Köpenick verhaftete der als Hauptmann verkleidete Voigt den Bürgermeister und beschlagnahmte die Staatskasse. Zehn
Tage nach seinem Coup wurde Voigt verhaftet, zu vier Jahren Gefängnis verurteilt,
1908 jedoch von Wilhelm II. begnadigt.[116] Sein Coup, mit dem Voigt den preußisch-
deutschen militärischen Wertekatalog infragestellte und der ihn als Hauptmann von
Köpenick bekannt machte, trug zur allgemeinen Belustigung, aber auch Reflexion
über die Rolle und Stellung des Militärs in Preußen bei.

Da das Deutsche Kaiserreich aus drei siegreichen Kriegen hervorging, ist es nicht
weiter verwunderlich, dass das Militär eine Vorrangstellung in der Politik und Gesellschaft beanspruchte und auf die Gesellschaft durch die Adaption „militärischer
Denkmuster und Verhaltensweisen" wie „den Befehlston, die Gehorsamspflicht, die
Rangprivilegien für Uniformträger, die Bewunderung von Heldentum und Opferbereitschaft, die Hochschätzung von Waffengewalt" rückwirkte.[117] Dieser Effekt wurde
durch die Allgemeine Wehrpflicht verstärkt. Das Militär wurde zur Bildungs- und
Erziehungsanstalt, „Schule der Nation"[118], in der Selbstzucht, „Königs- und Vater-
landstreue, Hingabe an den Dienst, unbedingter Gehorsam, »Manneszucht«, kame-
radschaftliches Verhalten, Mut und Tapferkeit" den Soldaten beigebracht wurden.[119]
Diese Werte gelangten zusammen mit den aus dem Militärdienst rückkehrenden

---

114 Vor allem bei der politischen Elite in Bayern erfuhr nicht Wilhelm I., sondern Bismarck aufgrund
seiner Verdienste um die Wirtschafts- und Sozialpolitik Anerkennung. Siehe Rose, „Wilhelm I. – ein
Großer?", Absatz 19.

115 So die Feststellung von Theodor Heuss 1956 über die Heroisierungsbemühungen des letzten
deutschen Kaisers. Siehe: Theodor Heuss, „Über die Maßstäbe geschichtlicher Würdigung", in: Hermann Heimpel, Theodor Heuss, Benno Reifenberg (Hg.), Die großen Deutschen. Von Karl dem Großen
bis Andreas Schlüter, Bd. 1, Berlin 1983, S. 11.

116 Siehe: Wilhelm Ruprecht Frieling, Der Hauptmann von Köpenick. Die wahre Geschichte des
Wilhelm Voigt, Berlin 2010. Der berühmteste Heldensänger Voigts wurde Carl Zuckmayer, dessen Stück
„Der Hauptmann von Köpenick. Ein deutsches Märchen" 1931 in Berlin uraufgeführt wurde.

117 Ute Frevert, „Heldentum und Opferwille, Ordnung und Disziplin: Militärische Werte in der zivilen
Gesellschaft", in: Andreas Rödder (Hg.), Alte Werte – Neue Werte. Schlaglichter des Wertewandels,
Göttingen 2008, S. 139–149, hier S. 140.

118 Die gängige Bezeichnung „Schule der Nation" geht zurück auf Reinhard Höhn, Die Armee als
Erziehungsschule der Nation. Das Ende einer Idee, Bad Harzburg 1963.

119 Ebd., S. 140. Zur Prägung der bürgerlichen Gesellschaft durch das Militär siehe auch die ältere,
jedoch nach wie vor bedeutsame und differenzierte Darstellung von: Peter Reichel, Politische Kultur
der Bundesrepublik, Opladen 1981, S. 78–83. Ferner: George L. Mosse, Gefallen für das Vaterland.
Nationales Heldentum und namenloses Sterben, Stuttgart 1993, S. 91.

Soldaten in die zivile Gesellschaft. Kriegerische Gewalt, Wertvorstellungen und Verhaltensregeln des Militärs waren in Deutschland während der Kriege aber auch durch die Erziehung von Soldaten während des Militärdienstes ein „integrativer Faktor der Gesellschaftsbildung".[120] Zwar wurde das Militär auch zu Zeiten des Kaiserreichs kritisiert. Insbesondere die schikanöse Behandlung während demütigender und entwurzelnder Initiationsriten von Rekruten und die Verletzung ihrer bürgerlichen Rechte hinter Kasernenmauern stieß auf breite Ablehnung und Proteste insbesondere unter den Sozialdemokraten.[121] Doch trotz aller Kritik erwies sich die seit den antinapoleonischen Kriegen und den Deutschen Einigungskriegen erfolgreich stattgefundene Integration der Gesellschaft durch Krieg als wirkmächtig und führte dazu, dass große Teile des Bürgertums Werte und Normen des Militärs übernahmen.[122] Ebendiese Werte und Normen und die hohe Bedeutung uniformierter Macht in Preußen stellte der Coup Voigts infrage. Über die „Heldentat" des „verwegenen", „raffinierten" und „genialen" Voigt – so dessen Charakterisierung im Vorwärts vom 19. Oktober 1906 – berichteten Zeitungen in Berlin und im gesamten Deutschen Reich wochenlang. Nach seiner Haft ging der „schalkhafte Held" Voigt auf Tournee, auf der er seinen Coup vermarktete, er bekam diverse Heiratsanträge und wurde vom Großherzogtum Luxemburg eingebürgert, wo er schließlich 1922 verstarb.[123]

Nicht nur Voigt hielt der Gesellschaft des Deutschen Kaiserreichs einen Spiegel hin und stellte das offizielle militärisch dominierte Wertesystem und damit die Vorrangstellung von Kriegshelden infrage. Theodor Fontane reflektierte in seinem 1899 erschienenen Roman „Der Stechlin" über die Bedeutung von Heldentum.[124] Preußische Tapferkeitsauszeichnungen nahm Fontane auf die Schippe: „Es ist und bleibt ein Heroismus. Wer Tante Adelheid geheiratet hätte, hätte sich die Tapferkeitsmedaille verdient, und wenn ich schändlich sein wollte, so sagte ich, das Eiserne Kreuz."[125] Doch im „Stechlin" geht es bei der Erörterung von heroischem Handeln im Krieg auch ernsthafter zu: „Heldentum ist Ausnahmezustand und meist Produkt einer Zwangs-

---

120 Kühne, „»Friedenskultur«, Zeitgeschichte, Historische Friedensforschung", S. 17.
121 Thomas Kühne, „Der Soldat", in: Ute Frevert, Heinz-Gerhard Haupt (Hg.), Der Mensch des 20. Jahrhunderts, Frankfurt am Main, New York 1999, S. 344–372, hier S. 350. Siehe auch: Frevert, „Heldentum und Opferwille", hier S. 141.
122 Norbert Elias, Studien über die Deutschen. Machtkämpfe und Habitusentwicklung im 19. und 20. Jahrhundert, hg. von Michael Schröter, Frankfurt am Main 1994, S. 21.
123 Eine detaillierte Auflistung der Rezeption des Vorfalls in den Medien als auch Voigts eigenes Bemühen um Heroisierung bietet der Jurist Henning Rosenau, „Der »Hauptmann von Köpenick« ein Hangtäter? Studie zu einem Urteil des Königlichen Landgerichts II in Berlin und einem Schauspiel von Carl Zuckmayer", in: Zeitschrift für Internationale Strafrechtsdogmatik (ZIS 3/2010), S. 284–298, hier S. 288f. Rosenau führt weiter aus: „Der Straftäter Voigt erfährt allgemein nicht nur heimlich, sondern ganz offen Bewunderung. Ein Phänomen, welches nicht neu ist. Man muß nur an Figuren wie Störtebeker, Robin Hood oder den Schinderhannes denken, was Jherings Satz, nicht das Rechtsgefühl erzeuge das Recht, sondern das Recht erzeuge das Rechtsgefühl, nicht gerade belegt." Ebd., S. 289.
124 Zum Roman: Eda Sagarra, Theodor Fontane. Der Stechlin, München 1986.
125 Theodor Fontane, Der Stechlin, Zürich 1998, S. 65.

lage."[126] Fontane unterstreicht seine Vorstellung, indem er einen kriegserfahrenen Veteranen zu Wort kommen lässt: „Wenn ein Bataillon ran muß und ich stecke mittendrin, ja was will ich da machen? Da muß ich mit. Und baff, da lieg ich. Und nu bin ich ein Held. Aber eigentlich bin ich keiner. Es ist alles bloß »Muß«, und solche Mußhelden gibt es viele."[127] Dieses Heldentum sei nicht einzigartig, sondern schlicht erzwungen. „Der Bataillonsmut, der Mut in der Masse – bei allem Respekt davor –, ist nur ein Herdenmut."[128] Mit diesen Ausführungen, die Fontane einem Kriegsveteranen in den Mund legt, setzt er kriegerisches Heldentum stark herab. Er bemüht sich sogar um einen Vergleich aus der Tierwelt und vergleicht dieses mit „Herdenmut", der dadurch gekennzeichnet sei, dass eine Herde in der Regel ihrem Leithammel folge, ohne die Richtung zu hinterfragen. Und dies sei nicht erstrebenswert, so Fontane. Dieses Zitat spiegelt Fontanes eigene Auffassung über kriegerisches Heldentum klar wider.[129]

Schließlich ist es ein Pastor, dem Fontane die Aufgabe gibt, seine Auffassung von Heldentum zur letzten Jahrhundertwende zu erläutern: „Aus der modernen Geschichte, der eigentlichen, der lesenswerten, verschwinden die Bataillen und die Bataillone – trotzdem sie sich beständig vermehren –, und wenn sie nicht selbst verschwinden, so schwindet doch das Interesse daran. Und mit dem Interesse das Prestige. An ihre Stelle treten Erfinder und Entdecker, und James Watt und Siemens bedeuten uns mehr als du Guesclin und Bayard. Das Heldische hat nicht direkt abgewirtschaftet und wird noch lange nicht abgewirtschaftet haben, aber sein Kurs hat nun mal seine besondere Höhe verloren, und anstatt sich in diese Tatsache zu finden, versucht es unser Regime, dem Niedersteigen eine künstliche Hausse zu geben."[130] An Stelle des Kriegsheldentums, so Fontane, würden Entdeckerhelden treten, auch wenn offiziell noch am militärischen Heldentum festgehalten würde. Wiederum ist es Pastor Lorenzen – Lorenzen erfüllt in Fontanes Roman nicht nur die Rolle eines Kirchenvertreters, sondern wird auch als Sympathisant der Sozialdemokratie geschildert –, der über Heldentum räsoniert: „Heldentum ist gut und groß. Unter Umständen ist es das Allergrößte. Lasse mir also den Heroenkultus durchaus gefallen, das heißt, den echten und rechten. Aber was Sie da von mir hören wollen, das ist, Verzeihung für das Wort, Heldentum zweiter Güte. Mein *Heldentum* – soll heißen, was ich für Heldentum halte –, das ist nicht auf dem Schlachtfelde zu Hause, das hat keine Zeugen oder doch immer nur solche, die mit zugrunde gehen. Alles vollzieht sich stumm, einsam welt-

---

126 Ebd., S. 35–36.
127 Ebd., S. 351.
128 Ebd., S. 457.
129 Fontane ging 1870 nach Frankreich, um für ein Buch über den deutsch-französischen Krieg zu recherchieren und fiel in französische Gefangenschaft. Seine Eindrücke und Erlebnisse schrieb er in seinem Buch „Kriegsgefangen" nieder. Aus einer Reise nach Frankreich im Frühjahr 1871 ging der Bericht „Aus den Tagen der Okkupation" hervor. Zur Analyse der beiden Berichte siehe: Rainer Kipper, „Formen literarischer Erinnerung", in: Helmut Bredig, Klaus Heller, Winfried Speitkamp (Hg.), Krieg und Erinnerung. Fallstudien zum 19. und 20. Jahrhundert, (Formen der Erinnerung, Bd. 4), Göttingen 2000, S. 17–37, hier S. 18–23.
130 So Pastor Lorenzen in: Ebd., S. 364.

abgewandt. Wenigstens als Regel [...] Da sind zunächst die fanatischen Erfinder, die nicht ablassen von ihrem Ziel, unbekümmert darum, ob ein Blitz sie niederschlägt oder eine Explosion sie in die Luft schleudert; da sind des weiteren die großen Kletterer und Steigerer, seis's in die Höh, sei's in die Tiefe, da sind zum dritten die, die den Meeresgrund absuchen wie 'ne Wiese, und da sind endlich die Weltteildurchquerer und die Nordpolfahrer [...] Echtes Heldentum oder, um's noch einmal einzuschränken, ein solches, das mich persönlich hinreißen soll, steht immer im Dienst einer Eigenidee, eines allereigensten Entschlusses.“[131] Bei diesen Ausführungen handelt es sich um eine äußerst detaillierte Beschreibung dessen, was Fontane als heroisch begreift. Echtes Heldentum sei nicht auf den Schlachtfeldern zu finden. Es sei weltabgewandt, finde ohne Zeugen statt und sei nicht erzwungen. Nicht Kriegshelden, sondern zivile Helden werden nun von Fontane genannt: Bergsteiger, Taucher, Nordpolfahrer. Bedingung für ihr Heldentum ist jedoch, dass Risiken für die Erreichung der Ziele aus „allereigenstem Entschluss“, aus freiem Willen, also ohne Zwang von außen, auf sich genommen werden. Interessant ist das Fehlen einer religiösen Komponente, wenn Pastor Lorenzen von Heldentum spricht. Wenn der Leser erwartet hatte, dass Ziele wie der Dienst an der Kirche oder für Gott als Bedingung von Heldentum genannt werden würden, so wurden diese an die Rolle Lorenzens als Pastor geknüpften Erwartungen nicht erfüllt. Vielmehr begründet Lorenzen „echtes Heldentum“ nicht nur weltimmanent, sondern macht dieses vom freien individuellen Entschluss abhängig.

Fazit:

Die in der Forschung häufig vorgenommene Reduktion des Heldischen auf das Militärische in der Geschichte Preußens und des Deutschen Reiches greift zu kurz. Zwar gab es eine Übernahme von militärischen Normen und Werten innerhalb der Gesellschaft. Auch spielte das Militär in Preußen eine größere Rolle als in den anderen Staaten des Norddeutschen Bundes und des späteren Kaiserreiches. So vertraten konservative Kreise nach 1870 die Ansicht, dass, da Preußen die Einigung Deutschlands erwirkt hatte, Deutschland „allen Grund hatte, preußischer, also soldatischer zu werden, von Preußen aber umgekehrt nicht verlangen durfte, es möge nun deutscher, also bürgerlicher werden“.[132] Zwar weitete sich die offizielle Memorialkultur Preußens, die in ihr Zentrum Helden der Einigungskriege stellte, im Laufe der Zeit auf eine gesamtdeutsche Kultur aus und legitimierte so „den preußischen Anspruch auf die politische Führungsrolle in der Gemeinschaft deutscher Staaten“.[133] Doch aufgrund seiner föderalen Struktur gab es im Deutschen Kaiserreich nicht nur viele konkurrierende Gedenkstätten, die von den Königen aber auch vom Bürgertum oder von Kriegsveteranen initiiert und finanziert wurden, sondern auch eine Pluralität an

---

131 Ebd., S. 454 f.
132 Winkler, Der lange Weg nach Westen, Bd. 1, S. 216.
133 Clark, Preußen. Aufstieg und Niedergang, S. 447.

Heldenfiguren.[134] „Die Symbole des Reiches verdrängten auch nicht die der Einzelstaaten, sondern »koexistierten« mit ihnen. Das galt für die Herrscherhäuser ebenso wie für Fahnen, Hymnen, Denkmäler."[135] Und ebendies galt auch für Heldenvorstellungen. Vor allem in den süddeutschen Staaten des Kaiserreichs spielten bürgerliche und freiheitliche Traditionen eine weitaus größere Rolle als in Preußen selbst, wo beispielsweise Helden der Befreiungskriege auch nach 1871 verehrt wurden.

Nicht nur Kriegshelden bevölkerten das Heldenpantheon während des Deutschen Kaiserreichs. Das Feld des Heroischen wurde im Deutschen Kaiserreich im und durch den Kulturkampf einerseits auf Zivilisten, andererseits auf kirchliche Würdenträger ausgeweitet. Auch erlangten Helden der Arbeiterbewegung als Gegenbewegung zu Bismarck und als Antwort auf seine Sozialistengesetze neue Popularität. An Lassalles Todestag wurden rote Fahnen öffentlichkeitswirksam an Schornsteine und Kirchtürme gehängt, Arbeiter und ihre Familien unternahmen in Tradition der Festkultur der Arbeiterbewegung an diesem Tag Ausflüge, neue Gesangs- und Theatervereine wurden gegründet, in denen Lieder auf Lassalle gesungen wurden.[136] Von der Vielfalt der Vorstellungen vom heroischen Handeln im Deutschen Kaiserreich zeugen ebenfalls das Weiterpflegen des Andenkens an Helden der Befreiungskriege, die Popularität und ironische Heroisierung des Hauptmanns von Köpenick, die mit einer Kritik der Dominanz militärischer Werte innerhalb der Gesellschaft einherging und – wie bei Fontane geschildert – der Verweis auf neue Formen des Heldentums. Die Koexistenz unterschiedlicher Heldenbilder und das Scheitern der Bemühungen Wilhelms II., seinen Großvater zu heroisieren, ebenso die Existenz von Medien, die diese Bemühungen karikierten, stellen die gängige Charakterisierung des Deutschen Kaiserreichs als reinen Obrigkeitsstaat infrage. Gemeinsam war allen Heldenbildern, dass der Einsatz des jeweiligen Helden, seine Opfer und Entbehrungen im Kampf für das gemeinsame Anliegen der Heldensänger – sei es der Kampf für die Rechte der Arbeiter, der Katholiken, für das Wohl des Staates – hervorgehoben wurde. Ob dieses Bild tatsächlich der Realität entsprach, wurde von den jeweiligen politischen Gegnern angezweifelt. Für diejenigen Gruppen, die ihren Helden zujubelten oder ihrer gedachten, war dagegen in erster Linie die identitätsstiftende, integrative und mobilisierende Wirkung des gemeinsamen Bekenntnisses zum jeweiligen Helden von Bedeutung.

---

134 Koselleck, „Einleitung", S. 16.
135 Winkler, Der lange Weg nach Westen, Bd. 1, S. 280.
136 Herzig, „Die Lassalle-Feiern in der politischen Festkultur der frühen deutschen Arbeiterbewegung", S. 331. Lassalles Genese zum Helden der Arbeiterbewegung wird in Kapitel 2.1 dieser Arbeit erläutert.

2.3 Kriegsversehrte oder Helden? Das Nachleben des Ersten Weltkriegs in der Weimarer Republik

Am Ende des Ersten Weltkriegs war von der Begeisterung, mit der europaweit Soldaten in den Krieg zogen und namenhafte Intellektuelle – Sigmund Freud[137], Max Weber, Émil Durkheim, Werner Sombart, um nur einige zu nennen – den Kriegsausbruch begeistert bejahten, nichts mehr übrig. Die Erfahrung von Tod und maßlosem Elend prägte nicht nur die Augenzeugen an der Front, sondern ganze Gesellschaften.

Spätestens nach dem Scheitern der letzten deutschen Offensive an der Westfront im Juli 1918 war neben Militär und Politik auch zunehmend der deutschen Öffentlichkeit klar, dass der Krieg verloren war. Diese Gewissheit hatten auch viele Matrosen. Ihr Überlebenswille überstieg mit zunehmender Gewissheit, dass Heldentum im Ersten Weltkrieg eine lediglich posthume Zuschreibung sein konnte, den zu Beginn des Krieges noch starken Siegeswillen. Als die vor Wilhelmshaven und Kiel stationierten Schiffe zu einem letzten großen Gefecht auslaufen sollten, weigerten sich die Matrosen den Befehlen der Seekriegsleitung vom 29. Oktober 1918 Folge zu leisten: „Die deutsche Armee zerfiel damals, moralisch gesehen, in zwei Teile. Ein Teil der Truppen kämpfte so hart wie je, ja er wurde durch die drohende Niederlage geradezu fanatisiert. Es hat noch heroische Abwehrkämpfe gegeben – aber, wie gesagt, nur bei einem Teil der Truppen. Beim anderen, größeren Teil zeigte sich, daß die deutsche militärische Moral jetzt angeschlagen war. Diese Soldaten hatten im Grunde genommen innerlich aufgegeben, sie sahen keine Siegeschance mehr, sondern nur noch die unabwendbare Niederlage vor sich und hatten einfach keine Lust, in diesem Schlußakt eines verlorenen Krieges noch ihr Leben einzusetzen [...] Das waren keine Feiglinge und keine Deserteure, es handelte sich vielmehr um den mitdenkenden Teil der Armee.“[138] Dieser Teil der Armee, die meuternden Matrosen der Hochseeflotte, verbündete sich mit den Arbeitern der Küstenstädte, zusammen bildeten beide Gruppierungen spontan Arbeiter- und Soldatenräte nach sowjetischem Vorbild und verlangten die sofortige Beendigung des Krieges. Im Verlauf der auf die Matrosenrevolte folgenden Aufstände in Deutschland wurden schnell weiterreichende Forderungen erhoben, die in der Forderung nach dem Sturz der Monarchie mündeten.[139]

---

137 „Meine ganze Libido gehört Österreich-Ungarn.“ So kommentierte Freud den Beginn des Krieges. Zitiert nach James J. Sheehan, Kontinent der Gewalt. Europas langer Weg zum Frieden, Bonn 2008, S. 90. Zur Kriegsbegeisterung siehe ebd. S. 89 ff. Deutsche Helden versus englische Händler waren die Schlagworte des Soziologen Sombart: Werner Sombart, Händler und Helden. Patriotische Besinnungen, München, Leipzig 1915. Zur europaweiten Kriegsbegeisterung und ihren Gründen siehe: Münkler, Der Große Krieg, S. 225.
138 Sebastian Haffner, Von Bismarck zu Hitler. Ein Rückblick, München 2001, S. 148 f.
139 Klaus Schwabe, Deutsche Revolution und Wilson-Friede. Die amerikanische und deutsche Friedensstrategie zwischen Ideologie und Machtpolitik, Düsseldorf 1971; Volker Ullrich, Die Revolution von 1918/19, München 2009.

Am 9. November 1918 erreichte die von den Matrosen ausgegangene Revolution Berlin.[140] In der ganzen Stadt demonstrierten Menschen und schritten in langen Zügen in Richtung Regierungsviertel. Arbeiter von Großbetrieben streikten und, was für die Regierung ausschlaggebend war, ebenso Soldaten – ein öffentlichkeitswirksames Signal dafür, dass die Regierung unter Reichskanzler Prinz Maximilian von Baden keinen starken Rückhalt innerhalb des Militärs mehr hatte.[141] Noch am selben Tag verkündete Prinz Max von Baden die Abdankung Wilhelms II., freilich ohne sich vorher die Zustimmung des Kaisers einzuholen. Sein eigenes Amt übergab der Prinz dem Sozialdemokraten Friedrich Ebert.

Heldenhaft kann man den Rückzug Kaiser Wilhelms II. nicht nennen. Unter Verzicht auf einen heroisch überhöhten Tod an der Westfront, mit dem er das Ansehen der Monarchie vor konservativen und nationalistischen Kreisen gerettet hätte, flüchtete der Monarch in das niederländische Exil.[142] Vielleicht hätte der König und Kaiser durch ein „Königsopfer" zumindest den Fortbestand der Hohenzollerndynastie sichern können; „aber Wilhelm entzog sich dem unter Verweis auf seine Stellung als Oberhaupt der protestantischen Kirche in Preußen."[143] Es ist anzunehmen, dass die Flucht vor dem Hintergrund der Ermordung seines Cousins, des russischen Zaren Nikolaus II., durch die Bolschewiki im Zuge der Russischen Revolution erfolgte. Dass die Obersten Heerführer, namentlich Paul von Hindenburg, Wilhelm II. vehement und wiederholt ihre Bedenken vor einer möglichen Gefangennahme des Kaisers durch revolutionäre Soldaten vortrugen, beeinflusste das Ringen Wilhelms II. zwischen der Option Flucht und damit Inkaufnahme eines als feige und unpreußisch geltenden Verhaltens und der Option Opfertod zugunsten ersterer.[144] Ebenso ist anzunehmen,

---

140 Die Bezeichnung „Revolution" war zeitgenössisch: Am 10. November 1918 schrieb der Chefredakteur Theodor Wolff im „Berliner Tageblatt": „Die größte aller Revolutionen hat wie ein plötzlich losbrechender Sturmwind das kaiserliche Regime mit allem, was oben und unten dazu gehörte, gestürzt. Man kann sie die größte aller Revolutionen nennen, weil niemals eine so fest gebaute, mit soliden Mauern umgebene Bastille so in einem Anlauf genommen wurde ... Gestern früh war, in Berlin wenigstens, das alles noch da. Gestern Nachmittag existierte nichts mehr davon." Zitiert nach Winkler, Der lange Weg nach Westen, Bd. 1, S. 374.
141 Auch die Naumburger Jäger, ein besonders kaisertreu geltendes Bataillon, schloss sich den Streikenden an. Vgl. ebd., S. 370.
142 Hettling, Echternkamp, „Heroisierung und Opferstilisierung. Grundelemente des Gefallenengedenkens von 1813 bis heute", S. 136. Den Verzicht auf einen heroisch überhöhten Tod hatte Wilhelm II. mit seinen meuternden Matrosen gemein. Dabei gab es Diskussionen unter Offizieren und Politikern in Spa und Berlin, welche Art des Todes und welcher Ort am wirkmächtigsten sein könnte. Einigen schwebte der Tod des Königs mit dem Untergang eines Flagschiffs vor – im Vergleich zu Plänen eines letzten Gefechtes auf dem Land war das Zutodekommen des Monarchen auf einem Schiff sehr wahrscheinlich, so die Argumentation von Offizieren der Seekriegsleitung. Siehe: Stephan Malinowski, Vom König zum Führer. Sozialer Niedergang und politische Radikalisierung im deutschen Adel zwischen Kaiserreich und NS-Staat, Berlin 2003, S. 236–243.
143 Münkler, Der große Krieg, S. 750.
144 Die Rolle Hindenburgs und Abwägungen Wilhelms II. bei seinem Entschluss zur Flucht zeichnet detailliert Pyta nach. Siehe: Wolfgang Pyta, Hindenburg. Herrschaft zwischen Hohenzollern und Hitler,

dass der Kaiser, dessen Abdankung ohne seine offizielle[145] Zustimmung von Prinz Max von Baden proklamiert worden war, andere Alternativen als die Flucht aus dem Blick verlor oder schlicht nicht wollte, wie beispielsweise eine Kapitulationserklärung. Die Reaktion auf das Verhalten des Kaisers fiel in einigen Kreisen äußerst negativ aus. In Teilen des Kleinadels, aber auch unter engsten adligen Vertrauten des Kaisers wurde seine Flucht als „schwerer Fehler, wenn nicht sogar als feiger Verrat an den Idealen des Adels bewertet".[146]

Die Monarchie überließ es den Sozialdemokraten, die im Übrigen die freiwillige Abdankung Wilhelms II. um besserer Bedingungen für Waffenstillstandsvereinbarungen willen forderten,[147] das Deutsche Reich aus dem Krieg herauszuführen und legte damit den Grundstein für die Dolchstoßlegende.[148] Was folgte, waren zwei Ausrufungen der Republik: Phillipp Scheidemann von der SPD rief vom Reichstag die Republik aus, der Spartakist Karl Liebknecht proklamierte vom Berliner Schloss aus die sozialistische Republik.

Die Abdankung des Kaisers und preußischen Königs Wilhelm II. am 9. November 1918 und die militärische Niederlage des Deutschen Reiches im Ersten Weltkrieg waren grundlegend und folgenreich. Die unmittelbare Folge war ein Wechsel des politischen Systems vom Kaiserreich zur Republik. Die junge Republik stand vor mehreren Herausforderungen. Sie musste das Erbe des Ersten Weltkriegs schultern und sich in Abgrenzung zu ihrem Vorgängerstaat in Form einer Verfassung selbst definieren. Mit dem Ende des alten Herrschaftssystems, welches das Deutsche Reich in die Katastrophe geführt hatte, wurden auch seine Werte und Symbole obsolet. Die Weimarer Republik musste eigene Symbole zur Identitätsstiftung und Integration der Bevölkerung finden, die sich vom Vorgängerstaat unterschieden und die neue repu-

---

München 2009, S. 361–379. In dieser letzten Handlung als Monarch bestätigt sich die von Christopher Clark vorgenommen Charakterisierung des letzten preußischen Königs und deutschen Kaisers: „Wilhelm hatte zwar das äußere Brimborium übernommen, aber nicht die Wertvorstellungen und Geisteshaltung eines preußischen Offiziers." Siehe: Clark, Wilhelm II, S. 21–22. Clark zufolge hatte Wilhelm II. zwar eine ausgeprägte Vorliebe für Uniformen, verinnerlichte aber „offenbar nie die Haltung der Selbstunterordnung und Disziplin, […] die eine voll ausgeprägte, militärische Erziehung in Preußen eigentlich erreichen sollte". Ebd., S. 22. Clark führt dieses Charaktermerkmal des letzten deutschen Kaisers auf eine von seinen Eltern betriebene zivile Erziehung zurück.

145 Der Kanzler erfuhr in einem Telefonat, dass der Kaiser abdanken wolle. Eine offizielle Absichtserklärung Wilhelms II. lag jedoch zum Zeitpunkt seiner durch von Baden proklamierten Abdankung nicht vor. Winkler, Der lange Weg nach Westen, Bd. 1, S. 371. Pyta, Hindenburg, S. 370.

146 Malinowski, Vom König zum Führer, S. 598.

147 Philipp Scheidemann forderte die Abdankung Wilhelms II. bereits am 29. Oktober 1918 in einem Brief an den Reichskanzler. Zu den Bemühungen der Sozialdemokraten für eine Abdankung des Kaisers siehe: Winkler, Der lange Weg nach Westen, Bd. 1, S. 368. Zu den Bemühungen des Zentrums und der Fortschrittlichen Volkspartei siehe Ebd., S. 369 f.

148 Zur Dolchstoßlegende siehe: Haffner, Von Bismarck zu Hitler, S. 162; Gerd Krumeich, „Die Dolchstoß-Legende", in: Etienne François, Hagen Schulze (Hg.), Deutsche Erinnerungsorte, Bd. 1, München 2001, S. 585–599; Ludolf Herbst, Das Nationalsozialistische Deutschland. 1933–1945, Frankfurt am Main 1996, S. 60 f; Münkler, Der große Krieg, S. 727.

blikanische Staatsform symbolisierten. Die Grundlagen für die neue Republik wurden in der Weimarer Verfassung festgelegt.[149] Zentraler Punkt war die Herausstellung der Volkssouveränität im Artikel 1. Die Weimarer Verfassung stellte nicht nur die Gleichheit aller Deutschen vor dem Gesetz und die gleichen Rechte und Pflichten für beide Geschlechter fest, sondern hielt in Abgrenzung vom Kaiserreich auch fest: „Öffentlich-rechtliche Vorrechte oder Nachteile der Geburt oder des Standes sind aufzuheben. Adelsbezeichnungen gelten nur als Teil des Namens und dürfen nicht mehr verliehen werden."[150] Mit dem Ziel der Einhaltung von Gleichheit für alle Bürger wurden im Artikel 109 der Weimarer Verfassung staatliche Auszeichnung durch Ordensverleihungen verboten: „Orden und Ehrenzeichen dürfen vom Staat nicht mehr verliehen werden. Kein Deutscher darf von einer ausländischen Regierung Titel oder Orden annehmen."[151] Diese Grundsätze waren mitverantwortlich für die später oft beklagte Symbolarmut der Weimarer Republik. Dass sie nicht vollständig umgesetzt wurden, förderte, auch wenn das auf den ersten Blick paradox erschein mag, eben-diese beklagte Symbolarmut. So durften die Länder Lebensrettungsmedaillen verleihen, womit sie an eine Tradition anknüpften, die auf die Stiftung der ersten Lebensrettermedaille durch den preußischen König Friedrich Wilhelm III. im Jahr 1802 zurückging.[152] Des Weiteren fanden trotz des Auszeichnungsverbots bis 1925 noch zahlreiche nachträgliche Ordensverleihungen an Teilnehmer des Ersten Weltkrieges statt, unter anderem wurde das Eisernen Kreuz verliehen.[153] Problematisch war, dass das Auszeichnungsverbot in der Weimarer Verfassung nicht Auszeichnungen, die von den deutschen Bundesstaaten und vom Kaiserreich vor 1918 gestiftet wurden, betraf. Diese durften weiterhin getragen werden.[154] Die Weiterverleihung des Eisernen Kreuzes und die Möglichkeit, alte Orden und Ehrenzeichen weiterzutragen hatte Konsequenzen, die sich negativ auf die Republik auswirkten: „So konnte man zwar eine monarchisch-republikanische Einstellung durch Orden zur Schau stellen, nicht aber die Loyalität zur Republik entsprechend demonstrieren."[155] Mit dem Verzicht auf das Sichtbarmachen von Orden etc. verzichtete die erste deutsche Demokratie auf diese Möglichkeit. Auch die 1922 von Friedrich Ebert gestiftete republikanische Aus-

---

149 Eine übersichtliche Zusammenfassung der Entstehung der Weimarer Verfassung und ihrer wichtigsten Punkte bietet Ullrich, Die Revolution von 1918/19, S. 107–114.
150 Weimarer Verfassung, Artikel 109.
151 Ebd.
152 Bis heute werden in den einzelnen Ländern der Bundesrepublik Deutschland Lebensrettermedaillen verliehen.
153 Das Eiserne Kreuz 2. Klasse wurde damit seit Beginn des Ersten Weltkriegs mehr als 5 Millionen Mal verliehen. Von einer Inflationierung des Helden kann man also nicht nur für die Gegenwart, sondern auch für den Ersten Weltkrieg sprechen. Eine detaillierte Auflistung aller im Ersten Weltkrieg verliehenen Auszeichnungen findet sich bei Eckart Henning, Dietrich Herfurth, Orden und Ehrenzeichen. Handbuch der Phaleristik, Köln 2010, S. 121.
154 Henning, Herfurth, Orden und Ehrenzeichen, S. 125.
155 Winfried Speitkamp, „Vom Ersten Weltkrieg zum Nationalsozialismus", in: Edgar Wolfrum (Hg.), Die Deutschen im 20. Jahrhundert, Darmstadt 2004, S. 195–212, hier S. 201.

zeichnung „Adlerschild des Deutschen Reiches" durfte nicht sichtbar getragen werden. Das Tragen monarchischer Orden und Ehrenzeichen hingegen stellte nicht nur die fehlende Loyalität zur Weimarer Republik zur Schau, sondern – durch das sichtbare Festhalten an Symbolen der alten Ordnung – deren Ablehnung. Mit dem Ordensverbot beraubte sich die Republik von Weimar der Möglichkeit, neue Symbole für die junge Demokratie zu schaffen, die stärkend, legitimierend und integrativ auf diese selbst hätten rückwirken können.[156] Alte Orden hingegen hatten Bestand: Künstler und Wissenschaftler wurden in der Weimarer Republik wie im Deutschen Kaiserreich mit den damals gestifteten Orden und Ehrenzeichen geehrt. So konnte die von Wilhelm IV. gestiftete Friedensklasse des Ordens „Pour le Mérite" mit Genehmigung des Preußischen Staatsministeriums vom 4. März 1924 „als eine sich selbst ergänzende »Freie Vereinigung von Gelehrten und Künstlern« weiter bestehen".[157]

Den Ausdruck von Pathos und heroischer Größe wie in den preußischen Ahnengalerien, der bayrischen Walhalla oder den vielen Denkmalbauten des letzten Deutschen Kaisers sucht man in den von der jungen Republik in Auftrag gegebenen Bauwerken vergebens, was freilich auch an der Schwierigkeit lag, positiv konnotierte historische Kontinuitäten der Weimarer Republik zu ihren monarchischen Vorgängerstaaten aufzubauen. Der Bau eines zentralen Denkmals für die Gefallenen des Ersten Weltkriegs wurde zwar geplant, aufgrund von Meinungsverschiedenheiten jedoch nie verwirklicht – ein Mangel, auf den eine private Initiative mit dem Bau des Tannenberg-Denkmals reagierte.[158] Das Scheitern des Bauvorhabens von politischer Seite und der Bau des Tannenberg-Denkmals symbolisieren die divergierenden Vorstellungen über den Umgang mit dem Erbe und den Folgen des Ersten Weltkriegs und dem Andenken an seine Protagonisten. Nicht nur die Niederlage erschwerte es, Formen angemessenen Gedenkens an die Gefallenen des Ersten Weltkriegs zu finden. Auch das Ausmaß und die Folgen des Ersten Weltkriegs auf die Nachkriegsgesellschaft stellten den Sinn des Krieges und Möglichkeiten insbesondere eines heroisierenden Gedenkens infrage. 13 Millionen Soldaten kämpften in dem bis dahin größten und blutigsten Krieg. Über zwei Millionen von ihnen fielen, die Überlebenden mussten heimgeführt und in die Gesellschaft reintegriert werden.[159] Die Biographien der Veteranen waren aufgrund der militärischen Niederlage und dem Untergang der Monarchie entwertet, da weder die Ziele noch das politische System, unter dem die Sol-

---

156 Vgl. Dörner, Politischer Mythos und symbolische Politik, S. 30.

157 http://www.orden-pourlemerite.de/satzung-des-ordens-fassung-20042015 (Zugriff am 30.10.2018).

158 Eine ausführliche Beschreibung der unterschiedlichen Vorschläge für den Bau eines Denkmals bietet: Speitkamp, „Vom Ersten Weltkrieg zum Nationalsozialismus", S. 204 ff.

159 Die Rückführung von Millionen von Soldaten, die teilweise demonstrativ die kaiserliche Kriegsflagge vor sich hin trugen, bezeichnet Gerwarth als einen der größten Erfolge der Regierung Eberts, die zu diesem Zweck ein Bündnis mit der Obersten Heeresleitung eingegangen ist. Dazu in Wort und Bild: Robert Gerwarth, Die größte aller Revolutionen. November 1918 und der Aufbruch in eine neue Zeit, Berlin 2018, S. 187 f. Gleichwohl räumt Gerwarth ein, dass die meisten Mitglieder die 1924 gegründete prorepublikanische Veteranenorganisation „Reichsbanner Schwarz-Rot-Gold" hatte.

daten in den Krieg zogen, nach ihrer Rückkehr Bestand hatten. Das alltägliche Leben der Kriegsrückkehrer und ihrer Familien war durch körperliche Versehrtheit, die oftmals mit psychischen Traumata einhergingen, massiv beeinträchtigt. Die äußeren Kriegsverletzungen, fehlende Gliedmaßen, Verletzungen des Gesichts, oftmals abgedeckt mit Binden oder eigens angefertigten Masken, sprengten das Maß an Vorstellungskraft des Durchschnittsbürgers und stellten die Sinnhaftigkeit von Krieg generell infrage.[160] Die körperliche Versehrtheit war auch für das Finden einer Arbeitsstelle ein Hinderungsgrund, die daraus erfolgenden finanziellen Probleme konnten durch staatliche Hilfen für Invaliden, Witwen und Waisen kaum gelindert werden.[161] Psychische Traumata brachten nicht nur die Veteranen bei ihrer Rückkehr von den Schlachtfeldern mit. Auch daheim Gebliebene litten an physischen und psychischen Verletzungen, die von unmittelbaren Kriegshandlungen ausgelöst wurden. Durch die im ersten Weltkrieg erfolgte Verwischung der Grenze zwischen Kombattanten und Nichtkombattanten waren sie von Kriegshandlungen ebenfalls in hohem Maße betroffen.[162]

Nicht nur die Folgen, auch die unmittelbare Erfahrung eines mit modernen Waffen geführten Krieges förderten Zweifel an seiner Sinnhaftigkeit und zogen die Frage nach sich, ob Heldentum im Krieg überhaupt möglich sei. Der lange Stellungskrieg in den Schützengräben, mechanischer Artilleriebeschuss und Bombenhagel ließen keinen Platz mehr für Taten, die in früheren Krieg als heroisch gedeutet wurden.[163] Eindringlich wurden Kriegsszenen von Malern wie Otto Dix beschrieben. Sein Bild „Flandern" zeigt in Erde und aneinander gekauerte Soldaten, die als Teil einer völlig zerstörten Landschaft reglos ausharren. Heldentum als rettende Tat eines Einzelnen war angesichts des mit modernen Waffen geführten Kriegs, in dem Rekruten und erfahrene Veteranen gleichermaßen fielen, nicht mehr möglich. Am Begriff des Helden wurde trotzdem festgehalten, die Bedeutung jedoch veränderte sich: Nicht aus der Fähigkeit, das Leben der anderen zu retten, den Kriegsverlauf zu ändern, sondern allein aus der Bereitschaft, Leid auf sich zu nehmen, im Stellungskrieg auszuhalten, wurden Leben und Tod von Soldaten nach Ende des Ersten Weltkriegs heroisiert: „Vor die rettende und erlösende Heldengestalt, die sich vor anderen auszeichnete, schob sich das Bild des Helden, dessen Größe sich aus seiner Opferbe-

---

160 Pazifisten wie Ernst Friedrich, der Begründer des Anti-Kriegs-Museums in Berlin, machten anhand von Fotos von Kriegsversehrten auf die Schrecken des Krieges aufmerksam. Er stellte sie aus und veröffentlichte sie: Ernst Friedrich, Krieg dem Kriege. Nachdruck der vom ersten Anti-Kriegs-Museum herausgegebenen Ausgabe von 1930, mit einem Vorwort von Gerd Krumeich, München 2004.
161 Gerwarth, Die größte aller Revolutionen, S. 189.
162 Volker Berghan, Europa im Zeitalter der Weltkriege. Die Entfesselung und Entgrenzung der Gewalt, Frankfurt am Main 2002, S. 68 f; Sabine Kienitz, Beschädigte Helden. Kriegsinvalidität und Körperbilder 1914–1923, Paderborn 2008. Siehe auch: Dies., „Körper-Beschädigungen. Kriegsinvalidität und Männlichkeitskonstruktionen in der Weimarer Republik", in: Karen Hagemann, Stefanie Schüler-Springorum (Hg.), Heimat – Front. Militär und Geschlechterverhältnisse im Zeitalter der Weltkriege, Frankfurt am Main 2002, S. 188–207.
163 Sheehan, Kontinent der Gewalt, S. 104.

reitschaft ergibt."[164] Mit der Stilisierung von Soldaten als Opferhelden, rückten diese in die Nähe christlicher Märtyrer, die sich passiver Leiden bis hin zum Tod durch Fremdeinwirkung für ihren Glauben und ihr Seelenheil ausgesetzt haben.[165] Doch im Gegensatz zu den christlichen Märtyrern, deren Tod lediglich als Übergang zum Seelenheil angesehen wurde, war der Tod und das Leid der Soldaten des Ersten Weltkriegs in der Wahrnehmung der Überlebenden umsonst gewesen, da mit der Niederlage und dem Zusammenbruch des Kaiserreichs das Ziel, für das die Soldaten in den Krieg gezogen sind, weggefallen ist.[166]

Der Ausgang eines Krieges, also die Frage nach Sieg oder Niederlage, ist zentral für den Umgang mit dem Kriegsgeschehen und den ehemaligen Kämpfern, er schlägt sich nieder auf Formen der Erinnerung an den Krieg, sowohl auf die Gestaltung von Denkmälern, Gemälden und historischen Darstellungen von offizieller Seite als auch auf die Aufarbeitung der Erinnerung in Literatur und Kunst, die mit der offiziellen Erinnerungskultur einhergehen kann oder sich um eine andere und oftmals gegensätzliche Deutung bemüht.

Die Denkmäler für die Gefallenen des Ersten Weltkrieges unterschieden sich fundamental von den nach 1871 errichteten Denkmälern. Der 1870/71 geführte Krieg endete mit dem Sieg über Frankreich und der Gründung des Deutschen Kaiserreichs. Beide Ereignisse verliehen dem Sterben im Krieg einen Sinn, der eine Heroisierung des Kriegsgeschehens und seiner Toten ermöglichte. Das Ende des Ersten Weltkriegs dagegen bedeutete eine militärische Niederlage und das Ende des Deutschen Kaiserreiches – Faktoren, die einer Heroisierung der Soldaten des Ersten Weltkrieges entgegenstanden. Da die Kriegsziele nicht nur weit verfehlt waren, sondern auch der Staat, der den Krieg geführt hatte, nicht mehr existent war, erschien auch das Sterben der Soldaten sinnlos und damit die Heroisierung von Kriegshandlungen und Kriegstoten nachhaltig erschwert. Die nach 1918 errichteten Denkmäler für die Gefallenen des Ersten Weltkrieges wurden von der Erfahrung der Niederlage, der Erinnerung an das Massensterben und der Präsenz Schwesterversehrter in der Nachkriegsgesellschaft beeinflusst: An die Gefallenen wurde ohne Rangunterschiede und ohne Bezug auf das politische Ziel, für das diese gefallen waren, gedacht. Da jede Region ihre eigenen Toten zu beklagen hatte und ihnen in der Regel ein Denkmal stiftete, entfalteten die Denkmäler für die Gefallenen des Ersten Weltkriegs eine Omnipräsenz in

---

164 Sabrow, „Heroismus und Viktimismus", S. 18. Eine differenzierte Analyse unterschiedlicher Vorstellungen heroischen Handelns, der sich wandelnden heroischen Semantik im Krieg und deren Einordung in drei an den Verlauf des Krieges gekoppelte Heldenbilder bietet: Münkler, Der Große Krieg, S. 459–477.

165 Dies ist ein wesentlicher Unterschied zum Märtyrerbegriff anderer Religionen, der ein aktives Selbstopfer impliziert.

166 Den Bedeutungswandel von Martyrium in der Neuzeit bis hin zum Martyrium als „das Leiden und Sterben auf den Bühnen der Jesuiten, die seit dem späten 16. Jahrhundert mehr und mehr zu Schauplätzen äußerster physischer Gewalt wurden" untersucht Peter Burschel, Sterben und Unsterblichkeit. Zur Kultur des Martyriums in der frühen Neuzeit, (Ancien Régime. Aufklärung und Revolution, Bd. 35), München 2004, Zitat ebd., S. 288.

ganz Deutschland.[167] Sinndeutungsangebote für den massenhaften Tod der Soldaten von politischer Seite wurden dadurch erschwert, dass es den Staat, für den die Soldaten in den Krieg gezogen waren, nicht mehr gab.

Eine Gemeinsamkeit aller Denkmäler, Gedenkveranstaltungen und Gedenktage – auf Initiative des Volksbundes Deutsche Kriegsgräberfürsorge wurde 1919 der „Volkstrauertag" eingeführt – war es, das Vermächtnis der Toten zu wahren. Wie dieses Vermächtnis gewahrt werden sollte, wurde jedoch von den verschiedenen politischen Gruppen der Weimarer Republik unterschiedlich interpretiert.[168] Nicht nur über die Form einer angemessenen Würdigung der ehemaligen Soldaten des Ersten Weltkriegs, sondern auch über jegliche andere staatliche Symbole, Nationalfeiertage, Denkmäler gab es zwischen den „unversöhnlich neben- und gegeneinander stehenden Weimarer Teilkulturen"[169] keinen Konsens.

Die divergierenden Vorstellungen darüber, wie sich die Weimarer Republik im Hinblick auf das Gedenken gefallener Soldaten positionieren sollte, verhinderten den Bau eines zentralen Erinnerungsortes an die Gefallenen – ein Mangel auf den eine private Initiative mit dem Bau des Tannenberg-Denkmals reagierte.[170] Auch die Ausgestaltung der Gedenkfeiern an den Ersten Weltkrieg rief Diskussionen hervor. Letztlich konnten sich die von Reichskunstwart Edwin Redslob vorgeschlagenen Trauerfeiern, auf denen jenseits heroischer Überhöhung der Toten des Ersten Weltkriegs pietätvoll gedacht werden sollte, nicht durchsetzen, sondern das Gegenmodell.[171] Die ab 1926 vom „Volksbund Deutsche Kriegsgräberfürsorge" am Volkstrauertag im März durchgeführten Feiern wurden abgehalten, um „an die Leistungen und Tugenden der Kriegstoten, an Treue, Gehorsam, Pflichtbewusstsein, Opfersinn und

---

167 Zur Erinnerung an den Ersten Weltkrieg und der Deutung des Todes in Form von Denkmälern siehe: Koselleck, „Einleitung", S. 14; Koch, Von Helden und Opfern, S. 105. Prominentester Gegner heroisierender Darstellungen von Gefallenen war Bruno Taut. Er forderte auch einen Denkmalsturz der alten kriegsverherrlichenden Denkmäler der Kaiserzeit. Siehe ebd., S. 114. Des Weiteren: Michael Jeismann, Rolf Westhaider, „Wofür stirbt der Bürger? Nationaler Totenkult und Staatsbürgertum in Deutschland und Frankreich seit der Französischen Revolution", in: Reinhart Koselleck, Michael Jeismann (Hg.), Der politische Totenkult. Kriegerdenkmäler in der Moderne, München 1994, S. 23–50, hier S. 28.
168 Hettling, Echternkamp, „Heroisierung und Opferstilisierung. Grundelemente des Gefallenengedenkens von 1813 bis heute", S. 137 f.
169 Wolfrum, Geschichte als Waffe, S. 32. Streitpunkte waren unter anderem Nationalfeiertage, Hymnen, die Benennung von Straßen und Plätzen und die Ausgestaltung der Fahne. Zur Diskussion in der Weimarer Republik über die Farben der deutschen Fahne und ihre Bedeutungen siehe: Reichel, Schwarz Rot Gold, S. 24 ff.
170 Eine ausführliche Beschreibung der unterschiedlichen Vorschläge für den Bau eines Denkmals bietet: Speitkamp, „Vom Ersten Weltkrieg zum Nationalsozialismus", S. 204 ff.
171 Edwin Redlob bemühte sich in der Ausgestaltung von Verfassungsfeiern, der Totenfeiern für Rathenau, Ebert und Stresemann um eine „emotional ansprechende Symbolik des Staates". Siehe Wolfrum, Geschichte als Waffe, S. 33. Doch die Gegner der Republik bemühten sich auch – und das mit Erfolg. Siehe die Ausführungen zu Hindenburg und dem Tannenberg-Denkmal in dieser Arbeit.

Liebe zum Vaterland zu erinnern und sie der Gegenwart als Ansporn vorzuhalten."[172] Dass diese Interpretation und Ausgestaltung des Totengedenkens sich gegen die Vorschläge Redslobs durchsetzen konnte, war angesichts der Auswirkungen des Ersten Weltkrieges auf Politik und Gesellschaft der Weimarer Republik nicht selbstverständlich und blieb angesichts des sichtbaren Elends, den der Krieg zur Folge hatte, umstritten.

Dennoch hatten die vom „Volksbund Deutsche Kriegsgräberfürsorge" ausgestalteten Trauerfeiern viele Fürsprecher. Denn Folge des Ersten Krieges war nicht nur eine „starke pazifistische und antimilitaristische Strömung, sondern ebenso die Tendenz zur Heroisierung des Krieges".[173] Diese Tendenz wurde überwiegend von denjenigen Gruppen ausgelebt, die die Weimarer Republik, den Versailler Vertrag und die erste republikanische Verfassung ablehnten: „Nicht nur unter Militärs, ostelbischen Junkern und der völkischen Rechten, sondern auch im akademischen Bürgertum, vor allem unter Studenten, wurde die Verfassung zum verhassten Symbol des »Systems«."[174] Neben der Verfassung stieß die Erinnerungs- und Gedenkpolitik, vor allem aber die öffentliche Distanz der Politik zu Forderungen nach heroisierendem Gedenken an die Gefallenen des Ersten Weltkriegs bei diesen Gruppen auf Kritik mit der Folge, dass die Deutungshoheit der politischen Eliten über das Heroische mit der Stiftung eigener Orden und Ehrenzeichen für Teilnehmer des Ersten Weltkriegs umgangen wurde. Institutionen und Organisationen wie der Deutsche Reichskriegerbund Kyffhäuser, der Stahlhelmbund, der Deutsche Schützenbund und die Freikorps stifteten zahlreiche Ehrenzeichen, die sie an ihre Mitglieder verliehen.[175] Die Verleihung von Orden diente der Festigung der Gruppenidentität, wirkte integrativ, grenzte nach außen insbesondere von pazifistischen Strömungen ab und bewahrte Mythen und Traditionen aus dem Kaiserreich. Freikorps und nationalistische Organisationen pflegten den Mythos des Frontsoldaten und interpretierten Kampf und Krieg als „Archetypen von Bewährung und Kameradschaft".[176] Ehre und Anerkennung für ehemalige Soldaten, für Gefallene und für Kriegsgeschädigte forderten öffentlichkeitswirksam insbesondere Adolf Hitler und seine Partei: „Seit ihrer »Neugründung« von 1925 widmete sich die NSDAP betont den Kriegsopfern und drang darauf, dass auch aus den »Kriegskrüppeln« der Weimarer Republik wieder Helden wurden."[177] Eine Strategie, die der NSDAP großen Zulauf brachte, da sie eine Würdigung der Soldaten trotz Niederlage forderte und auf deren Revision in der Zukunft verwies.

---

172 Speitkamp, „Vom Ersten Weltkrieg zum Nationalsozialismus", S. 204.
173 Heinrich Haferkamp, „Kriegsfolgen und gesellschaftliche Wandlungsprozesse", in: Wolfgang Knöbl, Gunnar Schmidt (Hg.), Die Gegenwart des Krieges. Staatliche Gewalt in der Moderne, Frankfurt am Main 2000, S. 102–124, hier S. 115.
174 Ullrich, Die Revolution von 1918/19, S. 114.
175 Henning, Herfurth, Orden und Ehrenzeichen, S. 124 f.
176 Speitkamp, „Vom Ersten Weltkrieg zum Nationalsozialismus", S. 199.
177 Gerd Krumeich, Die unbewältigte Niederlage. Das Trauma des Ersten Weltkrieges und die Weimarer Republik, Freiburg im Breisgau 2018, S. 264.

Ebenso wie innerhalb der unterschiedlichen politischen Strömungen der Weimarer Republik gingen die Vorstellungen vom Umgang mit dem Ersten Weltkrieg und seinen Folgen innerhalb der kulturellen Eliten weit auseinander. Neben kritischen Darstellungen des Krieges wie in Remarque „Im Westen nichts Neues" oder Arnold Zweigs Roman „Erziehung vor Verdun" fanden heroisierende Darstellungen des Krieges viele Leser. So erreichten Ernst Jüngers Roman „In Stahlgewittern" oder das Buch von Walter Flex „Wanderer zwischen den Welten" Höchstauflagen.[178] Der Mythos vom Frontsoldaten, zu dem diese Romane beitrugen, wurde von völkisch-nationalen und restaurativen Bewegungen der Weimarer Republik gepflegt, die sich aus ehemaligen Soldaten zusammensetzten.

Aber auch große Teile des Militärs und des Adels, also der alten politischen Eliten des Kaiserreichs, hielten am heroischen Bild vom Ersten Weltkrieg fest. Insbesondere bemühten sich große Teile des deutschen Adels um eine heroisierende Erinnerung an ihre Kriegstoten. Diese wurden posthum im familiären Rahmen, in der Öffentlichkeit auf Gedenkfeiern und teils auch literarisch heroisiert. Mit großem Pathos wurde das Sterben des Adels auf den Schlachtfeldern des Ersten Weltkrieges in „Helden-Gedenkmappen" beschrieben und die Toten in jeweiliger Familienzugehörigkeit aufgelistet. Die 1921 erschienene „Helden-Gedenkmappe" listete ca. 4.800 deutschen Adelige, die im ersten Weltkrieg gefallen waren, auf.[179]

Diese einzelnen Gruppierungen erschufen keine neuen Helden, die Werte und Normen der eigenen Bewegung verdichtet hätten symbolisieren können. Doch pflegten sie das Andenken an Kriegshelden des ersten Weltkrigs. Einer dieser Helden war Manfred von Richthofen, einer der erfolgreichsten Jagdflieger während des Ersten Weltkriegs. Während des Krieges, also noch zur Kaiserzeit, wurde er von der Obersten Heeresleitung (OHL) durch Auszeichnungen wie dem von Friedrich dem Großen gestifteten Orden „Pour le mérite", der für besondere Verdienste im Krieg vergeben wurde, geehrt und in Presseartikeln und auf Bildern zu einem Ritter der Lüfte stilisiert. Richthofen selbst begünstigte die Mythenbildung um ihn durch Veröffentlichung einer Autobiographie mit dem Titel „Der rote Kampfflieger", doch seine Heroisierung „ist vor allem das Werk der nach innen gerichteten Propaganda, die den individuellen Kämpfer als Ideal aufrechterhalten wollte".[180] Dass ein Kampfflieger zu einer Heldengestalt aufgebaut wurde, war kein Zufall, sondern lag in der neuen Art technisierter Kriegsführung begründet. Soldaten in den Schützengräben an der Westgrenze hatten nicht viele Möglichkeiten zur Entfaltung einer heroischen Männlichkeit. Diese

---

178 Zu Jüngers Verklärung des Krieges und seiner Vorstellung eines aus dem Krieg geborenen „neuen Menschen" siehe: Münkler, Der Große Krieg, S. 473 f. Zur Einordnung Jüngers in den ideengeschichtlichen Diskurs des 20. Jahrhunderts um den „neuen Menschen" von Leo Trotzki, über Gottfried Benn bis hin zu Rudi Dutschke siehe: Gottfried Küenzlen, „Der alte Traum vom Neuen Menschen. Ideengeschichtliche Perspektiven", in: APuZ 37–38/2016, S. 4–9.
179 Malinowski, Vom König zum Führer, S. 98. Siehe auch: Alexis von Schoenermarck (Hg.), Helden-Gedenkmappe des deutschen Adels, Stuttgart 1921.
180 Münkler, Der Große Krieg, S. 536.

Möglichkeit hatten dagegen U-Boot-Kommandeure und Jagdflieger, da der Zweikampf zwischen ihnen und ihren Gegnern Raum für heroisierende Interpretationen ließ. Nachdem 1918 Richthofen abgeschossen und in Frankreich bestattet wurde, fand in Berlin eine öffentliche Trauerfeier für Richthofen statt, an der auch die Kaiserin teilnahm.[181] Nach dem Krieg setzte sich die Familie Richthofens für eine Überführung der Leiche nach Deutschland ein und hatte dabei einen in späteren Jahren prominenten Unterstützer – Hermann Göring, den letzten Kommandanten des Richthofen-Geschwaders.[182] Am 20. November 1925 wurden die sterblichen Überreste Richthofens in einem Staatsakt auf dem Invalidenfriedhof in Berlin bestattet. Der Leichenzug war von Tausenden Zuschauern gesäumt, ihm vorweg ging ein Offizier, der die Orden Richthofens, einschließlich des „Pour le mérite", der eigens zu diesem Zweck von Richthofens Familie ausgeliehen wurde, auf einem Ordenskissen trug.[183] Reichspräsident Paul von Hindenburg, Reichskanzler Hans Luther und Reichswehrminister Otto Geßler zählten zu den Gästen an Richthofens Ehrengrab. Nach dem Begräbnis entwickelte sich auch ein am Grab Richthofens praktizierter Heldenkult.[184] Bemerkenswert ist, dass auch nach dem fundamentalen Systemwechsel von der Monarchie zur Republik der sogenannte Rote Baron, Richthofens Flugzeug war rot angestrichen, als Heldenfigur in konservativen, monarchistischen und völkisch-nationalistischen Teilen der Bevölkerung unangetastet blieb. Der Fliegerheld Richthofen überlebte nicht nur die Wechsel von der Monarchie über die Republik zur Diktatur, sondern ebenso den Systemwechsel nach 1945.[185]

Eine weitere Person, deren Ruf als Kriegsheld den Systemwechsel von der Monarchie zur Demokratie überstand, war Hindenburg. Bereits zu Kaiserzeiten wurde Hindenburg aufgrund seines Sieges über die zahlenmäßig weit überlegenen russischen Truppen in der Schlacht bei Tannenberg und weiterer Gefechte in den Masuren, die den russischen Vormarsch nicht nur stoppten, sondern das russische Heer wieder vertrieben, in zahlreichen Presseartikeln zum Kriegshelden stilisiert.[186] Ausschlaggebend für die breite Akzeptanz Hindenburgs als Kriegsheld war die Tatsache, dass „die Vereinnahmung Hindenburgs durch eine der Helden bedürfenden Gesellschaft"[187] erfolgte. Hindenburg verkörperte die Sehnsüchte der kriegsführenden Gesellschaft nach Ruhe, Nervenstärke und nach einer die gesamte Nation repräsentierenden Person.[188] Vorteilhaft war ebenfalls, dass die Schlacht zu einem sehr frühen Zeitpunkt des

---

181 Zur Trauerfeier siehe: Joachim Castan, Der Rote Baron. Die ganze Geschichte des Manfred von Richthofen, Stuttgart 2008, S. 257 ff.
182 Ebd., S. 262.
183 Ein Foto dieser Szene findet sich im Bundesarchiv: BArch RH2/2288 (fol. 179).
184 Castan, Der Rote Baron, S. 276 ff.
185 Ein Jagdgeschwader der Bundeswehr wurde am 21. April 1961 – der 21. April ist der Todestag Richthofens – zum „Geschwader Richthofen" benannt. Ebd., S. 289. Ausführlich zu Rezeption Richthofens in der Bundesrepublik Deutschland siehe Kapitel 3.6.
186 Winkler, Der lange Weg, Bd. 1, S. 338.
187 Pyta, Hindenburg, S. 94.
188 Ebd., S. 96 ff.

Ersten Weltkrieges gewonnen wurde. Eine erfolgreich geführte Schlacht gegen die im Deutschen Kaiserreich als „Erbfeind" angesehenen Franzosen hätte in der Hoffnung, diese würde integrativ und mobilisierend auf das kriegsführende Deutsche Reich wirken, ebenfalls zur Heldentat überhöht werden können. Doch der sich an der Westfront anzeichnende Stellungskrieg ließ keine als heroisch narrativ überformbare Taten zu. Hindenburg siegte zwar nicht über den „Erbfeind", doch er siegte an einem für Deutschland geschichtsträchtigen Ort gegen das russische Heer. Die nationale Komponente des Sieges wurde somit zweifach symbolisch aufgeladen: Die Schlacht fand einige Kilometer von Tannenberg entfernt statt – dem Schauplatz, an dem polnisch-litauische Truppen die Ritter des Deutschen Orden im Jahr 1410 geschlagen hatten.[189] Die Benennung der Schlacht nach Tannenberg, einem vom eigentlichen Schlachtgeschehen etwa 15 km entfernten Ort, sollte diese historische Niederlage überstrahlen. Dass im Mittelalter Ritter des Deutschen Ordens gegen ein polnisch-litauisches Heer kämpften, beide Heere multiethnisch zusammengesetzt waren, spielte in der positiven Rezeption der Schlacht bei Tannenberg keine Rolle.[190] Der Sieg Hindenburgs bei Tannenberg überformte nicht nur die Niederlage von 1410, sondern verstärkte das von vielen Deutschen geteilte Gefühl der Überlegenheit gegenüber einem vermeintlich in allen Gebieten rückständigen Russland, was wiederum auf die Popularität desjenigen, der Deutschland „vor der asiatischen Flut gerettet habe", rückwirkte.[191] Dass weniger Hindenburg, sondern mehr die vom Deutschen Reich forcierte und organisierte Rückkehr Lenins und darauf folgend die Destabilisierung Russlands zum Waffenstillstand führte, wurde bei der Heroisierung Hindenburgs freilich unterschlagen.[192]

Die Popularität Hindenburgs erreichte bereits im Herbst 1917 ein enormes Ausmaß. Denkmäler wurden gebaut und Lieder zu Hindenburgs Ehren geschrieben. In der Presse, in Denkschriften und Monographien wurde Hindenburg mit General Blücher, General Moltke und Friedrich dem Großen verglichen, als militärisches Genie herausgesellt und zur Wiedergeburt des auf dem Kyffhäuser ruhenden Barbarossa verklärt, der wiederkam, um das Reich zu schützen und zu einen: „Um ihn entwickelte sich nach 1914 ein multimedialer Personenkult. Schnell wuchs er über die Rolle des »Retters von Ostpreußen« und des »Russenschrecks« hinaus und wurde zum »Heros der Deutschen«."[193]

---

189 Der deutsche Orden wurde anschließend nicht vertrieben, da er seinen Hauptsitz, die Marienburg, verteidigen konnte. Der Kampf um die Vorherrschaft im Ostseeraum wurde mit der Schlacht zugunsten Polen-Litauens entschieden.
190 Zur Rezeption der Schlacht bei Tannenberg, erfreulicherweise auch unter Berücksichtigung der polnischen Perspektive siehe: Frithjof Benjamin Schenk, „Tannenberg/Grundwald", in: Etienne François, Hagen Schulze (Hg.), Deutsche Erinnerungsorte, Bd. 1, München 2001, S. 438 – 454.
191 Pyta, Hindenburg, S. 93.
192 Zur „Politik der »revolutionären Infektion«" des Deutschen Kaiserreichs siehe: Münkler, Der Große Krieg, S. 545 ff und zur mit dem Export des Revolutionärs Lenin verbundenen Strategie Ludendorffs siehe Ders., Der Wandel des Krieges, S. 35 f.
193 Schenk, „Tannenberg/Grundwald", S. 447.

Der Kult um Hindenburg überstand die militärische Niederlage und das Ende des Deutschen Kaiserreichs 1918. Hindenburg gelang es, den Mythos von Tannenberg für seine Zwecke zu instrumentalisieren und so den Untergang des Kaiserreichs zu überleben. An diesem Mythos arbeitete er auch selbst: Bis 1930 wurde Hindenburg von mehr als fünfhundert Künstlern porträtiert. Seine Portraits wurden in Zeitungen gedruckt und im Original an private Sammler und als günstige Kunstdrucke an die Massen verkauft.[194] Nicht nur über Bilder, sondern über von Hindenburg autorisierte Biographien und Presseberichte und über seine Autobiographie beeinflusste Hindenburg das Bild, das von ihm in der Öffentlichkeit kursierte. Mit seiner Wahl zum Reichspräsidenten der Weimarer Republik im Jahre 1925 stieg er schließlich aus der Reihe der Generäle in die vorderste politische Reihe der Politik.

Bis dahin nutzte die Regierung der Weimarer Republik die Symbolkraft, die von der Schlacht bei Tannenberg ausging, zur Integration und Identitätsstiftung nicht, sondern überließ die Deutungshoheit über die Schlacht republikfeindlichen Gruppierungen. Finanziert von privaten Spendern, Kriegerverbänden, Denkmalvereinen und Lotterien[195] entstand in der Nähe des Schlachtfelds „eine gewaltige Totenburg als Zentrum des Gefallenen- und Führerkultes".[196] 1927 wurde das Denkmal – „als Wahrzeichen für die Helden des Weltkrieges"[197] – durch den bereits zum Reichspräsidenten gewählten Sieger von Tannenberg feierlich eingeweiht und als Ort für Gedenkfeiern an den Ersten Weltkrieg und die Schlacht bei Tannenberg genutzt. Republikfeindliche Bewegungen konnten mit dem Bau des Denkmals als zentralen Gedenkort auch über das Gedenken an die Schlacht entscheiden und dort den Mythos des „im Felde unbesiegten" deutschen Soldaten pflegen. Das Tannenberg-Denkmal war somit nicht nur kein Symbol der Weimarer Republik, „sondern ein Gegenentwurf zur verhassten Gegenwart".[198]

Die 1920er Jahre in der Weimarer Republik waren vom Nachleben des Ersten Weltkriegs, innenpolitischen Auseinandersetzungen, von Gedenken an den Krieg geprägt. Nach der Währungsreform 1923 besserte sich die wirtschaftliche Lage für einen Teil der Bevölkerung in der Weimarer Republik.[199] Neben der Ausbildung eines

---

194 Zur medialen Selbstinszenierung Hindenburgs durch Portraitmalerei siehe Pyta, Hindenburg, S. 120 ff. Zu Hindenburgs Aufträgen, Gemälde von der Schlacht bei Tannenberg anzufertigen, siehe ebd. S. 142 ff.

195 Vorbilder für dieses Vorgehen gab es bereits im Deutschen Kaiserreich. So ist das Kyffhäuser-Denkmal aus privater Initiative und Finanzierung hervorgegangen, ebenso wie zahlreiche Denkmäler zu Ehren Wilhelms II. und Bismarcks. Siehe Kapitel 2.1 dieser Arbeit.

196 Schenk, „Tannenberg/Grundwald", S. 448. Im Zentrum der Anlage und unter einem großen Kupferkreuz waren zwanzig unbekannte Soldaten bestattet.

197 Speitkamp, „Vom Ersten Weltkrieg zum Nationalsozialismus", S. 295.

198 Wolfrum, Geschichte als Waffe, S. 35.

199 Golden war diese Zeit nur für einen kleinen, besser gestellten Teil der Bevölkerung. Georg Grosz hat das Nebeneinander von Kapitalismus und Amüsement auf der einen Seite, Armut, Hunger und kriegsbedingter körperlicher Versehrtheit auf der anderen Seite, in seinen Gemälden auf den Punkt gebracht. Die Weimarer Republik war geprägt von der Ausbildung vieler kultureller Strömungen, die

avantgardistischen Kunst- und Literaturbetriebs, der jedoch eine Angelegenheit von Eliten blieb,[200] entstand eine neue Massenkultur, die durch das Aufkommen neuer Massenmedien wie Kino und Rundfunk sowie durch vor großem Publikum ausgetragene Sportveranstaltungen – Fußball, Boxen, Rad- und Autorennen – vorangetrieben wurde. Die neue Massenkultur zog in den Alltag der Menschen ein, lenkte ab von ihren Mühen und von den Spätfolgen des Krieges. Neue Vorbilder als integrative Momente für die traumatisierte Gesellschaft nach 1918 wurden in Sportlern gefunden. Im Gegensatz zum Krieg ging es beim Sport um Kräftemessen und Konkurrenz, jedoch nicht um die Vernichtung des Gegners. Sportler wurden „das männliche Ideal Weimars"[201] und waren als neue Helden in der Weimarer Republik allgemein anerkannt, wurden bejubelt und bewundert.[202] Die von Teilen der Bevölkerung verehrten Kriegshelden lösten sie nicht ab, sondern existierten neben ihnen.

Fazit:

In der Weimarer Republik liefen Bemühungen der politischen Eliten, die Gleichheit der Bürger durch Verbot von Auszeichnungen zu betonen, und die Bemühungen nationaler, konservativer und militaristischer Gruppierungen, heroisches Handeln im Krieg durch Orden und Ehrenzeichnen auszuzeichnen, diametral gegeneinander. Beide Bemühungen zeugen von unterschiedlichen Deutungen des Krieges und Kriegsendes und von unterschiedlichen Auffassungen von Heldentum. Während ein Teil der politischen Elite, insbesondere die Regierung und die Regierungsparteien, von heroisierenden Darstellungen des Krieges und seiner Toten Abstand nahm, hielten ehemalige politische Eliten des Kaiserreichs und neue nationalistische Bewegungen an der Heroisierung des Krieges, seiner Soldaten und Gefallenen fest. Heldentum zeichnete für sie die Bereitschaft zum Opfer aus. Um dieses Opfer mit Sinn zu erfüllen, wurden die Nachkommen zur Änderung des politischen Systems in Nachfolge ihrer Helden beschworen. Die Verehrung und das Andenken an die Helden des Ersten Weltkriegs hatte insofern nicht nur eine Identifikation stiftende und integrative Funktion innerhalb der einzelnen Gruppen, sondern wirkte im hohen Maße mobilisierend. Das verbindende Element dieser Gruppen war die Ablehnung der Republik. Das Festhalten an einer heroisierenden Deutung des Krieges, Bemühungen um Aus-

---

parallel liefen und Weltruhm erreichten – der Expressionismus, das Bauhaus, Philosophen wie Martin Heidegger, Literaten wie die Familie Mann, Gottfried Benn und Alfred Döblin, um einige wenige zu nennen, waren Teil einer Avantgarde, deren Strahlkraft weit über die Grenzen der Weimarer Republik hinausreichte.

200 Einen detaillierten Überblick über Kunst- und Kulturschaffende in Weimar bietet: Siegfried Weichlein, „Weimar. Perikleisches Zeitalter und archimedische Punkte", in: Edgar Wolfrum (Hg.), Die Deutschen im 20. Jahrhundert, Darmstadt 2004, S. 55–66.

201 Frevert, „Heldentum und Opferwille", S. 144f.

202 Eine detaillierte Analyse der Konstruktion von Helden in Zeitungen anhand von sechs Fallbeispielen bietet: Swantje Scharenberg, Die Konstruktion des öffentlichen Sports und seiner Helden in der Tagespresse der Weimarer Republik, Paderborn 2012.

zeichnung seiner Soldaten und Gefallenen und das Festhalten an der Verehrung monarchischer Kriegshelden waren Indikatoren für die Republikfeindlichkeit der Ehrenden und das gemeinsame Moment dieser Gruppen. Eine von ihnen bestimmte ab 1933 die Politik, sie verbrannte kriegskritische Bücher[203], glorifizierte die Toten ihrer eigenen Bewegung zu Helden und hielt Kriegshelden wie Richthofen und Hindenburg in Ehren – das alles in Vorbereitung auf den nächsten Krieg.

2.4 Nationalsozialistische Vorstellungen von Heldentum

Die Umbenennung des Volkstrauertags in „Heldengedenktag" im Jahr 1934 ist symptomatisch für das Verständnis von Heldentum im nationalsozialistischen Deutschland. Während in der Weimarer Republik am Volkstrauertag der Kriegstoten gedacht wurde, deuteten die Nationalsozialsten den Tag zur Siegesfeier der eigenen Bewegung um und gedachten ihrer Toten. Zur Ausgestaltung der Feiern entwickelten die Nationalsozialisten „eine eigene Feiertagsliturgie mit Massenaufmarsch und Lichtinszenierung, mit Heldenehrung und Todesmystik, die den religiösen Charakter unterstrich"[204] und griffen auf unterschiedliche Formen und Traditionen zurück, die sie miteinander kombinierten: „Todesverklärung und Ahnenverehrung, nationale Opferbereitschaft und soldatischen Mythos, »Blutweihe«, Feuerkult, Licht- und Dunkelsymbolik und militärisches Ritual. Das Vorbild der katholischen Fronleichnamsprozession war ihnen ebenso willkommen wie die schintoistische Verbindung von politischer und religiöser Funktion im japanischen Gottkaiser."[205] Der sakrale Charakter der nationalsozialistischen Heldengedenkfeiern diente dazu, die Massen an den Nationalsozialismus zu binden und gleichzeitig die Rolle der Kirchen zu unterminieren.[206] Im Gegensatz zum Gedenken an die Toten des Ersten Weltkriegs in der Weimarer Republik wurde während der Feierlichkeiten von den Nationalsozialisten ein Sinnstiftungsangebot geliefert, das die Gefallenen posthum stark überhöhte: „Im

---

203 Die Bekämpfung des Pazifismus war eines der vorrangigen Ziele Hitlers. Siehe: Herbst, Das Nationalsozialistische Deutschland, S. 59.

204 Speitkamp, „Vom Ersten Weltkrieg zum Nationalsozialismus", S. 210. Nationalsozialistische Richtlinien für die Inszenierung von Zeremonien anlässlich der Heldengedenktage und ihre Umsetzung beschreibt Koch in Ders., Von Helden und Opfern, S. 119 ff.

205 Peter Reichel, Der schöne Schein des Dritten Reichs. Faszination und Gewalt des Faschismus, München 1991, S. 221; Die sakrale Dimension und der Bezug auf christliche Symbole wird deutlich anhand der Rückschau auf die zum Andenken an die Verstorbenen des sogenannten Hitler-Putsches von der NSDAP abgehaltenen Feiern, die von 1926 an, also während der Weimarer Republik jeweils am 9. November abgehalten wurden. Dazu: Sven Reichhardt, „»Märtyrer« der Nation. Überlegungen zum Nationalismus in der Weimarer Republik", in: Jörg Echternkamp, Sven Oliver Müller (Hg.), Die Politik der Nation. Deutscher Nationalismus in Krieg und Krisen 1760–1960, München 2002, S. 173–202, hier S. 184 ff. Zum Feuerkult, seinen historischen Wurzeln und Funktionen siehe: Mosse, Die Nationalisierung der Massen, S. 57 f.

206 Wolfrum, Geschichte als Waffe, S.46.

Mittelpunkt dieses Mythos stand die Hingabe um ihrer selbst willen, beschworen wurde ein *Opfer an sich* – dadurch sollte sich das Volk, die Rasse auszeichnen und eine neue Qualität, eine neue Reinheit gewinnen. Der Einzelne wurde darin entwertet, nicht nur durch die schiere Masse der Verluste und die militärische Sinnlosigkeit des Kampfes (wie bei Stalingrad 1942/43), sondern auch durch die Aufgabe der Freiwilligkeit. Denn die Bereitschaft zum Opfer für das Vaterland wurde weder als bürgerliche noch als nationale Teilhabe am Gemeinwesen, sondern als rassische Qualität und völkische Aufgabe inszeniert."[207]

Nicht nur der Tod für die Volksgemeinschaft, sondern ebenso die Bereitschaft zum Opfer wurde von den Nationalsozialisten als heroisch definiert. Das Opfer wurde somit als ein für die gesamte Volksgemeinschaft verbindliches aktives Opfer verstanden. Die Interpretation sowohl der Bereitschaft zum Selbstopfer als heroisch als auch des Todes an sich war ein Vorhang, der das Gedenken an die Toten des Ersten Weltkriegs und die Toten der nationalsozialistischen Bewegung leitete. Mit der Interpretation des Opfers als ein aktives, beantworteten die Nationalsozialisten auch die Frage nach Möglichkeiten heroischen Handelns in Kriegen, die aufgrund der technischen Entwicklung des Kriegsgeräts und – eine grundlegende Erfahrung der Soldaten im Ersten Weltkrieg – durch das Ausharren im Stellungskrieg stark eingeschränkt waren.

Neben der Umbenennung des Volkstrauertags in „Heldengedenktag" und der damit einhergehenden Neuausrichtung des Gedenkens stellte einen weiteren großen Unterschied zur Erinnerungs- und Symbolpolitik der Weimarer Republik die Wiedereinführung von Orden und Ehrenzeichen am 7. April 1933 durch das nationalsozialistische Regime dar. Das Stiften, Verleihen und Tragen von Orden und Ehrenzeichen wurde wieder erlaubt. Hindenburg selbst stiftete am 13. Juli 1934 das „Ehrenkreuz für den Weltkrieg 1914/18", mit dem bis 1936 über acht Millionen Veteranen und Hinterbliebene geehrt wurden.[208] Ehrenzeichen und Auszeichnungen im nationalsozialistischen Deutschland „waren vornehmlich bestimmt für die Belohnung von Verdiensten bei der Vorbereitung, Errichtung und Konsolidierung der Naziherrschaft in Deutschland, bei der Verfolgung von Antifaschisten, von Juden und Angehörigen anderer ethnischer und religiöser Gruppen, von Homosexuellen und geistig Behinderten; sie dienten letztlich der politischen, ökonomischen und militärischen Vorbereitung des Zweiten Weltkrieges".[209]

Die mächtigste und für die größten Verbrechen verantwortliche und an ihrer Durchführung beteiligte NS-Organisationen war die sogenannte SS, die zum Zweck der Legitimierung zu einem Eliteorden stilisiert wurde. Zahlreiche Ehrenzeichen –

---

207 Hettling, Echternkamp, „Heroisierung und Opferstilisierung. Grundelemente des Gefallenengedenkens von 1813 bis heute", S. 139 f. Zum Volkstrauertag siehe: Thomas Petersen, Die Geschichte des Volkstrauertags, Kassel 1999.
208 Eine Übersicht über alle nach Beginn des Zweiten Weltkrieges gestifteten nationalsozialistischen Tapferkeitsauszeichnungen bietet: Ueberschär, Vogel, Dienen und Verdienen, S. 71 f.
209 Henning, Herfurth, Orden und Ehrenzeichen, S. 125.

„ein verwirrendes System von abgestuften Rangzeichen und symbolischen Signaturen, mit denen die SS-Führer von den Mannschaften deutlich unterschieden wurden"[210] – schwarze Kleidung und ein Mindestmaß an Größe für Bewerber prägten das Bild des „schwarzen Ordens". Neben Ehrenzeichen, die mit zwei Runen versehen waren, wurden als besondere Auszeichnungen Totenkopfringe, Dolche und Degen verliehen. Die Heroisierung des Todes war ein zentrales Element der Ideologie, die dem Leitbild des „politischen Soldaten", als den sich die SS-Angehörigen verstanden, zugrunde lag.[211]

Die Kehrseite der Auszeichnungs- und damit Erinnerungspolitik der Nationalsozialisten war, dass alles, was nicht im Einklang mit nationalsozialistischen Einstellungen zu Krieg, Rasse und Nation stand, vernichtet werden sollte. Erinnerungen an republikanische Errungenschaften sowie insbesondere die Erinnerung an jüdische Geistesheroen sollten ausgelöscht werden. Die von den Nationalsozialisten angeordnete Zerstörung des Moses-Mendelsohn-Denkmals in Leipzig war der Anlass für den Rücktritt des damaligen Leipziger Oberbürgermeisters Carl Goerderler, einem der Hauptakteure, die ab den 1940er Jahren den Staatsstreich vom 20. Juli planten und durchführten. Straßen und Institutionen wurden nach den Helden der eigenen Bewegung – Wessel, Göring, Hitler – umbenannt. Der nationalsozialistische „Denkmalsturz" umfasste auch Kriegsdenkmäler, welche den Krieg und den Tod der Soldaten nicht überhöhten, sondern „Leid und Trauer widerspiegelten".[212] Diese wurden nach ihrer Zerstörung durch heroisierende Denkmäler ersetzt.[213]

Künstler und Wissenschaftler, sofern sie im Einklang mit den nationalsozialistischen Vorstellungen von Nation und Rasse standen, wurden mit der bereits 1932 in der Weimarer Republik gestifteten „Goethe-Medaille für Kunst und Wissenschaft"[214] ausgezeichnet. Der Orden „Pour le mérite" überstand die Zeit des Nationalsozialismus. Zwar wurde angemahnt, „»zwecks Vermeidung von Schwierigkeiten« von Nachwahlen abzusehen"[215], doch aufgrund des Beginns des Zweiten Weltkriegs wurde ein bereits vorbereiteter Auflösungsbeschluss nicht mehr umgesetzt. Da Sport von den Nationalsozialisten als spielerische Erziehung zum Kampf eine besonders hohe Bedeutung zugemessen wurde, hatte er einen besonders hohen Stellenwert. Sportliche Betätigung und Wettkampf halfen der nationalsozialistischen Ideologie nach, zentrale Werte wie „heldischer Kampf, Opfer und Ehre"[216] innerhalb der breiten Bevölkerung

---

210 Reichel, Der schöne Schein des Dritten Reichs, S. 224. Zur Ordensideologie siehe ebd., S. 226 ff.
211 Bernd Wegner, Hitlers Politische Soldaten. Die Waffen-SS 1933–1945. Leitbild, Struktur und Funktion einer nationalsozialistischen Elite, Paderborn 2006, S. 38 ff.
212 Speitkamp, „Vom Ersten Weltkrieg zum Nationalsozialismus", S. 208. Siehe auch: Winfried Speickmann, Die Verwaltung der Geschichte. Denkmalpflege und Staat in Deutschland 1871–1933, (Kritische Studien zur Geschichtswissenschaft, Bd. 114), Göttingen 1996.
213 Eine Auflistung bietet Speitkamp, „Vom Ersten Weltkrieg zum Nationalsozialismus", S. 208 ff.
214 Diese Medaille darf nicht verwechselt werden mit der Goethe-Medaille, die vom Goethe-Institut seit 1954 verliehen wird (https://www.goethe.de/de/uun/ver/gme.html).
215 Fuhrmann, Pour le mérite, S. 51.
216 Frevert, „Heldentum und Opferwille", hier S. 145.

zu verankern. Im Sport, insbesondere während der Austragung der Olympischen Spiele in Deutschland, wurden sowohl kompetitive und bellizistische Elemente des Sports stark aufgewertet als auch „die Überlegenheit der »weißen Rasse« gefeiert".[217] Ebenso wie in der Weimarer Republik wurden Sporthelden im Nationalsozialismus geehrt – doch im Gegensatz zu den republikanischen Helden wurde nicht mehr die sportliche Leistung an sich, sondern diese als Vorbereitung für Krieg und Kampf gewürdigt, Sportler erhielten nicht nur Auszeichnungen, sondern Heldenstatus.[218]

In die politisch motivierten Heroisierungsbemühungen der Nationalsozialisten fielen auch Mütter. Zu ihren Ehren wurde in den nationalsozialistischen Festkalender ein „Muttertag" aufgenommen, an dem sie, sofern sie den ideologischen und rassistischen Vorstellungen der Nationalsozialisten entsprachen und viele Kinder gebaren, ab 1938 mit dem neu gestifteten „Mutterkreuz" in den Stufen Gold, Silber oder Bronze geehrt wurden. Allein bis September 1941 wurde das Mutterkreuz fast 4,7 Millionen Mal verliehen. Nicht aufgrund konservativer Werte, nach denen die Mutter eine zentrale Rolle hinsichtlich der Erziehung der Kinder und dem Zusammenhalt der Familie spielt, wurden Mütter von den Nationalsozialisten in ihren Rollen bestärkt und geehrt, sondern aufgrund der ihnen zugedachten Rolle in der nationalsozialistischen Bevölkerungspolitik.[219] Beabsichtigt war in erster Linie eine Steigerung der Geburtenrate, die mit Zunahme der Gefallenenraten im Laufe des Zweiten Weltkrieges Hitler umso dringlicher erschien: „Hitler nannte das Wochenbett ebenso drastisch wie selbstentlarvend das »Schlachtfeld der Frau«, deren Gebärfreudigkeit »Kampf für die Nation« sei und über deren Erhalt entschiede."[220] Neben Gebären und Kinderversorgen wurden Frauen im Nationalsozialismus zur als heldenhaft interpretierten Bereitschaft, Opfer und Entbehrungen während des Zweiten Weltkriegs zu ertragen, aufgerufen.[221]

Gleichwohl förderten und inszenierten die Nationalsozialisten einzelne Helden des Ersten Weltkrieges. Einen besonderen Status nahm dabei Manfred von Richthofen ein. Richthofens 1917 erschienene Autobiographie „Der rote Kampfflieger" wurde nach 1933 zu einem Bestseller. Es erschienen zahlreiche Biographien über Richthofen, die ihn abermals stark heroisiert für nationalsozialistische Propaganda nutzten. Seine

---

217 Reichel, Der schöne Schein, S. 271.
218 Ausführlich zur heroischen Aufladung sportlicher Leistungen während des Nationalsozialismus: Koch, Von Helden und Opfern, S. 122.
219 Irmgard Weyrather, Muttertag und Mutterkreuz. Der Kult um die „deutsche Mutter" im Nationalsozialismus, Frankfurt am Main 1993, S. 152–161. Weyrather verdeutlicht, dass die Muttertagsfeiern, die Verleihungen der Mutterkreuze, die wie religiöse Feiern ausgerichtet waren, nicht nur der Heroisierung der Mütter, sondern auch der Inszenierung des Nationalsozialismus als politischer Religion dienten. Mütter wurden nicht aufgrund konservativer, sondern rassistischer Einstellungen und der ihnen zugedachten Rolle in der nationalsozialistischen Bevölkerungspolitik geehrt. Ihre Ehrung hing nicht nur von der Anzahl der Kinder, sondern von einer Vielzahl von Kriterien ab, die willkürlich ausgelegt wurden. Siehe ebd., S. 8 ff.
220 Reichel, Der schöne Schein des Dritten Reichs, S. 218.
221 Koch, Von Helden und Opfern, S. 122.

Mutter, Kunigunde Richthofen, eröffnete im Jahr 1933 in ihrem Familienanwesen ein „Richthofen-Museum", dessen prominentester Gast 1934 Hermann Göring war. Dieser baute 1935 in seiner Funktion als Luftfahrtminister auf persönlichen Befehl Adolf Hitlers ein Jagdgeschwader mit dem Namen Richthofen auf und führte einen Ehrentag für die deutsche Luftwaffe am Todestag Richthofens, dem 21. April, ein.[222] Dass nicht der Geburtstag, sondern der Todestag Richthofens zum Ehrentag der deutschen Luftwaffe ausgewählt wurde, demonstrierte abermals das nationalsozialistische Verständnis von Heldentum als Bereitschaft zum heldenhaften Tod im Kampf. Hermann Göring pflegte und intensivierte die Heroisierung und den Kult um Richthofen mit den Ziel, Richthofen, den populärsten Fliegerhelden des Kaiserreichs, zum Vorbild für Offiziere in der Vorbereitung und in der Durchführung des Zweiten Weltkriegs aufzubauen. Freilich profitierte nicht zuletzt Göring als ehemals letzter Kommandeur des Richthofen-Geschwaders selbst von dem Kult der Nationalsozialisten um Richthofen.

Die Auszeichnung von Heldentum während des Zweiten Weltkriegs war den Nationalsozialisten ein besonderes Anliegen. Die Auszeichnungen hatten den Zweck, „zur Stimulierung höchster Einsatzbereitschaft bei der Realisierung der Kriegsziele – an der Front wie im Hinterland" beizutragen.[223] Bei der Ehrung seiner Kriegshelden griff das nationalsozialistische Deutschland auf das von Wilhelm III. während der Befreiungskriege gestiftete Eiserne Kreuz zurück. Mit nationalsozialistischen Emblemen versehen, wurde das Eiserne Kreuz von 1939 an bis zum Ende des Zweiten Weltkrieges als Auszeichnung für besondere Tapferkeit im Kampf vergeben. Hitler selbst begründete seine Auszeichnungspolitik mit Rekurs auf geschichtliche Vorbilder und aus seiner Überzeugung heraus, „je mehr man eine Heldentat und Leistung honoriere, umso mehr verpflichte man sich den Betreffenden und binde ihn, ganz unabhängig von dessen Einstellung, doch an seinen Eid und verpflichte ihn demjenigen gegenüber, dem er diese Ehrung zu verdanken habe".[224] Ueberschär beschrieb das von diesen Grundannahmen geleitete Verhalten Hitlers, das neben Ehrungen auch Geldleistungen beinhaltete, treffend als „Korrumpierung seiner Elite".[225] Durch Verleihung von Auszeichnungen für Heldentum im Krieg, aber auch durch Geschenke, Geld- und Sachleistungen sollten die Eliten gefügig gemacht und ihre Loyalität gegenüber dem nationalsozialistischen Regime gewonnen und erhalten werden.

Einer der prominentesten Vertreter der damaligen militärischen Elite und des deutschen Adels wurde 1940 mit dem Eisernen Kreuz 1. Klasse, 1943 mit dem Deutschen Kreuz in Gold ausgezeichnet – Claus Schenk Graf von Stauffenberg. Nach dem gescheiterten Attentat vom 20. Juli 1944 wurde Stauffenberg als Landesverräter hin-

---

222 Castan, Richthofen, S. 285.
223 Henning, Herfurth, Orden und Ehrenzeichen, S. 126–127.
224 Zitiert nach Ueberschär, Vogel, Dienen und Verdienen, S. 72.
225 Ebd., S. 73 ff.

gerichtet und auf Initiative Hitlers eine Sonderausführung des Verwundetenabzeichens für die Verwundeten des 20. Juli 1944 angefertigt.[226]

Hitler stellte sich nicht nur mit der Verleihung des Eisernen Kreuzes als Hüter und Erbe preußischer Traditionen dar, mit denen er insbesondere alte Eliten für sich zu gewinnen suchte. Nicht zufällig fiel Hitlers Wahl für den Festakt zur konstituierenden Sitzung des neugewählten Reichstages 1933 auf die Garnisonskirche in Potsdam – der Reichstag war aufgrund des Brandanschlags am 27. Februar 1933[227] nicht benutzbar. Die Garnisonskirche in Potsdam war die Ruhestätte der ersten preußischen Könige. Friedrich Wilhelm I. und sein Sohn Friedrich II. waren dort bestattet.[228] Joseph Goebbels, der neu ernannte Minister für Volksaufklärung und Propaganda, inszenierte die Feierlichkeiten, die in die Geschichtsschreibung als „Tag von Potsdam" eingehen sollten. Neben einem evangelischen und einem katholischen Gottesdienst und einem Triumphzug wurde ein Festakt mit Reichspräsident Hindenburg in der Potsdamer Garnisonskirche abgehalten. Diesem wurde eine besondere Rolle mit großer Symbolkraft zugedacht: „Hindenburg, der Reichspräsident und frühere kaiserliche Generalfeldmarschall, sollte dabei als Bindeglied fungieren und das mythische Charisma des großen Königs auf den zum Reichskanzler ernannten Weltkriegsgefreiten übertragen."[229] Ziel des Tages von Potsdam war es, anhand der Anknüpfung an den Mythos von Preußen, die konservativen Eliten, die Kirchen, das Militär und den Adel des Reiches für sich zu gewinnen und sich damit den Schein einer Herrschaftslegitimation jenseits von demokratischen Wahlen zu verschaffen.[230] Die Einbindung der beiden großen Konfessionen und der Bezug auf das deutsche Kaiserreich, das mit dem in kaiserlicher Uniform auftretenden greisen Hindenburg gegeben war, sollte Hitler ferner in seiner Rolle als Einiger des Reichs bestärken. Auch wollte Hitler unmittelbar von der charismatischen Aura des in kaiserlicher Uniform auftretenden Reichspräsidenten Hindenburg profitieren und sie auf sich übertragen.[231]

---

226 Die Abhängigkeit offizieller Heldenvorstellungen von politischen Akteuren ist besonders gut an der Person Stauffenberg zu beobachten: Stauffenberg wurde im Nationalsozialismus erst als Kriegsheld geehrt, galt nach dem 20. Juli 1944 als Verräter. Erst im Laufe der 50er Jahre änderte sich das Bild von Stauffenberg. Doch dazu später, in Kapitel 5.3.
227 Winkler, Der lange Weg nach Westen, Bd. 2, S. 9. Bis heute streiten Historiker darüber, ob der Brand die Einzeltat von Marinus van der Lubbe war oder ob es Mittäter aus den Reihen der Nationalsozialisten gab. Siehe ebd. Zu den innenpolitischen Maßnahmen, die Hitler nach dem Brand ergriffen hat: Herbst, Das Nationalsozialistische Deutschland, S. 64. Im Zuge dieser Maßnahmen wurde Ernst Thälmann, der führende Kopf der KPD und spätere Heldfigur der DDR, verhaftet.
228 Beide wurden nach der Zerstörung der Kirche 1945 umbestattet.
229 Münkler, Die Deutschen und ihre Mythen, S. 276. Zum genauen Ablauf der Feierlichkeiten ebd. S. 280 ff.
230 Vgl. Winkler, Der lange Weg nach Westen, Bd. 2, S. 12. Die Bindung der alten Eliten an die neuen Machthaber wurde auch durch umfangreiche Dotationen gestützt, die jedoch geheim gehalten wurden. Zu den Dotationen an Hindenburg und an Generalfeldmarschall von Mackensen siehe: Ueberschär, Vogel, Dienen und Verdienen, S. 55 – 69.
231 Herbst analysiert in seinem Buch die Konstruktion von Hitlers Ausstrahlung anhand des Weberschen Charismabegriffs: „Es ist die zentrale These dieses Buches, daß Hitler gemeinsam mit einem

Diese Strategie verfolgte Hitler auch nach Hindenburgs Tod im Jahr 1934 und befahl den Umbau des Tannenberg-Denkmals. Eine neu errichtete, von zwei Wächtern aus Granit bewachte Gruft für den Reichspräsidenten bildete nach der Umgestaltung das Zentrum der Anlage und damit der dort stattfindenden Feiern anlässlich der Schlacht bei Tannenberg. Ferner ließ Hitler einen Aufmarschplatz einrichten, einen Eichenwald um das Denkmal herum pflanzen und ersetzte das Kreuz, ein christliches Symbol für Tod und Auferstehung, durch ein im Boden versenktes Eisernes Kreuz, „dem militärischen Abzeichen für Treue und Gehorsam".[232] Die Trauerfeier für Hindenburg, bei der auch Hitler anwesend war, wurde als Versöhnung zwischen der Monarchie und dem Dritten Reich, zwischen alten bewahrenden und den neuen Kräften inszeniert.[233] Das Tannenberg-Denkmal wurde dadurch, dass es nun auch als Begräbnisstätte für Hindenburg diente, mythisch aufgeladen und wandte sich als Manifest und Trutzburg aus Stein in Nachfolge Hindenburgs gegen die „Kriegsschuldlüge", prangerte den „Dolchstoß" an und trotzte der „slawischen Bedrohung aus dem Osten" – so die Terminologie der Nationalsozialisten.[234]

Der von der nationalsozialistischen Propaganda immer wieder erneuerte und mystisch verklärte Führerkult der Nationalsozialisten, die Inszenierung und „der Glaube an das Charisma des »Führers« hatte es Hitler mehr als alles andere ermöglicht, sich zwölf Jahre lang an der Macht zu behaupten".[235] Doch der primäre Bezug Hitlers zur Herrschaftslegitimation blieb Preußen und sein großer König. Der Rückgriff Hitlers auf eine deutsche Ahnen- und Heldengalerie erfolgte in legitimatorischer Absicht und war für die Stabilisierung der nationalsozialistischen Herrschaft äußerst erfolgreich.

2.5 Heldenpanorama in der DDR: antifaschistische Widerstandshelden, Arbeiter-, Sport- und Kosmoshelden

Heldbilder in der DDR wurden nach sowjetischem Vorbild konstruiert. Der Umgang der Sowjetunion mit dem Auszeichnungssystem ihres Vorgängerstaates, dem Zaren-

---

kleinen Kreis von Gefolgsleuten die Legende des charismatischen Führers erfand, um die messianischen Erwartungen der Menschen im Deutschland der krisengeschüttelten Zwischenkriegszeit für die NSDAP nutzbar zu machen. Die Legende des charismatischen »Führers« war daher ein Coup, der als Mythos des Anfangs in die Propaganda des sogenannten Dritten Reiches paßte, in Hitlers Reden immer wieder aufgegriffen und auf diese Weise popularisiert wurde." Siehe: Ludolf Herbst, Hitlers Charisma. Die Erfindung eines deutschen Messias, Frankfurt am Main 2010, S. 14. Pyta arbeitete in seiner Biographie die Rolle Hindenburgs als charismatischem Bindeglied zwischen Bismarck und Hitler heraus. Siehe: Pyta, Hindenburg, S. 285 – 293.

232 Schenk, „Tannenberg/Grundwald", S. 451.

233 Zum Begräbnis in Wort und Bild: Speitmann, „Vom Ersten Weltkrieg zum Nationalsozialismus", S. 205 – 206.

234 Wolfrum, Geschichte als Waffe, S. 36.

235 Winkler, Der lange Weg nach Westen, Bd. 2, S. 109.

reich, ähnelt wiederum dem Umgang der Weimarer Republik mit den Relikten des Kaiserreichs. Mit dem Zusammenbruch des Zarenreichs und damit seines Auszeichnungssystems wurde das Tragen alter Orden und Ehrenzeichen Ende 1917 verboten. Eine Ausnahme bildeten Tapferkeitsauszeichnungen und Orden, die während des Ersten Weltkrieges verliehen wurden, was wiederum eine Parallele zur Weimarer Republik darstellt. Die Sowjetunion entwickelte nach ihrer Gründung 1922 ein neues Auszeichnungssystem, im Zuge dessen 1934 die Titel „Held der Sowjetunion" und 1938 „Held der Sozialistischen Arbeit" geschaffen wurden.[236] Die Bemühung der sowjetischen Führung, Menschen als „Held" qua namensgleicher Ordensverleihung auszuzeichnen, war ein Novum unter den Auszeichnungen. Die Zuschreibung des Begriffs „Held" erfolgte bis zur Stiftung der Orden, die den Begriff „Held" beinhalteten, in den die Auszeichnung kommentierenden Pressemitteilungen, durch Denkmalssetzung, auf Gemälden, in Literatur und in biographischen Werken. Dabei wurden immer wieder heroische Attribute zu Hilfe geholt. Die Verleihung der Helden-Orden hatte zum Ziel, einen kollektiven Leistungsheroismus zu implementieren, anhand dessen Menschen beim Aufbau der Sowjetunion zu Höchstleistungen motiviert werden sollten. Der Orden „Held der Sowjetunion" war die ranghöchste Bezeichnung für eine im Dienst des Vaterlands vollbrachte Heldentat.[237]

In der frühen Sowjetunion sollte der propagierte kollektive Arbeitsheroismus als Leitfaden dienen. Später schwankte der Kurs um und es wurden Leistungen einzelner Arbeiter heroisiert: In einer sorgfältig geplanten Kampagne wurde der Bergmann Alexej Stochanow nach einer außerordentlichen Schicht, in der er die Arbeitsnorm weit übertraf, zum Arbeiterhelden aufgebaut und zum Namenspatron der nach ihm benannten Stachanow-Bewegung. Die Konstruktion der Arbeiterhelden diente der Mythisierung der heroischen Einzelleistung im Industriezeitalter, indem sie den Menschen, der die moderne Technik bediente, wieder in den Vordergrund rückte.[238]

---

236 Henning, Herfurth, Orden und Ehrenzeichen, S. 124. Den Titel „Heldenmutter" sowie den Titel „Held der Sowjetunion verlieh die Sowjetunion während des Zweiten Weltkrieges 11.663 Mal". Siehe ebd., S. 127–128 und S. 134 zur Verleihung des Titels „Heldenstadt".

237 Der Orden „Held der Sowjetunion" war die ranghöchste Bezeichnung für eine im Dienst des Vaterlands vollbrachte Heldentat. Anlass für die Stiftung war das Bemühen, die Retter der im Eismeer eingeschlossenen Besatzung des Forschungsschiffes „Tscheljuskin" zu ehren; siehe: Rosalinde Sartorti, „Helden des Sozialismus in der Sowjetunion. Zur Einführung", in: Silke Satjukow, Rainer Gries (Hg.), Sozialistische Helden. Eine Kulturgeschichte von Propagandafiguren in Osteuropa und der DDR, Berlin 2002, S. 35–44, hier S. 40. Des Weiteren erhielten ganze Städte (Stalingrad, Wolgograd, Leningrad, Kiew, Odessa, Sewastopol, Moskau u. a.) als Anerkennung für ihren Widerstand und Kampf beim Einmarsch der deutschen Wehrmacht während des Zweiten Weltkriegs Heldenstatus. Siehe: Thomas M. Bohn, „»Bau auf...« Der Maurer Denis Bulachow", in: Silke Satjukow, Rainer Gries (Hg.), Sozialistische Helden. Eine Kulturgeschichte von Propagandafiguren in Osteuropa und der DDR, Berlin 2002, S. 60–83, hier S. 68.

238 Während einer Schicht von sechs Stunden schlug Stachanow 102 Tonnen Kohle aus dem Berg, zuvor förderte er als Stoßarbeiter in derselben Zeit nur zehn bis zwölf Tonnen. Im September steigerte er die Förderung auf 175 Tonnen. Über die Vorbereitung und Optimierung seiner Schichten und seine Mitarbeiter ist kaum etwas bekannt. Ebd., S. 40. Zu den monetären Anreizen, die mit der Verleihung des

Zwar wurde das heroische Element bei dieser Auszeichnungspraxis durch die inflationäre Vergabe des Heldentitels geschwächt, auch die Verknüpfung von Normbrechung und monetären Prämien erwies sich als schwierig. Doch die Sowjetunion hielt an diesem Modell zur Leistungssteigerung fest.[239]

Nach ihrer Gründung musste die DDR ein neues Auszeichnungssystem schaffen, mit dem sie sich nicht nur gegen das nationalsozialistische Deutschland, sondern auch gegen die Bundesrepublik Deutschland absetzten konnte. Dabei bemühte sich die DDR vor allem darum, „revolutionäre und fortschrittlich-demokratische Elemente vor allem der deutschen Geschichte zu tradieren".[240] Der höchste Orden der DDR war der Karl-Marx-Orden, die am meisten ausgezeichnetste Gruppe antifaschistische Widerstandskämpfer.[241] Wichtiger Bezugspunkt und Vorbild für die Neuordnung der Werte und Normen der Gesellschaft der DDR war die Sowjetunion, insbesondere die Auszeichnung von „Helden der Arbeit", die in der Sowjetunion seit ihrer Gründung üblich war, wurde von der DDR kopiert. Bereits lange vor der Stiftung des Ordens „Banner der Arbeit" im Jahr 1955, mit dem die Betitelung als „Held der Arbeit" einherging, sah sich die Regierung der DDR gezwungen, etwas gegen die Missstände in den Produktionsstätten zu unternehmen. Am 9. Oktober 1948 wurde bei einem Treffen der Direktoren des Oelsnitzer Steinkohlewerks „Gottes Segen" und anderer Gruben von Funktionären der Landes- und Kreisvorstände der SED und des Freien Deutschen Gewerkschaftsbundes (FDGB) sowie Mitarbeitern der Täglichen Rundschau beschlossen, einen ostdeutschen Stachanow zu konstruieren mit dem Ziel einer Produktivitätssteigerung. Nach dem Muster der Heroisierung Stachanows konstruierte die DDR den Bergmann Adolf Hennecke zu einem Helden der Arbeit.[242]

Während Arbeiterhelden in der DDR für Normerfüllung und Nachahmungsbereitschaft sorgen sollten, kam Widerstandshelden eine vor allem für die Außenrepräsentation der DDR wichtige Funktion zu. Der Antifaschismus wurde zum Gründungsmythos der DDR, das Gedenken an antifaschistische Widerstandskämpfer zum

---

Titels verbunden waren siehe: Willi Kulke, „Für Fortschritt und Planerfüllung. Helden der Arbeit", in: LWL-Industriemuseum (Hg.), Helden. Von der Sehnsucht nach dem Besondern, (Ausstellungskatalog), Essen 2010, S. 273 – 305, hier S. 273.

239 Sartorti, „Helden des Sozialismus in der Sowjetunion", S. 42.

240 Henning, Herfurth, Orden und Ehrenzeichen, S. 131.

241 Ebd.

242 Produktivitätssteigerung sollte auch durch eine bessere Einstellung der Kumpels zur Arbeit erreicht werden, Missstände wie oftmals während der Arbeitszeit stattfindender Tausch gestohlener Kohle gegen Lebensmittel auf dem Land sollten beseitigt werden. Ebenso wie bei der Inszenierung der Schicht von Stachanow wurde nach der sorgfältig vorbereiteten Schicht Henneckes eine Übertreffung der Arbeitsnorm festgestellt, worauf Hennecke öffentlichkeitswirksam durch Schulkinder empfangen wurde und eine Prämie bekam. Dass seine Kumpels ihn nach der Schicht schnitten, wurde in der noch im Oktober gedrehten Dokumentation für die Wochenschau, nicht berichtet. Silke Satjukow, »Früher war das eben der Adolf...« Der Arbeitsheld Adolf Hennecke", in: Silke Satjukow, Rainer Gries (Hg.), Sozialistische Helden. Eine Kulturgeschichte von Propagandafiguren in Osteuropa und der DDR, Berlin 2002, S. 115 – 132, hier S. 117 ff.

wichtigsten Heldenkult. Der Mythos, die Sozialisten hätten am meisten gegen die Nationalsozialisten gekämpft und wären gleichzeitig Hauptangriffspunkt gewesen, legitimierte die politische Führung der DDR und diente als Rechtfertigung für die Vereinigung und den Anspruch auf die Führungsrolle der Arbeiterparteien SED und SPD. Aufgrund der entlastenden Funktion entwickelte der Mythos breite Akzeptanz sowohl innerhalb der Bevölkerung als auch bei heimkehrenden Exilanten und verwandelte die militärische Niederlage Deutschlands in einen Sieg der DDR über den Faschismus: „Der antifaschistische Gründungsmythos hatte also eine doppelte Frontstellung: Abgrenzung gegen die Vergangenheit sowie Abgrenzung gegen die Bundesrepublik Deutschland, wobei er die DDR in ein moralpolitisch günstiges Licht rückte."[243] Die antifaschistischen Widerstandshelden der DDR standen als „ideologische Opferhelden" in der Tradition von Märtyrer- und Heiligenlegenden. Neben der Abgrenzung gegen die nationalsozialistische Vergangenheit und gegen die Bundesrepublik Deutschland diente die Konstruktion der Antifaschistischen Widerstandshelden der Identitätsfindung, Identitätsfestigung und Integration innerhalb der DDR. Allerdings wurde nicht jeder Widerstand gegen den Nationalsozialismus als antifaschistischer Widerstand interpretiert. Lediglich der kommunistische Widerstand wurde heroisiert und öffentlichkeitswirksam in Mahn- und Gedenkstätten, durch Umbenennung von Straßen und Plätzen repräsentiert. Einzelne kommunistisch und sozialistisch geprägte Widerstandsgruppen wurden in ein Gesamtbild eines antifaschistischen Widerstands gefügt und die in die SED einmündende kommunistisch dominierte Arbeiterbewegung als einzige Kraft gegen den Nationalsozialismus dargestellt. Besonderes Augenmerk bekam die „Rote Kapelle", ein Kreis von Widerständlern, die sich um den Luftwaffen-Oberleutnant Harro Schulze-Boysen und Arvid und Mildred Harnack sammelten.[244] Die Herbert-Baum-Gruppe wurde dagegen zum „Inbegriff jugendlicher Opposition" stilisiert.[245] Einige Personen wurden als antifaschistische Widerstandskämpfer besonders herausgehoben, so wie Ernst Thälmann, der zur wichtigsten Kultfigur der DDR aufgebaut wurde.[246] Zum Zweck der politischen

---

243 Herfried Münkler, „Der Antifaschismus als Gründungsmythos der DDR", in: Reinhard Brand, Steffen Schmidt (Hg.), Mythos und Mythologie, Berlin 2004, S. 221–236, hier S. 228. Siehe auch: Münkler, Die Deutschen und ihre Mythen, S. 20f; Rainer Gries, „Die Heldenbühne der DDR. Zur Einführung", in: Silke Satjukow, Rainer Gries (Hg.), Sozialistische Helden. Eine Kulturgeschichte von Propagandafiguren in Osteuropa und der DDR, Berlin 2002, S. 84–100, hier S. 89f.
244 Zum Mythenarsenal der DDR, zu dem die Rote Kapelle, aber auch die frühbürgerliche Revolution und Befreiungskriege gehörten: Münkler, Die Deutschen und ihre Mythen, S. 421–453.
245 Wolfgang Benz, Der 20. Juli 1944 und der Widerstand gegen den Nationalsozialismus, Erfurt 2014, S. 13.
246 Ab 1924 war Thälmann Vorsitzender der KPD, Mitglied des Exekutivkomitees der Kommunistischen Internationale und Mitglied des Reichstags. Diese Funktionen hatte er bis zu seiner Verhaftung kurz nach dem Reichstagsbrand 1933 inne. 1944 wurde Thälmann in Buchenwald ermordet. Am 7. Februar 1953, zum 20. Jahrestag der letzten Tagung des Zentralkomitees der Kommunistischen Partei, richtete die SED eine feierliche Gedenkveranstaltung für Thälmann aus. Auf dieser erfolgte die Heroisierung Thälmanns nach einem Muster, nach dem die Helden der DDR auf ihre Heldentauglichkeit

Mythenbildung wurde dabei umgeformt und umgedeutet. Der von staatlicher Seite geförderte und kanonisierte Thälmann-Verehrung – die Buchenwald-Gedenkstätte wurde auf Thälmann ausgerichtet, obwohl er wahrscheinlich nur wenige Stunden dort war, sich ansonsten in Gestapo-Isolationshaft befand – diente der Legitimation und Befestigung der SED-Herrschaft.

Ab den 60er Jahren eroberten Sportler[247] und Kosmonauten wie Sigmund Jähn Heldenrang. „Der erste Deutsche im All. Ein Bürger der DDR" titelte das Neue Deutschland am 27. August 1978.[248] Bei der Heroisierung Jähns konnte die DDR an das Fliegerhelden-Mythos, das bereits im Ersten Weltkrieg Massen in ihren Bann zog und vor allem von rechten und restaurativen Bewegungen in der Weimarer Republik und von den Nationalsozialisten aufgegriffen wurde, anknüpfen.

Fazit:

In der DDR wurden Arbeiterhelden aufgrund ihrer überdurchschnittlichen Pflichterfüllung, somit auch aufgrund ihrer augenscheinlichen Loyalität zur DDR und ihres Gehorsams, durch Verleihung der Auszeichnung „Held der Arbeit" und durch mediale Inszenierung zu Heldenfiguren stilisiert, was nicht nur Anerkennung, sondern trotz aller staatlichen Bemühungen um die Genese von Heldenfiguren auch Gegenreaktionen in Teilen der Bevölkerung hervorrief. Ebenso erwies sich die Verknüpfung von Normbrechung und materieller Leistungen als hinderlich für eine breite Akzeptanz

---

abgeklopft wurden: Bedeutsam waren die Herkunft aus der Arbeiterklasse, das erfolgreiche Bestehen mehrerer Bewährungsproben, Einsatz für die Erziehung der Jugend und schließlich Vorbild und Führerfunktion für die Arbeiterklasse – im Falle Thälmanns war es sein Einsatz gegen den Nationalsozialismus, der ihn zum Helden werden ließ. Auf der Gedenkveranstaltung wurden nicht nur diese einzelnen Stationen seines Lebens als Stationen der Heldengenese interpretiert, Thälmann wurde zum Symbol des Antifaschismus und zum Symbol der führenden Rolle der SED in der DDR erklärt. Aspekte seiner Lebensgeschichte, die seiner Heroisierung hätten schaden können, wurden bei den Heroisierungsbemühungen verschwiegen. Siehe: Annette Leo, „»Deutschlands unsterblicher Sohn«.. Der Held des Widerstands Ernst Thälmann", in: Silke Satjukow, Rainer Gries (Hg.), Sozialistische Helden. Eine Kulturgeschichte von Propagandafiguren in Osteuropa und der DDR, Berlin 2002, S. 101–114.

247 Die Heroisierung von Schnur beschreibt Norbert Rossbach, „»Täve«. Der Radsportler Gustav-Adolf Schnur", in: Silke Satjukow, Rainer Gries (Hg.), Sozialistische Helden. Eine Kulturgeschichte von Propagandafiguren in Osteuropa und der DDR, Berlin 2002, S. 133–146.

248 Jähns Biographie entspricht in vielen Punkten einer Musterbiographie eines sozialistischen Helden. Der aus einer Arbeiterfamilie stammende Jähn wurde in jungen Jahren FDJ-Mitglied, wurde Pionierleiter an der Zentralschule Hammerbrücke, ab 1955 war er bei der Kasernierten Volkspolizei (KVP). Nach der Gründung der Nationalen Volksarmee (NVA), in der die KVP aufging, wurde er als Offiziersschüler zu einem der ersten Düsenjägerpiloten der DDR ausgebildet. Ab 1976 war er Kandidat für einen gemeinsamen Weltraumflug der DDR und der UdSSR, 1978 starte er schließlich ins All und wurde nach seiner Rückkehr mit dem Orden „Held der Sowjetunion" ausgezeichnet. Siehe: Ronald Hirte, „Ein später Held. Sigmund Jähns Flug ins All", in: Silke Satjukow, Rainer Gries (Hg.), Sozialistische Helden. Eine Kulturgeschichte von Propagandafiguren in Osteuropa und der DDR, Berlin 2002, S. 158–172.

der Arbeiterhelden. Weitaus anerkannter waren sowohl Sport- und Kosmoshelden, die aufgrund ihrer Verdienste in den jeweiligen Bereichen verehrt wurden, als auch antifaschistische Widerstandshelden, die eine Abgrenzung zur nationalsozialistischen Vergangenheit und zum politischen Counterpart, der Bundesrepublik, symbolisierten und denen dadurch eine exkulpative, integrative und identitätsstiftende Funktion zukam.

3 Helden und Heroisierungen, ihre Bedeutungen und ihre Funktionen in der Bundesrepublik Deutschland bis 1989

3.1 Ehrungen in der Bundesrepublik Deutschland

„Im Nachkriegsdeutschland gab es keine Denkmäler für tote Helden, keine Ehrungen einer großen verlorenen Sache, keine öffentlichen Zeremonien des Gedenkens oder des Trostes."[1] Nicht Sinngebung, sondern das Überleben – ein Dach über dem Kopf und Lebensmittel – waren in den ersten Monaten und Jahren das Hauptanliegen der Bevölkerung und der Flüchtlinge aus den östlichen Gebieten des Deutschen Reiches, die vor dem Anrücken der Roten Armee flüchteten oder vertrieben wurden. Der Verbleib und die Zukunft zigtausender Kriegsgefangener war ungewiss. Tod, Flucht, Vertreibung und tiefe Niedergeschlagenheit waren charakteristisch für das Jahr 1945. Erwartungen auf Wohlstand, soziale und politische Stabilität und Souveränität lagen jenseits des Horizonts der meisten Menschen, die sich im Nachkriegsdeutschland um die Organisation ihres Alltags bemühten.[2] Dagegen spielten die Erfahrungen des Krieges, der Verbrechen des Regimes, eigener Verwicklungen oder des Wegschauens bei den geringen Erwartungen, die an die Besatzer hinsichtlich der Entwicklungsmöglichkeiten Deutschlands nach dem Krieg und dem Ende des Naziregimes gestellt wurden, eine große Rolle.

Mit der Kapitulation des Deutschen Reiches am 8. Mai 1945 endete der Zweite Weltkrieges und die staatliche Existenz des Deutschen Reiches. Eine deutsche Staatsgewalt wie nach der Kapitulationserklärung 1918 gab es nicht mehr. Deutschland wurde in vier Besatzungszonen, Berlin in vier Sektoren aufgeteilt. Souveränitätsrechte hatten die vier Besatzungsmächte: die Vereinigten Staaten von Amerika, die Sowjetunion, Frankreich und Großbritannien. Die historischen Ereignisse des Jahres 1945 und die zum Teil völlig gegensätzlichen Reaktionen der Bevölkerung auf diese wurden als „Stunde null" bezeichnet: die Kapitulation der deutschen Wehrmacht und das Ende des Nationalsozialismus waren Ereignisse, die als totale Niederlage auf der einen, als Hoffnung auf einen Neuanfang auf der anderen Seite gesehen wurden. Dass es eine „Stunde null" nicht gegeben hat, war großen Teilen der Deutschen und der Besatzungsmächte bereits 1945 bewusst. Zu sehr waren die unterschiedlichen Alterskohorten in den 1933 errichteten totalitären Staat und dessen Institutionen, die in das Leben der Bürger von klein auf eingegriffen hatten, eingebunden, als dass ein

---

1 Sheehan, Kontinent der Gewalt, S. 180.
2 Axel Schildt, Detlef Siegfried, Deutsche Kulturgeschichte. Die Bundesrepublik Deutschland bis zur Gegenwart, München 2009, S. 21 f; Julia Angster, „Wirtschaftswunder und Wohlstandsgesellschaft in der Bundesrepublik", in: Edgar Wolfrum (Hg.), Die Deutschen im 20. Jahrhundert, Darmstadt 2004, S. 123–133, hier S. 123 ff.

https://doi.org/10.1515/9783110701685-003

kompletter Neuanfang möglich gewesen wäre. Doch „trifft dieser Begriff das Emp-finden der Zeitgenossen auf das genaueste"[3], vor allem dann, wenn man dieses Empfinden als Hoffnung auf einen Neuanfang und eine neue Zeitrechnung interpre-tiert.

Diese Hoffnung förderten die von den Alliierten eingeführten Maßnahmen, die unter den Schlagworten „Entnazifizierung" und „Reeducation" bekannt wurden. Ab November 1945 musste sich die oberste Führungselite des nationalsozialistischen Deutschland vor dem Internationalen Militärgerichtshof in Nürnberg verantworten. Des Weiteren ergriff jede einzelne Besatzungszone Maßnahmen zur „Entnazifizie-rung" der Bevölkerung, die je nach Besatzer unterschiedlich stark gehandhabt wur-den. Das „Reeducation" Programm der Amerikaner hatte zum Ziel, neue demokrati-sche Grundlagen und Werte innerhalb der deutschen Bevölkerung zu verankern. Dabei sollte es bei den Maßnahmen „um eine reflektierte Auseinandersetzung mit der eigenen geschichtlichen Tradition gehen, wobei an eine deutsche Linie humanisti-schen und aufklärerischen Denkens angeknüpft werden sollte".[4] Teil der Entnazifi-zierungskampagne war der Umgang der Alliierten mit Preußen – 1947 wurde Preußen vom Alliierten Kontrollrat mit der Begründung, es sei ein Hort aggressiven Nationa-lismus und Militarismus gewesen, aufgelöst. Die Belastung eines Teilgebiets des Deutschen Reiches hatte zur Folge, dass andere Gebiete, wie Süddeutschland, pau-schal entlastet werden konnten und mit einer „Entpreußung der deutschen Gesell-schaft"[5] die gesamte Bundesrepublik rehabilitiert werden konnte.

Am 8. Mai 1949, vier Jahre nach Inkrafttreten der bedingungslosen Kapitulation der Wehrmacht und damit dem Ende der nationalsozialistischen Herrschaft, be-schloss der Parlamentarische Rat in Bonn in öffentlicher Sitzung das Grundgesetz für die Bundesrepublik Deutschland. Nach seiner Annahme durch die Volksvertre-tungen der deutschen Länder trat das Grundgesetz am 23. Mai 1949 in Kraft. Hand-lungsanleitend für die Ausarbeitung des Grundgesetzes im Parlamentarischen Rat waren Erfahrungen, die aus dem Scheitern der Weimarer Verfassung gezogen werden konnten. Keiner sollte die neue Verfassung zu ihrer eigenen Abschaffung gebrauchen können, war das parteiübergreifende Credo der von den Landtagen und den Sektoren Berlins entsandten Mitglieder des Rates. Die Verankerung der Menschenrechte, die Gründung der Bundesrepublik als föderaler Staat, die starke Rolle der Länder bei der Gesetzgebung der Bundesrepublik Deutschland, vertreten durch den Bundesrat, wa-ren den Erfahrungen des Scheiterns der Weimarer Republik geschuldet. Die Bindung aller fünf ständigen Verfassungsorgane – Bundespräsident, Bundesregierung, Bun-desrat, Bundestag, Bundesverfassungsgericht – an das Grundgesetz wurde verankert.

---

3 So die Einschätzung Winklers, siehe: Winkler, Der lange Weg nach Westen, Bd. 2, S. 121.
4 Schildt, Siegfried, Deutsche Kulturgeschichte, S. 45. Siehe auch: Karl-Ernst Bungenstab, Umerzie-hung zur Demokratie? Re-education-Politik im Bildungswesen der US-Zone 1945–49, Düsseldorf 1970.
5 Dieses Vorgehen wurde durch zahlreiche nach 1945 erschienene Publikationen, in denen die Rolle Preußens für den Weg Deutschlands in den Nationalsozialismus betont wurde, untermauert, siehe: Wolfrum, Geschichte als Waffe, S. 59 ff.

Das Bemühen um eine Entnazifizierung der Deutschen wurde in das Grundgesetz aufgenommen. So wurde im Artikel 139 des Grundgesetzes das Fortgelten der Vorschriften über die Entnazifizierung festgehalten: „Die zur »Befreiung des deutschen Volkes vom Nationalsozialismus und Militarismus« erlassenen Rechtsvorschriften werden von den Bestimmungen dieses Grundgesetzes nicht berührt."[6] Trotz des im Grundgesetz formulierten Festhaltens an der Entnazifizierung kamen nach der Gründung der beiden deutschen Staaten im Jahr 1949 die Maßnahmen zur Entnazifizierung und „Reeducation" in der Bundesrepublik Deutschland zum Erliegen. Das hatte zur Folge, dass viele ehemalige NSDAP-Mitglieder, Verfechter und Sympathisanten des Nationalsozialismus aber auch Mitläufer in den Staatsdienst und in ihre alten beruflichen Stellungen zurückkehren konnten.[7] Zwar wurden Rückkehrer aus dem Exil, Verfolgte oder Gegner des Nationalsozialismus ebenfalls in den Verwaltungen und an den Universitäten eingestellt. Sie blieben jedoch in der Minderheit.[8] Persönliche Verwicklungen im Nationalsozialismus, persönliche Einstellungen wurden unter der Prämisse, dass im Staatsdienst angestellte Personen sich loyal zur neuen politischen Ordnung verhalten würden, ad acta gelegt.[9] Die Offenlegung persönlicher Einstellungen zum Nationalsozialismus, zu dessen Normen und Werten wurde hingegen nicht weiterverfolgt, sofern sie im privaten Rahmen stattfand. Öffentliche und nicht öffentliche Meinung konnten somit weit auseinanderklaffen und zeigten die „Differenz zwischen Kommunikation und Bewusstsein"[10] in der jungen Bundesrepublik auf. Diese Strategie ermöglichte die Integration eines großen Teils der Bevölkerung, die mit dem Nationalsozialismus sympathisierte oder in diesen und seine Verbrechen aktiv verwickelt war, in den neuen Staat und führte somit zur Stabilität der jungen Demokratie. Für die Opfer des Nationalsozialismus, für Widerständler und die Nachkommen beider Gruppierungen war die Politik der Integration ehemaliger Anhänger und Funktionäre der nationalsozialistischen Diktatur schwer zu ertragen.

---

6 GG, Artikel 139.

7 Martin Heidegger und Carl Schmidt wurden zwar aus dem Hochschuldienst entlassen, doch sie bleiben Ausnahmen. Entlassene wurden ab 1947 als „Mitläufer" oder „Entlastete" eingestuft und durften an die Universitäten zurück. Edgar Wolfrum umschreibt die Entwicklung einprägsam: „Von den großen Nazis überlebte politisch keiner in der Bundesrepublik, aber die mittlere Garnitur fand recht schnell ihren Platz im neuen Staat." Siehe: Wolfrum, Geschichte als Waffe, S. 107; des Weiteren: Schildt, Siegfried, Deutsche Kulturgeschichte, S. 54–56; Winfried Speitkamp, „Drittes Reich, Zweiter Weltkrieg und Holocaust in der Erinnerung", in: Edgar Wolfrum (Hg.), Die Deutschen im 20. Jahrhundert, Darmstadt 2004, S. 213–229, hier S. 217 f.

8 Friedrich Meinecke, einer der wenigen Historiker, die sich nach 1918 klar zur Republik von Weimar bekannten, und der wegen seiner kritischen Haltung zum Nationalsozialismus 1935 alle Ämter verlor, wurde als Professor an die neu gegründete Freie Universität in Berlin berufen und zu ihrem Ehrenrektor ernannt. Siehe: Wolfrum, Geschichte als Waffe, S. 63; zu Verwicklungen von Historikern in den Nationalsozialismus siehe das Kapitel „Mitkämpfende Historiker", ebd., S. 47–55.

9 König, Die Zukunft der Vergangenheit, S. 27.

10 Ebd., S. 28.

Der Wunsch nach „historischen Haltepunkten"[11], nach der Wiederbelebung von Traditionen und Kontinuitäten jenseits des Nationalsozialismus spiegelte sich im Auszeichnungssystem der jungen Bundesrepublik wider. Im Gegensatz zur Weimarer Republik, die in ihrer Verfassung ein explizites Auszeichnungsverbot aufnahm,[12] wurde in der Bundesrepublik Deutschland die Stiftung und Verleihung von Orden und Ehrenzeichen ausdrücklich zugelassen. Damit erfolgte eine Anknüpfung an Traditionen, die sich als Kontinuum über Staats- und Systemwechsel hinweg bis zur Gründung des Königreichs Preußen zurückverfolgen lassen. Gefördert wurde die Stiftung von Auszeichnungen vom damaligen Bundespräsidenten Theodor Heuss, der die „Symbolarmut" in der Weimarer Republik kritisierte, da sie ihren Bürgen kaum Möglichkeiten gegeben hätte, sich mit der jungen deutschen Republik zu identifizieren.[13] Am 7. September 1951 stiftete Heuss in der Absicht „verdienten Männern und Frauen des deutschen Volkes und des Auslandes Anerkennung und Dank sichtbar zum Ausdruck zu bringen"[14] den Verdienstorden der Bundesrepublik Deutschland. Als ersten Preisträger zeichnete Heuss am 19. September 1951 den Bergmann Franz Brandl, der zwei Kameraden bei einem Wassereinbruch gerettet hatte, mit dem Bundesverdienstkreuz am Bande aus.[15] Ob es ein Zufall war, dass ein Bergmann als erster Träger des Bundesverdienstordens ausgezeichnet wurde, ist fraglich. Naheliegender ist, dass die Auszeichnung eine direkte Antwort von Heuss auf die Heroisierung Adolf Henneckes zum sozialistischen Bergbauhelden in der DDR war. Die Absetzung Heuss von der Auszeichnungspraxis der DDR – im Westen wurde ein

---

11 So die Formulierung von Wolfrum, Geschichte als Waffe, S. 57.

12 Siehe Kapitel 2.3.

13 Peter Merseburger, Theodor Heuss. Der Bürger als Präsident. Biographie, München 2012, S. 525.

14 http://www.bundespraesident.de/SharedDocs/Downloads/DE/Publikationen/170605-Verdienstorden.pdf?__blob=publicationFile, S. 5 (Zugriff am 11.11.2018). 1957 wurde ein Passus in das Gesetz über Titel, Orden und Ehrenzeichen aufgenommen, der eine Aberkennung von Orden ermöglichte: Die ordensrechtlichen Bestimmungen 1 Gesetz über Titel, Orden und Ehrenzeichen vom 26. Juli 1957 (BGBl. I S. 844), zuletzt geändert durch Art. 10 des Gesetzes vom 19.2.2006 (BGBl. I 334), (BGBl. III 1132–1): Der Bundestag hat mit Zustimmung des Bundesrates das folgende Gesetz beschlossen: Erster Abschnitt. Grundsätze für die Verleihung von Titeln, Orden und Ehrenzeichen: § 4 Entziehung (1) Erweist sich ein Beliehener durch sein Verhalten, insbesondere durch Begehen einer entehrenden Straftat, des verliehenen Titels oder der verliehenen Auszeichnung unwürdig oder wird ein solches Verhalten nachträglich bekannt, so kann ihm der Verleihungsberechtigte den Titel oder die Auszeichnung entziehen und die Einziehung der Verleihungsurkunde anordnen.

15 Über die Verleihung berichtete der Spiegel, siehe: „Bonner Orden. Ausgeprägtes Stilgefühl", in: Der Spiegel Nr. 7/1954, S. 7–8. Im selben Artikel kritisierte der Spiegel die Vielzahl der bis dato verliehenen Orden und stellte einen europäischen Vergleich an: „Die Gefahr einer westdeutschen Ordensinflation aber sieht man deswegen in der Ordenskanzlei nicht. Allein die französische Ehrenlegion gebe zirka 7.500 Kreuze pro Jahr aus. Und Königin Elizabeth habe bei ihrer Krönung über 1.000 Orden verliehen, während es Theodor Heuss bei seinem 70. Geburtstag nur auf 230 gebracht habe. Finanzielle Belastungen durch die Ordensverleihung entstehen nicht, sagt die Ordenskanzlei. Die Herstellungskosten seien so gering, dass die Träger der niederen Klassen gekränkt sein könnten, wüssten sie den Betrag." Ebd., S. 8.

Bergmann für Lebensrettung, im Osten für die Übererfüllung des Plansolls geehrt – ist an der ersten Aushändigung des Bundesverdienstkreuzes evident.[16]

Mit dem von Heuss ins Leben gerufenen Bundesverdienstkreuz sollten Menschen für hervorragende Leistungen für das Gemeinwesen ausgezeichnet werden, das Silberne Lorbeerblatt[17] wurde als Auszeichnung für Sportler geschaffen. Ferner wurden Ehrenzeichen für das Grubenrettungswesen und unterschiedliche Plaketten für die Anerkennung von Vereinen geschaffen. Darunter fielen Chor- und Musikvereine, Wander- und Gebirgsvereine und Sportvereine. Die einzelnen Länder der Bundesrepublik Deutschland erhielten das Recht, eigene Orden und Ehrenzeichen zu stiften und zu verleihen.

Bundespräsident Heuss bemühte sich nicht nur um die Etablierung eines staatlichen Auszeichnungssystems, sondern förderte ebenso nichtstaatliche Auszeichnungen. Die Wiederbelebung des Ordens „Pour le mérite" war Heuss ein besonderes Anliegen. Noch zur Zeit des Nationalsozialismus veröffentlichte Heuss im Jahr 1942 unter einem Pseudonym einen Artikel mit der Überschrift „Areopag des Geistes" aus Anlass des hundertjährigen Gründungsjubiläums des Ordens.[18] Um eine Wiederbelegung des Ordens in der jungen Bundesrepublik Deutschland zu erreichen, wandte sich Heuss schriftlich an die drei letzten überlebenden Ordensmitglieder mit der Bitte, jemand möge sich doch an ihn, also Heuss, schriftlich wenden mit der Bitte, die Friedensklasse des Ordens „Pour le mérite" wieder ins Leben zu rufen. „Er, Heuss, werde ihm darauf erwidern, dass er die Anregung begrüße, aber nicht als Neustifter auftreten wolle, weil dies eine geschichtliche Geschmacklosigkeit wäre."[19] Enno Littmann, ein Orientalist und einer der drei letzten lebenden Träger des Ordens kam dieser Bitte nach. Am 31. Mai 1952 nahm der Orden „Pour le mérite für Wissenschaften und Künste" seine Arbeit wieder auf, 1954 übernahm Heuss auf die freilich von ihm selbst initiierte Bitte des Ordens in seiner Funktion als Bundespräsident die Schirmherrschaft des Ordens – „eine ähnliche Rolle also, wie sie der preußische König bis zum Ende der Monarchie innehatte".[20] Mit der Stiftung des Ordens knüpfte Heuss an eine Tradition an, die bis auf Friedrich II. verweist, der den Orden „Pour le mérite" als Militärorden im Jahr 1740 gründete.[21] Die Wiedergründung am 31. Mai 1952 wiederum verwies auf die Stiftung der Friedensklasse des „Pour le mérite" am 31. Mai 1842 durch

---

16 Zur Auszeichnungspraxis in der DDR und Adolf Hennecke siehe Kapitel 2.5.

17 Das Silberne Lorbeerblatt als Nadel für Herren und Brosche für Damen wurde von Heuss persönlich entworfen. Siehe: Merseburger, Theodor Heuss, S. 525.

18 Fuhrmann, Pour le mérite, S. 52.

19 Merseburger, Theodor Heuss, S. 527.

20 Fuhrmann, Pour le mérite, S. 52. Der Orden wurde als eine freie Vereinigung von Künstlern und Gelehrten wiederhergestellt, also in der Form, in welcher sich der Orden in der Weimarer Republik neu konstituierte. Der jeweils amtierende Bundespräsident bekam die Aufgabe, als Schirmherr des Ordens tätig zu sein. Die Mitglieder des Ordens bekamen das Recht und die Aufgabe, neue Mitglieder zu wählen.

21 Zur Gründung des Ordens als Militärorden durch Friedrich II. und zur Gründung der Friedensklasse des „Pour le mérite" durch Friedrich Wilhelm IV. siehe Kapitel 2.1.

den preußischen König Friedrich Wilhelm IV. Mit der Wiedergründung des „Pour le mérite" stellte sich Heuss in die preußische Tradition der Verehrung von Geistesheroen, die er als Bezugspunkt für den Aufbau des neuen deutschen Staats nicht missen wollte. Damit setzte sich Heuss von einem Preußenbild als Hort des Militarismus nicht nur ab, sondern relativierte dieses. Heuss betrieb eine an Kontinuitäten und Traditionen jenseits des Nationalsozialismus anknüpfende Erinnerungspolitik mit dem Ziel einer positiven Traditionsbindung.[22] Zu diesem Zweck wurde Heuss auch Mitherausgeber einer chronologisch geordneten Sammlung von Biographien unter dem Titel „Die großen Deutschen" tätig, einer überarbeiteten Neuauflage der 1935/36 erschienenen Biographien.[23]

Heuss knüpfte nicht nur an die Tradition von Auszeichnungen besonderer Verdienste an. Auch die Form der Auszeichnungen knüpfte an Traditionen an: beim Bundesverdienstorden handelt es sich um das Bundesverdienstkreuz. Die Form des Kreuzes als Ehrenzeichen wurde bereits von Friedrich dem Großen für seinen Orden „Pour le mérite" – damals eine überwiegend militärische Auszeichnung – gewählt. Auch die von Friedrich Wilhelm III. während der Befreiungskriege gestifteten Auszeichnungen haben die Form eines Kreuzes, ebenso die Friedensklasse des „Pour le mérite" von Friedrich Wilhelm IV.[24] Sie alle beziehen sich auf das zentrale Symbol des Christentums – das Kreuz. Christliche Symbolik und das Weiterführen von Traditionen, die bis auf das preußische Königreich zurückgriffen, gingen mit der Abgrenzung vom nationalsozialistischen Hakenkreuz für Heuss Hand in Hand.

Indem Heuss Orden und Ehrenzeichen wie das Bundesverdienstkreuz und den Orden „Pour le Mérite" einführte oder wiederbelebte, deren Wurzeln in das preußische Königtum hineinreichten, daher über die unmittelbare diktatorische Vergangenheit der Bundesrepublik hinauswiesen, versuchte er, zu einer positiven historischen Identität der Bundesrepublik beizutragen. Wie Helmut König festgestellt hat: „Es geht den Kollektiven wie den Individuen: Man erinnert sich lieber an die Vergangenheiten, auf die man stolz und ohne Scham und Schuld zurücksehen kann, also an jene Phasen, die das Selbstwertgefühl nicht in Frage stellen, sondern stabilisieren."[25]

---

22 Bereits in seiner kurz nach Ende des Zweiten Weltkriegs gehaltenen Rede „In Memoriam" verdeutlichte Heuss sein Ziel, eine neue Tradition zu schaffen, die deutsche Geschichte, Kultur und Sprache vom Nationalsozialismus zu reinigen. Theodor Heuss, „In Memoriam", Stuttgart (25.11.1945), in: Theodor Heuss, Die großen Reden. Der Staatsmann, Tübingen 1965. Siehe auch: Ulrich Baumgärtner, Reden nach Hitler. Theodor Heuss. Die Auseinandersetzung mit dem Nationalsozialismus, Stuttgart 2001, S. 72 ff.
23 Die Bände erschienen zwischen 1956–1957. Zum Vorgehen Heuss und der Mitherausgeber siehe: Theodor Heuss, „Über die Maßstäbe geschichtlicher Würdigung", in: Hermann Heimpel, Theodor Heuss, Benno Reifenberg (Hg.), Die großen Deutschen. Von Karl dem Großen bis Andreas Schlüter, Bd. 1, Berlin 1983, S. 9–17.
24 Zur Gründung der Verschiedenen Ehrenzeichen siehe Kapitel 2.1 dieser Arbeit.
25 König, Die Zukunft der Vergangenheit, S. 176.

Die von Heuss initiierten Auszeichnungen täuschten jedoch nicht darüber hinweg, dass die Bundesrepublik Deutschland sich damit begnügte, „ein ausgesprochen symbolarmer Staat zu sein".[26] Die große Anzahl der Ordensverleihungen und die Vergabe der meisten Orden an Unternehmer wurde bereits in den 50er Jahren in der Presse kritisiert: „In der Bundesrepublik der sozialen Marktwirtschaft ist inzwischen ein neuer Typus Ordensträger hinzugekommen: der freie Unternehmer. Er nimmt in der Liste aller Verdienstkreuz-Inhaber einen Spitzenrang ein."[27] Mit einsetzendem Wirtschaftswunder wurden nicht nur die Unternehmer, sondern auch Markt und Konsum mythisch überhöht: „Überspitzt gesagt, löste der Mercedesstern das Eiserne Kreuz der Kriegsgeneration ab."[28] Ein offizieller Gründungsmythos konnte sich in der jungen Bundesrepublik nicht etablieren trotz aller Bemühungen von Heuss und anderen um die Schaffung neuer positiver Traditionen und Anknüpfung an alte, vom Nationalsozialismus nicht belastete Geisteshelden. Die Nachkriegsgesellschaft der jungen Bundesrepublik blieb eine „heroismusskeptische Gesellschaft".[29] Trotz aller Bemühungen um feierliche Zeremonien bei der Übergabe von Orden und Ehrenzeichen bedeutete die öffentliche Anerkennung von Verdiensten noch keine Heroisierung, sondern schlicht die öffentliche Anerkennung der Verdienste. „Man kann das Ruhmeswort nicht verleihen", stellte Heuss selbst fest und hielt trotz dieser Feststellung an seiner Überzeugung, Verdienste auszuzeichnen, Traditionen zu wahren und neue zu gestalten fest.[30]

Dennoch gab es – ebenso wie in der DDR – auch in Westdeutschland den Versuch, Menschen qua Auszeichnung zu Helden zu küren.

3.2 Die Ehrungsinitiative „Unbesungene Helden"

Die einzelnen Länder der Bundesrepublik Deutschland stifteten ebenso wie die Bundesrepublik eigene Orden und Ehrenzeichen, mit denen sie außergewöhnliche Verdienste auszeichneten. Für Verdienste in den Bereichen Gemeinwohl, Kunst, Kultur oder Sport konnten Ehrenbürgerschaften, Ehrengrabstätten und landeseigene Verdienstorden unterschiedlicher Abstufungen vergeben werden. Für die Rettung anderer Menschen unter Inkaufnahme eigener Lebensgefahr stifteten die Länder die Rettungsmedaille.

---

26 Münkler, Die Deutschen und ihre Mythen, S. 10.
27 „Bonner Orden. Ausgeprägtes Stilgefühl", in: Der Spiegel, Nr. 7/1954, S. 7–9.
28 Münkler, Die Deutschen und ihre Mythen, S. 11.
29 Hettling, Echternkamp, „Heroisierung und Opferstilisierung. Grundelemente des Gefallenengedenkens von 1813 bis heute", S. 143.
30 Heuss, „Über die Maßstäbe geschichtlicher Würdigung", S. 11. Nicht durch Ordensverleihung, sondern durch öffentliche Würdigung und Anerkennung beteiligte sich Heuss an der Heroisierung der Verschwörer des 20. Juli 1944; siehe Kapitel 3.3 dieser Arbeit.

Eine besondere Stellung in der Auszeichnungspraxis der jungen Bundesrepublik nimmt eine Initiative des Berliner Senats aus dem Jahr 1958 ein. Bei dieser Initiative handelte es sich um mehr als um die öffentliche Anerkennung von Verdiensten durch Verleihung von Orden oder anderen Ehrenzeichen. Die Verdienste der Ausgezeichneten sollten nicht nur öffentlich geehrt werden, vielmehr sollten die Ausgezeichneten Heldenstatus erlangen.

1958 regte der damalige West-Berliner Innensenator Joachim Lipschitz eine Ehrungsinitiative an zur Ehrung von Menschen, die sich während des Nationalsozialismus für Juden in unterschiedlicher Weise eingesetzt haben. Diese Initiative fand in den anderen deutschen Ländern kein Pendant. Dass es zu dieser Berliner Besonderheit kam, hängt in erster Linie mit der Person des Initiators zusammen – Lipschitz war Halbjude und entging seiner Deportation durch das Untertauchen bei verschiedenen Familien.[31] Diese persönliche Erfahrung war eine der Triebkräfte für seine Bemühung um die allgemeine Anerkennung von Rettungswiderstand. Einblicke in die Entschädigungspraxis des Landes Berlin, die Lipschitz nach dem Krieg im Zuge seiner politischen Tätigkeiten im Berliner Senat sammelte, waren bei der Umsetzung des Vorhabens hilfreich. Nachdem Lipschitz zum Berliner Innensenator ernannt worden war, reformierte er die Entschädigungspraxis zu Gunsten der NS-Opfer. Entschädigung sollte nach Lipschitz neben der Wirkung nach Innen, also der konkreten Hilfe für die Verfolgten, eine Außenwirkung entfalten: „Wer Wiedergutmachung sagt, meint Wiederherstellung des guten Namens eines Volkes, das einmal das Volk der Dichter und Denker genannt worden ist [...] Letzten Endes bedürfen wir der Wiedergutmachung nicht nur um der Wiederherstellung verletzten Rechtes willen, sondern wegen der Wiedereingliederung eines ganzen Volkes in die Gruppe der geachteten Nationen."[32] Lipschitz erkannte ebenso wie Adenauer, der sich gegen massiven Widerstand in Politik und Gesellschaft für eine an Wiedergutmachungsmaßnahmen gekoppelte Aussöhnungspolitik einsetzte, eine Chance für die junge Bundesrepublik als gleichberechtigter Partner in Europa und der Welt wahrgenommen zu werden.[33] Die In-

---

31 Lipschitz wuchs in einer sozialdemokratisch geprägten Familie auf. Seine Mutter war Christin, er selbst wurde evangelisch getauft, Lipschitzs Vater wiederum war Jude und nahm sich nach der Machtergreifung der Nationalsozialisten das Leben. Aufgrund seiner jüdischen Herkunft durfte Lipschitz nicht studieren und machte eine Kaufmannslehre. Nach der Progromnacht am 9. November 1938 wurde Lipschitz verhaftet und bis Februar 1939 festgehalten. Im April 1939 wurde er zum Arbeitsdienst eingezogen und im August 1939 der Wehrmacht überstellt. Im Zuge einer schweren Verwundung in Russland im Jahr 1941 verlor Lipschitz seinen linken Arm und wurde im März 1942 aus der Wehrmacht entlassen. Um einer Deportation zu entgehen, tauchte Lipschitz im Oktober 1944 bei verschiedenen Familien unter und blieb bis Kriegsende versteckt. Nach dem Krieg begann Lipschitz im Berliner Senat zu arbeiten; siehe: Dennis Riffel, Unbesungene Helden. Die Ehrungsinitiative des Berliner Senats 1958 bis 1966, Berlin 2007, S. 48 ff.
32 Zitiert nach Riffel, Unbesungene Helden, S. 57.
33 Es ist anzunehmen, dass Lipschitz das Wiedergutmachungsabkommen mit Israel, dass Adenauer am 10. September 1952 in Luxemburg unterzeichnete, kannte und sich zum Beispiel für seine neue Wiedergutmachungsinitiative zur Ehrung von „Unbesungenen Helden" in Berlin nahm. Zum Ab-

itiative „Unbesungene Helden" hatte nicht nur materielle Hilfe für die Widerständler und deren Anerkennung in der jungen Bundesrepublik im Blick. Sie sollte auch öffentlichkeitswirksam publik machen, dass es im nationalsozialistischen Deutschland ein sogenanntes „anderes Deutschland" gegeben habe und damit das Ansehen der Deutschen jenseits materieller Gutmachung im Ausland stärken.

Eine wichtige Inspiration für Lipschitz Vorhaben, Rettungswiderstand zu ehren, war das Buch „Die unbesungenen Helden. Menschen in Deutschlands dunklen Tagen" von Kurt Grossmann von 1957:[34] „Dieses Buch meiner UNBESUNGENEN HELDEN[35] erzählt von den Selbstlosen, die als die unorganisierten Willensvollstrecker des ewigen Gesetzes der Humanität auftraten, als sie der zertretenen Kreatur – die Juden waren in jener Periode die zertretene Kreatur unserer so »fortschrittlichen« Zeit – mit dem Einsatz ihrer ganzen Persönlichkeit und oft mit dem Einsatz ihres Lebens halfen. Sie taten nur – wie Retter es formulierten –, wozu sie sich innerlich verpflichtet fühlten."[36] In diesem Zitat wird der Heldenbegriff Grossmanns deutlich: Seine Helden sind selbstlos, uneigennützig, dem Humanismus verpflichtet. Grossmann reduzierte seine Helden nicht auf den Faktor physische Opferbereitschaft, diese wird von den Rettern zwar in Kauf genommen, doch nur aus einer inneren Bereitschaft heraus, anderen helfen zu wollen. Diese Bereitschaft zu helfen erklärte Grossmann damit, dass „die ethischen Grundätze, welche sie durch Familie, Kirche, sozialistische und andere Gemeinschaften sich zu eigen gemacht hatten, für sie bindende Verpflichtungen waren".[37] Grossmanns Buch ist eine Sammlung von Geschichten über Hilfeleistungen und Rettungsversuche von Seiten nichtjüdischer Menschen für verfolgte Juden aus ganz Europa, die von den Geretteten selbst erzählt oder aufgeschrieben wurden. Aber auch die Retter selbst kamen zu Wort. So fand der Bericht Oskar Schindlers über seine Bemühungen, Juden während des Zweiten Weltkriegs vor der Deportation zu retten, in Grossmanns Buch seinen Platz.[38]

Grossmann und Lipschitz lernten sich Anfang der 50-er Jahre kennen. Einer anfänglich schriftlichen Korrespondenz folgten gegenseitige Besuche und die Entwicklung einer Freundschaft. Beide verband der Einsatz für die Anerkennung von Wi-

---

kommen mit Israel: Henning Köhler, Adenauer. Eine politische Biographie, Bd. 2, Berlin 1997, S. 149 – 173. Eine kurze Darstellung von Adenauers Motiven und Bemühungen für eine Aussöhnungspolitik bieten: Schildt, Siegfried, Deutsche Kulturgeschichte, S. 149.

34 Grossmann selbst war Jude, floh bereits Ende Februar 1933 aus Deutschland. In seinem Buch setze er Menschen ein Denkmal, die Widerstand gegen die nationalsozialistische Herrschaft geleistet haben. Kurt Grossmann, Die unbesungenen Helden. Menschen in Deutschlands dunklen Tagen, Frankfurt am Main 1984. Zu Grossmann und der Initiative „Unbesungene Helden": Lothar Mertens, Unermüdlicher Kämpfer für Frieden und Menschenrechte. Leben und Wirken von Kurt R. Grossmann, Berlin 1997, S. 240 – 245.

35 Großschreibung im Originaltext.

36 So Grossmann im Vorwort zur zweiten Auflage von 1961: Grossmann, Die unbesungenen Helden, S. 12.

37 Ebd., S. 26.

38 Ebd., S. 147 – 160.

derstandhandlungen gegen das nationalsozialistische Regime und ihr Engagement für die Gewährung von Entschädigungen für vom nationalsozialistischen Regime verfolgte Menschen und ihre Retter.[39] Im Oktober 1957 hielt sich Grossmann zusammen mit einer Delegation der Claims Conference,[40] die Landesentschädigungsämter in der Bundesrepublik Deutschland besuchte, in Berlin auf und traf Lipschitz persönlich. Während dieses Treffens überreichte Grossmann sein Buch „Die unbesungenen Helden" dem Berliner Innensenator.[41] Im Frühjahr 1958 wiederum reiste Lipschitz auf Einladung der Claims Conference in die USA, berichtete dort über Wiedergutmachungsbemühungen der Bundesrepublik Deutschland und traf häufig Grossmann. In einem an Grossmann adressierten Brief hob Lipschitz die Bedeutung des Buches „Die Unbesungen Helden" und „gemeinsame Gedankengänge" zwischen ihm und Grossmann für seinen Entschluss hervor, „eine Ehrung zur Unterstützung der Unbesungenen Helden aus öffentlichen Mitteln als Verwaltungsmaßnahme ins Leben zu rufen".[42]

Erster entscheidender Schritt zur Ehrung der „Unbesungenen Helden" war eine Sitzung mit Mitgliedern der Arbeitsgemeinschaft der Verfolgtenverbände am 28. Mai 1958 unter dem Vorsitz von Lipschitz. Lipschitz berichtete über den Fond „Unbesungene Helden" der Jüdischen Gemeinde Berlin, die Menschen, die Juden während des Nationalsozialismus gerettet haben, auszeichnete und ihnen in Notlagen half und erklärte, wen er als „Unbesungene Helden" ehren wollte: diejenigen, die sich „tatkräftig, uneigennützig und häufig unter eigener Gefährdung für die vom Nationalsozialismus bedrängten Verfolgten"[43] einsetzten, nun selbst bedürftig seien und keine Ansprüche auf andere Entschädigungsleistungen hätten. Lipschitz verfolgte mit seiner Initiative zwei Ziele: einerseits wollte er ehemaligen nun selbst bedürftigen Helfern materiell unter die Arme greifen, andererseits ging es um eine Wiederherstellung der Reputation seines Landes. Der „Zweck dieser Aktion" – so Lipschitz im Juli 1960 während einer internen Verwaltungsbesprechung – sei es „zu dokumentieren, wieviel

---

39 Wie der Spiegel vom 6. Februar 1957 berichtete, war Lipschitz im Januar 1957 in London, um dort mit Überlebenden des Holocaust über Entschädigungen zu sprechen. Weitere Reisen in europäische Hauptstädte folgten. „Joachim Lipschitz", in: Der Spiegel, Nr. 6/1957, S. 56.
40 Die Tätigkeit der Conference on Jewish Material Claims Against Germany: „Die Claims Conference führt Verhandlungen über Entschädigungsleistungen und Mittel zur Unterstützung von NS-Opfern sowie die Restitution und Entschädigung jüdischen Eigentums. Wir verwalten individuelle Entschädigungsprogramme für NS-Opfer. Wir fördern soziale Dienstleistungen zugunsten von betagten und bedürftigen NS-Opfern. Ein kleiner Teil der Zuwendungen aus Mitteln der Nachfolgeorganisation wird für die Förderung von Institutionen, die sich der Erforschung und Vermittlung der Schoah und ihrer Dokumentation widmen, eingesetzt. Die Erlöse aus nicht beanspruchtem jüdischen Eigentum in der ehemaligen DDR verwenden wir in erster Linie für vitale Dienstleistungen zugunsten von Holocaust-Opfern auf der ganzen Welt." http://www.claimscon.de/unsere-taetigkeit/uebersicht.html (Zugriff am 25.1.2016).
41 Riffel, Unbesungene Helden, S. 59.
42 Ebd., S. 61.
43 Ebd., S. 62.

Berliner Bürger seinerzeit durch ihren persönlichen Einsatz ihren Widerstand und ihre Ablehnung gegen den Nationalsozialismus zum Ausdruck brachten".[44] Aufschlussreich für seine Motive ist des Weiteren eine Rede des Innensenators zum Gedenken an den 20. Juli, die er im Jahr 1956 hielt. In dieser forderte Lipschitz eindringlich dazu auf, Widerstand im Kleinen anzuerkennen: „Es schadet uns nichts, wenn die Erinnerung an unsere dunkelste Zeit wach gehalten wird, wenn rücksichtslos aus- und angesprochen wird, was damals geschehen ist, wer die Schuld daran trägt, wie es hätte verhindert werden können. Wir können dieses Aus- und Ansprechen mit umso besserem Gewissen fordern, weil das über diese Epoche unserer Geschichte nicht gebreitet wird, was man so gern und so unberechtigt den Mantel der Nächstenliebe nennt, weil wir genug Zeugnisse dafür besitzen, dass in dieser dunklen Nacht in Deutschland sehr viele Lichter an Tapferkeit, Treue und Menschenliebe geleuchtet haben."[45]

Kriterien zu finden, nach denen die Hilfeleistungen eines Antragstellers bewertet werden konnten, erwies sich als schwierig. „Man versuchte", so Riffel zusammenfassend, „erhebliche, während der NS-Zeit verbotene und damit gefährliche Hilfe von nicht strafbarer und damit risikoloser Hilfe für Verfolgte zu trennen".[46] Aber nicht alle strafbaren Handlungen, wie z. B. der verbotene Schmuggel von Wertsachen wie Devisen oder Schmuck für Juden ins Ausland, wurden von Lipschitz anerkannt. Hilfestellungen wie beispielsweise die Finanzierung der Ausreise von Juden waren zur Zeit des Nationalsozialismus zwar legal, wurden aber von Lipschitz dennoch als „erhebliche Hilfeleistung" und damit als ehrungswürdig anerkannt. Bedeutendes Kriterium für eine Anerkennung der Helfer als „Unbesungene Helden" war, ob Hilfe gegen Bezahlung erfolgte. Wurde kein Geld bzw. wurden keine Wertgegenstände als Gegenleistung verlangt, wurden die Helfer in der Regel geehrt. Die wichtigste Hilfe, die während des Nationalsozialismus Verfolgten gewährt werden konnte, war die illegale

---

44 Das Zitat ist übernommen aus Riffel, Unbesungene Helden, S. 64. Finanziert wurde die Auszeichnung „Unbesungene Helden" aus einem Sonderfond aus dem Bundesentschädigungsgesetz (BEG). Die Anträge wurden im Berliner Entschädigungsamt bearbeitet; die Senatsverwaltung V für Inneres und in letzter Instanz Lipschitz selbst trafen die Entscheidung, ob der Antrag positiv oder negativ bewertet wurde und ob Ein- oder Mehrfachzahlungen gewährt wurden. Da vom Westberliner Innensenator Lipschitz nur Westberliner – die Ehrung war aufgrund deren Finanzierung mit Mitteln aus dem Härtefonds nach § 171 des BEG auf das Land Berlin eingeschränkt, der Wohnsitz der Antragsteller musste also Berlin sein – geehrt werden konnten, wurden Helferinnen und Helfer von Juden, die in Ost-Berlin lebten, durch den gleichnamigen Fond der Jüdischen Gemeinde unterstützt. Die meisten Ablehnungen, insgesamt 133, erfolgten aus dem Grund, dass der Antragsteller seinen Wohnsitz nicht in Berlin hatte.
45 Joachim Lipschitz, „Bewunderung und Dankbarkeit", Gedenkrede des Senators für Inneres Joachim Lipschitz am 19. Juli 1956 in der Gedenkstätte Plötzensee. Das gemeinsame Internetangebot der Gedenkstätte Deutscher Widerstand und der Stiftung 20. Juli 1944 dokumentiert die Gedenkfeiern und Reden von 1952 bis in die Gegenwart. Reden, Informationen zu den Rednerinnen und Rednern sowie Materialien zu den Veranstaltungen werden fortlaufend ergänzt und aktualisiert. Siehe: https://www.20-juli-44.de.
46 Riffel, Unbesungene Helden, S. 252.

Unterbringung. Auch hier wurden zur Bewertung von Hilfsleistungen Kriterien aufgestellt. In der Prüfung, ob ein Helfer zum „Unbesungenen Helden" ernannt werden
konnte, wurde zwischen kurz- und langfristiger Unterbringung unterschieden. Die
meisten Personen, die nach Beginn der Deportationen 1941 Juden versteckten, wurden
geehrt. Personen, die Angehörigen halfen, wurden hingegen nicht geehrt, da dies als
eine Selbstverständlichkeit angesehen wurde. Mit dem gleichen Argument wurden
Menschen, die Hilfe sozusagen als Profession ausübten, also Seelsorger und andere in
sozialen Berufen Tätige, von der Ehrung ausgenommen. Des Weiteren wurden bereits
„besungene Helden" nicht geehrt, wie beispielsweise Margarete Sommer und Heinrich
Grüber, die 1953 bzw. 1963 mit dem Bundesverdienstkreuz 1. Klasse ausgezeichnet
wurden.[47]

Bereits am 9. November 1958, angesichts des bürokratischen Aufwands, der für
die Initiierung der Ehrungsinitiative in einer Behördenverwaltung notwendig war
kurzen Zeit, wurden die ersten „Unbesungenen Helden" geehrt.[48] Die Feier fand um
11 Uhr im Ernst-Reuter-Haus statt, damals ein Verwaltungsgebäude des Deutschen
Städtetags und des Berliner Senats. Die Berichterstattung über die Ehrung war trotz
des repräsentativen Ortes spärlich. Die Allgemeine Wochenzeitung der Juden in
Deutschland berichtete am 21. November 1958 ausführlich, doch der Telegraf und die
Berliner Morgenpost veröffentlichten jeweils am 11. November 1958 lediglich eine
Randnotiz zur erfolgten Ehrung der ersten „Unbesungenen Helden."

Nach der ersten offiziellen Ehrung von Menschen des Rettungswiderstands gingen neue Anträge auf Anerkennung als „Unbesungene Helden" sowohl in der Jüdischen Gemeinde Berlins als auch im Berliner Senat ein. Die Anträge kamen entweder
von den Helfern selbst oder diese wurden zur Ehrung von anderen Personen vorgeschlagen. Bis Ende April 1959 lagen der Senatsverwaltung für Inneres ca. 70 Anträge
vor. Um die Senatsverwaltung zu entlasten, wurden vom Mai 1959 an alle Anträge vom
Entschädigungsamt geprüft und dieser anschließend vorgelegt. Die Vorlage sollte
einen Vorschlag beinhalten, ob einmalige oder mehrmalige Zahlungen oder eine
Ablehnung vorgenommen werden sollten, den der Innensenator annehmen oder
ablehnen konnte. Zuständig für die Bearbeitung der Anträge war Adolf Steven.[49]
Ebenso wie Lipschitz war im Verwaltungsapparat nun jemand tätig, der die nationalsozialistische Diktatur aufgrund der Hilfe anderer Menschen überlebt hat. In
mehreren Schritten überprüfte Steven das Engagement des Antragsstellers: In einer
persönlichen Befragung, die schriftlich festgehalten und vom Antragsteller unter-

---

47 Ebd., 253 f.

48 Dieses Datum erinnerte an die Ausrufung der deutschen Republik am 9. November 1918 und an die
Reichsprogromnacht am 9. November 1938. Mindestens 91 Juden wurden am 9. November und in der
Nacht zum 10. November 1938 getötet, 267 Synagogen wurden zerstört, siehe: Winkler, Der lange Weg
nach Westen, Bd. 2, S. 48.

49 Steven war wie Lipschitz jüdischer Herkunft und konnte sich dank Unterstützung couragierter
Helfer bis zum Ende des Kriegs einer Deportierung entziehen. Ausführlich dazu siehe: Riffel, Unbesungene Helden, S. 75 f.

schrieben werden musste, ferner wurden die ehemaligen Verfolgten befragt und ihre Akten, die dem Entschädigungsamt vorlagen, zur Verifizierung der Aussagen der Helfer zur Hilfe genommen. Auch wurden zur Überprüfung der Aussagen Telefon- und Branchenverzeichnisse aus der Vorkriegszeit oder Gerichtsakten – falls gegen die zu Ehrenden nach eigenen Angaben Gerichtsverfahren während des NS-Regimes aufgrund ihrer Hilfstätigkeiten liefen – zu Rate gezogen. Nachweise über aktuelle Bedürftigkeit und Vermögensstand sowie Aussagen über eventuelle Mitgliedschaften in NS-Organisationen wurden durch Abgleich mit den Beständen des Berlin Document Center in Zehlendorf geprüft.[50]

Am 12. April 1960 verabschiedete der Berliner Senat die „Grundsätze für die Ehrung von Berliner Bürgern, die in der NS-Zeit Verfolgten uneigennützig Hilfe gewährt haben", am 7. Juli 1960 stimmte das Berliner Abgeordnetenhaus zu. Lipschitz Initiative wurde nun aus dem Berliner Haushalt finanziert und erfuhr eine Namensänderung. Die neuen „Grundsätze" waren nun – nicht nur dem Namen nach – an die „Grundsätze über die Gewährung von Ehrenversorgung an verdiente Bürger von Berlin", angelehnt, so richtete sich z. B. die Höhe der Geldzahlungen an „Unbesungene Helden" an die „Grundsätze für verdiente Bürger". Eine einmalige Zahlung sollte nicht mehr als 1.000 DM und monatliche Zahlungen sollten nicht mehr als 100 DM überschreiten. Die neue Bezeichnung wurde zwar im Schriftverkehr zwischen der Entschädigungsbehörde und der Innenkanzlei genutzt, doch die kurzen und prägnanten Begriffe „UH-Aktion" oder „Ehrungsaktion" wurden weiterhin parallel verwendet. Auch in der Presse konnte sich die neue Bezeichnung nicht durchsetzen.[51]

Nach Lipschitz plötzlichem Tod am 11. Dezember 1961 übernahm sein Nachfolger Heinrich Albertz die Leitung der Ehrungsinitiative „Unbesungene Helden". Albertz übertrug Entscheidungskompetenzen an die Abteilung V der Senatsverwaltung für Inneres und war danach im Gegensatz zu seinem Vorgänger nicht mehr in Entscheidungsprozesse involviert. Grund dafür waren die politischen Umstände. Der Bau der Berliner Mauer hatte für Albertz, der in seiner Funktion als Innensenator auch Chef der Berliner Polizei war, hohe Priorität. Unter anderem musste Albertz Demonstrationen und Fluchthilfe von West-Berliner Seite unterbinden, um das Verhältnis zu Ost-Berlin und der Sowjetunion nicht weiter zu provozieren. Wie stark der Bau der Berliner Mauer sein politisches Denken und Handeln bestimmte, verdeutlicht eine Rede, die Albertz in der Gedenkstätte Plötzensee im Jahr 1962 hielt: „Junge Menschen, deren Namen ich nicht nennen darf, aber deren Namen einst auf eine Tafel gehören, die den Inschriften hier in Plötzensee sehr nahe kommt, haben ohne Befehl, ohne Ruhm und Lohn ihr Leben für andere zum Opfer gebracht, in der Kanalisation dieser Stadt, in unter unendlicher Mühe gebauten Tunneln, vor den Stacheldrähten der grausamen Zwangsherrschaft, die sich in nichts von der Diktatur Adolf Hitlers unterscheidet, oft mit bloßen Händen, gegenüber den Maschinenpistolen eines verbrecherischen Sys-

---

50 Ebd., S. 80 f.
51 Ebd., S. 89 ff.

tems. Die Geschichte des deutschen Widerstandes wird in einer neuen Form fortge-schrieben. [...] Das sind die namenlosen und stillen Beispiele, die erst später ans Licht kommen werden."[52] Der Zeitgeist des Kalten Kriegs prägte Albertz Instrumentalisie-rung des Gedenkens an den 20. Juli als antikommunistischen Freiheitskampf und veranlasste ihn dazu, Parallelen zwischen dem Widerstand gegen den Nationalso-zialismus und dem Widerstand gegen die Regierung in der DDR zu ziehen. Zum 20. Jahrestag des Staatsstreichs vom 20. Juli 1944 ging Albertz in seiner Rede noch weiter und verglich „die Mauer in Plötzensee" mit der Berliner Mauer. Wie kaum ein anderer Redner deutete Albertz die Verschwörer des 20. Juli 1944 als Vorkämpfer für ein freies Deutschland und verglich die DDR mit der Diktatur Hitlers.[53] Die pathetische Wort-wahl des Innensenators, mit der er sich klar und öffentlichkeitswirksam gegen die Politik der DDR positionierte, ist die andere Seite der Medaille, auf der seine be-schwichtigende Politik während der Berlin-Krise und „Politik der kleinen Schritte", die er zusammen mit Willy Brandt und Egon Bahr ausgearbeitet hatte, stehen.[54]

Angesicht der vom Ost-West-Konflikt geprägten Tagespolitik, die Albertz als In-nensenator und Kanzleichef unter dem Regierenden Bürgermeister von Berlin, Willy Brandt, zu bewältigen hatte, war es nicht weiter verwunderlich, dass auf den „Un-besungenen Helden" nicht mehr sein Hauptaugenmerk lag. Vielmehr wünschte Al-bertz, dass „die Aktion alsbald abgeschlossen und nicht zu einer Dauereinrichtung gemacht wird".[55] Albertz begründete diesen Wunsch mit seinem Eindruck, dass „die Anträge der letzten Zeit nicht mehr so eindeutig seien und teilweise auch ein gewisses materielles Streben entgegen dem Grundgedanken der Aktion erkennen ließen".[56] Unter Albertz Nachfolger, Otto Theuner, wurde schließlich die „Verwaltungsvorschrift zur Änderung der Grundsätze über die Ehrung von Berliner Bürgern, die in der NS-Zeit Verfolgten uneigennützig Hilfe gewährt haben" erlassen, nach der Neuanträge nur noch bis Ende des Jahres 1963 gestellt werden konnten.[57]

Während der gesamten Laufzeit der Ehrungsinitiative „Unbesungene Helden", also zwischen 1958 und 1966, gab es insgesamt 16 Veranstaltungen zur Ehrung der „Unbesungenen Helden", je im November oder April zur Erinnerung an die Reich-

---

52 Heinrich Albertz, „Der Kampf freier Menschen für die Freiheit", Ansprache des Senators für Inneres Dr. Heinrich Albertz am 19. Juli 1962 in der Gedenkstätte Plötzensee, Berlin, S. 2.
53 Heinrich Albertz, „Nicht nur gedenken, sondern handeln", Begrüßungsansprache des Bürger-meisters von Berlin Heinrich Albertz am 19. Juli 1964 im Auditorium Maximum der Freien Universität Berlin, S. 1.
54 Zur Rolle von Albertz bei der Entwicklung der Annäherungspolitik von Brandt, aber auch beim Zustandekommen der ersten Passierscheinabkommen mit der DDR siehe: Peter Merseburger, Willy Brandt 1913–1992. Visionär und Realist, Stuttgart 2002, S. 438 ff und S. 450 ff.
55 Zitiert nach: Riffel, Unbesungene Helden, S. 99.
56 Zitiert nach: Ebd., S. 100.
57 Ab Januar 1964 arbeitete die Senatsverwaltung noch 747 unbearbeitete Anträge ab, allerdings ohne Steven, der in Pension ging. Wechselnde Sachbearbeiter führten die Aktion zu ihrem offiziellen Ende am 9. November 1966. Auch nach 1966 wurden bereits genehmigte Zahlungen gewährt. 2005 wurden noch in drei Fällen Ehrenunterstützungen an „Unbesungene Helden" gezahlt.

sprogromnacht und an den Aufstand im Warschauer Getto. Die erste Veranstaltung fand am 9. November 1958 zum 20. Jahrestag des Reichsprogromnacht statt. Auf dieser und weiteren Veranstaltungen betonte Lipschitz sein Anliegen, einen neuen Heldenbegriff – speziell für die Jugend – prägen zu wollen.[58] Die Ehrungen fanden teils in der Senatskanzlei statt, in Räumen der Jüdischen Gemeinde oder auch, im Falle eines einzelnen zu ehrenden Ehepaares, in seinem Dienstzimmer. Unter Albertz fanden die Ehrungen im Rathaus Schöneberg statt und in der Jüdischen Gemeinde in der Fasanenstraße. Ab 1964, also nachdem das Ende des Programms bereits feststand, wurden die „Unbesungenen Helden" unter Ausschluss der Öffentlichkeit in einem kleinen Saal der Jüdischen Gemeinde geehrt. Die Rezeption in der Presse war dementsprechend gering, ebenso wie die Rezeption in anderen Teilen der Bundesrepublik. Dort fand Lipschitz Initiative keine Nachfolger. Offizielle Gründe dafür waren die gefürchtete Antragsflut, die Auffassung, dass materielle Entschädigung keine würdige Auszeichnung für die tatsächliche Hilfe sei und die Herausstellung dieses Personenkreises andere Widerstandsleistungen herabsetzen würde. Einige Landesregierungen regten jedoch an, dass geeignete Personen für eine Auszeichnung mit dem Bundesverdienstkreuz vorgeschlagen werden sollten.[59]

Lipschitz Vorhaben hatte zwei Zielrichtungen. Zum einen wollte er Personen, die zur Zeit der nationalsozialistischen Diktatur verfolgten Menschen geholfen haben materiell helfen, was ihm auch gelang. Zum anderen wollte Lipschitz mit der Ehrung von Rettungswiderstand einen neuen Heldenbegriff prägen, was sich im Klima der jungen Bundesrepublik jedoch als ein schwieriges Unterfangen erwies. Mit der von ihm initiierten öffentlichen Auszeichnung der „Unbesungenen Helden" hatte der Innensenator nichts Geringeres im Sinn als „die Abkehr der Deutschen von der hierzulande traditionsreichen Verehrung der Kriegshelden, die er einmal als die »professionellen Gehilfen des Todes« bezeichnete. Denen, die es hören wollten – besonders setzte er auf die Jugend –, empfahl er, die stillen Widerständler, die Helfer

---

58 Riffel, Unbesungene Helden, S. 227 ff.
59 So wurden einige Personen des Rettungswiderstands wie Margarete Sommer mit dem Bundesverdienstkreuz ausgezeichnet. Riffel, der die Argumente der einzelnen Länderregierungen ausführlich untersucht hat, benennt die Argumente zum Teil als dubios. So z. B. das Argument, dass auch geflüchtete Personen aus der SBZ Hilfe beantragen würden für Hilfeleistungen, die sie dort nach 1945 begangen hätten. Eine Anfrage von Rolf Loewenberg im Namen der Arbeitsgemeinschaft der Verfolgtenverbände beim Bundeskanzler Ludwig Erhard wurde ein knappes Jahr später, im Februar 1967, negativ beantwortet. Gleichzeitig wurde auf die Möglichkeit der Verleihung des Bundesverdienstordens verwiesen. Nach dem Ende der Berliner Ehrungen setzte Kurt Grossmann eine Ehrung in Bonn durch, die exemplarisch drei „Unbesungene Helden" ehrte und auf der am 22. November 1967 auch Vertreter der Bundesregierung sprachen. 1971 beauftragte das Bundesinnenministerium „Unbesungene Helden" zur Ehrung mit dem Bundesverdienstkreuz ausfindig zu machen. Etwa 200 Personen wurden danach bis 2007 vom Bundespräsidenten geehrt und erhielten teilweise eine einmalige Unterstützung. Siehe: Riffel, Unbesungene Helden, S. 243 ff.

und Retter als »Helden der Humanität« anzusehen und sie zum Vorbild zu nehmen".[60] Die Heroisierung des Rettungswiderstands hatte somit weitere Funktionen: sie sollte die Reputation Deutschlands vor der Weltöffentlichkeit stärken, also nach außen wirken. Ferner sollten die „Unbesungenen Helden" als Vorbilder handlungsanleitend nach Innen wirken.[61] Dass sich Lipschitz bewusst war, wie schwierig es in der frühen Bundesrepublik war, Personen des Rettungswiderstands anzuerkennen und dass größere Anerkennung anderen Widerstandsgruppen zuteilwurde, zeigt eine Rede auf, die Lipschitz am 19. Juli 1956 in der Gedenkstätte Plötzensee auf der zentralen Gedenkveranstaltung zum 20. Juli 1944 hielt. Lipschitz warb eindringlich darum, neben den Verschwörern des 20. Juli 1944 Widerstandshelden, die im Kleinen agierten, anzuerkennen: „Wir tun weder den Frauen und Männern des 20. Juli noch den übrigen Opfern aus den Reihen der Religionsgemeinschaften, der Kunst und der Wissenschaft, der demokratischen Organisationen und Parteien in ihrem Ruhm und in ihrer Ehre Abbruch, wenn wir mit Stolz auch auf jene verweisen, die als Einzelne ohne Tuchfühlung nach rechts und links und nur der Stimme des eigenen Gewissens folgend Widerstand leisteten, indem sie den Gejagten und Gehetzten Obdach gewährten, ihnen Speise und Trank reichten, ihnen zur Flucht verhalfen, sie aus Deutschland herausbrachten. Die Zahl dieser namenlosen Kämpfer ist ungeheuer groß, ihre Erinnerung vielfach deswegen ausgelöscht, weil keine Gefährten von ihnen wussten und keine Spur von ihnen blieb, wenn eines Tages in früher Morgenstunde die Faust des Gestapomannes an ihre Tür pochte und sie dorthin mitgenommen wurden, von wo es gewöhnlich kein Zurück gab."[62]

Fazit:

Dass trotz Lipschitz Bemühungen um Anerkennung des Rettungswiderstands als „Unbesungene Helden" seine Auszeichnungsinitiative bereits kurze Zeit nach seinem Tod beendet wurde, hatte mehrere Gründe. Die Entstehungsbedingungen, der Verlauf und das nur kurz nach dem Tod des Initiators eingeleitete Ende der Ehrungsinitiative „Unbesungene Helden" zeigen Bedingungen von Erfolg und Misserfolg von Heroisierungen auf.

---

60 Wolfram Wette, Verleugnete Helden, DIE ZEIT, 8.11.2007 Nr. 46, S. 3f. Fast im Wortlaut schilderte Wette die Bemühungen von Lipschitz um ein neues Bild eines „Helden der Humanität" auf einer Gedenkveranstaltung zum 20. Juli: Wolfram Wette, „Rettungswiderstand", Festvortrag von Prof. Dr. Wolfram Wette am 19. Juli 2013 in der St. Matthäus-Kirche, Berlin, S. 10.
61 Im Gegensatz zu denjenigen Eliten, die sich um eine Heroisierung der Verschwörer vom 20. Juli 1944 bemühten, leitete Lipschitz aus dem Bezug auf den Rettungswiderstand und der Heroisierung seiner Protagonisten keine Legitimation für Institutionen der Bundesrepublik Deutschland ab. Siehe Kapitel 3.2 dieser Arbeit.
62 Joachim Lipschitz, „Bewunderung und Dankbarkeit", Gedenkrede des Senators für Inneres Joachim Lipschitz am 19. Juli 1956 in der Gedenkstätte Plötzensee, Berlin, S. 3.

Angesichts von Umfragewerten zu antisemitischen Einstellungen aus den 50er und 60er Jahren verwundert es nicht, dass innerhalb der Bevölkerung das Projekt „Unbesungene Helden" auf wenig Interesse gestoßen ist. Antisemitismus und antisemitische Aussagen wurden zwar öffentlich stets scharf kritisiert und geächtet. Das bedeutete jedoch nicht, dass mit der „Stunde null" antisemitische Einstellungen innerhalb der Bevölkerung ad acta gelegt wurden: „Es gab mithin eine Schere zwischen der öffentlichen anti-antisemitischen Meinung und einer antisemitischen Bevölkerungsmeinung, eine Differenz zwischen Kommunikation und Bewusstsein – und das, wenn man den Demoskopen glauben darf, in erheblichem Ausmaß."[63] Die mit antisemitischen Einstellungen einhergehenden fehlenden Sympathien für Personen, die Juden vor nationalsozialistischer Verfolgung und Deportation retteten, schlossen eine Offenheit für die Anerkennung dieser Personen als „Unbesungene Helden" aus. Vor diesem Hintergrund ist es umso erstaunlicher, dass Lipschitz seine Ehrungsinitiative im Berliner Senat durchsetzen konnte. Dass dies gelang, ist vor allem auf seinen persönlichen Einsatz zurückzuführen. Das Engagement Grossmanns und der jüdischen Gemeinde Berlin für die Anerkennung der „Unbesungenen Helden" konnte jedoch eine prominente Unterstützung, vergleichbar mit der prominenten Besetzung der Gedenkveranstaltungen zum Jahrestag des 20. Juli 1944, die der Initiative mehr Gewicht verliehen und somit auch zu einem größeren Medienecho geführt hätte, nicht kompensieren. Prominente Unterstützung durch ranghohe Politiker und Vertreter von Kirchen jenseits der jüdischen Gemeinde und der kulturellen Eliten hätte auch deshalb zu einem größeren Interesse der Medien und eventuell mehr Akzeptanz des Anliegens geführt, weil der Kreis der Akteure, die sich um eine Heroisierung des Rettungswiderstands bemühten, um Personen erweitert worden wäre, die nicht wie Lipschitz selbst zu den Opfern nationalsozialistischer Verfolgung gehört hätten. Ferner untergrub das Fehlen medialer Inszenierungen der Ehrungen der „Unbesungenen Helden" und einer Berichterstattung über Akteure und Rettungsaktionen die Möglichkeit der Identifikation mit diesen für die Bevölkerung. Ebenso einer Heroisierung hinderlich war der aufwendige Verwaltungsakt, der die Eignung zum „Unbesungen Helden" durch nachweisbaren Ausschluss und Einschluss bestimmter Kriterien prüfte. Nach Lipschitz war dieser notwendig, um einem Missbrauch des Fonds zuvorzukommen und die Geкürten gegenüber Kritikern von Rettungswiderstand zu schützen. Doch ebendieser aufwendige und bürokratische Verwaltungsakt, der auch die Aberkennung des Titels „Unbesungener Held" bei Strafvergehen oder Täuschung beinhaltete, stand einer Heroisierung von Rettungswiderstand, die mehr war als eine Verleihung des Titels „Unbesungener Held" und deren Protagonisten als Symbole verbindlicher Normen und Werte ihren Platz im kollektiven Gedächtnis der jungen Bundesrepublik Platz fanden, im Weg.

---

63 1951 waren laut einer Studie des Frankfurter Instituts für Sozialforschung 62% der Bevölkerung der Bundesrepublik antisemitisch eingestellt. Zur Studie siehe: König, Die Zukunft der Vergangenheit, S. 135.

Die materielle Unterstützung der „Unbesungen Helden" hatte trotz aller büro-
kratischer Bemühungen um die Überprüfung der Ehrbarkeit der Antragsteller einen
Beigeschmack, der – gekoppelt mit antisemitischen Einstellungen innerhalb der Bevölkerung – einen breiten öffentlichen Erfolg der Ehrungsinitiative verhinderte. Die
Notwendigkeit der Wiedergutmachung, die neben gesellschaftlicher Rehabilitation
auch materielle Hilfe einschloss, aus politischem Kalkül, nämlich aus dem Ziel heraus, das Bild Deutschlands im Ausland zu verbessern, aber auch aus moralischer
Verpflichtung war eine Einsicht, die Lipschitz mit Adenauer, Kurt Schuhmacher und
anderen Teilen der politischen Elite der Bundesrepublik Deutschland teilte, die in der
Öffentlichkeit jedoch gerechtfertigt werden musste.[64] Lipschitz Nachfolger Albertz hat
sich in seiner Rechtfertigung zur Beendigung der Ehrungsinitiative auf ebendiesen
monetären Aspekt der Ehrungen bezogen.

Nicht zuletzt stand in der politisch aufgeheizten Stimmung in Berlin vor und nach
dem Bau der Berliner Mauer einer Popularisierung der „Unbesungenen Helden" die
Assoziation mit der Heldengenese der sozialistischen Helden der DDR im Weg, die
eine Heroisierung „von oben" betrieb und die ebenfalls mit materieller Unterstützung
der Geehrten verbunden war.

Für einen großen Teil der Bevölkerung war es leichter, den 20. Juli als Widerstand
anzuerkennen als den Nachbarn, der zwar keinen Staatsstreich geplant, aber Leben
gerettet hat. Denn mit der Anerkennung des Widerstands hoher Militärs, deren Versuch des Staatsstreichs gescheitert war, fand zugleich eine Entlastung statt mit dem
Argument, dass, wenn ein so organisierter Widerstand gescheitert war, der „kleine
Mann" nichts hätte tun können. Rettungswiderstand zeigte dagegen auf, welche
Möglichkeiten zum Widerstand im Kleinen es doch gegeben hatte. Es wurde ein „al-
ternatives Verhalten sichtbar, welches nicht mehr erlaubte, Anpassungsbereitschaft
und Gehorsam als Konsequenz einer Angst vor Terror und Verfolgung oder als Ausdruck einer moralischen Verpflichtung zum Staatsgehorsam zu deuten".[65] Die „Un-

---

[64] Mit den ambivalenten Einstellungen gegenüber materieller Wiedergutmachung innerhalb der
Nachkriegsgesellschaft musste sich auch Adenauer auseinandersetzen und gab am 27. September 1951
vor dem Bundestag eine Erklärung über die Bereitschaft moralischer und materieller Wiedergutmachung gegenüber Israel ab. Nicht nur in der Bundesrepublik, auch in Israel selbst stießen die Wie-
dergutmachungspläne auf Widerstand. Siehe: Köhler, Adenauer, S. 152f. Kurt Schumacher forderte
bereits 1947 auf dem SPD-Parteitag in Nürnberg: „Das Dritte Reich hat den Versuch gemacht, die Ju-
denheit in Europa auszurotten. Das deutsche Volk ist zur Wiedergutmachung und Entschädigung
verpflichtet. Wir sind für Bestrafung derer, die sich an Verfolgungen beteiligt und durch sie bereichert
haben. Wir sind für ein Verbot aller antisemitischen Propaganda und Aktionen." Kurt Schumacher,
„Von der Freiheit zur sozialen Gerechtigkeit", in: Annemarie Renger (Hg.), Kurt Schumacher. Bundestagsreden, Bonn 1972, S. 149–180, hier S. 171.
[65] Peter Steinbach, „Widerstand im Dritten Reich – die Keimzelle der Nachkriegsdemokratie? Die
Auseinandersetzung mit dem Widerstand in der historischen politischen Bildungsarbeit, in den Medien und in der öffentlichen Meinung nach 1945", in: Gerd Ueberschär (Hg.), Der 20. Juli. Bewertung
und Rezeption des deutschen Widerstands gegen das NS-Regime, Berlin 1994, S. 79–100, hier S. 85.
Zur ablehnenden Haltung in der Bundesrepublik gegenüber Rettungswiderstand siehe auch: Wolfgang

besungenen Helden" machten sichtbar, dass es Alternativen zu Opportunismus und Wegschauen gab.

So sehr sich Lipschitz auch bemühte, Personen des Rettungswiderstands zu „Unbesungen Helden" zu küren, seine Helden fanden im kollektiven Gedächtnis der Bundesrepublik erst Jahrzehnte nach Ende der Ehrungsinitiative einen Platz.[66]

3.3 20. Juli 1944 – Verräter, Widerstandskämpfer, Helden. Deutungen und Umdeutungen von 1944 bis 1989 in Politik, Militär und Gesellschaft

Der 20. Juli 1944 war der Höhe- und Endpunkt einer Widerstandsbewegung im nationalsozialistischen Deutschland, die nicht nur auf die Beseitigung Hitlers abzielte, sondern eine neue politische Ordnung in Deutschland aufzubauen beabsichtigte. Heute nimmt der 20. Juli 1944 als Symbol des Widerstands gegen Hitler einen zentralen Stellenwert in der deutschen Erinnerungslandschaft ein.[67] Die Rezeption des gescheiterten Attentatsversuchs von seiner Niederschlagung an bis 1989, die verschiedenen Deutungen, Umdeutungen und Wertungen der Motive der Protagonisten und die damit einhergehenden Prozesse der Heroisierung und Entheroisierung der Verschwörer geben Aufschluss über die Veränderungen innerhalb von Politik und Gesellschaft in der Bundesrepublik Deutschland, im Besonderen über sich ändernde und zum Teil gegensätzliche Interessen dominanter Akteure in Politik und Medien.

Benz, „Juden im Untergrund und ihre Helfer", in: Ders. (Hg.), Überleben im Dritten Reich. Juden im Untergrund und ihre Helfer, München 2003, S. 11–48, hier S. 48.

66 Erst seit Steven Spielbergs Film „Schindlers Liste" von 1993 wurde einer breiten Öffentlichkeit bekannt, wie und in welchem Ausmaßen die Rettung von Juden während des Nationalsozialismus möglich war. Forschung zu Rettungswiderstand fand Eingang in die 2008 eröffneten Gedenkstätte „Stille Helden", die seit 2018 in den Räumlichkeiten der Gedenkstätte Deutscher Widerstand in der Stauffenbergstraße in Berlin untergebracht ist. So wurden dort die Ergebnisse des folgenden Sammelbands vorgestellt: Wolfgang Benz (Hg.), Überleben im Dritten Reich. Juden im Untergrund und ihre Helfer, München 2003. Siehe auch: Beate Kosmala, „Stille Helden", in: Aus Politik und Zeitgeschichte, 14–15/2007, S. 29–34, ferner Dies., „Zivilcourage in extremer Situation. Retterinnen und Retter von Juden im »Dritten Reich« (1941–1945)", in: Gerd Meyer, Ulrich Dovermann, Siegfried Frech, Günther Gugel (Hg.), Zivilcourage lernen. Analysen – Modelle – Arbeitshilfen, Bonn 2004, S. 106–115. Auch Wolfram Wette hat es sich zur Aufgabe gemacht, Rettungsgeschichten und ihre Protagonisten aufzuspüren und der Nachwelt zu erhalten, Beispielsweise in: Ders., Ehre wem Ehre gebührt. Täter, Widerständler und Retter 1939–1945, Bremen 2015; Ders. (Hg.), Stille Helden. Judenretter im Dreiländereck während des Zweiten Weltkriegs, Freiburg im Breisgau 2014; siehe auch die Studie von Arno Lustiger, Rettungswiderstand. Über die Judenretter in Europa während der NS-Zeit, Göttingen 2011. Sein Buch widmete Lustiger „den Helden des Rettungswiderstands in Europa, die ihre Aktionen mit dem Leben bezahlten".

67 Zur Bedeutung des 20. Juli in der DDR und in der Bundesrepublik Deutschland als „Erinnerungsort" siehe: Jürgen Danyel, „Der 20. Juli", in: Etienne François, Hagen Schulze (Hg.), Deutsche Erinnerungsorte, Bd. 2, München 2001, S. 220–237.

Diese Prozesse und ihre zeitliche und politische Bedingtheit spiegeln sich in den Gedenkreden, die auf den offiziellen Gedenkfeierlichkeiten zum Jahrestag des 20. Juli 1944 gehalten wurden, wider.

Grob lässt sich die Rezeption des 20. Juli 1944 in drei aufeinander folgende Prozesse einteilen: Nach der Diffamierung erfolgte eine Heroisierung Stauffenbergs und der anderen Verschwörer des 20. Juli 1944, die wiederum in eine Historisierung mündete.

Der Weg zum 20. Juli 1944 gestaltete sich als schwierig und langwierig und war geprägt von mehreren gescheiterten Attentatsversuchen auf Hitler. Dennoch war der Widerstand gegen Hitler, der im 20. Juli 1944 seinen Höhepunkt fand, im Vergleich zu anderen Widerstandaktionen, die eine Beseitigung der nationalsozialistischen Herrschaft zum Ziel hatten,[68] am erfolgversprechendsten, erfüllte er doch mehrere Voraussetzungen, die für ein Gelingen der Umsturzpläne notwendig waren: Die Nähe zur Macht und damit zu Machtmitteln und zum Machthaber Hitler selbst. Ein weiterer, nicht zu unterschätzender Faktor für die konkrete Planung und Durchführung des Staatsstreichs war das Fachwissen, welches die Verschwörer aufgrund ihrer beruflichen Tätigkeiten mitbrachten und die – vor allem auf Seiten des Adels vorhandenen – langjährigen Beziehungsnetzwerke, welche die Akteure zur Vorbereitung des Staatsstreichs nutzen konnten.[69] Alle diese Faktoren kamen in dem Zusammenschluss von Personen, die den Anschlag auf Hitler und den anschließenden Staatsstreich planten, zusammen. Erfolg versprach auch die sehr heterogene Zusammensetzung des Kreises der Widerständler. Dieser setzte sich aus drei Widerstandgruppen zusammen, die im Laufe der 40er Jahre immer enger zusammenarbeiteten. Zentrum der konservativ geprägten Gruppe waren der ehemalige Leipziger Oberbürgermeister Carl Goerdeler und der zurückgetretene Generalstabschef Ludwig Beck. Ein weiteres Widerstandszentrum war der „Kreisauer Kreis" des Grafen Helmut von Moltke, der stark von christlich-sozialistischen Motiven geprägt war. Das dritte Widerstandszentrum war der militärische Widerstand. „Dazwischen bewegte sich eine Anzahl von Einzelgängern, Anwälten, ehemaligen Gewerkschaftsführern, Personen aus der Wirtschaft, dem kirchlichen Bereich oder dem staatlichen Apparat. Manche bildeten, nicht selten mit dem stillschweigenden Einverständnis ihrer Vorgesetzten wie des Abwehrchefs Ad-

---

[68] Einen grundlegenden und facettenreichen Überblick über Widerstand im Dritten Reich inklusive weiterführender Literatur bietet der Sammelband: Peter Steinbach, Johannes Tuchel (Hg.), Widerstand gegen die nationalsozialistische Diktatur 1933–1945, Berlin 2004. Zum Thema Rettungswiderstand, also Widerstand, der primär die Rettung von Menschen, die vom nationalsozialistischen Regime verfolgt wurden, zum Ziel hatte siehe Kapitel 3.2.

[69] Die Koppelung von Fachwissen und Autorität stellt Winkler heraus: Siehe Winkler, Der lange Weg nach Westen, Bd. 2, S. 99. Inwiefern langjährig gewachsene Beziehungen gemeinsames oppositionelles Handeln erleichterten, wird deutlich am Beispiel der Vermittlungtätigkeiten von Marion Gräfin Dönhoff. Dazu siehe: Eckhart Conze, „Aufstand des preußischen Adels. Marion Gräfin Dönhoff und das Bild des Widerstands gegen den Nationalsozialismus in der Bundesrepublik Deutschland", in: VfZ 4/2003, S. 483–508.

miral Wilhelm Canaris oder des Staatssekretärs im Auswärtigen Amt, Ernst v. Weiz-säcker, in ihren Ämtern regelrechte Widerstandszellen."[70]

Der Umsturz selbst wurde genau geplant: Auf Basis eines bereits existenten Plans zur Niederschlagung eventueller Aufstände im Deutschen Reich arbeiteten General Friedrich Olbricht, Generaloberst Ludwig Beck,[71] Albrecht Ritter Mertz von Quirnheim, Generalmajor Henning von Tresckow sowie Carl Friedrich Goerdeler und weitere Verschwörer einen Plan zum Staatsumsturz aus. Politische Schaltstellen sollten mit Vertrauensleuten besetzt und danach weitere Schritte zur Neuordnung Deutschlands durchgeführt werden. Beck sollte bei erfolgreicher Umsetzung des als „Operation Walküre" umgesetzten Plans als provisorisches Staatsoberhaupt und Goerdeler als Kanzler tätig werden. Nach der theoretischen Ausarbeitung des als „Operation Wal-küre" getarnten Umsturzplans, damit einhergehend der Koordination des Wider-stands in Berlin, in Paris und im Stab der Heeresgruppe Mitte an der Ostfront, zündete am 20. Juli 1944 Oberst Claus Schenk Graf von Stauffenberg eine Bombe im Führer-hauptquartier, der „Wolfsschanze" bei Rastenburg in Ostpreußen, und flog an-schließend nach Berlin. Vom Bendlerblock aus koordinierte Stauffenberg den Um-sturz. Doch Hitler überlebte das Attentat, der Staatsstreich scheiterte. Stauffenberg wurde noch am selben Tag im Hof des Bendlerblocks erschossen, ebenso General-oberst Beck, Mertz, Olbricht und Heften. Viele Verschwörer wurden verhaftet, zum Tode verurteilt, die Familie Stauffenberg kam in Sippenhaft.[72]

Der Umgang mit den Verschwörern und ihren Familien in den 40-er Jahren

Als eine „ganz kleine Clique ehrgeiziger, gewissenloser und zugleich verbrecherischer, dummer Offiziere", die nichts mit der Wehrmacht gemein hätten, bezeichnete Hitler die Verschwörer vom 20. Juli 1944 in einer Rundfunkansprache und kündigte ihre „Ausrottung"[73] an. Dass es sich um keine kleine Clique, sondern um eine mehrere Widerstandsgruppen und soziale Schichten umfassende Bewegung zum Sturz Hitlers und des nationalsozialistischen Regimes handelte, musste Hitler im Laufe der Ver-folgung der Verschwörer feststellen.[74] Für das Gelingen des Umsturzes war jedoch

---

70 Joachim Fest, Staatsstreich. Der lange Weg zum 20. Juli, München 1997, S. 10.

71 Beck war während seiner Mitarbeit an der Verschwörung nicht mehr im Dienst, bereits 1938 schied er aus Gewissensgründen aus seinem Dienst in der Wehrmacht aus. Siehe ebd., S. 87.

72 Peter Hoffmann, Claus Schenk Graf von Stauffenberg. Die Biographie, München 2017, S. 473 ff. Eine kurze Charakterisierung Stauffenbergs bietet: Fest, Staatsstreich, S. 219 – 222.

73 http://www.bpb.de/mediathek/204844/rundfunkansprache-nach-dem-attentat-vom-20-juli (abge-rufen am 10.1.2017). Hitler hielt die Ansprache unmittelbar nach dem Attentat am 21. Juli 1944 um 1:00 Uhr.

74 Was die Ermittler über die Größe des Netzwerkes vom 20. Juli 1944 wussten, ging weit über die öffentliche Diffamierung der Verschwörer als „kleine Clique" hinaus. Siehe: Linda von Keyserlingk-Rehbein, Nur eine »ganz kleine Clique«? Die NS-Ermittlungen über das Netzwerk vom 20. Juli 1944, Berlin 2018. Zur Anzahl – ungefähr 200 Personen waren an der Vorbereitung oder der Durchführung

auch dieser breite Kreis der Hitlergegner zu klein, die Gruppe der Hitlerbefürworter in Militär und Politik hingegen zu groß.

Nicht nur innerhalb des Militärs und der Politik, sondern auch innerhalb der Bevölkerung gab es keinen breiten Rückhalt für die Verschwörer. Ein Grund für ambivalente und abweisende Haltungen gegenüber den Attentätern waren Sorgen und Bedenken innerhalb breiter Bevölkerungsschichten vor einem Abgleiten Deutschlands in Chaos und Bürgerkrieg. Aber auch Verrat und Verstoß gegen die deutschen Lebensinteressen wurden den Verschwörern vorgeworfen. Bis zum Ende des Zweiten Weltkriegs stieß das Attentat in der Bevölkerung, vor allem aber bei Wehrmachtsangehörigen auf breite Ablehnung.[75] Ablehnung, die Hinterbliebene der Verschwörer, vor allem die Witwen und ihre Kinder, noch bis in die 50er-Jahre hinein zu spüren bekamen. Noch im Jahr 1951 missbilligten laut einer Umfrage mehr als 30 Prozent aller Deutschen den Umsturzversuch.[76]

Umso bemerkenswerter ist die bereits 1947 erfolgte Errichtung der „Stiftung Hilfswerks 20. Juli" unter Mitwirkung des späteren Bundespräsidenten Theodor Heuss.[77] Primäres Ziel der Organisation war materielle Hilfe für die Verschwörer und die Hinterbliebenen der ermordeten Verschwörer des 20. Juli. Im Laufe der Jahre weitete sich das Spektrum der Hilfe von der unmittelbaren Linderung materieller Not auf Hilfe bei Problemen mit Verwaltungen und Verbesserung der Lebensumstände aus bis hin zum juristischen Beistand bei Prozessen der Hinterbliebenen gegen neonazistische Vorwürfe.[78]

Vereinzelte Stimmen warben bereits kurze Zeit nach dem Krieg für die Anerkennung der Männer des 20. Juli. So bedauerte Marion Gräfin Dönhoff in der Wochen-

---

des Umsturzversuchs beteiligt – und zur Schichtzugehörigkeit der das Attentat und den Umsturz vorbereitenden Personen siehe ebd., S. 13 und S. 50f. Bei dieser Zahl bleiben Personen, die von den Plänen wussten, aber nicht aktiv beteiligt waren und Fluchthelfer ausgeschlossen.

75 Ausführlich zu Solidaritätsschreiben, öffentlichen Treuekundgebungen zu Hitler siehe: Gerd R. Ueberschär, Stauffenberg und das Attentat vom 20. Juli 1944, Frankfurt am Main 2009, S. 168f und S. 210ff; Steinbach, „Widerstand im Dritten Reich", S. 89.

76 Christoph Cornelißen, „Der 20. Juli 1944 in der deutschen Erinnerungskultur", in: Haus der Geschichte Baden-Württemberg (Hg.), Verräter? Vorbilder? Verbrecher? Kontroverse Deutungen des 20. Juli 1944 seit 1945, Berlin 2016, S. 15–42, hier S. 21.

77 Theodor Heuss war einer der ersten Politiker, die sich aktiv für die Anerkennung von Widerstand gegen den Nationalsozialismus einsetzen. Bereits 1945 erwähnte Heuss in einer Radioansprache die Scholl-Geschwister: „Jenes Manifest der Geschwister Scholl wird einmal in die Geschichte mit eingehen wie ein Aufruf aus der Zeit der Freiheitskriege. Das Studententum hat damals in diesem heroischen Versuch selber zu seiner alten Aufgabe zurückgefunden." Siehe: Theodor Heuss, „In Memoriam", Stuttgart, S. 66.

78 Zuwendungen bekam die Stiftung nach ihrer Gründung vom „Hilfswerk der Evangelischen Kirche" und privaten Spendern aus dem In- und Ausland. Ab 1951 bekam die Stiftung einen jährlichen Zuschuss, den der Bundestag auf Antrag der Bundesregierung gewährte. Siehe: Christiane Toyka-Seid, „Gralshüter, Notgemeinschaft oder gesellschaftliche »Pressure-group«? Die Stiftung »Hilfswerk des 20. Juli 1944« im ersten Nachkriegsjahrzehnt", in: Gerd Ueberschär (Hg.), Der 20. Juli. Bewertung und Rezeption des deutschen Widerstands gegen das NS-Regime, Berlin 1994, S. 157–169.

zeitung Die Zeit am 18. Juli 1946, dass das deutsche Volk in den zwölf Jahren der Hitler-Regierung alle Werte eingebüßt hätte, die in Generationen geschaffen worden waren. Dennoch hätte es ein „geheimes Deutschland" gegeben, die „besten Männer aller Bevölkerungsschichten [...] der Gewerkschaften und der Sozialisten, Vertreter der beiden christlichen Kirchen und jene Offiziere der Wehrmacht, die das eigene Urteil und die Stimme des eigenen Gewissens über den blinden Gehorsam stellten, zahlreiche Vertreter des Adels und des Bürgertums, verantwortungsbewusste Beamte bis hinauf zum Botschafter und Minister, sie alle waren breit, ihr Leben einzusetzen, um Deutschland von der Verbrecherbande zu befreien, die das Reich regierte."[79] Dönhoff nahm in diesen Zeilen Argumentationen vorweg, die immer wieder in der Bemühung um Anerkennung der Verschwörer vom 20. Juli 1944 genannt wurden, wiederholte diese stetig in verschiedenen Artikeln, trug damit zur Heroisierung der Verschwörer des 20. Juli bei.[80]

Doch erst allmählich begann sich der öffentliche Umgang mit dem 20. Juli 1944 zu ändern. Der Beginn einer positiven Deutung des Aufstands wurde eingeleitet mit der Veröffentlichung eines Buchs über Widerstand gegen das NS-Regime von Hans Rothfels,[81] gefolgt von einer 1954 veröffentlichten Monographie Gerhard Ritters über Carl Goerdeler.[82] Eine weitere maßgebliche Rolle zur öffentlichen Anerkennung der Verschwörer des 20. Juli 1944 spielte Fritz Bauer. Der damalige Braunschweiger Oberstaatsanwalt führte einen erfolgreichen Prozess gegen Generalmajor a.D. Otto Ernst Remer, der an der Niederschlagung des Aufstands beteiligt war und auch nach 1945 die Verschwörer als „Landesverräter, die vom Ausland bezahlt wurden"[83] öffentlich diffamierte. Kläger waren Nachfahren der Widerständler und Minister Robert Lehr von der CDU. Indem Bauer die Widerständler vor Gericht vom Vorwurf des Landesverrats entlastete, trug er entscheidend zu einer breiteren Anerkennung der Aufständischen innerhalb der westdeutschen Bevölkerung bei. Seine Argumentation war, dass das deutsche Volk am 20. Juli 1944 total verraten gewesen sei – und zwar von seiner eigenen Regierung „[...] und ein total verratenes Volk kann nicht mehr Gegenstand eines Landesverrats sein"[84], so Bauer. Diese Argumentation – die deutsche Bevölkerung als von ihrer Regierung verratenes Volk – fiel auch deshalb auf fruchtbaren Boden, weil sie durch die Betonung des Verrats der Regierung nicht nur die

---

79 Marion Gräfin Dönhoff, „Das »heimliche Deutschland« der Männer des 20. Juli", in: Die Zeit, 18.7. 1946, Nr. 22.

80 Dönhoff selbst hatte Kontakt zu Goerdeler als auch zum Kreisauer Kreis. Siehe Conze, „Aufstand des preußischen Adels. Marion Gräfin Dönhoff und das Bild des Widerstands gegen den Nationalsozialismus in der Bundesrepublik Deutschland", S. 488 und S. 500.

81 Hans Rothfels, Die deutsche Opposition gegen Hitler. Eine Würdigung, Frankfurt 1949.

82 Zur Rezeption der Bücher, insbesondere deren Akzentuierung der ethischen und religiösen Komponente des Attentatsversuchs siehe: Cornelißen, „Der 20. Juli 1944 in der deutschen Erinnerungskultur", S. 21.

83 Speitkamp, „Drittes Reich", S. 223.

84 Zitiert nach Peter Reichel, Schwarz, Rot, Gold. Kleine Geschichte deutscher Nationalsymbole nach 1945, München 2005, S. 69.

Verschwörer, sondern die Bevölkerung selbst entlastete. Die Frage danach, ob jemand Täter oder Mitläufer war, konnte diesem Argument folgend durch die Selbstdarstellung als ahnungsloses Opfer beantwortet werden.[85]

Gedenken an den 20. Juli 1944 in den 50er Jahren: Von Verrätern zu Helden

Seit den 50er Jahren fanden Initiativen von politischer Seite statt, um den 20. Juli 1944 als Gedenktag zu etablieren. So wurden in Bonn und Berlin regelmäßig Gedenkfeiern abgehalten, bei denen Vertreter der Bundesrepublik Deutschland, des Landes Berlin und verschiedener Widerstandskämpfer- und Verfolgtenorganisationen an den Widerstand gegen die nationalsozialistische Gewaltherrschaft erinnerten.[86] 1952 wurde der Grundstein für ein Mahnmal an den Aufstand des 20. Juli 1944 im Innenhof des Bendlerblocks in Berlin Tiergarten errichtet.[87] Die während der Grundsteinlegung am 20. Juli 1952 gehaltenen Reden legten die Grundlagen für das Gedenken an den 20. Juli.

Die erste Ansprache während der Grundsteinlegung hielt der damalige Regierende Bürgermeister von Berlin Ernst Reuter. Er rief seine Zuhörer eindringlich dazu auf, die Verschwörer für das eigene Leben zum Vorbild zu nehmen und ihren Hinterbliebenen mit Sympathie entgegenzutreten – ein indirekter Hinweis auf die tatsächliche Situationen der Hinterblieben, die nach wie vor einen schweren Stand innerhalb der Nachkriegsgesellschaft hatten.[88] Dass die Initiative zur Errichtung eines Mahnmals von einem der Angehörigen der Verschwörer, dem Grafen von Schwerin, an den Berliner Senat herangetragen wurde, stellte Reuter ebenso klar wie ein weiteres Ziel der Denkmalsetzung: Die „Wahrung der deutschen Ehre" und Herausstellung, dass Deutsche im Kampf für die Befreiung von der Hitlerdiktatur starben.[89] Schon in

---

85 Irmtrud Wojak, Fritz Bauer. 1903–1968, München 2009. Zum Prozess gegen Remer siehe: Rudolf Wassermann, „Zur juristischen Bewertung des 20. Juli 1944. Der Braunschweiger Remer-Prozeß als Meilenstein der Nachkriegsgeschichte", in: Recht und Politik 20 (Juni 1984), S. 68–80; Rudolf Wassermann, „Widerstand als Rechtsproblem. Zur rechtlichen Rezeption des Widerstands gegen das NS-Regime", in: Gerd Überschär (Hg.), Der 20. Juli 1944. Bewertung und Rezeption des deutschen Widerstands gegen das NS-Regime, Köln 1994, S. 254–267. Des Weiteren war Bauer federführend bei der Festnahme von Adolf Eichmann und bei der Durchführung der Ausschwitz-Prozesse, womit er wesentlich zur Aufarbeitung von Verbrechen zwischen 1933 und 1945 beitrug.

86 Das gemeinsame Internetangebot der Gedenkstätte Deutscher Widerstand und der Stiftung 20. Juli 1944 dokumentiert die Gedenkfeiern und Reden von 1952 bis in die Gegenwart. Reden, Informationen zu den Rednerinnen und Rednern sowie Materialien zu den Veranstaltungen werden fortlaufend ergänzt und aktualisiert. Siehe: https://www.20-juli-44.de.

87 Der Bendlerblock in der Bendlerstraße war Sitz des Allgemeinen Heeresamtes und des Befehlshabers des Ersatzheeres im Oberkommando des Heeres (OKH) bis 1945. 1955 wurde die Bendlerstraße in Stauffenbergstraße umbenannt.

88 Ernst Reuter, „Ihr Werk ist nicht vergeblich gewesen", Gedenkrede des Regierenden Bürgermeisters von Berlin Ernst Reuter am 20. Juli 1952 bei der Grundsteinlegung des Denkmals für die Opfer des 20. Juli 1944 im Ehrenhof des Bendlerblocks in der Bendlerstraße, Berlin, S. 1.

89 So ein Auszug aus der Urkunde, die in den Grundstein eingelegt werden sollte.

der ersten Rede zum Gedenken an den 20. Juli 1944 nahm Reuter einen Kernpunkt aller zum Gedenktag gehaltenen Reden vorweg: die Vorbildfunktion der Verschwörer für den Aufbau der Bundesrepublik Deutschland. Auch bei der feierlichen Enthüllung des Denkmals im Juli 1953 hob Reuter nochmals den Vorbildcharakter der „heroischen, tapferen, echten vaterländischen Tat"[90] hervor. Des Weiteren zog Reuter einen Vergleich zwischen dem 20. Juli 1944 und dem am 17. Juni 1953 nur wenige Wochen zurückliegenden Aufstand in der DDR und konstatierte, dass beide Ereignisse Aufstände für Freiheit und gegen Unterdrückung gewesen seien. Reuter beendete seinen Vortrag mit den Worten: „Einmal wird hier in Berlin ganz Deutschland versammelt sein, und das ganze Deutschland wird diese Stätte als nationales Heiligtum von uns übernehmen."[91] Für die damalige vom Kalten Krieg geprägten Zeit war diese Aussage Reuters mehr Hoffnung als Prophezeiung. Weder die Entwicklungen in Ost- und Westdeutschland, noch der äußerst kritische Umgang mit dem 20. Juli 1944 in der DDR ließen darauf schließen, dass sich der 20. Juli 1944 tatsächlich als Teil des kulturellen Gedächtnisses eines wiedervereinigten Deutschland etablieren sollte. Vielmehr war zur Zeit Reuters eine gegensätzliche Entwicklung der Fall. Während sich in Westdeutschland das offizielle Gedenken an den 20. Juli 1944 allmählich etablierte, setzte die politische Führung Ostdeutschlands auf das Gedenken an den kommunistisch dominierten Arbeiterwiderstand als positive Traditionslinie und Legitimationsressource des Staates, der 20. Juli 1944 dagegen wurde als reaktionär und imperialistisch diffamiert. Erst ab 1960 wurde die Person Stauffenberg aus der Verschwörung herausgehoben und „für eine positiv begriffene Traditionsanbindung in der DDR instrumentalisiert".[92] Der Bezug der DDR auf Stauffenberg änderte jedoch nichts daran, dass die Gedenkkulturen beider Staaten asymmetrisch aufeinander bezogen blieben. So kritisierte der Historiker Hans Rothfels auf einer Gedenkveranstaltung zum 20. Juli 1944, dass die DDR nur kommunistische Widerstandskämpfer anerkennen würde und sie Stauffenberg aus falschen Gründen einnehmen wollen würde und wies darauf hin, dass Stauffenberg keinesfalls aus Sympathie für die Diktatur Stalins, sondern dass er aus humanen Gesichtspunkten heraus russische Kriegsgefangene entgegen den Anordnungen Hitlers vor dem Hungertod bewahrt habe.[93] Trotz aller Divergenzen zwischen Ost und West wurde Stauffenberg ab den 60er Jahren ein gemeinsamer Be-

---

90 Ernst Reuter, „Der 20. Juli 1944 – Das erste Fanal", Gedenkrede des Regierenden Bürgermeisters von Berlin Ernst Reuter am 19. Juli 1953 bei der Einweihung des Denkmals für die Opfer des 20. Juli 1944 im Ehrenhof des Bendlerblocks in der Bendlerstraße, Berlin, S. 2.
91 Reuter, „Der 20. Juli 1944 – Das erste Fanal", S. 4.
92 Dazu ausführlich: Cornelißen, „Der 20. Juli 1944 in der deutschen Erinnerungskultur", S. 26 ff.
93 Freilich war die antikommunistische Stoßrichtung von Rothfels Interpretation auch der Lage in Berlin nach dem Bau der Berliner Mauer 1961 geschuldet. Hans Rothfels, „Fanal im Dunklen", Gedenkrede von Prof. Dr. Hans Rothfels am 20. Juli 1962 im Ehrenhof des Bendlerblocks in der Stauffenbergstraße, Berlin. Zur Behandlung russischer Gefangener durch Stauffenberg siehe ebd., S. 3.

zugspunkt beider deutscher Staaten. Heldenstatus blieb in der DDR jedoch antifa-schistischen Helden aus der Arbeiterklasse vorbehalten.[94]

Mit Reuters Vergleich der beiden Aufstände – 20. Juli 1944 und 17. Juni 1953 – setzte ein Kontinuum ein, welches sich über die gesamte Gedenkkultur der 50er Jahre erstrecken sollte und davon geprägt war, dass Deutungen und Gewichtungen des Widerstands gegen das Nazi-Regime vom Ost-West-Konflikt überlagert wurden. Wie Reuter selbst nutzten in Folge Politik und Medien die Feierlichkeiten zum Jahrestag des 20. Juli 1944, um „die historischen Vorgänge zum Symbol für den Kampf des Einzelnen gegen die Zumutungen totalitärer politischer Systeme zu stilisieren".[95] Dies führte bisweilen dazu, dass das „Vermächtnis der Helden des 20. Juli [...] in deren Geist die Arbeiter der Sowjetzone am 17. Juni 1953 mit Knüppeln und Steinen gegen Panzer, Ausdruck der brutalen Gewalt, angingen"[96] als ausschlaggebend für den Aufstand in der DDR interpretiert wurde. Die Helden des Widerstands gegen Hitler wurden zu Vorreitern und Vorbildern antisozialistischen Widerstands stilisiert, was wiederum ein entscheidender Grund für die Popularisierung des nationalkonservativen Wider-stands in der Bundesrepublik war.[97] Die Gemeinsamkeit beider Aufstände – ihre ge-waltsame Niederschlagung und ihr Scheitern – wurde durch die Interpretation beider Aufstände als Kämpfe für Recht und Freiheit hervorgehoben, die grundlegenden Differenzen zwischen beiden Aufständen und ihren Entstehungsbedingungen, ihren Protagonisten und deren Zielen ausgeklammert.[98]

Die zweite Ansprache bei der Denkmalsenthüllung im Jahr 1953 wurde von Otto Lenz gehalten.[99] Auch Lenz hob „den Heldenmut all derer, die mit uns zusammen waren"[100] hervor. Lenz bezog sich auf seine Mitgefangenen, die in den Gefängnissen Plötzensee, in der Albrechtstraße und der Lehrter Straße saßen und zeichnete ein

---

94 Stauffenberg und im geringen Umfang auch der Kreisauer Kreis wurden von der DDR-Forschung zwar aus dem als „reaktionär" geltenden Kreis der Verschwörer um Goerdeler herausgehoben. Doch der Fokus der DDR war auf die Herausstellung antifaschistischer Widerstandshelden aus dem Arbei-termilieu gerichtet, die Erforschung des Arbeiterwiderstands staatlich verordnet: Ines Reich, Kurt Finker, „Reaktionäre oder Patrioten? Zur Historiographie und Widerstandsforschung in der DDR bis 1990", in: Gerd R. Ueberschär (Hg.), Der 20. Juli. Bewertung und Rezeption des deutschen Widerstands gegen das NS-Regime, Berlin 1994, S. 126–143, hier S. 133 ff.

95 Cornelißen, „Der 20. Juli 1944 in der deutschen Erinnerungskultur", S. 25.

96 Josef Rommerskirchen, „Aufstand des verantwortlichen Gewissens", Gedenkrede des ehemaligen Vorsitzenden und Mitbegründers des Deutschen Bundesjugendrings Josef Rommerskirchen am 19. Juli 1954, Bonn, S. 6.

97 Schildt, Siegfried, Deutsche Kulturgeschichte, S. 140.

98 Gerade das Scheitern, so betont Reichel, erhöhte die mythenbildende Kraft der Aufstände, siehe: Reichel, Schwarz, Rot, Gold, S. 65.

99 Lenz war selbst am Umsturzversuch beteiligt. In den Umsturzplänen war er als Staatssekretär im Reichskanzleramt oder als Verkehrsminister vorgesehen. Nach dem Scheitern des Attentats wurde Lenz von der Gestapo verhaftet und am 19. Januar 1945 vom „Volksgerichtshof" wegen „Landesverrats" zu vier Jahren Zuchthaus verurteilt.

100 Otto Lenz, „Sie starben für eine große Sache", Ansprache des Staatssekretärs im Bundeskanz-leramt Dr. Otto Lenz am 19. Juli 1953 im Ehrenhof des Bendlerblocks in der Bendlerstraße, Berlin, S. 1.

bedrückendes Bild: „Unsere Reihen lichteten sich von Tag zu Tag; und viele, die hinausschritten, kamen nicht wieder."[101] Lenz stellte in seiner Rede nicht nur die Todesbereitschaft, sondern auch das Wirken seiner Helden heraus. Neben der direkten Benennung der Verschwörer als Helden ist in seiner Rede eine weitere Komponente der Erzählung über den 20. Juli 1944 zu erkennen: Ehemalige Verschwörer sprachen in Folge immer wieder auf öffentlichen Gedenkveranstaltungen und warben bei ihren Zuhörern um Verständnis für den Attentatsversuch mit der Absicht, die Verschwörer zu ehren und ihre Motive zu erklären. Angesichts der Skepsis bis Ablehnung, die breite Schichten der Bevölkerung gegenüber dem 20. Juli 1944 hatten, handelte es sich hierbei nicht nur um Würdigung, sondern auch um den Versuch einer Rehabilitation der Verschwörer.

Nach der öffentlichen Enthüllung des Mahnmals brachte Hans Lukaschek, einer der wenigen Überlebenden des Kreisauer Kreises,[102] in seiner Rede an die Tischgesellschaft einen weiteren Aspekt zur Sprache: „Kann sich jemand heute noch ausdenken, welches Heldentum die Frauen da bewiesen haben? Es ist manchmal größer gewesen als das Heldentum der Menschen, die es in der Tat beweisen konnten. Und wenn wir heute diese Frauen und Kinder sehen und bewundernd davorstehen, mit welcher Haltung diese Frauen das Leid tragen, wie sie das Erbe weitertragen, wie sie die Kinder im Geiste des 20. Juli erziehen, dann kann man nur vor Bewunderung und Ehrfurcht sich vor diesen Frauen neigen. Das, was ich hier sage, musste einmal gesagt werden, und es muss gerade dieser Frauen und ihres Heldentums gedacht werden."[103] Lukaschek war der einzige Sprecher auf öffentlichen Gedenkveranstaltungen, der die Verwandten der ermordeten und festgenommenen Verschwörer des 20. Juli 1944, namentlich die Ehefrauen, in dieser sehr eindringlichen Form heroisiert hat. Heldentum war für Lukaschek eine Geisteshaltung, die eine starke innere Kraft voraussetzt. Nicht der Tod der Helden sei entscheidend für den Heldenstatus, sondern die Bereitschaft, für eine übergeordnete Sache Leid auf sich zu nehmen und an ebendiesem übergeordneten Ziel festzuhalten. Mit dieser Aussage grenzte Lukaschek seinen Heldenbegriff klar vom Heldenbegriff der Nationalsozialisten ab. Personengruppen, die gängig als reine Opfer dargestellt werden, Frauen und Kindern, Gefangenen und Verfolgten, schrieb Lukaschek ebenso wie den Verschwörern selbst Heldenstatus zu. Dieses Heldentum war nach Ansicht Lukascheks sogar größer, als

---

101 Ebd., S. 1.
102 Dr. Hans Lukaschek wurde unter der Regierung Adenauer zum Vertriebenenminister berufen, war verantwortlich für die Integration von Millionen Vertriebenen und Flüchtlingen in der Bundesrepublik. Aufgrund von Spannungen zwischen Lukaschek und Vertriebenenverbänden wurde er in der zweiten Regierung Adenauer durch Theodor Oberländer, der umstrittensten Personalie Adenauers, ersetzt. Siehe: Wilhelm Ernst Winterhagen, „Enttäuschte Hoffnungen. Zum Anteil der Überlebenden des 20. Juli 1944 am politischen Neuaufbau in Westdeutschland nach 1945", in: Gerd Ueberschär (Hg.), Der 20. Juli. Bewertung und Rezeption des deutschen Widerstands gegen das NS-Regime, Berlin 1994, S. 250 – 262, hier S. 259.
103 Hans Lukaschek, „Das Heldentum der Frauen", Rede des Bundesministers Dr. Hans Lukaschek an die Tischgesellschaft nach der Denkmalsenthüllung am 19. Juli 1953, Berlin, S. 1f.

das Heldentum derer, die es „in der Tat" beweisen konnten. Wie seine Vorredner heroisierte Lukaschek die Verschwörer, allerdings erweiterte er den Kreis der Helden um die Angehörigen, welche die Verschwörung mit allen Konsequenzen mittrugen.

Der Heldenstatus der Verschwörer und im Falle von Lukaschek auch ihrer Familien, wurde von den ersten Rednern auf den Gedenkfeiern zum 20. Juli 1944 nicht weiter erklärt oder begründet, sondern durch Nennung des Begriffs „Held" als selbstverständlich dargestellt. Ebendies sollte sich in den nächsten Jahren und Jahrzehnten ändern.

Ab 1954, zehn Jahre nach dem gescheiterten Attentatsversuch auf Hitler, wurde der 20. Juli 1944 verstärkt auf Landes- und Bundesebene zur positiven Traditionsbildung in der noch jungen Bundesrepublik genutzt.[104] Besonders feierlich wurde der zehnte Jahrestag des Umsturzversuches begangen. Die zentrale Gedenkfeier wurde musikalisch mit einem Satz aus Ludwig van Beethovens Dritter Symphonie, die den Beinamen „eroica" trug, und dem Trauerlied „Das Lied vom guten Kameraden" untermalt. An der zentralen Gedenkfeier nahmen unter anderen Bundeskanzler Konrad Adenauer und Bundespräsident Theodor Heuss teil, was zu einem großen Medienecho führte.[105]

Sowohl Adenauer als auch Heuss hielten eine Rede zum Gedenken an den 20. Juli 1944. Insbesondere die Rede von Heuss wurde in der Geschichtswissenschaft als Initiation für eine „unkritische Heroisierung" der Verschwörer gedeutet[106] – eine Einschätzung, die bei genauer Lektüre der Rede unter dem Titel „Dank und Bekenntnis" überrascht. Heuss selbst war sich bewusst, wie umstritten die Akteure des 20. Juli 1944 in der Gesellschaft der frühen Bundesrepublik waren, dass es einen stillschweigenden Konsens über den angeblichen „Landesverrat" der Verschwörer gab. In seiner Rede ging Heuss auf den durch weite Teile der Bevölkerung der Bundesrepublik kritiklos

---

104 Cornelißen, „Der 20. Juli 1944 in der deutschen Erinnerungskultur", S. 24. Zum Gedenken an den 20. Juli 1944 in der DDR siehe ebd., S. 26 f.

105 Zur Ausgestaltung der Feierlichkeiten siehe: Merseburger, Theodor Heuss, S. 488. Bereits am 19. Juli 1954 hielt Heuss eine Gedenkrede zum 20. Juli 1944 im Auditorium Maximum der Freien Universität Berlin. Theodor Heuss, „Der 20. Juli 1944", Ansprache des Bundespräsidenten Prof. Dr. Theodor Heuss am 19. Juli 1954 im Auditorium Maximum der Freien Universität Berlin. Heuss verwendete viel Zeit auf die Vorbereitung, ließ sich unter anderem von Max Horkheimer beraten. Siehe: Baumgärtner, Reden nach Hitler, S. 311. Zum Medienecho im In- und Ausland siehe ebd., S. 325 ff. Adenauer verdeutlichte in seiner Rede die Vorbildfunktion der Verschwörer für das neugeschaffene Auswärtige Amt der Bundesrepublik Deutschland. Konrad Adenauer, „Ihr Vorbild. Recht und Gerechtigkeit", Gedenkrede von Bundeskanzler Dr. Konrad Adenauer am 21.07.1954 im Stadttheater Bonn-Bad Godesberg.

106 Ueberschär sieht vor allem in der „Überbetonung des moralisch-ethischen Impulses" bei der Begründung der Motive der Verschwörer den Grund für eine unkritische Heroisierung der Widerständler. Aus der Perspektive der Redner, ihrer Zeitgebundenheit, ist die moralische Begründung der Verschwörung, vor allem des Eidesbruchs, verständlich und nachvollziehbar, auch wenn die Argumentation aus der Perspektive von Nachgeborenen nicht schlüssig erscheint. Siehe: Gerd R. Ueberschär, „Von der Einzeltat des 20. Juli 1944 zur »Volksopposition«? Stationen und Wege der deutschen Historiographie nach 1945", in: Ders. (Hg.), Der 20. Juli, Berlin 1998, S. 102–125, hier S. 103.

übernommenen Vorwurf der Nationalsozialisten, es handelte sich nur um eine kleine Verschwörung einiger weniger reaktionärer Adliger, ein und versuchte diesen Vorwurf als nationalsozialistischen Versuch der Diffamierung der Akteure zu demaskieren und damit zu entkräften.

Heuss betonte des Weiteren, dass die Verschwörung vom 20. Juli sich fundamental unterscheide von der „heroischen Ballade, die mit dem Namen und Ende der Geschwister Scholl und ihrer Freunde verbunden bleibt".[107] Unterschiede zum Widerstand der Geschwister Scholl und ihrer Freunde seien sowohl die nach der Einschätzung von Heuss sehr rationalen Überlegungen der Verschwörer als auch ihre heterogene Zusammensetzung als Spiegel der Gesellschaft – Adlige, Sozialisten, Gewerkschaftler, Kirchen- und Staatsbedienstete und Militärs – gewesen. Kritik an der Reichswehr sparte Heuss in seinem Vortrag nicht aus, sondern bemängelte, dass diese zu den Ereignissen vom Juli 1934 schwieg, also die Ermordung der SA-Führung und des letzten Reichskanzlers der Weimarer Republik, General Kurt von Schleicher, hinnahm. Ebenso kritisierte Heuss die nachträgliche Legitimierung der Morde durch die sogenannten „Notstandsgesetze" und die Vereidigung der Armee auf Hitler. Mit der Frage, ob das Militär an seinen Eid gegenüber Hitler gebunden war, also mit dem Vorwurf des Landesverrats, setzte sich Heuss ausführlich auseinander und warb für die Anerkennung der Eidbrecher. Gleichwohl äußerte Heuss Verständnis für diejenigen, die im Glauben, durch die Weiterausübung von Befehlen, Deutschland vor seinem Untergang doch noch retten zu können, einen Eidesbruch ablehnten.[108] Heuss Versuch, Anerkennung für die Eidbrecher, also für die Verschwörer vom 20. Juli 1944, bei seinen Zuhörern hervorzurufen, aber auch sein Verständnis denjenigen gegenüber, die am Eid festgehalten haben, sollte ebendiese sowie konservative Strömungen sowohl mit dem 20. Juli 1944 als auch mit der Demokratie aussöhnen, ihnen die Möglichkeit zur Integration in die Bundesrepublik Deutschland gegeben, es ihnen leichter machen, die neue politische Ordnung zu akzeptieren. Auch jenseits der Gedenkveranstaltungen bemühte sich Heuss, die Verschwörer vom 20. Juli 1944 als Leit- und Vorbilder für die Bundesrepublik zu etablieren. Auf Beschluss des Bundestages wurde seine zum 10. Jahrestag der Verschwörung gehaltene Rede in einer hohen Auflage vervielfältigt. Allein an Schulen wurden 3,2 Millionen Broschüren, in denen die Rede abgedruckt war, kostenlos verteilt.[109] Ebenso wurde die Rede in gedruckter Fassung in Universitäten ausgelegt.

Dass die Akteure des 20. Juli für Heuss Heldenstatus hatten, war für ihn ebenso wenig erklärungsbedürftig wie für Albrecht Weber, der ebenfalls am 20. Juli 1954 sprach. In seiner Rede an der Universität Göttingen bezeichnete Weber die Verschwörer gleichermaßen als „heroische Opfer" und als „heroische Kämpfer".[110] Diese

---

107 Heuss, „Der 20. Juli 1944", S. 2.
108 Ebd., S. 3.
109 Zur Verteilung der Broschüren: Siehe Baumgärtner, Reden nach Hitler, S. 328.
110 Alfred Weber, „Der 20. Juli und das Widerstandsrecht des Volkes", Ansprache von Prof. Dr. Alfred Weber am 20. Juli 1954 in der Universität Heidelberg, S. 1.

allein durch die Wortwahl vorgenommene Heroisierung rechtfertigte er nicht. Im weiteren Verlauf seiner Ausführungen sprach Weber „von der besten Elite, die Deutschland in letzter Zeit jemals hervorgebracht hat, von lauter geistig durchgebildeten, im Horizont überlegenen, charakterlich hochstehenden, absolut selbstlosen und zum eventuellen Opfertod entschlossenen Männern geführte Staatsstreichbewegung, die von den Arbeitern bis zu an zentraler Stelle stehenden Generälen führte".[111] Weber rechtfertigte die Planung und Durchführung des Staatsstreichs und des Attentats vom 20. Juli 1944, den Zeitpunkt der Durchführung und würdigte ebenso wie Heuss den Widerstand der Geschwister Scholl, der Bekennenden Kirche und anderer Gruppen.

Neben einer Heroisierung der Akteure des 20. Juli, insbesondere Stauffenbergs, kam deutliche Kritik an den alten Eliten in der Rede von Walter von Cube auf den Feierlichkeiten zum zehnten Jahrestag des Aufstands zu Wort. Der Titel der von Cube gehaltenen Rede „Rebellion des deutschen Adels" könnte darauf schließen lassen, es sei alleine der Adel gewesen, der die Verschwörung getragen hätte. Cube stellt jedoch am Anfang seiner Rede die heterogene Zusammensetzung der Verschwörer heraus und betont, dass der Adel nun sühnen müsse, „was an Trägheit und Verfall, an Überhebung und Schwäche, an Kastengeist und Vorurteil unter den ihren brütet".[112] Den Teil des Adels, der sich zum Attentat und Staatsstreich entschloss, heroisierte Cube unter Rückbesinnung auf preußische Tugenden, doch sparte er nicht an beißender Kritik: „Die altpreußische Auffassung von Ehre und Soldatentum, von Anstand und Gerechtigkeit, von Adel und Würde, wie sie Generalfeldmarschall von Witzleben und Generaloberst Beck vertreten – ich hätte an ihrer Stelle auch hundert andere nennen können – verband sich mit dem sozialen Ethos, dem hohen Bild der Freiheit, dem echten Wissen um die Sehnsüchte des Volkes, welches die linken Männer des Widerstands in sich trugen. So hätte der 20. Juli zum Brennspiegel deutscher Erneuerung werden und eine Flamme entfachen können, in der unser politisches und wirtschaftliches Denken, unser religiöses und künstlerisches Fühlen geläutert und zu innerer Größe erhoben worden wäre. Stattdessen sitzen wir jetzt um ein demokratisches Lagerfeuer, das mit Stimmzetteln geschürt und von Funktionären bewacht wird, indes in Bonn die Interessentenvertreter aller Arten und Gewerbe ihr Beefsteak daran braten."[113] Im weiteren Verlauf seiner Rede kritisierte von Cube die starke Ausrichtung der Nachkriegsgesellschaft auf materielle Belange.

Die Vorbildfunktion der Verschwörer und ihr Beitrag zur Wahrung der „Ehre" Deutschlands und dadurch zum Brückenbau zum Ausland waren zentrale Punkte, die viele andere Redner hervorhoben. 1955 betonte Willy Brandt, dass durch das Opfer der Attentäter erste Brücken zum Ausland wieder aufgebaut werden konnten, Carlo Schmid unterstrich dieses Argument 1958 mit der Frage: „Hätte es nicht das Hel-

---

111 Ebd., S. 3.
112 Walter von Cube, „Rebellion des deutschen Adels", Gedenkrede von Rundfunkintendant Walter von Cube am 20. Juli 1954 im Herkulessaal der Residenz, München, S. 2–3.
113 Ebd., S. 3.

dentum der Frauen und Männer des Widerstandes gegeben – jenes 20. Juli und jener anderen, die das Geschehen dieses Tages nicht ausdrücklich mitumfasst – was gäbe unserem Volke das Recht, den Menschen anderer Völker gerade ins Auge zu blicken?"[114] In seiner Rede im Jahr 1959, die er in seiner damaligen Funktion als Regierender Bürgermeister von Berlin hielt, stellte Brandt nochmals die Symbolwirkung der Verschwörung auf das Ausland als auch auf das Inland heraus. Dass die Verschwörer Helden waren, stand auch bei Brandt nicht zur Diskussion: „Nicht wir ehren sie, sondern sie ehren uns, da sie dem wahren Deutschland zum Ruhme gereichen. Ihr Tod hat bis auf den heutigen Tag und noch lange darüber hinaus eine allen Einsichtigen erkennbare schreckliche Lücke gerissen. Und dennoch ist es auch wahr, dass sie uns Überlebenden geholfen haben. Ihr Opfer hat dem Volk das Weiterleben leichter gemacht, denn sie zeugten für das andere Deutschland. Uns bleiben die Opfer Mahnung und Verpflichtung. Ihr Vermächtnis ist noch nicht erfüllt. Wir können uns nur bemühen, ihren Ideen und Idealen nachzuleben. Wir können nicht nur, wir wollen auch bestrebt sein, ihrem Vorbild durch unsere Arbeit, durch unsere Haltung nachzueifern."[115]

Auch andere Redner nahmen die Vorbildfunktion der Verschwörer vom 20. Juli 1944 für die junge bundesrepublikanische Demokratie in den Mittelpunkt ihrer Ausführungen. Adenauer wies explizit auf die Vorbildfunktion der Verschwörer insbesondere für neugegründete Institutionen wie das Auswärtige Amt hin.[116] Auch die Bundeswehrführung mahnte den Vorbildcharakter der Verschwörer vom 20. Juli an – so der Generalinspekteur der Bundeswehr General Adolf Heusinger in seinem Tagesbefehl vom 20. Juli 1959.[117] Insbesondere Adenauer und Heusinger versuchten, den Widerstand institutionenbezogen zu nutzen. Indem herausgestellt wurde, welche Verschwörer aus welchen Institutionen heraus wirkten, sollten beide neugeschaffenen Institutionen durch die Anknüpfung an den Widerstand an Legitimation gewinnen. Gleichzeitig sollte dieses Vorgehen die Mitglieder der Institutionen auf die Nachfolge

---

114 Willy Brandt, „Euer Opfer hat doch einen Sinn gehabt", Gedenkrede des Präsidenten des Berliner Abgeordnetenhauses Willy Brandt am 19. Juli 1955 in der Gedenkstätte Plötzensee, Berlin, S. 1; Carlo Schmid, „Menschenrechte und Tyrannenmord", Gedenkrede von Prof. Dr. Carlo Schmid am 20. Juli 1958 im Ehrenhof des Bendlerblocks in der Stauffenbergstraße, Berlin, S. 4.
115 Willy Brandt, „Wir selbst wollen nicht vergessen", Gedenkrede des Regierenden Bürgermeisters von Berlin Willy Brandt am 19. Juli 1959 in der Gedenkstätte Plötzensee, Berlin, S. 3.
116 Adenauer, „Ihr Vorbild. Recht und Gerechtigkeit", S. 1.
117 Der Tagesbefehl im Wortlaut: „Die Tat des 20. Juli 1944 – eine Tat gegen das Unrecht und gegen die Unfreiheit – ist ein Lichtblick in der dunkelsten Zeit Deutschlands. Die tragische Wahrscheinlichkeit des Scheiterns vor Augen, entschlossen sich freiheitlich gesinnte Kräfte aus allen Lagern, in vorderster Front Männer aus den Reihen der Soldaten, zum Sturz des Tyrannen. Das christlich-humanistische Verantwortungsbewusstsein, das diesen Entschluss bestimmte, gab ihrem Märtyrertum die Weihe. Wir Soldaten der Bundeswehr stehen in Ehrfurcht vor dem Opfer jener Männer, deren Gewissen durch ihr Wissen aufgerufen war. Sie sind die vornehmsten Zeugen gegen die Kollektivschuld des deutschen Volkes. Ihr Geist und ihre Haltung sind uns Vorbild." Adolf Heusinger, „Tagesbefehl", Tagesbefehl des Generalinspekteurs der Bundeswehr General Adolf Heusinger vom 20. Juli 1959.

der Verschwörer verpflichten, nicht zuletzt dadurch das Ansehen der Institution in ihrer Außenwirkung stärken.

Dass der Umsturzversuch selbst nicht glückte, tat der Anerkennung des Widerstands und der Heroisierung der Verschwörer keinen Abbruch. Dass es diesen Vorwurf überhaupt gab, kritisierte Fabian von Schlabrendorff und revidierte ihn mit einem historischen Vergleich. Nicht dem Sieger, sondern dem Verlierer, nicht Achill, sondern Hektor hätten die alten Griechen den Lorbeerkranz überreicht, denn dieser sei „der Held der trojanischen Sage", führte Schlabrendorff bei der Gedenkveranstaltung in Plötzensee im Jahr 1957 aus.[118]

In Gedenkreden, die auf offiziellen Gedenkveranstaltungen zum 20. Juli 1944 in den 50er Jahren gehalten wurden, war die Herausstellung der Ziele und des Vermächtnisses der Attentäter primär. In etwa 30 Prozent der Reden wurden den Verschwörern nicht nur heldenhafte Attribute zugeschrieben, sondern sie wurden direkt als Helden bezeichnet. In vielen Gedenkreden fiel der Begriff „Held" nicht. Gleichwohl gebrauchten fast alle Redner Worte, die ein Verhalten umkreisen, umschreiben, das einen Helden charakterisiert: Vorbild, Mahnung, Ehre, Tugendhaftigkeit, Risikobereitschaft, Mut, Opfer, Opferbereitschaft, Gewissenhaftigkeit.

Am eindringlichsten setzte sich in den 50er Jahren Ernst Wirmer nicht nur mit den Ereignissen vom 20. Juli selbst auseinander, sondern stellte Überlegungen zum Begriff und zur Bedeutung des Helden an.[119] Dabei bezog sich Wirmer auf den Begriff „virtus", den er als „die vollkommen entwickelte, geistig-seelische Fähigkeit eines Menschen, das sittlich Gute freudig, beharrlich und auch unter Opfern und gegen innere und äußere Widerstände zu tun"[120] definierte. Ebendiese Tugend sei bei den Männern und Frauen des Widerstands des 20. Juli 1944 sichtbar. Wirmer verstand den Begriff „virtus" als Oberbegriff, unter den er die vier Kardinaltugenden subsumierte. So führte er aus, dass im Mittelalter „diese virtus, diese Mannestugend, im Einzelnen unterschieden wurde in die vier Tugenden der Klugheit, der Gerechtigkeit, der Tapferkeit und des Maßes, auf die letzten Endes alle sittlichen Handlungen des Menschen zurückgehen."[121] Wirmer erklärte in seiner Rede ausführlich, dass die Verschwörer des

---

118 Fabian von Schlabrendorff, „Sie alle tragen Schuld", Gedenkrede von Fabian von Schlabrendorff am 20. Juli 1957 im Ehrenhof des Bendlerblocks in der Stauffenbergstraße, Berlin, S. 2f. Schlabrendorff stellte wie andere Redner in den 50er Jahren den Heldenstatus der Verschwörer nicht im Geringsten infrage, sondern zog Parallelen zu antiken Heroen.

119 Wirmer war während des Nationalsozialismus in der Reichsumsiedlungsgesellschaft, einer Dienststelle des Oberkommandos der Wehrmacht, beschäftigt, nach der Hinrichtung seines an der Verschwörung vom 20. Juli 1944 mitbeteiligten älteren Bruders Josef Wirmer, wurde auch er verhaftet. Nach dem Krieg arbeitete Wirmer in der Bezirksregierung Oldenburg des neu gebildeten Lands Niedersachsen und trat der CDU bei. Im Dezember 1949 wurde er persönlicher Referent von Bundeskanzler Konrad Adenauer und ab 1950 im Amt des Beauftragten für Verteidigungsfragen tätig.

120 Ernst Wirmer, „Aber nie ist der Einzelne unrettbar", Ansprache von Ministerialdirektor Ernst Wirmer, Stiftung „Hilfswerk 20. Juli 1944", am 20. Juli 1958 im Ehrenhof des Bendlerblocks in der Stauffenbergstraße, Berlin, S. 1.

121 Wirmer, „Aber nie ist der Einzelne unrettbar", S. 1.

20. Juli nicht nur über „virtus" verfügten. Ausschlaggebend für ihr Handeln sei eine Kombination von Gewissensentscheidung und des Zusammenwirkens unterschiedlicher Tugenden gewesen. Die Frauen und Männer des Widerstands des 20. Juli 1944 hätten erkannt, „dass ihr Gewissen und die Gerechtigkeit nicht vollziehbar waren ohne Tapferkeit".[122] Die Tapferkeit, die für die von ihnen geplanten Taten notwendig gewesen sei, sei ungleich größer als für Taten, bei deren Ausgang sich die Protagonisten äußerer Ehren oder eines „ehrenhaften Nachrufs" sicher sein könnten. Die Verschwörer brauchten laut Wirmer besondere Tapferkeit für die Durchführung der Tat, da ihnen bewusst war, was ihnen und ihren Familien nach einer möglichen Niederschlagung der Verschwörung drohte.

Wirmer knüpfte in seinen Ausführungen an die vier Kardinaltugenden Klugheit, Gerechtigkeit, Tapferkeit und Maß an, die, wie er ausführte, zentrale Bestandteile des mittelalterlichen Verständnisses von „virtus", insbesondere bei Petrarca, waren. Zugleich setzte sich Wirmer mit der Betonung, dass die Klugheit das „Urteils- und Unterscheidungsvermögen zum sittlichen Handeln" sei, deutlich vom Verständnis von „virtù" bei Machiavelli ab, der die ethische Komponente des mittelalterlichen „virtus"-Begriffs zugunsten eines auf die Antike zurückliegenden Verständnisses zurücktreten ließ:[123] „Virtù ist, wie die römische virtus und die griechische areté, das Konglomerat von Eigenschaften, die der Bürger einer konstitutionellen Republik wie Athen und Rom in der Antike besitzen sollte."[124] Machiavellis Verständnis von „virtù" bedeutete einen „Inbegriff der zur Erreichung des übergeordneten Ziels erforderlichen Energie und Kompetenz der politisch Handelnden. Dieses übergeordnete Ziel aber ist die Selbsterhaltung der politischen Gemeinschaft".[125] Das Ziel Stauffenbergs und anderer Widerstandsgruppen war hingegen nicht die Selbsterhaltung der politischen Gemeinschaft, sondern die Beseitigung des Nationalsozialismus und der Aufbau einer neuen politischen Ordnung. Wirmer bemühte sich, Motive und Handeln der Verschwörer des 20. Juli in ideengeschichtlicher Perspektive in die Reihe der „huomini virtuosi" einzuordnen. Gleichzeitig versuchte er durch Hervorhebung der sittlichen Grundlage ihres Handels, durch einen Rekurs auf die Gewissensentscheidung der Verschwörer, sie vor jeglichen Vorwürfen des Machiavellismus zu schützen – die Folge war ein stark moralisierter Heldenbegriff, der zwar auf Charakteristika von Kriegsheldentum aufbaute, sein spezifisches Gewicht aber durch den moralischen Aspekt des Handelns der Verschwörer bekam.

Wirmer verband seine ideenhistorischen Ausführungen zum „virtus"-Begriff und deren Anwendung auf die Verschwörer des 20. Juli mit konkreten geschichtspolitischen Forderungen: Nur durch die Schaffung einer „Tradition", also durch das wiederholte Gedenken an Tage wie den 20. Juli könnten die Verschwörer beispielhaft für

---

122 Ebd.

123 Herfried Münkler, Machiavelli, Die Begründung des politischen Denkens der Neuzeit aus der Krise der Republik Florenz, Frankfurt am Main 1995, S. 313 f.

124 Carl Joachim Friedrich, Die Staatsräson im Verfassungsstaat, Freiburg 1961, S. 30.

125 Münkler, Machiavelli, S. 315.

den neuen Staat wirken und gesellschaftsübergreifende Anerkennung erlangen.[126] Um sein Anliegen zu untermauern, ihm gewissermaßen Gewicht jenseits von Deutschtümelei zu geben, berief sich Wirmer auf Dorothy Thompson: „Die Amerikanerin Dorothy Thompson schreibt in ihrem Buch »Deutsche innere Emigration«: „Wie immer die Geschichte sie beurteilen mag, alles hängt davon ab, wer die Geschichte dieser Männer, die einen Versuch unternahmen, der misslang, schreiben wird: Wenn wir Amerikaner klug wären, sollten wir die Augen des deutschen Volkes auf sie lenken, damit Deutsche wieder auf Deutsche stolz sein können. Denn kein Volk kann ohne Helden leben."[127]

Fazit: Öffentliches Gedenken an den 20. Juli 1944 in den 50er Jahren

Der 20. Juli 1944 erwies sich trotz seiner Ablehnung in weiten Teilen der westdeutschen Bevölkerung, insbesondere innerhalb der alten nationalsozialistischen Funktionseliten, bereits Anfang der 50er Jahre in der Vorstellung der politischen Elite der jungen Bundesrepublik als erinnerungswürdig. Ab 1952 fanden zahlreiche öffentliche Gedenkveranstaltungen an den 20. Juli 1944 an Universitäten, Kirchen, unterschiedlichen Einrichtungen des Bundes und der Länder und an Gedenkstätten, die an Orten von Exekutionen und Gefängnissen errichtet worden waren, statt. Einen wesentlichen Beitrag zur Etablierung dieses Gedankens leisteten die Hinterbliebenen der Verschwörer und die politische Elite Westdeutschlands. Das gemeinsame Gedenken beider Gruppen an den 20. Juli 1944 war von einer Heroisierung der Verschwörer, von Monumentalisierung und Moralisierung des konservativ-militärischen Widerstands gekennzeichnet. Primäre Anliegen der Redner waren neben der Heroisierung der einzelnen Akteure die Herausstellung der Vorbildfunktion des Widerstands und die Rettung der deutschen „Ehre" durch das Opfer der Verschwörer.

Die wichtigsten Träger der Erinnerung an den 20. Juli 1944 in den 50er Jahren hatten jeweils eigene Motive. Die Hinterbliebenen, die „auch nach 1945 weiterhin für sich einen hervorgehobenen Platz in der westdeutschen Gesellschaft"[128] reklamierten, waren angesichts der noch lange nach Kriegsende nachwirkenden Diffamierung der Verschwörer um deren Rehabilitation bemüht. Indem sie die Motive, Ziele und die innere Auseinandersetzung der Verschwörer mit dem geplanten Attentat hervorhoben und diese unter direkter Verwendung von Begriffen wie „heroisch" oder „Held" oder Zuschreibungen, die auf heldenhaftes Handeln schließen ließen, überhöhten, fand nicht nur eine Rehabilitation der Verschwörer, sondern auch eine Stilisierung dieser zu Helden statt. Die beruflichen Werdegänge, die Verstrickungen in die nationalsozialistischen Herrschaftsstrukturen, die sich allein durch die Ausübung der Berufe und Ämter der Verschwörer, auch innerhalb der Wehrmacht, ergaben, wurden hin-

---

126 Wirmer, „Aber nie ist der Einzelne unrettbar", S. 2. Der 20. Juli wurde nicht als offizieller Gedenktag in der Bundesrepublik Deutschland etabliert.
127 Ebd., S. 2.
128 Cornelißen, „Der 20. Juli 1944 in der deutschen Erinnerungskultur", S. 29.

gegen nicht thematisiert. Die Überlebenden und die Hinterbliebenen der Verschwörer, die an den Gedenktagen zum 20. Juli sprachen, ihre Erinnerungen an die Verschwörung und die beteiligten Personen teils auch in den Printmedien veröffentlichten, hatten maßgeblichen Anteil auf die öffentliche Erinnerung an den 20. Juli und die Heroisierung der Beteiligten. Erste Schriften zum Widerstand gegen Hitler wurden publiziert – unter anderen wurde die Schrift Fabian von Schlabbrendorfs „Offiziere gegen Hitler" 1946 in der Schweiz veröffentlicht, andere Dokumentationen, Memoiren und Biographien ehemaliger Verschwörer folgten.[129] Hoffnungen auf politische Teilhabe und Umsetzung der Pläne der Verschwörer wurden, obwohl einige ehemalige Widerständler hohe Ämter in der Bundesrepublik bekleideten, enttäuscht.[130] Eventuelle Hoffnungen auf einen Prestigegewinn des Adels durch die Herausstellung adliger Mitwirkender am 20. Juli 1944 und ihrer Heroisierung wurden erst allmählich und mit zunehmender Akzeptanz des Widerstands innerhalb der Bevölkerung in der Bundesrepublik Deutschland eingelöst.[131]

Für die Politik bot die Etablierung des 20. Juli als Gedenktag und die Heroisierung der Verschwörer die Möglichkeit, an ein „anderes Deutschland" zu erinnern, dessen Protagonisten durch ihre Opferbereitschaft die Ehre Deutschlands gerettet hätten. Damit machte sich die politische Elite der frühen Bundesrepublik das grundlegende Ziel der Verschwörer vom 20. Juli 1944 zu eigen und stellte sich als Erbe dieses anderen, besseren Deutschland dar. Die Heroisierung der Verschwörung war wichtiger Bestandteil bei der Schaffung einer Gedenktradition, die integrativ und sinnstiftend nicht nur für die junge Demokratie, sondern auch für deren Eingliederung in die westliche Staatengemeinschaft und für den – bereits Anfang der 50er Jahre beschlossenen – Aufbau eines eigenen Heeres wirken sollte.

Bereits unmittelbar nach Ende des Zweiten Weltkrieges begann eine Auseinandersetzung innerhalb der militärischen Eliten um die Bewertung des Widerstands. Während Teile der alten Wehrmachtsgeneralität die Verschwörer als Verräter verurteilten und sich gegen ihre öffentliche Würdigung zur Wehr setzten, kämpften andere Teile für eine positive Deutung des 20. Juli 1944, so eine Gruppe ehemaliger Militärs um Hans Speidel, die publizistisch tätig wurden und deren zahlreiche Veröffentli-

---

129 Fabian von Schlabrendorff hielt 1957, 1965 und 1967 Reden auf Gedenkveranstaltungen zum 20. Juli 1944. Eine Übersicht über Publikationen der Überlebenden und der Angehörigen der Verschwörer vom 20. Juli 1944 bietet: Ueberschär, „Von der Einzeltat des 20. Juli 1944 zur »Volksopposition«?", S. 102.

130 Winterhagen, „Enttäuschte Hoffnungen. Zum Anteil der Überlebenden des 20. Juli 1944 am politischen Neuaufbau in Westdeutschland nach 1945", S. 262. Fabian von Schlabrendorff hingegen wurde Richter am Bundesverfassungsgericht.

131 Die sehr zögerlich positive Rezeption des 20. Juli 1944 innerhalb der Bevölkerung widerspricht der Annahme Malinowskis vom „immensen Prestigegewinn" des Adels in der Bundesrepublik. Vgl. Malinowksi, Vom König zum Führer, S. 589.

chungen als eine „vereinheitlichte Deutung der Verschwörung im Westen"[132] gesehen werden können. Beiden Gruppen ging es dabei auch um die Rechtfertigung ihrer eigenen Rolle während des Aufstands und seiner Niederschlagung. Der gegenseitige Vorwurf „Eidhalter" und „Eidbrecher" wurde infolge bei der Neubesetzung von Stellen als zentrales Argument gegen Personalentscheidungen hervorgebracht. Im Laufe der 50er Jahre setzten sich Stimmen durch, die eine Deutung der Ereignisse vom 20. Juli 1944 betonen, die für die Mehrheit der Generalität und der Soldaten hinnehmbar war. Dabei wurde den Verschwörern Anerkennung gezollt, der Konflikt zwischen Eid und Gewissen für die damaligen Wehrmachtsangehörigen auf Seiten des Widerstands und ihrer Gegner beleuchtet und die möglichen Folgen eines gelungenen oder gescheiterten Umsturzversuchs abgewogen. Im Laufe der Ereignisse um die Wiederbewaffnungsdebatte setzte sich eine nach Außen vorgetragene allgemeine Anerkennung des 20. Juli 1944 durch, die jedoch intern umstritten blieb.[133]

Für die große Mehrheit der westdeutschen Bevölkerung erfüllte die Erinnerung an den 20. Juli 1944 eine weitere Funktion. Anhand des Scheiterns einer Verschwörung auf höchster militärischer Ebene bekam der „kleine Mann" die Möglichkeit, sich selbst als machtlos zu erklären und damit auch zu entschuldigen. Dies ist zugleich ein Grund dafür, dass Ehrungsinitiativen wie die „Unbesungenen Helden" des Berliner Senates[134] im Vergleich unpopulär geblieben sind – sie stellten die Entschuldigung, dass man eh nichts hätte tun können, auf der Folie von Geschichten des Rettungswiderstands infrage.[135]

Trotz dieser Entlastungsfunktion blieb das Attentat – im Gegensatz zu seiner öffentlichen Anerkennung innerhalb der politischen Eliten – innerhalb eines großen Teils der westdeutschen Bevölkerung umstritten. Marion Gräfin Dönhoff kritisierte dies stark, fand jedoch auch eine Erklärung für die fehlende positive Resonanz innerhalb der Bevölkerung. Am 17. Juli 1952 schrieb sie in der Zeit: „Als die Alliierten in Deutschland einmarschierten und dann über die Deutschen zu Gericht saßen, da taten sie dies unter völlig falschen Voraussetzungen. Sie stellten nämlich ganz einfach die Forderung auf, jeder Deutsche hätte zum Märtyrer werden müssen. Heroismus aber ist nun einmal nicht die Lebensform des Durchschnittsbürgers, und zwar in keinem Lande der Welt. Heldentum als Norm zu verlangen, ist einfach absurd. Anstatt jene echten Helden vom 20. Juli zu ehren, hat man damals alle diejenigen, die nicht ebenso gehandelt hatten, als Feiglinge und Schuldige verunglimpft. Kein Wunder, daß die, die weder feige noch schuldig, aber im Sinne des 20. Juli auch keine Helden waren, zunächst Unwillen und allmählich ein wachsendes Ressentiment gegen die-

---

132 Alaric Searle, „Die unheilbare Wunde. Der 20. Juli 1944 im kollektiven Gedächtnis der Wehrmachtsgeneralität (1949–1969)", in: Haus der Geschichte Baden-Württemberg (Hg.), Verräter? Vorbilder? Verbrecher? Kontroverse Deutungen des 20. Juli 1944 seit 1945, Berlin 2016, S. 102.
133 Ebd., S. 104 ff.
134 Siehe Kapitel 5.2 dieser Arbeit.
135 Riffel, Unbesungene Helden, S. 249.

jenigen empfanden, die ihnen unberechtigterweise zum Maßstab gesetzt wurden."[136] Dönhoffs Anmerkungen können als Exkulpation in zwei Richtungen gesehen werden. Weder die Eliten noch die Bevölkerung trugen demnach die Schuld für die fehlende Anerkennung des 20. Juli und seiner Helden, sondern die alliierte Politik, die zu hohe Anforderungen an alle Deutschen gestellt hätte.

Das stete Ressentiment gegen die Anerkennung der Verschwörer vom 20. Juli in weiten Teilen der Bevölkerung, aber auch in Teilen der politischen und militärischen Eliten wurde nicht nur in der Presse, sondern auch auf öffentlichen Gedenkveranstaltungen zum 20. Juli 1944 thematisiert. Paul Graf York v. Wartenburg sagte 1954: „Die mannhafte Erhebung des ostdeutschen Arbeiters gegen seinen Unterdrücker festlich zu begehen, den 17. Juni zu einem nationalen Feiertag zu erklären –, das tut man mit Fug, aber man kann es auch wagen, weil die Nation in dieser Tat sich selber wiederfindet. Der 20. Juli 1944 hingegen, unpopulär wie er ist, wird nicht durch die Beflaggung der Amtsgebäude als nationales Ereignis von Rang dem Volk in Erinnerung gebracht. Wie lange hat es nicht gedauert, bis die bitterste Not der Witwen und Waisen dieser Männer gestillt wurde; wie lange, bis ein Gesetz ihre Ansprüche regelte! Es erschien vordringlicher, die Rechte der eliminierten nationalsozialistischen Beamtenschaft wahrzunehmen. In welcher Schule hängt ein Bild des Grafen Stauffenberg der Jugend zur Mahnung?"[137] Josef Müller, bayerischer Minister für Justiz a.D. ging in seiner 1959 gehaltenen Rede noch weiter und prangerte die andauernden Vorbehalte innerhalb der Bevölkerung gegen die Verschwörung an: „Trotzdem hatten wir, wenn wir in den letzten Jahren zusammenkamen um der Vergangenheit, ihrer Vorbilder und Opfer zu gedenken, fast immer das gleiche Bild: Wir waren unter uns. Die Redner sprachen zu Erfahrenen, nicht aber zu Menschen, die erfahren wollten. Hier standen Frauen und Männer, deren Gewissen bereits entschieden hatte, nicht aber jene, die sich sogar weigerten und bis heute weigern, zumindest ihr Wissen um das Geschehen jener Zeit zu vervollständigen."[138]

Die politische Einstellung eines großen Teil der westdeutschen Bevölkerung war von Skepsis geprägt. Die Integration ehemaliger NS-Größen in die Nachkriegsgesellschaft, die allgemeine Weigerung, sich mit den Verbrechen der Nationalsozialisten auseinanderzusetzen und das Erliegen der Strafverfolgung und Aufklärung von Verbrechen während der NS-Zeit verhinderten eine die westdeutsche Gesellschaft umfassende Anerkennung von Widerstand gegen den Nationalsozialismus und auch von Opfern der Nationalsozialisten.[139]

---

136 Marion Gräfin Dönhoff, „Auflehnung gegen den Helden", in: Die Zeit, Nr. 29/1952.
137 Paul Graf York von Wartenburg, „Erbe und Verantwortung", Ansprache von Paul Graf York von Wartenburg am 20. Juli 1954 in der Universität Heidelberg, S. 2.
138 Josef Müller, „Vermächtnis ist der Sinn der Tat, nicht deren Ausgang", Gedenkrede des bayerischen Ministers für Justiz a.D. Dr. Josef Müller am 20. Juli 1959 im Ehrenhof des Bendlerblocks in der Stauffenbergstraße, Berlin, S. 1.
139 Schildt, Siegfried, Deutsche Kulturgeschichte, S. 130–140.

Umbrüche in der Erinnerung an den 20. Juli 1944 in den 60er Jahren

Ab 1958 begann sich der Umgang mit dem Nationalsozialismus auch jenseits offizieller Gedenkveranstaltungen allmählich zu ändern. 1958 wurde die „Zentrale Stelle
der Landesjustizverwaltungen zur Aufklärung nationalsozialistischer Verbrechen" in
Ludwigsburg gegründet. 1960 wurde der Tatbestand „Volksverhetzung" geschaffen.
Aufstachelung zum Hass und zur Gewalt gegen Teile der Bevölkerung, ihre Beleidi-
gung und Beschimpfung konnten nun strafrechtlich verfolgt werden.[140] Einen wesentlichen Beitrag zur Aufklärung über Verbrechen, die während des Nationalsozialismus begangen wurden, sollte die neugeschaffene Bundeszentrale für politische
Bildung beitragen. Parallel setzte eine Gedenkstättenpolitik ein, die Erinnerungsorte
wie Konzentrationslager als Zentren politischer Bildungsarbeit erhalten wollte.[141] Der
Eichmann-Prozess, der 1961 in Jerusalem stattfand, und der Frankfurter Auschwitz-
Prozess von 1965 waren Meilensteine im sich verändernden Umgang mit Verbrechen,
die zwischen 1933 und 1945 begangen wurden, wozu eine umfangreiche Berichter-
stattung über die Prozesse in den Printmedien und im Fernsehen beitrug. Funk und
Fernsehen thematisierten die Verbrechen und das Leiden der Opfer während des
Nationalsozialismus in neuen Dokumentationen und Filmen,[142] was freilich neben
Empathie auch Abwehrreaktionen hervorrief. Nicht nur die Berichterstattung, son-
dern auch die Deutung der Verbrechen – prominent durch Hannah Arendt in ihrem
Bericht über den Eichmann-Prozess, der in Buchform unter dem Titel „Die Banalität
des Bösen" erschien oder auch durch Vorträge wie „Was bedeutet: Aufarbeitung der
Vergangenheit?" von Theodor W. Adorno, der im November 1959 im Rundfunk ge-
sendet wurde[143] – trugen ebenfalls zu einem neuen Umgang mit dem Nationalsozialismus bei.[144] Auch innerhalb der Geschichtswissenschaft wurden neue Fragen bei der
Untersuchung des Widerstands hinsichtlich der teils anfänglichen Zustimmung zum
neuen Regime nach 1933, der sozialen Herkunft, der Motive und Pläne der Wider-

---

140 Speitkamp, „Drittes Reich", S. 224.
141 Zu den einzelnen Mitteln der Vergangenheitspolitik siehe: Edgar Wolfrum, „Die beiden
Deutschland", in: Volker Knigge, Norbert Frei (Hg.), Verbrechen erinnern. Die Auseinandersetzung mit
Holocaust und Völkermord, München 2002, S. 133–149, hier S. 137 und König, Die Zukunft der Vergangenheit, S. 30–37.
142 Eine Übersicht über Filme und Hörfunkproduktionen, die Antisemitismus und Nationalsozialismus behandelten, bietet: Peter Reichel, Vergangenheitsbewältigung in Deutschland. Die Auseinandersetzung mit der NS-Diktatur von 1945 bis heute, München 2001, S. 149–150.
143 Eine Analyse des Vortrags von Adorno bietet: Christian Schneider, „Kulturpessimismus und
Aufklärungspathos. Zu den Ambivalenzen von Adornos »Aufarbeitung der Vergangenheit«", in: Zeithistorische Forschungen/Studies in Contemporary History, Online-Ausgabe, 8 (2011), H. 1, http://
www.zeithistorische-forschungen.de/1–2011/id=4686 (Zugriff am 18.1.2017).
144 Zur verstärkten Aufarbeitung der NS-Zeit in Politik, Wissenschaft und Gesellschaft siehe auch die
einleitenden Bemerkungen im Kapitel 3.7 dieser Arbeit.

ständler für eine Neuordnung Deutschlands gestellt und die Ergebnisse von der Presse aufgegriffen.[145]

Die öffentlichen Gedenkfeiern zum 20. Juli 1944 waren bereits zu Beginn der 60er Jahren von einer verstärkten Thematisierung und Anerkennung anderer Widerstandsgruppen geprägt.[146] Für eine differenzierte Auseinandersetzung auch mit eigenen Einstellungen zu Aktionen des Widerstands steht beispielsweise die im Juli 1961 gehaltene Rede von Theodor Steltzer:[147] „Die Meinungsverschiedenheiten innerhalb des deutschen Widerstandes lagen nicht in der moralischen Grundhaltung, sondern im Bereich der politischen und praktischen Fragen. Das gilt auch für die Gründe, die manche, darunter auch mich, zu Gegnern eines Staatsstreiches machten und uns veranlassten, bei jeder Gelegenheit davor zu warnen. Ich würde auch den Geschwistern Scholl und den Mitgliedern der Weißen Rose von ihrem Aufruf abgeraten haben, falls sie mich gefragt hätten. Und doch muss ich rückschauend der Tat der Geschwister Scholl und den Aktivisten des 20. Juli Recht geben. [...] Ihre Tat war eine Rehabilitierung des deutschen Namens in der Welt und dadurch eine Voraussetzung für eine spätere Zusammenarbeit mit den früheren Gegnern.“[148]

Zu Beginn der 50er Jahre wurde die heterogene Zusammensetzung der Verschwörer vom 20. Juli 1944 auf den öffentlichen Gedenkveranstaltungen immer wieder mit der Nennung von Institutionen und sozialen Gruppen betont.[149] Primäres Ziel der

---

145 Ausführlich siehe: Cornelißen, „Der 20. Juli 1944 in der deutschen Erinnerungskultur", S. 30 ff. Ebenso ist die Bedeutung der von Fritz Fischer ausgelösten Debatte um die von ihm postulierte Hauptverantwortung Deutschlands für den Ersten Weltkrieg in Hinblick auf die Deutung des Nationalsozialismus nicht zu unterschätzen.

146 Ein Blick auf die Reden, die zum 20. Juli 1944 gehalten wurden, und auf andere Quellen wie Briefe und Zeitungsartikel zeigt, dass nicht erst nach 1968 – oder wie von Habbo Knoch angenommen – erst ab den 1980er Jahren andere Formen des Widerstands thematisiert wurden. Gleichwohl ist Knochs Frage, ob insbesondere individueller Widerstand wie der von Georg Elsner vor 1980 angemessene Resonanz fanden, durchaus berechtigt. Siehe: Knoch, „»Gewissenlose Führung« und »anständige Landser«. Die Wehrmacht im Wandel bundesrepublikanischer Erinnerungspolitik", in: Haus der Geschichte Baden-Württemberg (Hg.), Verräter? Vorbilder? Verbrecher? Kontroverse Deutungen des 20. Juli 1944 seit 1945, Berlin 2016, S. 43 – 71, hier S. 59.

147 Steltzer selbst war Mitglied des Kreisauer Kreises. Nach dem 20. Juli 1944 verhaftet und zum Tode verurteilt, wurde er vor Urteilsvollstreckung im April 1945 aus dem Gefängnis Moabit befreit. Nach dem Krieg gehörte Steltzer zu den Mitgründern der CDU und war Ministerpräsident in Schleswig-Holstein.

148 Theodor Steltzer, „Der Geist des Widerstandes", Gedenkrede von Ministerpräsident a.D. Theodor Steltzer am 20. Juli 1960 im Ehrenhof des Bendlerblocks in der Stauffenbergstraße, Berlin, S. 4. Die Geschwister Scholl wurden im Laufe der 60er Jahre auf Gedenkveranstaltungen zum 20. Juli 1944 mehrfach thematisiert und gewürdigt. So von: Eberhard Zeller, „Geist der Freiheit", Vortrag von Dr. Eberhard Zeller am 20. Juli 1961 in der Universität München, S. 7.

149 Bereits 1953 betonte Emil Henk die heterogene Zusammensetzung der Verschwörer vom 20. Juli 1944: „Hinter diesen Männern, die die Freiheit so liebten, dass sie den Tod nicht fürchteten, standen alle Schichten unseres Volkes, alle sozialen Klassen und alle politischen Gruppen, führende Männer des Heeres, unbestechlich im Charakter, führende Männer des freiheitlichen Bürgertums und die maßgebenden, glänzenden Köpfe der Arbeiterschaft, die die Massenbasis für einen deutschen Aufstand geben sollten. Sie alle waren an diesem Umsturz beteiligt. Das andere Deutschland, das edlere,

Redner war es, mit Hilfe der Herausstellung des Mutes, der Opfer- und Todesbereitschaft und einer damit erfolgenden heroischen Überhöhung der gesamten Gruppe der Verschwörer, zu deren Rehabilitierung und Anerkennung beizutragen.[150]

Die seit den späten 50er Jahren eingesetzten Bemühungen von Seiten der Wissenschaft um eine Analyse der Ereignisse und ihrer Protagonisten schlugen sich in den Reden, die zum Gedenken an den 20. Juli 1944 gehalten wurden, nieder. Eine Rede des Kuratoriumsvorsitzenden der Stiftung „Hilfswerk 20. Juli 1944" stach jedoch in der Bemühung des Redners, auf aktuelle Fragen einzugehen, aus allen in den frühen 60er Jahren gehaltenen Reden besonders heraus. In der Rede von Emil Henk wurden neue Fragestellungen der Geschichtswissenschaft nicht nur gespiegelt, sondern in Vorwegnahme neuer methodischer Zugänge beantwortet. Während sich Henk noch zu Beginn der 50er Jahre um die Anerkennung der Verschwörer durch Zuschreibungen wie Opfer- und Todesbereitschaft, Unbestechlichkeit, ihre Herausstellung als „Vorbilder der Freiheit und Menschenwürde"[151] bemühte, wirkte seine Rede vom 20. Juli 1960[152] wie eine historische Lehrstunde.[153] Einen großen Redeanteil widmete Henk der Herausstellung der heterogenen Zusammensetzung der Akteure des 20. Juli, die er nicht auf die Nennung der Namen von Parteien oder Organisationen beschränkte, sondern durch namentliche Aufzählung einzelner Verschwörer hervorhob. Als erster Oppositionsgruppe widmete sich Henk ausführlich dem sozialistischen Widerstand und erinnerte seine Zuhörer daran, dass fast alle Organisationen sozialistischen Widerstands der Gestapo zum Opfer gefallen seien. Personen wie Wilhelm Leuschner, Carlo Mierendorff, Theodor Haubach, Julius Leber und Adolf Reichwein hätten die

---

das kulturelle und wahrhaft politische Deutschland, gehörte zu diesem Kreis. Und ich muss sagen: in der Geschichte ist es selten geschehen, dass sich die Kirche zu einem Staatsstreich und zum Tyrannenmord bekannte." Emil Henk, „Das Volk stand hinter ihnen", Ansprache des Vorsitzenden des Kuratoriums der „Stiftung Hilfswerk 20. Juli 1944" Emil Henk am 19. Juli 1953 im Ehrenhof des Bendlerblocks in der Bendlerstraße, Berlin, S. 1.

150 „Ungeheuerliches haben sie auf diesem geschichtlichen Opfergang getan. Ein solcher Tod ist nicht umsonst. Die Geschichte wird diese tapferen Männer als die eigentlichen Träger des Deutschtums und als hohe Opfer einer guten Sache nennen." Ebd., S. 3. Mit dieser Charakterisierung bringt Henk Todesbereitschaft, Opfer und Nation zusammen.

151 Emil Henk, „Vorbilder der Freiheit und Menschenwürde", Ansprache des Kuratoriumsvorsitzenden der Stiftung „Hilfswerk 20. Juli 1944" Emil Henk am 19. Juli 1958 in der Gedenkstätte Plötzensee, Berlin.

152 Emil Henk, „Tot ist nur, wer vergessen ist", Tischrede von Emil Henk, Stiftung „Hilfswerk 20. Juli" am 20. Juli 1960 im Haus der Kaufleute, Berlin. Diese Rede hielt Henk nicht während der offiziellen Gedenkfeier, sondern nach dieser als Tischrede. Sie ist bedeutend länger als Henks sonstige Redebeiträge während der öffentlichen Gedenkfeiern.

153 Zu seinem Plädoyer für die historische Aufarbeitung des 20. Juli 1944 siehe: Emil Henk, „Wir haben diesen Tag einzuordnen in die deutsche Geschichte", Gedenkrede des Kuratoriumsvorsitzenden der Stiftung „Hilfswerk 20. Juli 1944" Emil Henk am 19. Juli 1961 in der Gedenkstätte Plötzensee, Berlin, S. 2. Henk war einer der ersten Autoren, die bereits unmittelbar nach Kriegsende zum 20. Juli publizierten, konnte daher in Vorbereitung seiner Rede auf sein eigenes Werk zurückgreifen: Emil Henk, Die Tragödie des 20. Juli 1944. Ein Beitrag zur politischen Vorgeschichte, Heidelberg 1946.

Säuberungen der Gestapo überlebt. Aufgrund ihres hohen Bekanntheitsgerades hätten sie nach einem Putsch Führungsrollen übernehmen können, doch um diesen Putsch selbst durchzuführen, wären sie selbst zu machtlos gewesen. Henk folgerte in seiner Ansprache, dass diese „potentiellen Machtträger" mit „echten Trägern militärischer Macht, also mit Generälen der Wehrmacht" zusammenkommen mussten, damit Chancen für einen erfolgreichen Umsturz gegeben waren.[154] Als zweite große Oppositionsgruppe benannte Henk die bürgerliche Opposition, der Henk hohe – nicht mehr diensthabende – Offiziere, Gewerkschaften, den „Kreisauer Kreis" und die „Mittwochsgesellschaft" als auch katholische und protestantische Gruppen zurechnete. Namentlich erwähnte er Carl Friedrich Goerdeler, Jens Jessen, Pater Delp, Theodor Steltzer, Joseph-Ernst Graf Fugger von Glött, Hermann Maaß und Max Habermann. Diese Gruppen hätte jedoch keine „Massenbasis" gehabt, die Mitglieder wären vereinzelt und kaum zusammenzubringen gewesen. Als entscheidend für die Verschwörung des 20. Juli bewertete Henk das Militär, dessen Mitglieder wie beispielsweise Generaloberst Ludwig Beck sowohl aus Gewissensgründen als auch aus Sorge um Deutschland zum Widerstand gekommen wären.[155] Als Becks Unterstützer nannte Henk General Fritz Erich Fellgiebel, General Friedrich Olbricht, Generalmajor Henning von Tresckow und Feldmarschall von Witzleben. Henk führte aus, dass ein erfolgreicher Putsch gegen den Diktator aufgrund der durch Gestapo, Überwachung, Konzentrationslagern und Krieg geprägten Situation Deutschlands nur durch Anordnung von Oben, von Seiten des Militärs als einzig verbliebener Macht hätte gelingen können. Problematisch wäre gewesen, dass niemand in Folge eine Militärdiktatur gewollt hätte und dass die jüngeren Offiziere, Henk nennt keine Namen, lange auf Seiten des Dritten Reiches gestanden hätten.

Nach der ausführlichen Darstellung einzelner Widerständler wandte sich Henk dem Attentatsversuch selbst zu. Durch seine detaillierte Herausstellung der Schwierigkeiten, durch diverse Sicherheitsabsperrungen rund um die Wolfsschanze in Ostpreußen zu Hitler selbst zu gelangen, durch Überlegungen zum Zusammenfall der Funktion vom Planer und Leiter des Attentats und des Attentäters, durch die Darstellung bisheriger Attentatsversuche Stauffenbergs, den Henk als „Mann mit dem einen Auge und dem einen Arm mit nur drei Fingern"[156] beschreibt, und durch eine an Drehbücher erinnernde, plastische Darstellung der Bombenexplosion im Führerhauptquartier und weiterer Schritte Stauffenbergs setzte Henk Stauffenberg ein Denkmal. Die Folie für Stauffenbergs Heldengestalt war der lebende Hitler, das „Ungeheuer mit Menschenantlitz".[157]

Ganz in der Tradition vieler Redner zum Jahrestag des 20. Juli zog Henk zum Schluss seiner Ansprache einen Vergleich zum Aufstand in der DDR am 17. Juni 1953. Gemeinsam sei beiden Aufständen, dass diese ein Kampf für die Freiheit gewesen

---

154 Henk, „Tot ist nur, wer vergessen ist", S. 1f.
155 Ebd., S. 2.
156 Ebd., S. 4.
157 Ebd.

wären. Doch im Gegensatz zu den Ereignissen der DDR sei der 20. Juli ein Aufstand ohne Volk gewesen: „Der 20. Juli 1944 ist eine genial vorbereitete Revolution von oben, die durch tragische Zufälle nicht nach unten kam."[158]

Henk benutzte in seiner Ansprache das Wort „Held" nicht. Die Begriffe, anhand derer er Stauffenberg und die anderen Verschwörer charakterisierte, entsprechen aber den historischen Umschreibungen von Charakteristika heroischen Handelns: Verzicht auf Lebensglück, Dynamik, Genialität, Geist, Charakter, Opfer- und Todesbereitschaft, Wertschätzung von Ehre und Freiheit. Dieses Heldenbild vereinigt Werte, die Geistesheroen, Arbeiterhelden aber auch Kriegshelden in Preußen, dem Deutschen Kaiserreich und in seinen Vorgängerstaaten zugeschrieben wurden.[159]

Nicht nur aufgrund dieser auffälligen historischen Kontinuität, sondern auch hinsichtlich der Beschreibung verschiedener Widerstandsgruppen und ihrer Verflechtungen untereinander,[160] verdient die Rede Henks besondere Beachtung. Henk griff mit dem Vorgehen in seiner Ansprache Netzwerkanalysen vorweg, die das Beziehungsgeflecht der Akteure in den Vordergrund der Forschung stellen. Sein Vorgehen sollte erst Jahrzehnte später als Plädoyer für eine Kombination eines biographischen und eines gruppenbeschreibenden Ansatzes, da dieser „eine Verbesserung der Erkenntnismöglichkeiten, um das Spannungsverhältnis zwischen Anpassung, Teilanpassung, Kooperation, Teilwiderstand und Konspiration in nachvollziehbarer, nicht also allein postulierender, abstrakter Weise zu analysieren"[161] ermöglichen würde, Eingang in die historische Forschung finden. Henks eindringliche Betonung, dass nur das Militär aufgrund seines Zugangs zu Hitler als einzig verbliebene Macht im Staat die Möglichkeit zu einem Staatsstreich hatte, wurde in der Geschichtswissenschaft bestätigt.[162] Gleichzeitig betonte Henk jedoch auch die Verdienste anderer Widerstandsgruppen, entkräftigte dadurch den Vorwurf der Herausstellung des Militärs als wesentlichen Träger des 20. Juli 1944.

Diesen Vorwurf versuchten auch andere Redner zu entkräften.[163] Ebenso wie Henk betonte Friedrich Georgi, dass er als ehemaliger Offizier nur mit einem „ge-

---

158 Ebd., S. 5.
159 Siehe die Kapitel 2.1 und 2.2 dieser Arbeit.
160 Teilweise erfolgte die Darstellung der Verflechtungen durch die reine Nennung der Namen, die Henks Zuhörer bekannt und nicht weiter erklärungsbedürftig waren – im Gegensatz zu nächsten Generationen, denen weder Protagonisten noch Verflechtungen geläufig waren und sind.
161 Jürgen Schmädeke, Peter Steinbach (Hg.), Der Widerstand gegen den Nationalsozialismus. Die deutsche Gesellschaft und der Widerstand gegen Hitler, München 1994, S. 1131. Eine detaillierte Übersicht über Forschungen zum „Netzwerk" des 20. Juli bietet von Keyserlingk-Rehbein, Nur eine »ganz kleine Clique«, S. 28–39.
162 So von Winkler, Der lange Weg nach Westen, Bd. 2, S. 98 f.
163 So Eberhard von Hofacker, „Gedanken zum 20. Juli 1944", Vortrag von Dr. Eberhard von Hofacker am 20. Juli 1961 in der Universität München, S. 5; ebenso Fritz Sänger, „Es waren die Besten aus allen Schichten und Lagern", Ansprache des Bundestagsabgeordneten Fritz Sänger am 19. Juli 1963 in der Gedenkstätte Plötzensee, Berlin, S. 1f; Hanns Lilje, „Ein leuchtendes Beispiel geistigen Mutes", Gedenkrede von Landesbischof Dr. Hanns Lilje am 19. Juli 1961 in der Gedenkstätte Plötzensee.

wissen Widerstreben" lediglich der am 20. Juli 1944 beteiligten Offizieren gedenken könne. Georgi selbst war als Offizier an der Verschwörung direkt in der Bendlerstraße neben seinem Schwiegervater Friedrich Olbricht und Stauffenberg, die beide noch in der Nacht vom 20. Juli 1944 im Hof des Bendlerblocks erschossen wurden, beteiligt. Georgi betonte in seiner Rede, er würde vermeiden wollen, „dass dieser Kreis der Offiziere gegenüber den anderen Mitwirkenden in irgendeiner Form in den Vordergrund gerückt wird. Das würde auch dem Wesen und dem Willen dieser Männer in jeder Beziehung widersprechen. Sahen doch gerade sie in der Ausbreitung der Opposition gegen den Nationalsozialismus über alle Berufsstände, Konfessionen und parteipolitische Bindungen hinweg eine der wesentlichsten Voraussetzungen für ihre Berechtigung zu handeln."[164] Desweiteren führte Georgi seinen Zuhörern vor Augen, dass nur noch der militärische Widerstand als einzig verbliebene Macht im Staat die Möglichkeit hatte, gegen Hitler vorzugehen und hob dessen Zusammenarbeit mit dem zivilen Widerstand hervor.

Als charakteristisch für die Widerständler stellte Georgi heraus, dass alle beteiligten Personen im Laufe des Krieges mit höchsten Tapferkeitsmedaillen ausgezeichnet wurden und dass sie „in militärischen Schlüsselpositionen Einblick in die wahren Möglichkeiten und Geschehnisse des Krieges hatten. [...] Und sie wollten trotz der unvermeidlichen Katastrophe versuchen, zu retten, was von Deutschland zu retten war: Menschen, materielle Güter und das staatliche Gefüge."[165] Georgis Bezug auf Tapferkeitsauszeichnungen, welche die Verschwörer des 20. Juli im Laufe des Zweiten Weltkrieges bekommen hatten, ist insbesondere im Vergleich zu anderen Reden, die bei Gedenkveranstaltungen zum 20. Juli gehalten wurden, recht ungewöhnlich. Die Heraushebung von Ehrenzeichen, die vom selben System verliehen wurden, das die Verschwörer bekämpften, verdeutlichte zum einen – freilich auf indirekte Art und Weise – die Verwicklung der Träger der Tapferkeitsauszeichnungen in das auszeichnende System. Zum anderen stellte Georgi die Auszeichnung der Verschwörer in die Tradition eines langjährigen Auszeichnungswesens für Tapferkeit im Krieg, von seiner Begründung durch Friedrich den Großen und seinen Orden „Pour le Mérite" an über das „Eiserne Kreuz"[166], welches Friedrich Wilhelm III. an die Soldaten der Befreiungskriege verlieh. An Georgis Rede wird nicht nur die Kontinuität historischer Auszeichnungsformen deutlich, sondern ihre bewusste Befürwortung. Es ist anzunehmen, dass er mit der Herausstellung der Auszeichnungen der Verschwörer für ihre Verdienste im Krieg den in der deutschen Nachkriegsgesellschaft breit anzutreffenden

164 Friedrich Georgi, „Ein Mahnmal für künftige Generationen", Ansprache des Sprechers des Arbeitskreises 20. Juli 1944, Dr. Friedrich Georgi, am 20. Juli 1960 im Ceciliensaal, Berlin, S. 1.

165 Ebd., S. 2. Dass nicht nur das Militär, sondern viele gesellschaftliche Schichten am Widerstand beteiligt waren, hoben hervor: Friedrich Foertsch, „Der 20. Juli und der Soldat", Gedenkrede des Generalinspekteurs der Bundeswehr General Friedrich Foertsch am 20. Juli 1961 in Siegburg; Eberhard von Hofacker, „Gedanken zum 20. Juli 1944", Vortrag von Dr. Eberhard von Hofacker am 20. Juli 1961 in der Universität München.

166 Zur Auszeichnung von Verdiensten in Preußen siehe Kapitel 2.1 dieser Arbeit.

Vorwurf eines angeblichen Dolchstoßes, Landes- und Hochverrats der Verschwörer zu entkräften versuchte.[167] Die Tugend der Tapferkeit war für Georgi aber auch für die Planung und Durchführung des Attentats auf Hitler und auf den darauf folgenden Versuch eines Staatsstreichs essentiell. Ebenso wie in Henks Darstellung ist in Georgis Argumentation eine historische Kontinuität, Tapferkeit als zentrales Charakteristikum heroischen Handelns herauszuheben, augenfällig.

Georgi heroisierte die Verschwörer des 20. Juli 1944 am Schluss seiner Rede nochmals eindringlich, indem er seine letzten Stunden, die er mit den Verschwörern verbrachte, schilderte: „Sie wird mir immer unvergesslich bleiben: diese letzte Stunde, die ich hier mit diesen Männern in der Bendlerstraße zusammen sein durfte, als das Scheitern der Aktion feststand. Da war keine Resignation, und da war keine Lethargie, sondern da waren Stolz und Würde, an die man nur mit tiefster innerer Erschütterung zurückdenken kann. Diese Männer, die das Tal des Todes vor Augen hatten, wussten, dass sie durch dieses Tal hindurch in die Unsterblichkeit schreiten würden. Und sie starben in der festen Überzeugung, durch ihre Tat und trotz des äußerlichen Misslingens das Fundament für eine sittliche und materielle Erneuerung ihres Vaterlandes gelegt zu haben."[168] Auch anhand dieser Schilderung wird die seit den Befreiungskriegen übliche Koppelung von Opfer und Nation deutlich.

Inwieweit in der Bundesrepublik Deutschland an historischen Werten, die im Kriegsheldentum und in Preußen lokalisiert wurden, auch nach 1945 festgehalten wurde und diese aus ihrer durch die Vereinnahmung durch die Nationalsozialisten[169] resultierenden Degradierung entrissen werden sollten, wird auch an den Ausführungen von Rüdiger von Voss deutlich: „Versuchte man nicht alte Werte für unsere Zeit zu nutzen; versuchte man nicht an Tugenden zu erinnern, die unter dem Begriff »Preußisch« so oft missverstanden worden sind? Begriffe wie: Ehre, Tapferkeit, Ritterlichkeit, Vertrauen, Loyalität, Treue, Gewissensfreiheit, gewissenhafte Pflichterfüllung, uneigennützige Hingabe an den Dienst, Unbestechlichkeit, Schlichtheit des Auftretens."[170] Von Voss zeichnete den als heroisch bewerteten Widerstand des 20. Juli ebenso wie Henk und Georgi mit Zuschreibungen nach, die um die Kardinaltugend

---

167 Lipschitz ging ebenfalls auf diese Vorwürfe ein: „Die Spannweite der Urteile und der Stellungnahmen zum 20. Juli 1944 ist ungeheuer groß – von der ebenso niederträchtigen wie leichtfertigen Verleumdung als Hoch- und Landesverräter reicht sie über den Versuch einer Verteidigung gegen derartige Vorwürfe, über die nüchterne Darstellung der historischen Zusammenhänge, über manche kritischen Äußerungen bis zu Zeugnissen höchster Bewunderung und tiefster Dankbarkeit." Doch versucht Lipschitz nicht, diese seiner Meinung nach haltlosen Vorwürfe zu entkräften, sondern führt aus: „Wir, die wir uns an dieser Stätte versammeln, bekennen uns zu Bewunderung und Dankbarkeit und lehnen es ausdrücklich ab, uns zu ihren Verteidigern zu machen, weil sie unsere Verteidigung nicht brauchen." Joachim Lipschitz, „Bewunderung und Dankbarkeit", S. 1.
168 Friedrich Georgi, „Ein Mahnmal für künftige Generationen", S. 3.
169 Siehe Kapitel 2.4 dieser Arbeit.
170 Rüdiger von Voss, „Widerstand als Verpflichtung. Begriff und Konzeption einer staatsbürgerlichen Aufgabe", Rede bei der Gedenkfeier zum 20. Juli 1944 für die Schüler der Berliner Oberschulen am 10. Juli 1962 in der Gedenkstätte Plötzensee, Berlin, S. 3 f.

„Tapferkeit" kreisten und militärisches Heldentum definierten. Indem er preußische Werte als handlungsanleitend für das Handeln der Widerständler hervorhob versuchte er, nicht nur die Verschwörer, sondern auch Preußen zu rehabilitieren und aus der nationalsozialistischen Vereinnahmung, die am sinnfälligsten am „Tag von Potsdam" zelebriert wurde, zu befreien. Von Voss bezog sich in der Charakterisierung seiner Helden neben preußischen Werten auch explizit auf christliche Werte des Abendlands, mit denen er die Verschwörer in Bezugnahme auf Hannah Arendts Studie über die Ursprünge totalitärer Herrschaft in Europa vom Totalitarismus im eigenen Land als auch im Osten absetzte.[171]

Wie sehr der 20. Juli 1944 in den 60er Jahren aus der eigenen Gegenwart heraus interpretiert und für die Abgrenzung von der DDR und der Sowjetunion instrumentalisiert wurde, wird an den Ausführungen von Franz Thedieck deutlich: „Es ist keine historische Konstruktion, sondern eine zutreffende Interpretation des zeitgeschichtlichen Sachverhalts, wenn man einen Bogen schlägt vom deutschen und ausländischen Widerstand gegen die nationalsozialistische Gewaltherrschaft, über den 20. Juli 1944 und den Volksaufstand vom 17. Juni 1953 bis zu den Herbstereignissen in Polen und Ungarn im Jahre 1956. Es gibt eine Kontinuität des europäischen Widerstands gegen Diktatur und Unmenschlichkeit. Unser Gedenken an die freiheitlichen Regungen in unserem Volk schließt die Anteilnahme an den Freiheitsbewegungen anderer unterdrückter Völker mit ein."[172] Ferner erstellte Thedieck eine Diagnose seiner Gegenwart: „Unsere Zeit ist desillusioniert, ernüchtert und geläutert; sie verträgt keine Heldenverehrung. Doch sie braucht Leitbilder, sie kann auf Gestalten, die Vorbild und Beispiel sind, nicht verzichten."[173] Durch die Verwendung von Begriffen wie Opfermut und Opfertod stellte Thedieck die Verschwörer freilich nicht nur als Vorbilder dar, sondern stilisierte sie zu Opferhelden.

Henk und von Voss nahmen bei der Deutung der Verschwörung vom 20. Juli 1944 Impulse aus Wissenschaft und Forschung auf. Dies hatte eine Verschiebung des Gewichts von einer heroisierenden Darstellung der Akteure hin zu einer Darstellung der Ereignisse und ihrer Deutung zu folge, stellte erstere jedoch keinesfalls in Frage. Vielmehr wurden die Verschwörer durch Bezugnahme auf preußische Werte und den Kampf gegen totalitäre Systeme vom Nationalsozialismus abgegrenzt und, vor allem bei zu Thedieck, zu Kämpfern gegen mehrere Fronten – Hitler und Bolschewismus –

---

171 Dieses Vorgehen stand im Zusammenhang mit Bemühungen, sich durch Rückbezug auf eine Abendlandideologie von einem bolschewistischen und totalitären Osteuropa zu distanzieren und so ganz im Zeichen des Kalten Krieges und eines Antikommunismus, der durch den Bau der Berliner Mauer im August 1961 geschürt wurde. Zur Rolle der Abendlandideologie im Kalten Krieg siehe: Schildt, Siegfried, Deutsche Kulturgeschichte, S. 122 f. Zum Bezug auf Arendt siehe: Von Voss, „Widerstand als Verpflichtung", S. 7.

172 Ebd., S. 4. Solange diese Freiheitsbewegungen eine antikommunistische Stoßrichtung hatten, ist hinzuzusetzen. Bei der Kubakrise positionierten sich die politischen Eliten diametral.

173 Franz Thedieck, „Patrioten im Widerstand", Ansprache des Staatssekretärs im Bundesministerium für gesamtdeutsche Fragen Franz Thedieck am 20. Juli 1963 in der Bonner Beethovenhalle, S. 5.

mit Hilfe bekannter Zuschreibungen aus dem preußischen und christlichen Werte-himmel idealisiert. Neben der antikommunistischen Stoßrichtung der Deutung des 20. Juli und der Stilisierung seiner Akteure als Vorkämpfer für die Freiheit wurden in den 60er Jahren die Gewissensentscheidung[174], aber auch die Vorbildfunktion, der Mut und die Würde der Verschwörer herausgehoben.[175] Einer der immer wieder er-wähnten Punkte bei der Würdigung der Verschwörer war die Wiederherstellung der Ehre Deutschlands und des deutschen Volkes und die moralische Rehabilitierung der Deutschen durch das Opfer der Verschwörer.[176] Ein bis auf den Beginn der offiziellen Gedenkveranstaltungen zum 20. Juli 1944 zurückweisendes Argumentationsmuster war die Heraushebung der ethischen oder juristischen Rechtfertigungsgründe für Tyrannenmord, Eidbruch und Staatsverrat.

Auffällig ist, wie stark die positive Bewertung der Ereignisse vom 20. Juli 1944 von Vertretern der neugegründeten Bundeswehr auf Gedenkveranstaltungen zu diesem Tag in den 60er Jahren ausfiel und wie sehr sich diese bemühten, die neugegründete Bundeswehr in die Tradition der Verschwörer zu stellen. Besonders eindringlich mahnte Johann Adolf Graf von Kielmannsegg: „Wohl aber können und sollen die Soldaten des 20. Juli Vorbilder des Soldaten von heute sein, denn sie handelten aus ihrem Wissen nach ihrem Gewissen im Bewusstsein ihrer Verantwortung und setzten ihr Leben dafür ein. Welch bessere Vorbilder kann es geben?"[177]

Besonders stark setzte sich General Hans Speidel für eine positive Rezeption des 20. Juli 1944 ein. Speidel, ein promovierter Historiker, war bereits unter Erwin Rommel Generalstabchef. Im Zuge der Niederschlagung des Umsturzversuchs vom 20. Juli 1944 wurde Speidel inhaftiert und belastete laut der Gestapo Rommel und andere Ver-schwörer. Nach seiner Befreiung durch die Franzosen Ende April 1945 nahm Speidel Kontakt zur Witwe Rommels auf, widersprach, dass er Rommel beschuldigt hätte und bemühte sich, einerseits Rommels Nichtbeteiligung am Aufstand, andererseits dessen gegen den Willen Hitlers unternommene Anstrengungen um eine Teilkapitulation im

---

174 So bei Bischof Dr. Otto Dibelius, „Es ist ein köstlich Ding, dass das Herz fest werde, welches geschieht durch Gnade", Predigt von Bischof Dr. Otto Dibelius am 20. Juli 1960 in der St. Annen-Kirche, Berlin; bei General Johann Adolf Graf Kielmansegg „Die Tat war schwierig", Ansprache von Briga-degeneral Johann Adolf Graf Kielmansegg am 20. Juli 1960 im Ehrenhof des Bendlerblocks in der Stauffenbergstraße, Berlin.

175 Lilje, „Ein leuchtendes Beispiel geistigen Mutes", S. 2; Peter von der Groeben, „Lichtblick in der dunkelsten Zeit Deutschlands", Ansprache des Generalmajors Peter von der Groeben am 20. Juli 1961 im Ehrenhof des Bendlerblocks in der Stauffenbergstraße, Berlin, S. 1.

176 Heinrich von Brentano, „Opfer für die Ehre des deutschen Volkes", Gedenkrede des Bundesmi-nisters des Auswärtigen Dr. Heinrich von Brentano am 20. Juli 1961 anlässlich der Einweihung einer Gedenktafel für die im Zusammenhang mit dem 20. Juli 1944 hingerichteten Angehörigen des Aus-wärtigen Dienstes im Auswärtigen Amt, Bonn.

177 Johann-Adolf von Kielmansegg, „Der Soldat und der 20. Juli 1944. Das Recht des Widerstands gegen den das Recht brechenden Gewalthaber", Gedenkrede von Generalleutnant Johann-Adolf von Kielmansegg am 20. Juli 1963 in der Bonner Beethovenhalle, S. 6; den Vorbildcharakter hob ebenfalls hervor: Carl-Heinz Evers, „Uns ist ein Wächteramt aufgegeben", Gedenkrede des Berliner Senators für Schulwesen Carl-Heinz Evers am 9. Juli 1964 in der Gedenkstätte Plötzensee, Berlin.

Westen öffentlichkeitswirksam zu verbreiten, 1949 auch in Form eines Buches mit dem Titel „Invasion 1944. Ein Beitrag zu Rommels und des Reiches Schicksal". Speidel selbst verortete sich als Mitglied ebendieser um Rommel versammelten Widerstandsgruppe.[178] Im Folgenden soll besonderes Augenmerk auf einer Ansprache Speidels liegen, die er im Jahr 1966 hielt. Mit der Wendung „unser Claus von Stauffenberg" machte Speidel schon am Anfang seiner Ansprache den hohen Stellenwert Stauffenbergs für die Bundeswehr deutlich und hob hervor, dass durch sein Opfer eine Katharsis vollzogen worden sei, aufgrund derer Deutsche vom Vaterland fern jeglicher nationalistischer Übersteigerung sprechen könnten.[179] Hatte der Zuhörer jedoch erwartet, Speidel würde mehr von Stauffenberg erzählen, wurde er durch eine plötzliche Wendung des Vortrags überrascht. Speidel referierte nicht über Stauffenberg, sondern über Beck und Rommel. Als erstes betonte Speidel, das Beck und Rommel nicht nur von der Laufbahn, sondern auch vom Typus her „nach Herkunft, Veranlagung und Werdegang" sehr unterschiedlich gewesen seien. Gemeinsam sei beiden die Verkörperung eines „geistig-sittlicher Verantwortung" verpflichteten Soldatentums.[180] Nach der Herausstellung dieser Gemeinsamkeit widmete sich Speidel der Umschreibung von Becks Persönlichkeit, von der ein „besonderer Zauber" ausgegangen sei: „Die große Ruhe, die seiner Beherrschtheit entsprach, paart sich mit menschlichem Takt, Selbstlosigkeit und Mut: Er kannte keine Menschenfurcht, aber er beugte sich in Demut vor Gott. Er war von jener inneren Vornehmheit, die manchem überlebt erscheinen mochte, kompromisslos stand er gegenüber Unrecht, Unanständigkeit und Würdelosigkeit der Zeit."[181] Danach ging Speidel auf das Berufsverständnis Becks ein. Beck sei in der Ausbildung von Soldaten – ebenso wie Gneisenau – bemüht gewesen, Armee und deutsches Geistesleben zu verbinden. Speidel hob hervor, dass Beck sich schon sehr früh zum Widerstand entschlossen hätte. Ausschlaggebend für diese Entscheidung seien Becks Erfahrungen der Niederschlagung des sogenannten „Röhm-Putsches" und der von Hitler eingeforderte Eid der Militärs auf seine Person im Jahr 1934 gewesen. Des Weiteren betonte Speidel, dass sich Beck vehement gegen den Angriff auf die Tschechoslowakei eingesetzt hätte und Becks zentrales Argument für den Widerstand gegen Hitler, das Gewissen stünde über dem soldatischen Gehorsam, gewesen sei. 1938 schied Beck aus seinem Amt, hätte jedoch neue Wege des Widerstands außerhalb seiner Funktion in der Reichswehr gesucht und angefangen, einzelne Widerstandsgruppen miteinander zu verbinden. Wie Rommel hätte sich Beck ferner für einen Separatfrieden im Westen eingesetzt.

---

178 Christopher Dowe, Cornelia Hecht, „Von Mythen, Legenden und Manipulationen. David Irving und seine verzerrenden Deutungen von Erwin Rommel, Hans Speidel und Cäsar von Hofacker", in: Haus der Geschichte Baden-Württemberg (Hg.), Verräter? Vorbilder? Verbrecher? Kontroverse Deutungen des 20. Juli 1944 seit 1945, Berlin 2016, S. 129–160, hier S. 133 ff.
179 Hans Speidel, „Pro patria per orbis concordiam", Ansprache von General a.D. Dr. Hans Speidel am 20. Juli 1966 im Ehrenhof des Bendlerblocks in der Stauffenbergstraße, Berlin, S. 1.
180 Ebd., S. 1.
181 Ebd., S. 2.

Nach der sehr ausführlichen Beschäftigung mit Beck hob Speidel Rommels militärische Verdienste – unter anderem den Erhalt des auf Friedrich den Großen zurückgehenden militärischen Ordens „Pour le Mérite" – hervor, skizzierte dessen Persönlichkeit indem er von Clausewitz beschriebene Fähigkeiten eines Feldherrn bei Rommel bestätigte, ein Vorgehen, welches Aufschluss über Speidels äußerst positives Bild von Preußen und insbesondere preußischer Militärs gibt. Schließlich zeichnete Speidel Rommels Weg in den Widerstand nach. Ausschlaggebend für diesen war laut Speidel, dass Rommel die Amoralität und die Verbrechen des Regimes erkannte. Rommels Auseinandersetzung mit dem Eidbruch, für den er sich letztendlich aus Gewissensgründen entschlossen hätte, wäre verantwortlich dafür, dass Rommel sich erst spät zum Widerstand entschlossen hätte. Speidel hob hervor, dass Rommel, um eine Märtyrisierung Hitlers zu vermeiden, Hitler nicht töten, sondern gefangen nehmen und vor Gericht stellen wollte. Aufgrund Rommels schwerer Verwundung, die er sich am 17. Juli 1944 zugezogen hätte, sei dieser Plan vereitelt worden. Speidel ging in seiner Ansprache auch auf die Zukunftspläne von Beck und Rommel ein und unterstrich, diese hätten mit Vorstellungen nichtmilitärischen Widerstands übereingestimmt.[182]

Der Versuch Speidels, den Widerstand gegen den Nationalsozialismus als zentralen Grundkonsens der neugegründeten Bundeswehr darzustellen, verdient besondere Aufmerksamkeit. Aus der Perspektive heutiger historischer Forschung, die sich über die Rolle Rommels bei der Vorbereitung und Durchführung des Umsturzversuches am 20. Juli 1944 nicht einig ist, ist Speidels Bemühung, sich in die Tradition des Widerstands gegen den Nationalsozialismus durch Rekurs auf Rommel und Beck auf der einen Seite und führende Vertreter des christlichen, gewerkschaftlichen und politischen Widerstands auf der anderen Seite zu stellen, zunächst irritierend. Bettet man die Ausführungen Speidels in ihren historischen Kontext, erschließt sich eine Erklärung für Speidels Vorgehen. Speidel hielt seine Rede im Jahr 1966. Der 20. Juli blieb ebenso wie in den 50er Jahren auch in den 60er Jahren umstritten. Gleichwohl lässt sich in den publizierten Memoiren und Dokumentationen aktiver Bundeswehrangehöriger eine Einbeziehung historischer Forschung in die Darstellung der Ereignisse um den 20. Juli 1944 und ferner dessen teils positive Bewertung beobachten. Nicht mehr aktive Militärs bewerteten die Ereignisse freilich wesentlich kritischer – ein Indiz dafür, welchen Stellenwert die persönliche Haltung zur Verschwörung in Bezug auf Ansehen und Karriere innerhalb der jungen Bundesrepublik hatte.[183] In diesem Zusammenhang kann das Vorgehen Speidels, Gemeinsamkeiten zwischen auch nach 1945 innerhalb der Militärs anerkannten Persönlichkeiten wie Rommel und Widerstandskämpfern unterschiedlicher Provenienz herauszuarbeiten, als Versuch gesehen werden, ein Deutungsangebot für ehemalige Soldaten und Mitarbeiter der Bundes-

---

182 Ebd., S. 8.
183 Zur Analyse von Beiträgen und Interpretationen einzelner Wehrmachts- und Bundeswehrangehöriger siehe: Searle, „Die unheilbare Wunde. Der 20. Juli 1944 im kollektiven Gedächtnis der Wehrmachtsgeneralität (1949–1969)", S. 118 ff.

wehr darzustellen, die der Verschwörung bislang kritisch und ablehnend gegenüberstanden. Speidel verband in seiner Ansprache mehrere in den 60er Jahren übliche Diskussionsstränge, die sich mit den Stichworten Anerkennung Preußens, Eid versus Verrat und Gewissen zusammenfassen lassen. Speidels Vorgehen, Beck, der aufgrund seiner Gegnerschaft zu Hitlers Plänen 1938 aus der Wehrmacht ausgeschieden war, mit den Attributen eines Heros zu versehen und ihn mit dem umstrittenen Rommel zu vergleichen, war im Rahmen der Gedenkveranstaltungen an den 20. Juli sehr ungewöhnlich. Speidels Argumentation kann als Versuch der Integration von Mitläufern und Belasteten in die Bundeswehr sowie als Versuch der Aussöhnung der Bundeswehr mit dem 20. Juli 1944 gesehen werden, ein in der frühen Bundesrepublik durchaus übliches Vorgehen, welches durch die Benennung von Kasernen der Bundeswehr nach Regimegegnern aber auch nach regimetreuen Generälen gespiegelt wurde.[184] An Speidels Ausführungen ist deutlich zu erkennen, dass eine Heroisierung zweckgebunden erfolgt – in diesem Fall diente die Heroisierung der Rehabilitierung beider Generäle und ihre Indienstnahme für die Legitimierung und Bindung der Bundeswehr an Werte des Widerstands, die anhand der Akteure Rommel und Beck symbolisiert wurden.

Zusammenfassend kann festgestellt werden, dass das öffentliche Gedenken an den 20. Juli 1944 in den 1960er Jahren weiterhin von einer Heroisierung der Protagonisten des 20. Juli 1944 geprägt war, wenngleich die Gedenktage einer Darstellung und Deutung der Ereignisse selbst größeren Raum boten als zuvor. Während in den 50er Jahren der Heldenstatus der Verschwörer nicht weiter erklärungsbedürftig war, änderten sich die auf den Gedenkveranstaltungen gehaltenen Reden hinsichtlich der Häufigkeit von Erklärungen der Motive und Ziele der Attentäter. Auffällig ist ferner, dass ein Konsens aller Redner – ob Geistlicher oder hoher Militärs, Angehöriger der großen Parteien – bei der Charakterisierung der Attentäter und der Interpretation ihrer Ziele – insbesondere als antikommunistische Vorreiter – bestand. Als vorrangiges Ziel der Verschwörer wurden wie in den 50er Jahren die Rettung der Ehre Deutschlands, die moralische Rehabilitierung und die Ermöglichung eines Neubeginns genannt. Die Gewissensentscheidung, das Verantwortungsbewusstsein, die Opferbereitschaft, die Vorbildfunktion, die Würde, der Mut und die Tapferkeit der Protagnisten des 20. Juli wurden je nach Präferenz des Redners zwar unterschiedlich gewichtet, doch quasi „parteiübergreifend" zugeschrieben. Ebenso wie in den 50er Jahren stellten die Vertreter des Militärs bewusst die Vorbildfunktion des 20. Juli 1944 in zahlreichen Reden auf öffentlichen Gedenkfeiern zum 20. Juli 1944 heraus, was wiederum zum Mythos einer „sauberen Wehrmacht" beitrug.

---

184 Zum Spagat der Integration von mit Regimegegnern und mit Regimetreuen sympathisierenden Personen in die Bundeswehr siehe: Reichel, Schwarz Rot Gold, S. 69 f.

Die Erinnerung an den 20. Juli 1944 seit Ende der 60er Jahre: Von der Heroisierung zur allmählichen Historisierung

Mitte der 60er Jahre begannen Studenten und teilweise auch Professoren für eine Neuinterpretation des Widerstands einzutreten. Durch Aktionen wie die Störung der Gedenkfeier am 20. Juli 1968 durch Studenten der Ludwig-Maximilians-Universität in München wurde Kritik und Distanz zur aktuellen Politik und zu der bisherigen Fokussierung des Gedenkens auf militärisch-konservativen Widerstand deutlich: Durch das symbolische Abwerfen von Flugblättern in den Lichthof der Universität knüpften die protestierenden Studenten medienwirksam an das Vorgehen der Widerstandsgruppe „Weiße Rose" an und rückten damit die Erinnerung an die Münchner Widerstandsgruppe und ihren Protest in das Zentrum der Aufmerksamkeit.

Auf das neue wissenschaftliche und gesellschaftliche Erkenntnisinteresse an den Protagonisten des 20. Juli und auf das veränderte, von Protesten und Demonstrationen gefärbte Klima in der Bundesrepublik gingen Redner der Gedenkveranstaltungen in unterschiedlicher Weise ein – mit Ablehnung oder Verständnis. Johann-Adolf Graf von Kielmansegg fasste 1967 den Umgang mit den Verschwörern des 20. Juli 1944 und Forschungstendenzen zusammen und kritisierte sie: „Wenn man sich mit der Literatur über den deutschen Widerstand und den 20. Juli 1944 befasst, deren Bibliographie selbst schon ein kleines Buch füllen würde, dann stellt man fest, dass die Beschäftigung mit den handelnden Figuren, den Menschen also, gegenüber der Beschäftigung mit der Vorgeschichte und dem Ablauf des Ereignisses an Intensität und Umfang gewonnen hat. Man entdeckt immer mehr Unvollkommenheiten an diesen Figuren, man stellt Fehler in ihrem Denken und Handeln fest, man zerpflückt ihre Gedanken und Programme, man findet Widersprüche und Gegensätzlichkeiten, die vom Weltanschaulichen über das Politische bis ins Persönliche gehen. Oft hat man dabei den Eindruck, dass die Schreibenden sich von einer vorgefassten und zu deutlich betonten Absicht der Entheroisierung leiten lassen. Mir scheint, sie teilen diese Grundhaltung mit manchen Vertretern der jüngeren Geschichtsschreibung, die wohl meinen, dem Zuge einer respektlos gewordenen Zeit folgen zu sollen. Solange jedoch dies alles Ausdruck des Bemühens um eine gerechte Beurteilung der Anstrengungen und des letztlichen Versuches, die Freiheit aus der tödlichen Umklammerung durch die Macht des Bösen und des Terrors zu erlösen ist, kann und soll man es begrüßen. Aber man sollte darüber nicht die Einsicht verlieren, dass alles, was man hier entdeckt, zwar durchaus von Wichtigkeit sein kann, dass man aber im Grunde nur etwas feststellt, was gar keine Entdeckung ist – nämlich, dass die Männer und Frauen des Widerstandes, des 20. Juli, Menschen waren wie alle anderen Menschen auch, mit all den Stärken und Schwächen des Geistes, des Verstandes und der Seele, wie sie nun einmal den Menschen in unbegrenzter Vielfalt gegeben sind. [...] Demgegenüber müssen ihre Fehler und Schwächen in den Hintergrund treten, demgegenüber wäre allerdings auch eine vereinfachende Heroisierung ganz fehl am Platz, ganz abgesehen davon, dass es wohl nichts gibt, was diese Menschen weniger im Sinn hatten, als heroische Attitüde."[185]

Kielmannsegg wendete sich klar gegen „vereinfachende Heroisierungen". Gleichzeitig kritisierte er deutlich, dass das Handeln und die Persönlichkeiten der Verschwörer des 20. Juli 1944 nicht in ihrer Vielfalt, die eine Bandbreite menschlicher Eigenschaften zulässt, gesehen werde. Den Männern – und Frauen – des 20. Juli schrieb er heroische Attribute zu: „Und sie handelten unter bewusstem und gänzlich freiwilligem Einsatz ihres Lebens.[186] Das ist das Singuläre, das hebt diese Männer und Frauen über jede politische Wertung, wie sie einem Normalvorgang angemessen ist, heraus. Demgegenüber müssen ihre Fehler und Schwächen in den Hintergrund treten."[187] Nur unter der Berücksichtigung der sozialen, wirtschaftlichen und politischen Umstände der Zeit und der Lebensumstände der Protagonisten, in deren Grenzen die Protagonisten dachten und wirkten, sei eine Würdigung von Taten im historischen Rückblick möglich, so Kielmannsegg.

Carl-Heinz Evers dagegen äußerste Verständnis für die Kritik und die Proteste seiner Zeit. 1966 betonte Evers, dass der 20. Juli 1944 weder Gleichgültigkeit, noch Vergessenwollen oder gar die „Flucht in die Heroisierung"[188] in einer Zeit eines neuen Rechtsradikalismus erlaube. In seiner Rede erinnerte er nicht nur an die Verschwörer des 20. Juli, sondern auch an die Massenmorde der Nationalsozialisten. Die moralische Rehabilitierung Deutschlands, so Evers, sei nur durch das Opfer der Verschwörer möglich gewesen.[189] Das Opfer war für Evers zentral für die Anerkennung der Verschwörer. Immer wieder hob er in seinen Reden hervor, dass lediglich durch das Opfer des „anderen Deutschland"[190] so etwas wie ein „nationales Bewusstsein" im Nachkriegsdeutschland möglich wäre. Ausdrücklich stellte Evers klar, dass nicht der 8. Mai 1945, sondern der 30. Januar 1933, der Tag der Machtergreifung, der Tag der deutschen Katastrophe gewesen sei.[191] Gedenktage seien keine Ergebnisse von „Betriebsunfällen", sondern hätten Ursachen; nicht aufgrund des Versailler Vertrages oder der Weltwirtschaftskrise, sondern aufgrund der „mangelnden Demokratisierung in Deutschland"[192] seien die Nationalsozialisten an die Macht gekommen.

---

185 Johann-Adolf Graf von Kielmansegg, „Gewissen und Verantwortung als Vermächtnis und Verpflichtung", Gedenkrede des NATO-Oberbefehlshabers Europa-Mitte General Johann-Adolf Graf von Kielmansegg am 20. Juli 1967 in der Bonner Beethovenhalle, S. 2f.
186 Ebendiese Betonung der Freiwilligkeit heroischen Handelns hob auch Fontane hervor, siehe Kapitel 2.2.
187 Ebd., S. 2.
188 Carl-Heinz Evers, „Vaterland – Tägliche Pflicht zur Mitmenschlichkeit", Gedenkrede des Berliner Senators für Schulwesen Carl-Heinz Evers am 6. Juli 1966 in der Gedenkstätte Plötzensee, Berlin, S. 1.
189 Ebd.
190 Carl-Heinz Evers, „Die freiheitliche Grundordnung bewahren und im Sinne einer real demokratischen Gesellschaft vervollkommnen", Gedenkrede des Berliner Senators für Schulwesen Carl-Heinz Evers am 12. Juli 1967 in der Gedenkstätte Plötzensee, Berlin, S. 2.
191 Carl-Heinz Evers, „Vaterland – Tägliche Pflicht zur Mitmenschlichkeit", S. 2.
192 Ebd., S. 3.

Die Benennung von und die Auseinandersetzung mit den Ursachen für die Wahl Hitlers unterschied Evers entscheidend von seinen Vorrednern. Ein weiterer großer Unterschied war das von Evers geäußerte Verständnis für die Unruhe und die Proteste in Deutschland im Jahr 1967. Den Grund für die Proteste sah er in einer augenscheinlichen „Diskrepanz zwischen demokratischem Anspruch und weitgehend weniger demokratischer Wirklichkeit".[193] Gleichzeitig hob er hervor, dass seine und die darauffolgende Generation, die Fragen nach Verbrechen des Nationalsozialismus stellten, zur Demokratie erzogen worden seien. Insofern sei es gut und richtig, wenn man diese Missstände nicht hinnehme, sondern protestierte – beispielsweise gegen die Ermordung Benno Ohnesorgs – und warnte: „So ist es die Aufgabe der demokratischen Parteien und Institutionen, das fundamentale demokratische Streben, das nicht nur in unserer akademischen Jugend zu Hause ist, nicht in die Radikalität abzudrängen; im Gegenteil gilt es, sie aus der Isolierung herauszuholen."[194] Wiederum berief sich Evers auf die Verschwörer vom 20. Juli und forderte dazu auf, ihr Vermächtnis zu leben: „Nur eine offene, demokratische Gesellschaft, die eine wirkliche Heimstatt freier, mündiger Bürger ist, entspricht dem Vermächtnis der Männer und Frauen des Widerstandes gegen die Tyrannei und ihrem Opfer, das uns verpflichtet." Wenn das gelänge, würde die Gesellschaft „die Flucht isolierter Gruppen in radikale Utopien ebenso verhindern können wie die Ausflucht in Restriktion und Polizeigewalt."[195]

Evers starker Bezug zu den Herausforderungen seiner Zeit – am 2. Juni wurde der Student Benno Ohnesorg bei einer Demonstration gegen den Besuch des Schahs von Persien in Berlin vom Polizisten Karl-Heinz Kurras[196] erschossen – war einerseits innerparteiliche Kritik am Vorgehen des Berliner Bürgermeisters Albertz gegen die demonstrierenden Studenten. Andererseits kündigte sich in Evers Reden auch ein neuer Umgang mit dem 20. Juli 1944 an. Die historische Aufarbeitung des konservativ-militärischen Widerstands und die Verbreitung der Forschungsergebnisse durch die Presse an eine breitere Öffentlichkeit bewirkten zusammen mit einem Generationswechsel in der Politik und an Universitäten eine allmähliche „Entkanonisierung des 20. Juli".[197] Insbesondere um den 35. Jahrestag des 20. Juli 1944 wurden mehrere neue Monographien und Überblicke über den 20. Juli veröffentlicht, die Motive, Hintergründe und das Spannungsfeld zwischen Regimeteilhabe qua Funktion und der

---

193 Insbesondere benannte Evers Defizite im Schulsystem und im Strafrecht, siehe Evers, „Die freiheitliche Grundordnung bewahren", S. 2.
194 Ebd., S. 3.
195 Ebd., S. 4. Evers Befürchtung, isolierte Gruppen könnten sich radikalisieren, bewahrheitete sich, wie die Radikalisierung von Mitgliedern der Studentenbewegung und deren Zusammenschluss zur „Rote Armee Fraktion" (RAF) zeigte.
196 Wie 2009 bekannt wurde, war Kurras schon seit 1955 inoffizieller Mitarbeiter des Ministeriums für Staatssicherheit der DDR, erhielt jedoch „keinerlei Einsatz- oder gar Mordbefehl" von Seiten der DDR. Siehe: Ulrich Chaussy, Rudi Dutschke. Die Biographie, München 2018, S. 227.
197 Cornelißen, „Der 20. Juli 1944 in der deutschen Erinnerungskultur", S. 31.

Gegnerschaft dazu untersuchten, so dass „keine Widerstandshelden errichtet wurden."[198] Trotz des neuen Umgangs mit dem 20. Juli 1944 hielt die Bundesrepublik Deutschland am Gedenken an die Ereignisse und die Verschwörer vom 20. Juli 1944 fest. Zwar wurden die Protagonisten nicht mehr wie zu Beginn der 50er Jahre als Helden betitelt, doch der Bezug zum Aufstand und dadurch symbolisch zur Abkehr vom Nationalsozialismus wurde durch Vertreter einzelner Institutionen auf den Gedenkveranstaltungen weiterhin gepflegt. Der 20. Juli 1944 nahm weiterhin die Funktionen der Identitätsstiftung und der Integration ein.

In den 70er Jahren nahm die Heroisierung der Frauen und Männer des 20. Juli 1944 in den Gedenkreden zum Aufstand immer weiter ab. Stattdessen wurde über Hintergründe für das Aufkommen des Nationalsozialismus und die Rolle der schweigenden Mehrheit gesprochen: „Was sagt uns der 20. Juli heute noch nach 35 Jahren? Mir wird die Erinnerung an diesen Aufstand aus Gewissensnot zu oft und leicht als Alibi verwandt für die vielen, deren Gewissen im Dritten Reich während der Naziherrschaft Ruhepause hatte; für die vielen, die mitmachten und mitschuldig, zumindest mitverantwortlich waren und bleiben für das, was geschah."[199] Ferner wurde der Umgang mit dem Nationalsozialismus nach 1945 kritisiert: „Es muss aufgezeigt werden, was vor sich ging, als viele unserer Landsleute den Nationalsozialismus ablegten wie ein altes Kleidungsstück und in eine neue Ordnung überwechselten"[200] – referierte der damalige Bürgermeister Berlins Klaus Schütz. Auf Stauffenberg und seine Mitverschwörer ging Schütz nicht ein, sondern nutzte den Gedenktag zu Reflexionen über seine unmittelbare Gegenwart, die Ostpolitik der Regierung Brandt und das Verhältnis der Bundesrepublik zu Polen.

In den 70er Jahren wurde auf Gedenktagen zum 20. Juli 1944 nicht nur der Umgang der Bundesrepublik mit der NS-Zeit kritisch hinterfragt. Auch die Männer und Frauen des 20. Juli 1944 erfuhren Kritik: „Viele derer, die am 20. Juli 1944 ihr Leben einsetzten, haben erst spät Ursachen, Zusammenhänge und Bedingungen erkannt."[201] Doch sollte dieser Umstand nicht zur Abwertung des 20. Juli 1944 dienen „denn sie wagten ihr eigenes Leben, um spät – aber, wie sie glaubten, nicht zu spät –

---

198 Ueberschär, „Von der Einzeltat des 20. Juli 1944 zur »Volksopposition«? Stationen und Wege der westdeutschen Historiographie nach 1945", S. 104. Siehe auch der ausführliche Überblick über ab den 1960er Jahren publizierte kritischere und differenziertere (als bis dato üblich) Studien zum 20. Juli 1944: Ueberschär, Stauffenberg und das Attentat, S. 187 ff.

199 Wolfgang Lüder, „Wir alle bleiben verantwortlich für das, was in unserem Staat geschah und geschieht", Ansprache des Bürgermeisters von Berlin Wolfgang Lüder am 20. Juli 1979 in der Gedenkstätte Plötzensee, Berlin, S. 1.

200 Klaus Schütz, „Es galt und gilt, den Weg des Rechts genau zwischen den Extremen zu gehen", Ansprache des Regierenden Bürgermeisters von Berlin Klaus Schütz am 19. Juli 1969 in der Gedenkstätte Plötzensee, Berlin, S. 2.

201 Harry Ristock, „Die Männer und Frauen des 20. Juli stehen für die Kontinuität eines demokratischen Deutschlands", Rede des Senatsdirektors der Schulverwaltung Harry Ristock bei der Gedenkfeier für die Schüler der Berliner Oberschulen am 1. Juli 1974 in der Gedenkstätte Plötzensee, Berlin, S. 2.

den Wahnsinn zu beenden".[202] Ebenso wie viele seiner Vorredner in den 60er Jahren ging Ristock auf tagespolitisches Geschehen ein und bezog darauf die Verschwörung. Bei Bundeskanzler Helmut Schmidt klang eine – wenn auch leise – kritische Auseinandersetzung mit den Vorstellungen der Verschwörer hinsichtlich der politischen Neuordnung an. Schmidt betonte, dass „der demokratische Rechtsstaat, in dem wir in der Bundesrepublik seit 30 Jahren als freie Bürger leben, nicht genau jener Staat ist, den sich die Frauen und Männer des 20. Juli vorgestellt haben. Aber dies mindert nicht die Größe und die geschichtlich-moralische Bedeutung ihrer Taten".[203]

Der damalige Bundespräsident Gustav Heinemann wiederum betonte die Unterschiedlichkeit der politischen und sozialen Ziele der Verschwörer und stellte heraus, dass verbindendes Element aller Widerständler der Wunsch nach Beendigung von Krieg und Unfreiheit gewesen sei. Von einer Heroisierung der Verschwörer des 20. Juli 1944 ist in Heinemanns Rede nicht viel zu spüren, trotzdem stellt Heinemann das Handeln der Verschwörer als vorbildlich dar: „Die äußere Erfolglosigkeit ihrer Tat kann den hohen Rang ihres Vorbildes in keiner Weise schmälern. Sie alle wussten um die besondere Schwere ihres Handelns und wagten es dennoch. Sie alle mussten Zwiespalt und Zweifel durchstehen, ob es recht und ob es richtig sei, ihre Hand gegen den Mann zu erheben, dem so viele aus unserem Volke zujubelten."[204] Opfermystik, aber auch versöhnende Angebote, wie sie beispielsweise noch Heuss in seiner Gedenkrede in den 50er Jahren an ehemalige Mitläufer gerichtet hatte, fehlten in Heinemanns Rede. Stattdessen verwies er auf die Popularität Hitlers beim deutschen Volk, benannte die Ursachen für die Diktatur von 1933, die er in einem christlichen Antisemitismus und einem gewalttätigen Nationalismus, der schon bei Kriegsbeginn 1914 zutage getreten sei, lokalisierte und schlug einen Bogen zu seiner Gegenwart: „Was uns angeht, so können wir nicht an der bis in unsere Zeit geübten Erziehung unseres Volkes zur folgsamen Untertänigkeit gegenüber aller Obrigkeit bis hin zur Unterwerfung auch unter die Befehle des Verbrechens vorübergehen."[205] Die elaborierte Ausdrucksweise Heinemanns täuschte nicht über die Brisanz dieser Aussage hinweg. Ein weiterer Unterschied zu Gedenkreden aus den 50er und frühen 60er Jahren ist Heinemanns Bezug auf die Teilung Deutschlands. Er stilisierte die Verschwörer des 20. Juli 1944 nicht zu Vorbildern der Aufständischen vom 17. Juni und von Mauerflüchtlingen, sondern betonte, dass die deutsche Teilung das Ergebnis nationalistischer Überhebung sei.[206] Heinemanns Rede zeigt auf, wie sich die Rezeption der

---

202 Ebd.
203 Helmut Schmidt, „Die Schauprozesse nach dem 20. Juli 1944", Erklärung von Bundeskanzler Helmut Schmidt zum Gedenken an den 20. Juli 1944 am 19. Juli 1979 in Bonn, S. 1.
204 Gustav Heinemann, „Eid und Entscheidung", Gedenkrede des Bundespräsidenten Gustav Heinemann am 19. Juli 1969 in der Gedenkstätte Plötzensee, Berlin, S. 2.
205 Ebd., S. 1.
206 Ebd., S. 5. In den 50er Jahren wurden die Rollen der Westmächte und der Sowjetunion bei der Teilung betont. Dass die Teilung Folge der nationalsozialistischen Politik war, wurde nicht thematisiert. Zur Historiographie der 50er Jahre: Edgar Wolfrum, „Epilog oder Epoche? (Rück-)Blick der

Verschwörung vom 20. Juli 1944 seit den 50er Jahren geändert hat und spiegelt somit auch den Wandel des gesellschaftlichen Klimas in der Bundesrepublik wider, der sich in der Wahl Heinemanns zum Bundespräsidenten und der Wahl Willy Brandts zum Kanzler niederschlug. Während die Verschwörer in der frühen Bundesrepublik noch heroisiert und für unterschiedliche politische Absichten instrumentalisiert wurden, fehlte diese Komponente in Heinemanns Ansprache. Die Würdigung der Verschwörer ging einher mit der Analyse der Ursachen für die nationalsozialistische Diktatur.

Einen ähnlichen Ton traf Manfred Rommel in seiner Rede zum Gedenken an den 20. Juli 1944. Vor allem thematisierte er den Umgang mit den Verschwörern innerhalb der Wehrmacht: „Nach dem 20. Juli wusste Hitler mit teuflischer Intelligenz Generäle dazu zu bringen, ihre eigenen Kameraden aus dem Heere auszustoßen und Freisler zu überantworten. Die schmähliche Behandlung der Revolutionäre, die am 20. Juli beteiligt waren, führte zu keiner solidarischen Reaktion der übrigen Generäle. Die waren verblüfft und eingeschüchtert. Die meisten von ihnen hatten dem Tod im Felde ins Auge gesehen, aber die Vorstellung, degradiert und exekutiert zu werden und die Familie ins Konzentrationslager verwiesen zu sehen, die ertrugen sie nicht."[207] Auch in dieser Rede ist nichts mehr von dem auf Gedenkveranstaltungen der 50er Jahre üblichen Versuch zu sehen, aus der Heroisierung der Verschwörer und der Herausstellung der Angehörigkeit dieser zu den jeweiligen Institutionen Integration, Legitimität oder Sinnstiftung zu finden. Der historische Rückblick blieb ohne Pathos, dafür verbunden mit deutlicher Kritik – auch am Ehrbegriff des Militärs. Mit dem zeitlichen Abstand zum Ende des Nationalsozialismus, der Ablösung der ersten Generation, die nach Kriegsende sich mit Blick auf die Stabilität der jungen Bundesrepublik um die Integration der alten, in den Nationalsozialismus verwickelten Eliten bemühte und diese durch Institutsangehörigkeit – zumindest offiziell – zur Anerkennung des 20. Juli 1944, insbesondere in der Bundeswehr, verpflichtete, war ein historisierender Blick auf den 20. Juli 1944 freilich leichter möglich als bis dahin.

Fazit:

Der Umgang mit den Akteuren des 20. Juli 1944, der sich anhand der drei Stationen Diffamierung von Seiten des nationalsozialistischen Regimes, Heroisierung und anschließender Historisierung zusammenfassen lässt, zeigt auf, wie sehr Deutungen von Ereignissen und ihren Protagonisten von den Umständen der Zeit und den politischen Überzeugungen und Zielen der deutenden Akteure abhängen und verweist auf Bedingungen, die zum Erfolg oder Misserfolg von Bemühungen um Anerkennung von Personen und der mit diesen verbundenen Werten und Normen führen.

---

deutschen Geschichtswissenschaft vom Zeitalter der Zweistaatlichkeit bis zur Gegenwart", in: Jens Hacke, Herfried Münkler (Hg.), Wege in die neue Bundesrepublik. Politische Mythen und kollektive Selbstbilder nach 1989, Frankfurt am Main 2009, S. 33–63, hier S. 38.
207 Manfred Rommel, „Es war nichts Gutes in Hitlers Reich", Gedenkrede des Oberbürgermeisters von Stuttgart Manfred Rommel am 20. Juli 1983 in der Gedenkstätte Plötzensee, Berlin, S. 4.

Der Erfolg der Bemühungen um eine Anerkennung der Verschwörer vom 20. Juli 1944 lässt sich auf mehrere Faktoren zurückführen. Dabei waren die Ausgangsbedingungen denkbar schlecht. Während ein stummer Konsens innerhalb der Nachkriegsbevölkerung das Nachleben und den Erfolg der gegen die Verschwörer vom 20. Juli 1944 gerichteten Diffamierungskampagne Hitlers, welche die Verschwörer schlicht als Landesverräter bezeichnete, unter Beweis stellte,[208] begann die politische Elite unmittelbar nach Kriegsende, nicht nur die Hinterbliebenen der Verschwörer zu unterstützen, sondern sich für ein offizielles Gedenken an den 20. Juli 1944 einzusetzen. Wesentlich für ihren Erfolg war, dass zahlreiche Personen der kulturellen und politischen Elite der Bundesrepublik Deutschland den 20. Juli 1944 und die am Attentat und der Verschwörung beteiligten Personen als konstitutiv für das Selbstverständnis des neuen Staates anerkannten. Die hohe Bedeutung, die der Verschwörung von Seiten der Politik beigemessen wurde, wurde durch die Einrichtung einer zentralen Gedenkstätte im Bendlerblock in Berlin und das jährliche, also wiederkehrende Abhalten von Gedenkveranstaltungen zum 20. Juli 1944 verdeutlicht. Diese waren nicht nur auf die zentrale Gedenkstätte beschränkt, sondern fanden an unterschiedlichen Orten – in Landesvertretungen, in Kirchen, in Universitäten – in der gesamten Bundesrepublik statt und erreichten so eine hohe Zahl an Rezipienten, die unterschiedliche Bevölkerungsschichten umfassten. Die von hohen Militärs zum Gedenken an den 20. Juli 1944 verfassten Tagesbefehle, die den Vorbildcharakter der Verschwörung als Befehl anmahnten, erreichten wiederum eine große Zahl von Soldaten. Beim Einsatz für die Anerkennung der Verschwörer auf Gedenkveranstaltungen kooperierten öffentlichkeitswirksam Vertreter der Kirchen, der politischen Parteien, der kulturellen Elite, Hinterbliebene und überlebende Verschwörer. Das gemeinsame Gedenken prominenter Vertreter unterschiedlicher Institutionen untermauerte das Ansehen der Verschwörer und führte zu einem großen medialen Echo. Zahlreiche Monographien zu einzelnen Verschwörern und zum 20. Juli 1944 trugen ebenfalls zum Bekanntheitsgrad dieser und letztlich auch zu ihrer Anerkennung bei.

Nicht die Kanonisierung des Gedenkens, seine Lokalisierung auf der höchsten politischen Ebene und die große Bandbreite der Akteure und Rezipienten, sondern vielmehr die Art der verbalen Kommunikation über den 20. Juli 1944 war entscheidend für die Heroisierung der Verschwörer in den 50er und 60er Jahren. Den Verschwörern vom 20. Juli 1944 wurden von den unterschiedlichen Rednern auf den Gedenkveranstaltungen, aber auch in Presseartikeln und Monographien Attribute zugeschrieben, die historische Heldengestalten der deutschen und preußischen Geschichte kennzeichneten wie Mut, Tapferkeit, Opfer- und Todesbereitschaft, Geist und Genia-

---

208 Die ablehnende Einstellung der Alliierten gegenüber den Verschwörern des 20. Juli 1944 beruhte auf der Überzeugung, einige wenige adlige Junker hätten angeblich nur aufgrund der erwarteten Kriegsniederlage gehandelt – eine Argumentation gegen die Verschwörer, die Hitler in Umlauf brachte. Dieses Argument widerlegten 1954 und 1960 publizierte Studien zum Beginn der Militärischen Opposition während der Sudetenkrise und während des ersten Kriegsjahres, zur Forschungsübersicht über den 20. Juli 1944 siehe: Ueberschär, Stauffenberg und das Attentat vom 20. Juli 1944, S. 182–186.

lität. Diese Attribute wurden zum Teil durch Verweise auf Auszeichnungen wie Orden und Ehrenzeichen, welche die Verschwörer erhalten hatten, unterstrichen. Des Weiteren wurden die Gewissensentscheidung, moralische und ethische Erwägungen der Verschwörer als zentral für die Entscheidung zum Staatsstreich und Attentat benannt, womit neben den profanen Heldenzuschreibungen eine sakrale Dimension ihres Handelns eröffnet wurde. Die profanen Heldenzuschreibungen und die sakrale Ebene der Gewissensentscheidung wurden schließlich mit der Argumentation, dass die Verschwörer des 20. Juli 1944 für Deutschland und seine Ehrenrettung gehandelt hätten, um eine nationale Ebene ergänzt. Diese Argumentation ermöglichte eine sakrale Aufladung des 20. Juli und die Darstellung der Verschwörer als Symbolgestalten einer Moral, die zur Zeit des Nationalsozialsozialismus von wenigen gelebt, aber in Abgrenzung zum Nationalsozialismus zum Vorbild für den Aufbau einer auf demokratische Grundlagen gestellten Bundesrepublik Deutschland erhoben wurde.

Die starke Herausstellung der moralischen Beweggründe und der nationalen Zielrichtung sollten die Verschwörer von Vorwürfen des Landesverrats und des Eidbruchs entlasten und so zu ihrer Akzeptanz jenseits des Kreises ihrer Heldensänger beitragen. Durch ebendiese Herausstellung grenzten sich die um Anerkennung werbenden Gruppen und Institutionen vom nationalsozialistischen Regime ab und stellten die den Verschwörern zugeschriebenen Werte und Normen als handlungsanleitend und bindend für die junge Bundesrepublik dar. Der Bezug auf den 20. Juli, die Heroisierung der Verschwörer diente somit der Reputation der einzelnen, sich für die Anerkennung einsetzenden Akteure der Bundesrepublik Deutschland gegenüber dem Ausland und erfüllte zugleich Funktionen der Legitimierung für neugeschaffene Institutionen und politische Gruppen, etwa von Gewerkschaften.[209]

Zusammenfassend kann für alle Gruppierungen, die an den Gedenkveranstaltungen zum 20. Juli 1944 aktiv oder passiv teilnahmen sowie sich für ein positives Gedenken publizistisch engagierten – Hinterbliebene, Überlebende, Politiker und Militärs – herausgestellt werden, dass der Bezug auf die Protagonisten des 20. Juli 1944 den Anspruch auf politische Macht oder die reale politische Macht der einzelnen Gruppen legitimieren und damit den Ruf der jungen Bundesrepublik, die sich öffentlich in die Tradition des „anderen Deutschland" stellte, bessern sollte.

Die auf Gedenkveranstaltungen zum 20. Juli 1944 gehaltenen Reden zeigen auf, dass mit dem Beginn einer breiten wissenschaftlichen Auseinandersetzung mit dem Nationalsozialismus, mit den Einstellungen und Zielen einzelner Verschwörer und ihrer Verwicklungen in den Nationalsozialismus die in den 50er Jahren übliche Heroisierung der Verschwörer des 20. Juli 1944 allmählich von einer Historisierung des 20. Juli 1944 abgelöst wurde. Doch gerade an diesem Vorgehen ist ersichtlich, wie sehr die Normen und Werte, zu deren Symbolfiguren die Verschwörer des 20. Juli 1944 stilisiert wurden, als gesellschaftlich bindend akzeptiert wurden, denn nicht die Werte

---

209 Ausführlich siehe: Steinbach, „Peter Steinbach, „Widerstand – Keimzelle der Nachkriegsdemokratie?", S. 96.

wurden hinterfragt, sondern lediglich deren Symbolfiguren – freilich unter Hinnahme einer weitreichenden Reduktion der Komplexität der Widerstandsbemühungen, die zum 20. Juli 1944 führte. Ein weiterer, wenn auch bescheidener Indikator für den Erfolg der öffentlichen Gedenk- und Erinnerungspolitik zum 20. Juli 1944 war, dass bei einer im Jahr 1963 erhobenen Umfrage 50 % der Befragten die Verschwörer für Patrioten hielten und 25 % für Verräter – das Ansehen der Verschwörer hatte sich im Vergleich zu deren Ruf unmittelbar nach Kriegsende und den 50er Jahren verbessert.[210]

Wie sehr die von den Verschwörern des 20. Juli 1944 symbolisierten Normen und Werte langfristig in das kollektive Gedächtnis der Bundesrepublik Deutschland übergingen, zeigen des Weiteren die Untersuchungen einer Forschungsgruppe um Harald Welzer auf. „Opa war kein Nazi" ist der Titel eines Buches und gleichzeitig eine prägnante Zusammenfassung von Ergebnissen einer Mehrgenerationenstudie, die in Familiengesprächen und Interviews[211] der Frage nachging, „was ganz normale Deutsche aus der NS-Vergangenheit erinnern, wie sie darüber sprechen und was davon auf dem Wege kommunikativer Tradierung an die Kinder- und Enkelgenerationen weitergegeben wird".[212] Welzer nennt „den Vorgang, in dem aus antisemitischen Großeltern und Eltern in den Augen ihrer Kinder und Enkel Widerstandskämpfer werden, »kumulative Heroisierung«. Zwei Drittel aller Geschichten handeln davon, dass die Familienangehörigen aus der Zeitzeugengeneration und ihre Verwandten entweder Opfer der NS-Vergangenheit und/oder Helden des alltäglichen Widerstands waren."[213] Berichte der Eltern oder Großeltern über begangene Kriegsverbrechen wurden von den nachfolgenden Generationen schlicht überhört, ihre Erlebnisse und Taten während der NS-Zeit umgedeutet. Familiäre Loyalitätsverpflichtungen, Identitätsbedürfnisse und emotionale Bindungen führten dazu, aus Verbrechern „gute Deutsche" zu schaffen.[214]

Dieser von Welzer als „kumulative Heroisierung" beschriebene Vorgang verweist auf die Wirkmächtigkeit der in der frühen Bundesrepublik stattgefundenen Heroisierung des „anderen Deutschland" – der Widerstandskämpfer gegen das nationalsozialistische Regime, des Rettungswiderstands und der Menschen, die sich aus religiösen oder humanistischen Gründen gegen den Nationalsozialismus stellten. Die Heroisierungsbemühungen der Redner auf Gedenkveranstaltungen zum 20. Juli 1944 dienten unter anderem dazu, die Normen und Werte, aus denen heraus der Widerstand erfolgte, symbolkräftig als handlungsanleitend und bindend für die junge Demokratie zu präsentieren. Diese, also die Werte und Normen, die von den Ver-

---

210 Ueberschär, Der 20. Juli 1944, S. 13.
211 Die Studie wurde am Psychologischen Institut der Universität Hannover durchgeführt. Harald Welzer, Sabine Moller, Karoline Tschuggnall, »Opa war kein Nazi!« Nationalsozialismus und Holocaust im Familiengedächtnis, Frankfurt am Main 2002.
212 Harald Welzer, „Kumulative Heroisierung. Nationalsozialismus und Krieg im Gespräch zwischen den Generationen", in: Mittelweg 36 2/2001, S. 57–73, hier S. 57.
213 Ebd.
214 Welzer, Lenz, „Opa in Europa. Erste Befunde einer vergleichenden Tradierungsforschung", S. 10.

schwörern des 20. Juli 1944 oder von den „Unbesungen Helden"[215] symbolisiert wurden, sind letztendlich als essentielle Bestandteile in eine von breiten Bevölkerungsschichten als verbindlich angesehene politische Moral der Gesellschaft der Bundesrepublik Deutschland eingegangen.

3.4 Das Nachleben von Kriegshelden versus Bemühungen um „Staatsbürger in Uniform"

Die Kapitulation Nazideutschlands am 8. Mai 1945 setzte dem Krieg und der Herrschaft der Nationalsozialisten ein Ende. Doch Denkmuster, Werte und Normen großer Teile der Bevölkerung des Deutschen Reiches blieben auch nach seiner Auflösung bestehen. Es bedurfte viel Zeit, einer Erinnerungs- und Gedenkpolitik, bis sich diese in Abkehr von antisemitischen und nationalistischen Einstellungen änderten.[216] Dass die Geschichte der Wehrmacht von 1933 bis 1945 unmittelbar nach dem Krieg nicht aufgearbeitet wurde, lag an unterschiedlichen Faktoren. Zwar wurden Angehörige des Oberkommandos der Wehrmacht während der Nürnberger Prozesse 1948 angeklagt und es fanden Prozesse gegen Zehntausende von Offizieren und Soldaten wegen Kriegsverbrechen statt. Doch Kriegsverbrecher wurden frühzeitig aus der Haft entlassen, viele Angeklagte freigesprochen, die Wehrmacht rehabilitiert.[217] Freisprüche wurden mit der Begründung, sie würden „anständige deutsche Soldaten aus Verbitterung und Verstocktheit führen"[218], von der Öffentlichkeit begrüßt. Am Bild eines „anständigen deutschen Soldaten" rüttelte auch nicht die Wissenschaft. Sie nahm sich nicht der Verbrechen der Wehrmacht an, sondern konzentrierte sich auf Themen wie die Situation von Vertriebenen, Flüchtlings- und Kriegsgefangenenproblematik. Nicht die Täter, sondern die Opfer standen im Mittelpunkt wissenschaftlichen Interesses.[219] Der entstehende Mythos eines „normalen Krieges und einer sauberen

---

215 Siehe Kapitel 3.2 dieser Arbeit.
216 Über die Fortdauer von antisemitischen Einstellungen innerhalb der Bevölkerung, der Ablehnung der Verschwörer vom 20. Juli 1944 und den langen Weg zu ihrer Anerkennung siehe Kapitel 3.2 und 3.3 dieser Arbeit.
217 Oliver von Wrochem, „Keine Helden mehr. Die Wehrmachtselite in der öffentlichen Auseinandersetzung", in: Michael Th. Greven, Oliver von Wrochem (Hg.), Der Krieg in der Nachkriegszeit. Der zweite Weltkrieg in Politik und Gesellschaft der Bundesrepublik, Opladen 2000, S. 151–165, hier S. 154 f; Wolfrum, „Die beiden Deutschland", S. 135.
218 Knoch, „»Gewissenlose Führung« und »anständige Landser«. Die Wehrmacht im Wandel bundesrepublikanischer Erinnerungspolitik", S. 53.
219 Kühne, „»Friedenskultur«, Zeitgeschichte, Historische Friedensforschung", S. 20 f. Erst mit der Wanderausstellung „Vernichtungskrieg" im Jahr 1996 wurde der Viktimisierungsdiskurs infrage gestellt, es wurde gezeigt, „dass auch normale Soldaten und nicht nur pathologische Randerscheinungen unter dem verbrecherischen Krieg keineswegs nur litten, sondern Lust daran fanden". Siehe: Kühne, „Die Viktimisierungsfalle", S. 189. Wie Greven und von Wrochem herausgearbeitet haben, waren neue Forschungsergebnisse, auf denen die Ausstellung beruhte, bereits vor dieser ausgearbeitet. Erst während der Ausstellung und aufgrund ihrer starken öffentlichen Resonanz und Diskus-

Wehrmacht"[220] spiegelte weit verbreitete Auffassungen innerhalb der Öffentlichkeit und hatte aufgrund seines exkulpierenden Charakters über viele Jahrzehnte Bestand. Denn nicht Schuldzuweisungen, sondern das Bedürfnis der Anerkennung soldatischen Handelns waren ein zentrales Anliegen weiter Teile innerhalb der deutschen Bevölkerung. Fehlende öffentliche Anerkennung wurde von privaten Initiativen kompensiert.[221] Insbesondere in den Jahren 1951 bis 1954, also noch vor der Gründung der Bundeswehr, entwickelten sich in der Bundesrepublik Deutschland vor allem auf lokaler Ebene Soldatenverbände und soldatische Jugendgruppen als „wesentlicher Teil dubioser rechtsextremer Netzwerke".[222]

Diese standen im Gegensatz zu den neuen demokratischen Grundlagen, auf denen die neue Bundeswehr gegründet werden wollte. Am 17. Oktober 1950 ernannte der erste Kanzler der Bundesrepublik Deutschland, Konrad Adenauer, Theodor Blank zum „Beauftragten des Bundeskanzlers für die mit der Vermehrung der alliierten Truppen zusammenhängenden Fragen". Das neugeschaffene „Amt Blank" hatte die Aufgabe, eine Wiederbewaffnung Deutschlands vorzubereiten, am 7. Juni 1955 wurde es in das Bundesministerium für Verteidigung umgewandelt.[223] Der Spiegel charakterisierte 1953 die Mitarbeiter Blanks wie folgt und machte damit die Personalauswahl Adenauers massenmedial publik: Oberst Johann-Adolf Graf von Kielmansegg – „Duzfreund des Hitler-Attentäters Stauffenberg, Major Axel von dem Bussche, einer der 24 Ritterkreuzträger des Amtes Blank und jener Offizier, der im zweiten Weltkrieg bereit war, sich selbst und Hitler bei der Vorführung einer neuen Uniform in die Luft zu sprengen,[224] Major i. G. Achim Oster, Sohn des von Hitler gehängten Chefs des Stabes

———
sion wurden die Forschungsergebnisse zur Verwicklung der Wehrmacht in nationalsozialistische Verbrechen von breiten Bevölkerungsschichten rezipiert. Siehe: Michael Th. Greven, Oliver von Wrochem, „Wehrmacht und Vernichtungskrieg zwischen Gesellschaftspolitik, Wissenschaft und individueller Verarbeitung der Geschichte", in: Dies. (Hg.), Der Krieg in der Nachkriegszeit. Der zweite Weltkrieg in Politik und Gesellschaft der Bundesrepublik, Opladen 2000, S. 9 – 24, hier S. 12.

220 Frevert, „Heldentum und Opferwille", S. 145; König, Die Zukunft der Vergangenheit, S. 26 ff.

221 Dies stellte eine Parallele zur Weimarer Republik dar, in der zahlreiche Veteranenverbände sich um die Erinnerung an den Ersten Weltkrieg bemühten, diesen dabei stark heroisierten. Siehe Kapitel 2.3 dieser Arbeit.

222 Schild, Siegfried, Deutsche Kulturgeschichte, S. 135. Siehe auch: Thomas Kühne, „Zwischen Vernichtungskrieg und Nachkriegsgesellschaft. Die Veteranenkultur der Bundesrepublik (1945 – 1995)", in: Klaus Naumann (Hg.), Nachkrieg in Deutschland, Hamburg 2001, S. 90 – 113.

223 „Auch ist es nicht mehr angängig, daß die Dienststelle, deren Arbeit in der Vorbereitung des sogenannten deutschen Verteidigungsbeitrages besteht und deren Vertreter mit Bevollmächtigten anderer Regierungen über internationale Verträge verhandeln, noch länger unter der schon karnevalistisch anmutenden Tarnbezeichnung firmiert: »Bundeskanzleramt – Der Beauftragte des Bundeskanzlers für die mit der Vermehrung der alliierten Truppen zusammenhängenden Fragen«." So beurteilte der Spiegel bereits 1953 die irreführende Bezeichnung des Amtes. Siehe: „Amt-Blank-Spiele", in: Der Spiegel, Nr. 43/1953, S. 5.

224 Nachdem Axel von dem Bussche im Herbst 1942 Augenzeuge einer Massenhinrichtung von Juden wurde, entschloss er sich zum Attentat auf Hitler bei einer Uniformvorführung, die er jedoch wegen einer zwischenzeitlich zugezogenen schweren Kriegsverletzung nicht selbst ausführen konnte. Wink-

der Abwehr unter Canaris. Zu ihnen traten die beiden Generäle Adolf Heusinger, einst Chef der Operationsabteilung im Generalstab des Heeres, und Hans Speidel, einst Rommels Stabschef und Ernst-Jünger-Freund. Alle fünf hatten im zweiten Weltkrieg für Deutschland und gegen Hitler gekämpft. In ihrem Sinne verfasste Major Graf Baudissin die Richtlinien »Für den inneren Dienstbetrieb« der zukünftigen deutschen Streitkräfte."[225] Diese Personalauswahl Adenauers aus den Zirkeln der an der Planung und Durchführung des Staatsstreichs und Attentats vom 20. Juli 1944 beteiligten Personen wurde von den Alliierten akzeptiert, sollte Vorbehalten gegen einen deutschen Verteidigungsbeitrag und damit gegen eine Wiederbewaffnung entgegenwirken und bekräftigte durch die Einbindung dieser Personengruppe in den Aufbau der Armee die Abkehr der Bundesrepublik Deutschland vom Nationalsozialismus – nicht nur gegenüber dem Ausland, sondern auch gegenüber der eigenen Bevölkerung.[226] Sie sollte die neue Bundeswehr in die Tradition der NS-Gegner stellen und das „andere Deutschland" sichtbar machen. Zugleich war dies der Versuch, „Gesinnung und Haltung der Regimegegner den Institutionen gutzuschreiben, aus denen heraus sie handelten".[227] Das Bekenntnis zur demokratischen Grundordnung der Bundeswehr ging jedoch einher mit einem Verschweigen von Verbrechen der Wehrmacht. Zwar war das Bekenntnis der Führung der Bundeswehr zum 20. Juli 1944 von ihrer Gründung an erkennbar, doch „inwieweit diese Vorstellungen im Bewusstsein der einzelnen Soldaten weiterwirkten, ist freilich ein anderes Problem".[228]

Die von Baudissin verfassten Richtlinien wurden als das Konzept der „Inneren Führung" bekannt. Zentral war das neu entwickelte Leitbild des „Staatsbürgers in Uniform" als Gegenentwurf zum Gehorsamsbegriff der Wehrmacht. Das Militär sollte nicht mehr die „Schule der Nation" sein, sondern „Nation und Staat" sollten die „Schule der Streitkräfte" darstellen.[229] Für Streitkräfte essentielle Werte wie Gehorsam sollten eine klare sittliche Bindung haben.[230] Baudissins Konzept, in der Sprache der preußischen Reformer verfasst, wirkte nicht nur legitimierend und sondern auch integrativ: „So schien die Idee der »Inneren Führung« allen zu geben, was sie erwarten. Den Traditionalisten vermittelte sie die Illusion, am Aufbau einer Armee mitzuwirken, in der die alten Werte des Dienstes und der Pflichterfüllung weiter in Kraft bleiben. Den Bürgern wurde gesagt, dass es künftig auch in der Truppe zivil zugehen werde.

---

ler, Der lange Weg nach Westen, Bd. 2, S. 102. Zur weiteren Planung und nicht erfolgten oder erfolglosen Ausführung von Attentaten auf Hitler siehe ebd.
225 „Bürger in Uniform", in: Der Spiegel, Nr. 45/1953, S. 9 f.
226 Robert Buck, „Die Rezeption des 20. Juli 1944 in der Bundeswehr", in: Gerd R. Ueberschär (Hg.), Der 20. Juli 1944. Bewertung und Rezeption des deutschen Widerstands gegen das NS-Regime, Köln 1994, S. 214 – 234, S. 220 ff. Nicht nur diese, sondern auch höhergestellte Ränge hatten teils eine sehr ablehnende Haltung gegenüber den Verschwörern vom 20. Juli 1944.
227 Steinbach, „Widerstand im Dritten Reich", S. 87.
228 Buck, „Die Rezeption des 20. Juli 1944 in der Bundeswehr", S. 233.
229 Wolf Graf von Baudissin, „Das Leitbild des zukünftigen Soldaten", in: Die Neue Gesellschaft 2 (1955), S. 26 – 37.
230 Frevert, „Heldentum und Opferwille", S. 146.

Die Sozialdemokraten und Gewerkschaften konnten hoffen, auch mit ihren Wertvorstellungen zum Zuge zu kommen. Selbst kritische Christen wurden durch die moralisch anspruchsvollen Ziele mit der bedenklichen Realität einer staatlichen Tötungsmaschinerie versöhnt. Und die politische Führung durfte erwarten, dass ein von diesem Geist durchdrungenes Offizierskorps ihren Primat nicht anfechten würde."[231]

Wie sehr Wertvorstellungen und Heldenbilder des Nationalsozialismus überdauert haben, trotz der Bekenntnisse zum 20. Juli 1944 im politischen und militärischen Bereich, gefördert durch die Tatsache, dass die Selbstviktimisierung aller Ränge der Wehrmacht nach 1945 einen positiven Blick auf ein angeblich unpolitisches, überzeitliches, heldenhaftes Soldatentum ermöglichte,[232] zeigt ein Blick auf die Romanhefte „Der Landser", die öffentlichkeitswirksam Bilder von Kriegshelden des Zweiten Weltkriegs einer breiten Leserschaft vermittelten. Der Landser erschien das erste Mal 1957 im Pabel-Moewig-Verlag in Rastatt. 1970 wurde der Verlag vom Bauer Verlag übernommen, der mit der Herausgabe des Landers und weiterer Landser-Spezialhefte fortfuhr. Die Auflagenstärke der Landser-Reihen konnte bislang nur geschätzt werden, da Auflagenzahlen aus „verlagsinternen Gründen" zurückgehalten und in Folge dessen sogar ausbleibende Anzeigenerlöse in Kauf genommen wurden.[233] Die Zeitschrift „Der Landser" wurde erst 14-tägig, ab Oktober 1958 wöchentlich herausgegeben, im Oktober 2003 betrug die Auflage geschätzt 42.000 Exemplare, „Der Landser – Großband" erschien ab 1958 alle zwei Wochen und erreichte im Oktober 2003 eine Auflage von etwa 28.000 Exemplaren, „Der Landser – SOS – Schiffsschicksale" erschien monatlich und erreichte im Oktober 2003 eine Auflage von 20.000 Exemplaren. Von 1959 bis 1962 erschien gesondert die Reihe „Der Landser – Ritterkreuzträger."[234] Conrad schätzt eine Auflagenhöhe von „60.000 Exemplaren pro Landser-Heft pro Woche"[235], schließt sich aber dem Urteil Geigers an, der in seiner Untersuchung von 1974 von einer siebenmal höheren Leserzahl ausging.[236] Landser-Hefte waren kleinformatig (ca. 22,5 cm hoch, 15 cm breit) und hatten einen Umfang von ca. 64 Seiten – der Großband hatte 96 Seiten – und waren geheftet. Sie waren betitelt mit „Der Landser". Der Untertitel lautete „Authentische Erlebnisberichte zur Geschichte des Zweiten Weltkriegs", wobei „authentisch" später weggelassen wurde. Bis 1971 erschienen Bilder auf dem Umschlag, wurden jedoch nach 1971 von Foto-

---

231 Hans-Peter Schwarz, Die Ära Adenauer. Gründerjahre einer Republik 1949–1957, Bd. 2, Stuttgart 1981, S. 292.
232 Ausführlich zum Prozess der Selbstviktimisierung innerhalb der Wehrmacht und neugeschaffenen Bundeswehr siehe: Knoch, „»Gewissenlose Führung« und »anständige Landser«. Die Wehrmacht im Wandel bundesrepublikanischer Erinnerungspolitik", S. 43–71.
233 Ernst Antoni, Landser-Hefte. Wegbereiter für den Rechtsradikalismus, München 1979, S. 15f.
234 Peter Conrady, „»Wir lagen vor Stalingrad«. Oder: Nichts gelernt aus der Geschichte? Die Landser-Hefte der 50er und 60er Jahre", in: Peter Conrady (Hg.): Faschismus in Texten und Medien: Gestern, Heute, Morgen? Oberhausen 2004, S. 119–134, hier S. 125.
235 Ebd., S. 127.
236 Ebenso untersuchte Antoni den Umlauf bereits gelesener Hefte in Tauschzentralen, siehe: Antoni, Landser-Hefte. Wegbereiter für den Rechtsradikalismus, S. 17.

grafien abgelöst. Auf der 2. Umschlagseite wurde ein Ritterkreuzträger mit Foto und seinem Lebenslauf vorgestellt. Auf der 3. und 4. Umschlagseite folgten teils technische Zeichnungen, Beschreibungen und Fotos von Kriegsgerät und Abbildungen von Orden. Auffällig war, dass bei den Orden das Hakenkreuzzeichen nicht entfernt wurde[237] und neben nationalsozialistischen Auszeichnungen Orden aus dem Kaiserreich vorgestellt wurden, somit eine historische Kontinuität dieser bis zum Ende des Zweiten Weltkriegs betont wurde. Vor dem Erzähltext erschienen zum Teil ein Vorwort und Auszüge aus Leserbriefen. Der Text war durch Einschübe wie Fotos oder Kartenskizzen unterbrochen.[238] Die gesamte Aufmachung der Hefte – Texte kombiniert mit Abbildungen von Fotos, Karten und Orden – sollte die durch den Untertitel betonte „Authentizität" unterstreichen.

Der „Landser" sprach vor allem zwei Zielgruppen an: ehemalige deutsche Teilnehmer am Zweiten Weltkrieg, in erster Linie die „einfachen Soldaten". Dies wurde vor allem durch die Verwendung des Namens „Landser" – eine altdeutsche Bezeichnung für den „einfachen Soldaten" – als Titel bewirkt. In diesen Heften wurde der Landser durchgängig als „aufrecht und unschuldig" gezeichnet.[239] Dadurch schuf der Verlag für die breite Masse der Leser die Möglichkeit einer „nationalen Identifikation".[240] Die zweite Gruppe, die insbesondere von der technikorientierten Darstellung der Waffen und der Darstellung von Kriegserlebnissen als Abenteuergeschichten von den Heften angesprochen wurde, waren jugendliche Leser. Tatsächlich stehen nicht einfache Soldaten, sondern obere Dienstränge im Mittelpunkt der Erzählungen. Der „»einfache Soldat« darf lediglich eine Statistenrolle abgeben" urteilt Ernst Antoni in seiner Darstellung der Hefte.[241] Die Vorgesetzen der einfachen Soldaten werden als Identifikationsfiguren, als Vorbilder dargestellt. Insbesondere Ritterkreuzträger wurden zu Helden stilisiert: „Vollends bricht am Schluss von »Ritterkreuzträger«-Heften das Helden-Pathos durch, stilistisch ausgewiesen durch Superlative und Elative, inhaltlich durch den Hinweis auf die Größe des Gefeierten und auf die ihm durch seine Taten verliehene Unsterblichkeit."[242] Die Stilisierung erfolgt sowohl durch pathetische Beschreibungen der Taten und Ereignisse als auch durch die Verwendung von Begriffen wie „Held" oder „heldenhaft".

Medien wie die Kriegsromanhefte „Der Landser" ließen Helden des Zweiten Weltkriegs weiterleben und trugen wesentlich zum Mythos einer „sauberen" Wehr-

---

237 Laut dem Gesetz zur Wiedereinführung von Orden und Ehrenzeichen durften zwischen 1933 und 1945 verliehene Orden und Ehrenzeichen unter der Bedingung der Entfernung nationalsozialistischer Embleme getragen werden. Siehe: Gesetz über Titel, Orden und Ehrenzeichen vom 26. Juli 1957 (BGBl. I S. 844) Zweiter Abschnitt.

238 Zur Ausführlichen Beschreibung des Heftaufbaus siehe: Klaus F. Geiger, Kriegsromanhefte in der BRD. Inhalte und Funktionen (Untersuchungen des Ludwig-Uhland-Instituts der Universität Tübingen, Bd. 35), Tübingen 1974, S. 23–26.

239 Speitkamp, „Drittes Reich", S. 222.

240 Geiger, Kriegsromanhefte in der BRD. Inhalte und Funktionen, S. 23.

241 Antoni, Landser-Hefte. Wegbereiter für den Rechtsradikalismus, S. 65.

242 Geiger, Kriegsromanhefte in der BRD. Inhalte und Funktionen, S. 97.

macht bei: „Ein wesentliches Ergebnis der Umformung der Kriegsrealität in den Heften ist die Herauslösung der Deutschen Wehrmacht aus politischen und gesamt-gesellschaftlichen Zusammenhängen, ist das stillschweigende Ausgehen von ihrer Schuldlosigkeit. Es resultiert ein gereinigtes Bild deutscher Militärs [...].“[243] Der von Geiger geschilderte Prozess ist Spiegelbild zum Umgang mit Angehörigen der Wehr-macht in Westdeutschland. Einzelne Strafprozesse gegen Kriegsverbrecher bestätigen dieses Urteil. Indem einzelne Verbrechen als Ausnahme von der Regel interpretiert wurden und eine Schuldzuweisung zumeist an einige wenige obere Dienstränge stattfand, fand eine Entlastung der Masse der Wehrmachtsoldaten statt: „Das Er-gebnis war ein Rollentausch: Aus dem potentiellen Täter wurde ein tatsächliches Opfer, aus der Wehrmacht eine missbrauchte Armee.“[244] Der auf dieser Exkulpation der Masse der Wehrmachtsangehörigen aufbauende Mythos einer „spezifisch solda-tischen Sittlichkeit“, veranschaulicht und gepflegt in Kriegsgeschichten, die unter den „Kameraden“ ausgetauscht und in Heldenbildern wie dem des „anständigen Landers“ gepflegt wurden, ermöglichte die soziale Integration ehemaliger Soldaten in die junge Bundesrepublik. Dies war freilich angesichts der Tatsache, dass insgesamt 18 Millio-nen Deutsche während des Nationalsozialismus der Wehrmacht angehörten, ein wichtiger Faktor für die Stabilisierung der jungen Demokratie.[245] Gleichzeitig ver-hinderten diese Mythen die historische Aufarbeitung der Rolle der Wehrmacht im Nationalsozialismus.[246]

3.5 „Märtyrer der Freiheit“ – Der 17. Juni 1953 und seine Deutung in der Bundesrepublik Deutschland

Als am 16. Juni 1953 auf der Stalinallee in Ost-Berlin Arbeiter demonstrierten, ahnte noch niemand, dass sich aus einem Protest von 700 Bauarbeitern ein Ereignis her-ausbilden würde, welches im politischen Counterpart als nationaler Feiertag began-gen werden sollte. Der ursprüngliche Anlass für den Protest waren Forderungen nach der Rücknahme geplanter Erhöhungen von Arbeitsnormen. Diese wurden im Laufe des 16. Juni 1953 um politische Forderungen und um den Aufruf zum Generalstreik am drauffolgenden Tag erweitert. Am 17. Juni 1953 demonstrierten fast eine halbe Million Menschen für die Freilassung aller politischen Häftlinge in der DDR, den Rücktritt der SED-Regierung, für freie Wahlen und die Einheit Deutschlands.

---

243 Ebd., S. 130.
244 Jörg Echternkamp, „Mit dem Krieg seinen Frieden schließen“, S. 82.
245 Diese Schätzung ist übernommen aus: Peter Reichel, „Helden und Opfer. Zwischen Pietät und Politik. Die Toten der Kriege und der Gewaltherrschaft in Deutschland im 20. Jahrhundert“, in: Michael Th. Greven, Oliver von Wrochem (Hg.), Der Krieg in der Nachkriegszeit. Der zweite Weltkrieg in Politik und Gesellschaft der Bundesrepublik, Opladen 2000, S. 167–182, hier S. 167.
246 Knoch, „»Gewissenlose Führung« und »anständige Landser«. Die Wehrmacht im Wandel bun-desrepublikanischer Erinnerungspolitik“, S. 64 ff.

In Bonn wurden die Ereignisse in der DDR nicht nur wahrgenommen, sondern auch kommentiert; zu Beginn der Plenarsitzung des Bundestages am 17. Juni 1953 erklärte Adenauer: „Wie auch die Demonstrationen der Ostberliner Arbeiter in ihren Anfängen beurteilt werden mögen, sie sind zu einer großen Bekundung des Freiheitswillens des deutschen Volkes in der Sowjetzone und in Berlin geworden. Die Bundesregierung empfindet mit den Männern und Frauen, die heute in Berlin Befreiung von Unterdrückung und Not verlangen. Wir versichern ihnen, dass wir in innigster Verbundenheit zu ihnen stehen. Wir hoffen, dass sie sich nicht durch Provokationen zu unbedachten Handlungen hinreißen lassen, die ihr Leben und die Freiheit gefährden könnten."[247]

Freilich blieb Adenauers im Plenarsaal in Bonn geäußerte Hoffnung auf einen gewaltlosen Ablauf der Proteste auf den Straßen Berlins und anderer ostdeutscher Großstädte ungehört und seine Befürchtungen bewahrheiteten sich. Insbesondere im Zentrum Ost-Berlins war die Lage am späten Vormittag des 17. Juni bereits äußerst angespannt. Dass Jugendliche vor den Augen sowjetischer Soldaten die Rote Fahne vom Brandenburger Tor holten, verlieh dem Protest zusätzlich eine symbolische Aufladung: Der politische Gegner wurde mit dem Herunterholen der Fahne der Sowjetunion symbolisch entmachtet. Es folgte keine symbolische, sondern eine reelle Machtdemonstration. Sowjetische Panzer bezogen auf zentralen Straßen in Ost-Berlin Stellung, die Protestierenden antworteten mit Pflastersteinen. Um die Mittagszeit fielen die ersten Schüsse, am Abend war der Aufstand niedergeschlagen. Ungefähr 13.000 Personen wurden in Gewahrsam genommen, 50 Demonstranten kamen bei den Protesten ums Leben,[248] achtzehn Personen wurden standrechtlich von der sowjetischen Armee erschossen.[249]

In West-Berlin und in der ganzen Bundesrepublik entfalteten die Proteste und ihre Niederschlagung eine enorme Medienpräsenz. Der RIAS berichtete nicht nur minutiös über den Ablauf der Demonstrationen, sondern sandte auch den Appell des westdeutschen DGB-Vorsitzenden Ernst Scharnowski an die demonstrierenden Arbeiter in Ost-Berlin, weiter zu protestieren, und wurde somit ungewollt zum Katalysator des Aufstands.[250] Die Ausgabe der Neuen Deutschen Wochenschau vom 23. Juni 1953 war fast vollständig den Ereignissen in der DDR, ihrer Rezeption in der internationalen Presse, der Gedenkfeier in Bonn und den Trauerfeiern mit anschließendem Begräbnis der Opfer in West-Berlin gewidmet.[251] „Den nachhaltigsten Eindruck haben wohl die Fotoserien in den illustrierten Zeitschriften und Kino-Wochenschauen gemacht: wehrlose, mutige Menschen, die sich in der Leipziger Straße und am Potsdamer Platz

---

247 Plenarprotokoll der 272. Sitzung, 17. Juni 1953, S. 13449; http://dip21.bundestag.de/dip21/btp/01/01272.pdf (Zugriff am 8.3.2019).
248 Reichel, Schwarz Rot Gold, S. 56 f.
249 Winkler, Der lange Weg nach Westen, Bd. 2, S. 157.
250 Zur Rolle von RIAS siehe: Egon Bahr, „Tag der deutschen Geschichte", in: APuZ B23/2003, S. 3 – 4; desweitern: Gunter Holzweißig, „Der 17. Juni 1953 und die Medien", in: APuZ B23/2003, S. 33 – 38.
251 Neue Deutsche Wochenschau 178/1953 vom 23.06.1953.

Steine werfend den sowjetischen T4-Panzern entgegenstellen."[252] Auch der Spiegel druckte Fotos vom Erklimmen des Brandenburger Tores, vom Runterholen der Roten Fahne und von zwei Protestierenden, die – mit dem Rücken zum Betrachter stehend – Pflastersteine auf zwei Panzer warfen.[253] Ein Bild, welches an das biblische Motiv von David und Goliath erinnerte und später als Symbol des Aufstands auf eine west-deutsche Briefmarke gedruckt wurde.

Wie Reichel betont, entfalteten die Bilder eine emotionale Wirkung, der sich kaum jemand entziehen konnte. Diese Wirkung wurde sowohl durch die jeweiligen Bild-unterschriften als auch durch verbale Äußerungen in Politik und Medien unterstri-chen, die sich bei der Deutung der Ereignisse historischer Bezüge und einer religiösen Terminologie bedienten. „Als die Pariser am 14. Juli 1789 die Pariser Bastille stürmten, wobei sie 98 Tote zu beklagen hatten und nur sieben Gefangene befreiten, ahnten sie nicht, dass dieser Tag zum Symbol der Französischen Revolution werden würde."[254] Diese Zeilen waren der Beginn eines Artikels von Marion Gräfin Dönhoff, den sie am 25. Juni 1953, also nur eine Woche nach dem Aufstand, in der ZEIT veröffentlichte und in dem sie für die Proklamation des 17. Juni 1953 zum Nationalfeiertag warb. „Als Demonstration begann's und ist eine Revolution geworden. Die erste wirkliche deut-sche Revolution, ausgetragen von Arbeitern, die sich gegen das kommunistische Ar-beiterparadies empörten, die unbewaffnet, mit bloßen Händen, der Volkspolizei und der Roten Armee gegenüberstanden und die jetzt den sowjetischen Funktionären ausgeliefert sind." Mit ihrer Darstellung des 17. Juni als „erste wirkliche deutsche Revolution" kritisierte Dönhoff die von der DDR für sich reklamierte Nachfolge und Vereinnahmung der Revolution von 1848/49.[255] „Jener 17. Juni hat ein Bild enthüllt, das nicht mehr wegzuwischen ist: die strahlenden Gesichter jener Deutschen, die seit Jahren in Sorge und Knechtschaft lebten und die plötzlich, wie in einem Rausch, aufstanden, die fremden Plakate herunterrissen, die roten Fahnen verbrannten, freie Wahlen zur Wiedervereinigung forderten [...] Und die nun schweigend, von neuen

---

252 Reichel, Schwarz Rot Gold, S. 57.
253 „Berlin. 17. Juni 1953", in: Der Spiegel, Nr. 26/1953, S. 19–22. Auf den Seiten 19–22 wurde eine Bilderstrecke veröffentlicht, der Bericht fand auf den Seiten 6–7 in derselben Ausgabe Platz („Juni-Aufstand. Was in der Luft liegt", in: Der Spiegel, Nr. 26/1953). Über die rote Fahne und den Verbleib einzelner Stückchen schrieb der Spiel in derselben Ausgabe und beendete den Bericht mit einem Zitat eines Gesprächspartners: „Bald werden so viele Fetzen von der heruntergeholten Fahne gezeigt werden wie Holzsplitter vom Kreuze Christi. Wenn man sie alle zusammennähen würde, hätte man ein so großes Laken, daß man das ganze Bundeshaus darin einwickeln könnte. – So finden alle großen Geschehnisse ihren kleinbürgerlichen Niederschlag." Siehe ebd., S. 8. Die Wochenschrift die Zeit druckte ein Foto, welches am Anhalter Bahnhof in Berlin aufgenommen wurde. Auf diesem sind mehrere Demonstranten zu sehen, die mit dem Rücken zum Bildbetrachter stehen und Steine auf Panzer werfen. Einer der Demonstranten hält einen Stock in der Hand, auf der Straße sind viele Steine zu sehen. Siehe: Marion Gräfin Dönhoff, „17. Juni 1953. Die Flammenzeichen rauchen", in: Die Zeit, Nr. 26/1953.
254 Ebd.
255 Edgar Wolfrum, Geschichtspolitik in der Bundesrepublik Deutschland, S. 81f.

Sorgen erfüllt an ihre Arbeitsstätten wandern."[256] Dönhoffs Artikel zeigt zentrale Begriffe, Metaphern und Argumentationsmuster auf, die bei der Deutung des 17. Juni in Politik und Medien verwendet wurden: Antikommunismus und Freiheit. Ihr Plädoyer, den 17. Juni 1953 zu einem Nationalfeiertag der Bundesrepublik Deutschland zu erklären, spiegelte die Auffassung weiter Teile der politischen Elite.[257] Bereits am 3. Juli 1953 erhob der Deutsche Bundestag den 17. Juni als „Tag der deutschen Einheit" zum nationalen Feiertag der Bundesrepublik. Ein Jahr später, im Juni 1954, wurde das vom Minister für gesamtdeutsche Fragen Jakob Kaiser initiierte überparteiliches Kuratorium „Unteilbares Deutschland" aktiv und begann Gedenkveranstaltungen und Aktionen anlässlich des 17. Juni 1953 zu organisieren, welche die Gedenkveranstaltungen von Bundestag und Bundesregierung ergänzen sollten.[258] Das Kuratorium sah sich selbst – wie am Untertitel ersichtlich – als „Volksbewegung für die Wiedervereinigung". Es ging ihm, so Kaiser, um „sinnfälligen Ausdruck des deutschen Willens zur Wiedervereinigung".[259]

Das Gedenken an den 17. Juni überlagerte nicht nur die Feierlichkeiten zum 20. Juli und wurde als Erbe des Widerstands gegen Hitler interpretiert,[260] auch Jargon und Argumentation der Reden zu Gedenkveranstaltungen beider Tage glichen einander. Auf der zentralen Gedenkfeier für die Opfer des Aufstands am 23. Juni 1953 erinnerte Kaiser an diejenigen, die ihr Leben für Deutschland geopfert hätten und unterstrich: „Diese Toten sind Blutzeugen dafür, dass das System der Gewalt den Willen zu Freiheit und zu Menschenwürde nicht auslöschen, nicht vernichten kann."[261] Das Opfer, das Leid und der Mut der Protestierenden verpflichteten Westdeutschland, für eine Wiedervereinigung zu kämpfen, so Kaiser. Über Parteigrenzen hinweg spielte die Betonung des „Opfers" der Demonstrierenden eine große Rolle. Adenauer bezeichnete während einer Rede im Deutschen Bundestag und auf der Trauerfeier vor dem Schöneberger Rathaus in West Berlin die getöteten Demonstranten als „Märtyrer der Freiheit"[262]. Als Vermächtnis der Opfer wurde prominent von Bundespräsident

---

256 Marion Gräfin Dönhoff, „17. Juni 1953. Die Flammenzeichen rauchen", Die Zeit 26/1953.
257 Gleichwohl gab es auch kritische Stimmen, die den Feiertag und das bundesweite Hissen der Flaggen auf Halbmast anlässlich des 17. Juni befürworteten, Gleiches aber auch für den 20. Juli 1944 anmahnten. Paul Graf York von Wartenburg, „Erbe und Verantwortung", Ansprache von Paul Graf York v. Wartenburg am 20. Juli 1954 in der Universität Heidelberg, S. 2.
258 Aktionen wie das Anzünden von Kerzen an der Grenze zur DDR wurden nach dem Bau der Mauer zweifach symbolisch aufgeladen. Zu einzelnen Aktionen siehe: Reichel, Schwarz, Rot, Gold, S. 58 ff. Adenauer selbst distanzierte sich vom Kuratorium aufgrund der in diesem gepflegten stark nationalen Rhetorik. Dazu siehe: Winkler, Der lange Weg nach Westen, Bd. 2, S. 159.
259 Leo Kreuz, Das Kuratorium Unteilbares Deutschland. Aufbau, Programmatik, Wirkung, Opladen 1980, S. 14.
260 Beispielsweise von Gerstenmaier in seiner Rede als Bundestagspräsident anlässlich des „Tages der deutschen Einheit" am 17. Juni 1956 im Plenarsaal des Bundeshauses, siehe: Bulletin Nr. 110 (1956), S. 1077–1080.
261 http://www.17juni53.de/material/bpb/doku009.pdf (Zugriff am 9. 3. 2019)
262 Matthias Fritton, Die Rhetorik der Deutschlandpolitik. Eine Untersuchung deutschlandpolitischer Rhetorik der Regierungen der Bundesrepublik Deutschland unter besonderer Berücksichtigung von

Heinrich Lübke am 17. Juni 1960 auf einem Festakt in Eschwege, einem Ort an der innerdeutschen Grenze, die Wiedervereinigung benannt und angemahnt.[263]

So sehr politische Akteure auf unterschiedlichen Veranstaltungen zur Erfüllung des Vermächtnisses des 17. Juni 1953 auch aufriefen, so sehr hatten sie im Blick, sich selbst zu keinerlei Provokationen hinreißen zu lassen und zu keinerlei Provokationen aufzufordern. In den Reden zum 17. Juni 1953 wurde das als heldenhaft umschriebene Handeln der Demonstranten zwar hervorgehoben, doch alle Redner waren sich bis 1989 darin einig, „Gewalt als Mittel zur Wiederherstellung der Einheit Deutschlands kategorisch auszuschließen".[264]

Mit der Betonung des Opfers der Demonstranten vom 17. Juni 1953, ihrem Vergleich mit christlichen Märtyrern, wurden insbesondere die zu Tode gekommenen Demonstranten des 17. Juni 1953 als heldenhaft umschrieben. Was jedoch ausblieb, waren dergleichen Zuschreibungen auf einzelne Personen, die an den Protesten teilgenommen hatten. Ihre Ehrung als heroische Kämpfer für Freiheit und Wiedervereinigung erfolgte stets im Kollektiv. Zwar wurde neben der Briefmarke, auf der zwei mit dem Rücken zum Betrachter fotografierte Demonstranten, zu sehen sind, die einen auf sie zukommenden Panzer mit Steinen bewerfen, eine weitere Briefmarke gedruckt, die Menschen zeigt, die durch das Brandenburger Tor schreiten und die, mit dem Tor im Rücken, auf den Betrachter quasi zugehen. Doch auch wenn ihre Gesichter auf der Marke erschienen, die abgebildeten Personen blieben namenlos.

Der Rahmen der Erinnerung an den 17. Juni im Bundestag änderte sich mit den Wechseln der Regierungen der Bundesrepublik Deutschland.[265] Alle Parteien bekannten sich zu den „Kämpfern des 17. Juni", doch wurde das Bekenntnis von den verschiedenen politischen Lagern jeweils für ihre eigenen Ziele instrumentalisiert.[266]

Die Rezeption des 17. Juni 1953 in der Bundesrepublik Deutschland war zu ihrem Beginn von einer Heroisierung der Akteure in Politik und Medien geprägt. Als verbindendes Element zwischen Demonstranten und Bundesrepublik galten das Streben nach Freiheit und Antikommunismus, deren Legitimität als politische Prinzipien der Bundesrepublik durch sakrale Überhöhung der Demonstranten verstärkt wurde. Die Betonung des Antikommunismus als handlungsanleitende Maxime der Demonstrierenden wirkte auch im Hinblick auf die nationalsozialistische Vergangenheit der

---

Reden anläßlich des Gedenkens an den 17. Juni 1953, Stuttgart 1989, S. 49. Vor dem Schöneberger Rathaus wurden die in West Berlin zu bestattenden Toten des Aufstands aufgebahrt, auch der damalige Regierende Bürgermeister Ernst Reuter betonte das Opfer der toten Demonstranten. Siehe: Neue Deutsche Wochenschau 178/1953 vom 23.06.1953, siehe: https://www.filmothek.bundesarchiv.de/video/586074 (Zugriff am 25.3.2019)

263 Fritton, Die Rhetorik der Deutschlandpolitik, S. 51.

264 Ebd., S. 79.

265 Bis 1969 fanden im Plenarsaal des Deutschen Bundestages Gedenksitzungen, Feierstunden oder Staatsakte statt, von 1969 bis 1980 wurde die Erinnerung auf die regulären Plenarsitzungen beschränkt, von 1981 bis 1990 gab es wieder eine gesonderte Gedenkveranstaltung. Siehe: Alexander Gallus, „Der 17. Juni im Deutschen Bundestag von 1954 bis 1990", in: APuZ 25/93, S. 12–21.

266 Reichel, Schwarz Rot Gold, S. 61.

Bundesrepublik exkulpierend, da er „die antibolschewistische Stoßrichtung des »Dritten Reiches« nachträglich zu bestätigen" schien.[267] Nach dem Bau der Berliner Mauer wurde die antikommunistische Rhetorik nochmals verschärft und Parallelen zwischen dem 20. Juli, dem 17. Juni und den toten Mauerflüchtlingen gezogen.[268] Mit dem Regierungswechsel von 1969 änderte sich die Erinnerung an den 17. Juni 1953. Die Hervorhebung des Opfers der Aufständischen geriet zugunsten der Betonung zentraler Werte wie Freiheitsliebe, Selbstbestimmung und Einheit während der von Entspannungspolitik gekennzeichneten Regierungszeit Brandts in den Hintergrund.[269] Gleichwohl wurde der 17. Juni argumentativ von der CDU gegen die Neue Ostpolitik Brandts in Stellung gebracht – zuvor benutzte die SPD das Datum, um gegen eine Westintegration Adenauers zu argumentieren.[270] Nach der Regierungsübernahme durch Bundeskanzler Kohl wurden Ziele der Aufständischen wie „Freiheit und Einheit" wieder stärker akzentuiert, eine emotional aufgeladene Darstellung der Ereignisse vom 17. Juni selbst und eine Stilisierung der Demonstranten zu Helden fand hingegen nicht statt.[271]

Wie Wolfrum zutreffend beschreibt, geriet der 17. Juni „sehr rasch in die Fänge partei- und gruppenpolitischer Vereinnahmungen, die sich wiederum im Zeitverlauf infolge internationaler Rahmenbedingungen, generationeller Umbrüche und eines Wertewandels in der Gesellschaft tiefgreifend veränderten".[272] Während dieser Vereinnahmungen wurde der Demonstranten gedacht, die verwendete Opferrhetorik diente ihrer Instrumentalisierung für politische Zwecke, der Legitimierung des Antikommunismus und des Verbleibs Westdeutschlands in der westeuropäischen Staatengemeinschaft.

Die Demonstranten, zu Opferhelden stilisiert, blieben namenlos. Das wiederum ermöglichte, ihr Streben nach Freiheit und die dafür in Kauf genommenen Opfer zu entgrenzen und einem ganzen Volk zuzuschreiben.

3.6 Das Wunder von Bern und die Wiedergeburt des Sporthelden

In der Bundesrepublik Deutschland gab es Bemühungen der politischen und kulturellen Eliten, Personen aus dem Rettungswiderstand und aus dem Widerstand gegen

---

267 König, Geschichte und Gedächtnis, S. 501 f.

268 Eine Analyse der Auswirkungen der Niederschlagung des 17. Juni auf den äußerst restriktiven Umgang der SED-Führung bei kleinsten Anzeichen von Protesten gegen den Bau der Berliner Mauer 1961 bietet in seiner sehr lesbaren kurzen Darstellung der Ereignisse vom Mauerbau bis zum Fall der Mauer: Edgar Wolfrum, Die Mauer. Geschichte einer Teilung, München 2009, S. 23–25.

269 Fritton, Die Rhetorik der Deutschlandpolitik, S. 192–194.

270 Reichel, Schwarz Rot Gold, S. 61.

271 Ebd., S. 233 ff.

272 Edgar Wolfrum, „Neue Erinnerungskultur? Die Massenmedialisierung des 17. Juni 1953", in: Aus Politik und Zeitgeschichte B 40–41/2003, 33–39, hier S. 36. Zur Wiederentdeckung des 17. Juni in Film und Fernsehen zu seinem fünfzigsten Jahrestag siehe ebd.

Hitler zu heroisieren.[273] Die Bemühungen waren unterschiedlich erfolgreich. Gemeinsam war ihnen, dass sie auf ein Kapitel der deutschen Geschichte verwiesen, welches mit schlimmsten Verbrechen gegen die Menschheit in Verbindung gebracht wurde, mit einem Angriffskrieg und mit einer für viele als Katastrophe erlebten Niederlage. Der Schatten des Nationalsozialismus legte sich somit über das Gedenken an die Verschwörer vom 20. Juli 1944, die Ehrungen von Personen des Rettungswiderstands und über die Erinnerung an den 17. Juni 1953. Emotionen wie Trauer und Besinnung dominierten die Erinnerung.

Schichtenübergreifende Begeisterung, Jubel und durchweg positive Emotionen jenseits von Trauer oder Schuldgefühlen lösten dagegen die Fußballweltmeisterschaft 1954 und ihre Protagonisten, die deutschen Nationalspieler und ihr Trainer Sepp Herberger, aus. Zu Beginn ihrer Austragung wurde die Fußballweltmeisterschaft 1954 in der Bundesrepublik Deutschland zwar wahrgenommen, doch das Interesse an den Spielen war eher gering. Erst mit dem für die deutsche Mannschaft positiven Verlauf der ersten Spiele steigerte sich das Interesse an der Weltmeisterschaft, bis es beim Endspiel am 4. Juli 1954 – die deutsche Nationalelf traf auf die ungarische Nationalmannschaft – ein enormes Ausmaß erreichte.[274] Einer der Gründe für das anfängliche Desinteresse war, dass zu Beginn der Spiele kaum jemand mit einem Weiterkommen der Nationalelf rechnete.[275] Nach den ersten Siegen der Mannschaft änderte sich die Rezeption der Fußballweltmeisterschaft stark. Geschätzt eine halbe Million Zuschauer verfolgten schließlich das Endspiel an Fernsehgeräten daheim, in Gastwirtschaften oder vor Schaufenstern; ein Vielfaches mehr an Zuhörern erreichte die Übertragung im Radio. Das Spiel war spannend: Zu Beginn schoss die ungarische Mannschaft zwei Tore, den Rückstand holte die deutsche Mannschaft bereits in der achtzehnten Spielminute wieder auf und gewann in den letzten Spielminuten mit dem entscheidenden dritten Tor die Fußballweltmeisterschaft 1954 mit dem Ergebnis 3:2. Die Radioübertragung des Spiels, kommentiert vom Sportreporter Herbert Zimmermann, eine durch „exalierte und mit quasireligiösem Eifer vorgetragene Reportage, in der er den deutschen Torwart Toni Turek zum veritablen »Fußball-Gott« stilisierte",[276] trug zur Begeisterung und Euphorie nach dem Spiel bei.

Diese Begeisterung spürten die Nationalspieler bei ihrer Rückkehr von der Schweiz nach Deutschland im eigens für sie von der Bahn bereitgestellten und mit Blumengirlanden geschmückten Sonderzug. Die Bahnhöfe, die der Zug auf seiner Fahrt zum Empfang der Spieler nach München passieren musste, waren überfüllt von

---

273 Siehe Kapitel 3.2 und 3.3 dieser Arbeit.

274 Franz-Josef Brüggemeier, Zurück auf dem Platz. Deutschland und die Fußball-Weltmeisterschaft 1954, München 2004, S. 10.

275 Deutschland war in einer Außenseiterrolle, Ungarn dagegen galt aufgrund der Leistungen zu Beginn der WM und aufgrund seines Sieges über die deutsche Nationalelf beim ersten Aufeinandertreffen am 20. Juni 1954 mit 8:3 als haushoher Favorit.

276 Diethelm Blecking, Das »Wunder von Bern« 1954: Zur politischen Instrumentalisierung eines Mythos", in: Historical Social Research, 40(4), S. 197–208, hier S. 200.

wartenden Menschen, die gratulieren und Geschenke überreichen wollten. Nach ihrer Ankunft in München wurden die Spieler am 6. Juli 1954 von einer halben Million jubelnder und feiernder Menschen auf den Straßen und dem Marienplatz empfangen. Im Rathaus überreichte der Münchner Oberbürgermeister den Spielern die Silberne Sportplakette der Stadt München, anschließend wurden sie in der bayerischen Staatskanzlei durch Ministerpräsident Erhard geehrt.[277] Auch die Feierlichkeiten, auf denen die offiziellen Ehrungen durch den Bundespräsidenten in Berlin und die Bundesregierung in Bonn Ende Juli 1954 vorgenommen wurden, boten das gleiche Bild: Jubel und Begeisterung.

Welchen Stellenwert der Sieg der Nationalelf in der bundesrepublikanischen Gesellschaft erlangt hatte, verdeutlicht ein kurzer Blick auf die Berichterstattung der Neuen Deutschen Wochenschau. Diese berichtete am 23. Juli 1954 nicht nur über die am 17. Juli 1954 stattgefundene Wiederwahl von Theodor Heuss zum Bundespräsidenten, sondern auch über die Ehrung der Nationalspieler durch Theodor Heuss am 18. Juli 1954 im Berliner Olympiastadion. Die Wochenschau zeigte das Berliner Olympiastadion, welches mit jubelnden Menschen ausgefüllt war, bezifferte die Anzahl der Anwesenden auf 80.000 und spielte Heuss ein, der die Spieler auf der Tribüne nacheinander aufrief und ihnen die höchste Auszeichnung der Bundesrepublik Deutschland für sportliche Leistungen, das Silberne Lorbeerblatt, überreichte. Danach wurden Ausschnitte der Ehrung der Spieler von Seiten der Bundesregierung gezeigt, die durch den damaligen Innenminister Gerhard Schröder in Bonn vorgenommen wurde.[278]

Medien im In- und Ausland berichteten nicht nur über Ehrungen, sondern kommentierten und analysierten die Spielweise und den Sieg der Deutschen Nationalelf. Die Wahrnehmung und Beurteilung der deutschen Mannschaft durch ausländische Medien ähnelte sich in vielerlei Punkten. So wurde Deutschland zwar ein faires Spielverhalten attestiert, doch die Spielweise kritisiert. Dabei wurde auf nationale Stereotype zurückgegriffen, die noch ganz im Schatten des Zweiten Weltkriegs standen: Die Ausbildung der Mannschaft erfolge nach militärischen Prinzipien, die Spieler würden lediglich aufgrund ihrer Kraft ausgewählt, „Feinheiten der Fußballkunst" würden sie nicht beherrschen. Als „Sieg der nur aufs Endziel gedrillten Roboter über die Vertreter der Fußballästhetik"[279] umschrieb der Österreicher Friedrich Torberg das Spielverhalten der deutschen Nationalelf.

Ob die breite Masse der jubelnden Bevölkerung solche Äußerungen las oder hörte, ist schwer zu rekonstruieren. Kritik an der deutschen Nationalelf aus dem Ausland

---

277 Eine ausführliche Darstellung der Rückkehr der Nationalelf bietet: Brüggemeier, Zurück auf dem Platz, S. 245.
278 Neue Deutsche Wochenschau 234/1954, abrufbar unter: https://www.filmothek.bundesarchiv.de/ video/586130?set_lang=de (Zugriff am 23.12.2018). Die Ehrung fand nach der Leichtathletik-Meisterschaft im Berliner Olympiastadium statt.
279 Zitiert nach Brüggemeier, Zurück auf dem Platz, S. 273. Eine Zusammenfassung von Reportagen über das Endspiel siehe ebd., S. 269 ff.

konnte jedoch durch die Reaktionen der deutschen Presse auf diese rezipiert werden. So ging der Spiegel auf diffamierende Einschätzungen ausländischer Medien ein und tat sein Möglichstes, um diese zu entkräften. Die Spieler des Bundestrainers Sepp Herberger pries er als „gelöste Sportsmänner mit fruchtbaren Ideen, Spielinstinkt und einer traumsicheren Ballbeherrschung".[280] Auf dem Titelblatt der selbigen Spiegel-Ausgabe war ein Portrait Herbergers zu sehen. Er war in einer Pose abgebildet, die als zurückhaltend beschrieben werden kann. Die Augenbrauen hochgezogen, mit gerunzelter Stirn und einem – vom Leser aus gesehen – leicht gesenkt nach links gerichteten Blick schien er zu sagen: „Fußballer sind keine Roboter". So lautete die Schlagzeile, die auf dem Titelblatt der nach der WM veröffentlichten Ausgabe des Spiegels unter das Portrait des Nationaltrainers gedruckt war. Im Leitartikel wurde Herberger als „ein gemütlicher kleiner Mannheimer mit verwittertem Bergbauern-Gesicht" beschrieben, der die „von ihm trainierte deutsche Mannschaft zum größten Triumph der deutschen Sportgeschichte geführt hatte"[281], sich um die einzelnen, teils als schwierig beschriebenen Nationalspieler kümmere und sie fern von militärischem Drill trainiere und zum Spielen motiviere. Als Gründe für den Erfolg Herbergers hob der Spiegel hervor: „Herbergers Trainerdenken kreist, wie das jeden guten Trainers, um zwei Begriffe: Kondition und Form, die körperliche und seelische Verfassung."[282] Auch andere Medien in der Bundesrepublik Deutschland aber auch im Ausland attestierten der deutschen Mannschaft im Vergleich zu anderen Mannschaften „eine bessere Kondition, überlegene Schnelligkeit und größere Einsatzbereitschaft".[283]

Der Sieg der deutschen Nationalelft „war unschwer als Zeichen des unbedingten deutschen Aufstiegswillens und als Ausdruck des sich entfaltenden Wiederaufbaus zu deuten, als Fortsetzung heldenhafter Kämpfe mit anderen, zivilen Mitteln"[284]. So war es nicht weiter verwunderlich, dass sowohl die politischen und kulturellen Eliten – Heuss Warnung vor einem übersteigerten Nationalismus brachte ihm viel Kritik ein[285] – als auch die Presse insgesamt distanziert blieben, um die emotionalen Reaktionen großer Teile der Bevölkerung auf den Sieg nicht zu schüren. Berichte über Jubel und Begeisterung nach dem Sieg der Deutschen über die Ungarn waren geprägt von der Klarstellung, dass die emotionalen Reaktionen auf den Gewinn der Weltmeisterschaft nicht geplant und inszeniert worden seien, womit eine klare Abgrenzung zu den damals noch präsenten Inszenierungen der Nationalsozialisten gezogen wurde.[286]

Die einzelnen „Helden von Bern" erfuhren bei ihrer Rückkehr aus der Schweiz und in den ersten Wochen nach dem Spiel eine große Popularität. Die Berichterstattung

280 „Herberger. 3:2", in: Der Spiegel, Nr. 28/1954, S. 24.
281 Ebd., S. 21.
282 Ebd., S. 24.
283 So das Resumée der Zeitungsanalyse von: Brüggemeier, Zurück auf dem Platz, S. 274.
284 Schildt, Siegfried, Deutsche Kulturgeschichte, S. 120.
285 Ernst Wolfgang Becker, Theodor Heuss. Bürger im Zeitalter der Extreme, Stuttgart 2011, S. 157.
286 Brüggemeier, Zurück auf dem Platz, S. 333 und Diethelm Blecking, „Das »Wunder von Bern« 1954", S. 201.

jedoch war, wie Brüggemann herausstellt, schon am zweiten Tag nach dem Spiel nicht mehr auf die Fußballweltmeisterschaft, sondern auf aktuelle Ereignisse im In- und Ausland fokussiert. Dies war freilich in der Aufgabenstellung von Presseerzeugnissen, über aktuelle Geschehnisse zu berichten, begründet. Auch in der Ausgabe der Wochenschau, die über die Ehrung der Spieler im Olympiastadion berichtete, war dieser Bericht einer von insgesamt sechs Berichten. Nach dem Abflauen der unmittelbaren Begeisterung nach dem Sieg bekamen die Spieler besondere Aufmerksamkeit in den Medien im Zuge von Dopingvorwürfen, beim Auftreten mehrerer Gelbsuchtfälle unter den ehemaligen Nationalspielern und bei regelwidrigem Verhalten.[287]

Brüggemeier resümiert, dass die Zeitgenossen der Nationalelf „nicht von Helden gesprochen haben"[288] und betont, dass es sich bei der Rezeption der Nationalspieler ferner nicht um die Ausbildung eines Starkultes gehandelt habe. Als Nachweis führt Brüggemeier an, dass bei der Charakterisierung der Spieler in den Medien nicht individuelle Allüren, sondern „die Klischees von Kameradschaft, Einsatz, Disziplin oder Unterordnung"[289] vorherrschend gewesen seien.

Diese Eigenschaften sind dem Bild eines Stars diametral entgegengesetzt. Nicht nur können sich die den Fußballspielern von der Presse zugeschriebenen Eigenschaften nur unter der Bedingung einer Pluralität von Personen ausbilden, sie hindern das Aufbrechen der Pluralität zum Zweck der medialen Selbstinszenierung Einzelner als Selbstzweck. Ein Star hingegen ist auf die mediale Inszenierung seiner eigenen Person bedacht. Ein Star ist eine Person, „die durch ihre körperliche Präsenz, ihr Auftreten, ihre Gestik und Mimik nicht nur ihre Rolle glaubhaft verkörpern kann, sondern darüber hinaus auch noch ein Publikum zu faszinieren weiß".[290] Eine Gemeinsamkeit von Heldenverehrung und Starkult liegt in ebendieser Faszination, die eine Person auf ihre Rezipienten ausübt. Doch während ein Star sich mit Hilfe der Massenmedien selbst inszeniert oder dies in seinem Auftrag durch ein PR-Team geschieht, ist die Inszenierung einer Person als Held abhängig von einer Gruppe von Personen, die ihn (oder die Heldin) mit verbalen Zuschreibungen und symbolischen Handlungen zum Helden stilisieren. Während der Star auf ökonomischen Mehrwert bedacht ist, verfolgen Gruppen, die einzelne Personen heroisieren, Ziele im politischen Bereich; sobald materielle Mehrwerte ins Spiel kommen, werden heroisierende Gruppen und ihre Helden angreifbar.[291]

---

287 Zur Analyse der Medienberichterstattung nach dem Sieg der deutschen Nationalelf siehe: Brüggemeier, Zurück auf dem Platz, S. 293–310; Stefanie Schüler-Springorum, „Das Wunder von Bern. Die Bundesdeutschen als virtuelle Gemeinschaft", in: Gerhard Paul (Hg.), Historischer Bildatlas des 20. und beginnenden 21. Jahrhunderts, Göttingen 2008, S. 98–105.
288 Ebd., S. 322.
289 Ebd., S. 321.
290 Knut Hickethier, „Vom Theaterstar zum Filmstar", in: Werner Faulstich, Helmut Korte (Hg.), Der Star. Geschichte – Rezeption – Bedeutung, München 1997, S. 29–47, hier S. 31.
291 Siehe die Kritik an der Ehrungsinitiative „Unbesungene Helden" in Kapitel 3.2 und die Kritik an monetären Anreizen bei der Konstruktion von „Helden der Arbeit" in Kapitel 2.5.

Dass das Hochhalten von Kameradschaft und Unterordnung kein Hinderungsgrund, sondern in vielen Fällen Voraussetzung für die Anerkennung von Heldentum war, wird im diachronen Vergleich historischer Heroisierungen deutlich: „Heldenmut, Selbstaufopferung, Mut, Tapferkeit, Disziplin, Gehorsam, Kameradschaft – das waren die militärischen Werte, in denen Soldaten des 19. und frühen 20. Jahrhunderts erzogen wurden und die sie in ihr ziviles Leben begleiten sollten."[292] Heldenmut und Kameradschaft sind hierbei eng miteinander verbunden. Vergleicht man diese Schlagworte aus dem 19. Jahrhundert mit Selbstzuschreibungen der SA, wird ersichtlich, dass die SA diese übernahm, wenn auch mit stärkerer Akzentuierung von Gewaltbereitschaft: „Der SA-Mann hieß: »Heilige Bereitschaft«, »Opfermut«, Kameradschaft und gewaltbereite »Tatkraft«."[293] Diese Eigenschaften waren die Grundlage eines als heroisch anerkannten Handelns während des Nationalsozialismus. Freilich entbehrten die von Brüggemeier analysierten Charakteristika der Nationalspieler von 1953 die sakrale Komponente der Selbstzuschreibung der SA; ebenso waren die Feierlichkeiten zu den unterschiedlichen Ehrungen der Spieler nicht mehr nach nationalsozialistischen Mustern ausgerichtet, vielmehr fiel die Abwesenheit von Fahnen, Fackeln, Feuern, Lichtspielen und Massenchoreographien auf. Doch ist eine Kontinuität dieser Werte anhand der den Fußballspielern zugeschriebenen Eigenschaften zu verzeichnen. Zwar konnte Brüggemann in seiner umfangreichen Medienanalyse den Gebrauch des Wortes „Held" oder „heroisch" nicht nachweisen. Doch die Zuschreibungen der Presse waren gespeist aus historischen Vorstellungen vom Heroischen, die nachwirkten und mit zunehmender Distanz das Ereignis zum Mythos werden ließen.

Dass die Presse die Kameradschaft unter den Spielern besonders hervorhob, hat tiefergehende Gründe als die von Brügemann angenommene Bedienung von Klischees. „Kameradschaft war zwar ein Faktor der militärischen Kampfkraft, aber sie schuf in der »totalen Institution« auch eine Vielzahl von Nischen."[294] Innerhalb dieser Nischen konnten Verfehlungen vertuscht, Unmut über Vorgesetzte und über Sinn- und Unsinn von Krieg und Kriegshandlungen ausgetauscht werden. Nicht zuletzt wurde das Erlebnis von Kameradschaft in Kriegserinnerungen mythisch überhöht – sowohl nach dem Ende des Ersten als auch des Zweiten Weltkrieges.[295] Die Charakterisierung der deutschen Nationalelf von 1954 mit Hilfe von Wertzuschreibungen, die der militärischen Sphäre entstammten, zeigt die breite Akzeptanz ebendieser Werte in den

---

292 Frevert, „Heldentum und Opferwille", S. 143.
293 Reichhardt, „»Märtyrer« der Nation", S. 186. Kursiv gesetzt sind Reichardts Zitate aus der Zeitschrift „Der SA-Mann", 41, 30.11.1929. Auch in der Weimarer Republik war Kameradschaft zentraler Bestandteil des von Freikorps und nationalistischen Organisationen gepflegten Mythos von Frontsoldaten. Siehe Kapitel 2.3.
294 Kühne, „Der Soldat", S. 354.
295 Die Kameradschaft von Soldaten stieß nach 1970 innerhalb der jüngeren Generation als „Kumpanei des schlechten Gewissens" wiederum auf Ablehnung. Bis dahin wurde Kameradschaft laut Umfragen positiv konnotiert. Siehe: Kühne, „Der Soldat", S. 357.

50er Jahren auf. Mit der Übertragung dieser Werte auf die Nationalspieler wurden sie auf einen zivilen Bereich übertragen und durch den Erfolg der Sportler als legitime, erfolgversprechende und ruhmfördernde Werte gerechtfertigt.

Nachweisen lässt sich die Betitelung der „Helden von Bern" als diese erst zwei Jahrzehnte nach dem Spiel. Hans-Peter Schwarz hat in seinem 1981 erschienenen Buch über die Ära Adenauer von den „Heroen" von Bern gesprochen und im gleichen Atemzug einen des Nachdenkens werten historischen Vergleich angestellt: „Sie waren die Heroen der Deutschen in den fünfziger Jahren und wurden ähnlich gefeiert wie 10 oder 15 Jahre zuvor die Jagdflieger-Asse und die erfolgreichen U-Boot-Kommandanten."[296] Diese Analogie führt vor Augen, dass Schwarz die Zuschreibung „Heroen" oberflächlich aufgrund der von ihm beobachteten Reaktionen der Bevölkerung auf diese vornimmt. Doch gleichzeitig verweist diese Aussage auf die positive Rezeption von Fliegerhelden in Westdeutschland. Am 21. April 1961 – zum Todestag Richthofens – wurde ein neues Geschwader der Bundeswehr nach ihm benannt. Ein Held des Ersten Weltkriegs, revisionistischer Kreise der Weimarer Republik und der Nationalsozialisten wurde nun Namenspatron für die sich als „Staatsbürger in Uniform" definierende Bundeswehr. Der erste Kommandant dieses Geschwaders hob hervor, dass Richthofen auch von seinen Gegnern als „ritterlicher und fairer Kämpfer anerkannt wurde"[297] und verpflichtete sein Geschwader, sich ebenso zu verhalten. Dieser Kommandant, Oberstleutnant Erich Hartmann, galt wiederum aufgrund seiner 352 Luftsiege als der erfolgreichste Jagdflieger des Zweiten Weltkriegs. Mit der Benennung der Nationalelf von 1954 als „Heroen von Bern" und dem Vergleich mit Jagdfliegern und U-Boot-Kommandeuren verwies Schwarz auf ungebrochene historische Kontinuitäten: Die von den „Helden von Bern" verkörperten Grundwerte von Zusammenhalt, Kameradschaft, Disziplin und Unterordnung wiesen auf ein Wertekontinuum hin, welches über den Nationalsozialismus bis ins Kaiserreich zurückreichte.[298] Dass der Erfolg der Nationalelf beim Endspiel der Weltmeisterschaft 1954 auf Verhaltensweisen zurückgeführt wurde, als deren Grundlage diese historischen Werte interpretiert wurden, bestätigte für die jubelnde Bevölkerung die Richtigkeit am Festhalten an

---

296 Schwarz, Die Ära Adenauer. Gründerjahre einer Republik 1949–1957, S. 377.
297 Castan, Der Rote Baron, S. 290.
298 Siehe Kapitel 2.2 dieser Arbeit. Bis in die Gegenwart ragen diese Wertvorstellungen hinein, werden jedoch an ethische Überlegungen geknüpft. Als beste Vorbereitung von Soldaten auf Auslandseinsätze nennt Klaus Naumann „die Erziehung zum Kämpfer, sie gibt dem Soldaten die Sicherheit, die es ihm erlaubt, im Gebrauch seiner Waffen zurückhaltend zu sein, und die Erziehung durch Vermitteln alter, aber noch immer gültiger soldatischer Werte wie Gehorsam, Tapferkeit, Einstehen für den Anderen, den Kameraden ebenso wie schutzbedürftige Mitmenschen, Eintreten für die Gemeinschaft und für Verbündete. [...] Sie sind zu binden an einen eindeutigen, ethisch begründeten Schutzauftrag, der in unserem christlichen Glauben eine Begründung finden kann, und an unser Rechtssystem, das von unseren Soldaten auch in schwierigsten Lagen die Einhaltung nationaler wie internationaler Rechtsnormen verlangt." Klaus Naumann, „Heldentum und Friedensmacht. Militärische und zivile Werte im 20. Jahrhundert", in: Andreas Rödder (Hg.), Alte Werte – Neue Werte. Schlaglichter des Wertewandels, Göttingen 2008, S. 150–154, hier S. 153 f.

ebendiesen. Dieses Festhalten wurde nicht nur durch den Erfolg der Nationalelf, sondern auch durch Erfolge beim Wiederaufbau der Bundesrepublik bestätigt. Zusammenhalt und harte Arbeit flossen als zentrale handlungsanleitende Werte in den Mythos vom Wirtschaftswunder ein. Dieses wurde keinesfalls als religiöses, durch das Eingreifen höherer Mächte bedingtes Wunder verstanden, sondern als eines, welches die Bundesrepublik selbst zustande gebracht hatte; die eigene Leistung und das eigene Opfer waren das Zentrum der Erzählung vom Wirtschaftswunder, externe Faktoren, die den Wiederaufbau beförderten, wurden dagegen beiseitegelassen.[299] Nach gleichem Muster wurde der entscheidende Treffer in der 84. Minute der Nationalelf interpretiert. Das „Wunder von Bern" bezeichnete den Sieg gegen eine Mannschaft, gegen die Deutschland in einem Vorspiel haushoch verloren hatte, überhöhte damit die auf harter Arbeit, Kameradschaft und einem gemeinsamen Ziel[300] beruhende Leistung der Fußballer. Das Bejubeln der „Helden von Bern" von Seiten der Bevölkerung galt somit auch ihr selbst.

3.7 1968 – neue soziale Bewegungen, neue Helden?

Folgt man den Eingangsüberlegungen zu dieser Arbeit, so ist davon auszugehen, dass die Umbruchszeit und zweite „Gründungsetappe"[301] der Bundesrepublik, für die das Jahr 1968 symbolhaft steht, neue Bemühungen um die Konstruktion von Helden hervorbrachte. Im kollektiven Gedächtnis wird 1968 jedoch weniger mit Helden, denn mit ikonischen Darstellungen von Idolen in Verbindung gebracht. Im Folgenden werden nach einer kurzen Darstellung der Entstehungsbedingungen von 1968 und der Ziele der neuen sozialen Bewegungen anhand einer Analyse des medialen aber auch des SDS-internen Umgangs mit Rudi Dutschke als einem der bekanntesten Protagonisten der Studentenproteste Unterschiede erläutert, die zwischen der ikonischen Präsentation von Idolen, der medialen Erzeugung von Starkult und posthumen Heroisierungsbemühungen liegen.

Das Jahr 1968 markiert aus dem historischen Rückblick deshalb eine „Gründungsetappe" und Zäsur, weil unmittelbare Veränderungen, wie die Wahl Willy Brandts im Jahr 1969, des ersten sozialdemokratischen Kanzlers in Nachkriegsdeutschland, und langfristige Veränderungen in Politik, Kultur und Gesellschaft mit dem Chiffre 1968 in Zusammenhang gebracht werden können. 1968 umschreibt demnach sowohl Ereignisse wie Proteste von Studierenden, als auch längerfristige

---

299 Münkler, „Der Antifaschismus als Gründungsmythos der DDR", S. 230; Ders., Die Deutschen und ihre Mythen, S. 468.

300 Diese waren die vom Trainer Herberger genannten Voraussetzungen zum Sieg der deutschen Nationalmannschaft. Siehe: „Herberger. 3:2", in: Der Spiegel, Nr. 28/1954, S. 24.

301 Hiermit wird die von Claus Leggewie vorgeschlagene Einteilung in drei „Gründungsetappen der Bundesrepublik Deutschland: 1949–1968–1989" übernommen, siehe: Leggewie, „Der Mythos des Neuanfangs. Gründungsetappen des Bundesrepublik Deutschland: 1949–1968–1989", S. 275–302.

Entwicklungen wie das Entstehen neuer sozialer und politischer Bewegungen und die Liberalisierung von Lebensweisen, die über 1968 hinaus ihre Wirkung entfalteten, deren Wurzeln jedoch in dem seit den späten 50er Jahren begonnenen politischen und mentalen Wandel in der Bundesrepublik zu finden sind.[302] Hauptmerkmal dieses Wandels war eine verstärkte Aufarbeitung des Nationalsozialismus und seiner Ursachen. Einer der Anlässe für eine Reflexion über die bis dato stattgefundene Aufarbeitung des Nationalsozialismus war die Schändung der Kölner Synagoge am 24. Dezember 1959 mit Hakenkreuzen und antisemitischen Sprüchen und darauf folgend eine im In- und Ausland Aufsehen erregende antisemitische Schmierwelle. Während die Bundesregierung versuchte, die Schmierereien als Taten pubertierender Jugendlicher, so Adenauer, oder als von der DDR lanciert, so Franz Josef Strauß, herunterzuspielen, übten Opposition und Teile der Gesellschaft scharfe Kritik nicht nur an diesen Deutungen, sondern am Umgang der Bundesrepublik Deutschland mit ihrer nationalsozialistischen Vergangenheit, an personellen Kontinuitäten in Politik, Verwaltung und Wissenschaft und damit an der Integration ehemaliger Täter und Mitläufer des NS-Regimes; kurz: das noch zu Beginn der 50er Jahre übliche „kommunikative Beschweigen"[303] des Nationalsozialismus wurde aufgebrochen.[304] Die Politik reagierte mit Maßnahmen im Bildungsbereich und im Rechtssystem. Die neu geschaffene Bundeszentrale für politische Bildung sollte verstärkt zur Aufklärung der Bevölkerung über den Nationalsozialismus beitragen, das Thema Nationalsozialismus wurde in die schulischen Lehrpläne aufgenommen, Gedenkstätten wurden ausgebaut. Im Rechtsbereich wurde mit der Einführung des Straftatbestands „Volksverhetzung" im Jahr 1960 eine juristische Verfolgung von Äußerungen und Straftaten mit antisemitischem und nationalistischem Hintergrund ermöglicht.[305] Die bereits 1958 eingerichtete „Zentrale Stelle der Landesjustizverwaltungen zur Aufklärung nationalsozialistischer Verbrechen" in Ludwigsburg war darum bemüht, Täter aus der NS-Zeit ausfindig zu machen. Ihre Arbeit, ferner der 1961 und 1962 in Jerusalem geführte Prozess gegen Adolf Eichmann und der Frankfurter Auschwitz-Prozess erfuhren eine große Resonanz in den Medien und waren weitere Anstöße zur wissenschaftlichen Auseinandersetzung mit dem Nationalsozialismus und seinen Ursachen.

Bereits vor den Hakenkreuzschmierereien an der Kölner Synagoge forderten prominente Vertreter ihrer Fächer öffentlichkeitswirksam eine stärkere wissenschaft-

---

302 Die „lebendige Protestkultur der späten fünfziger und frühen sechziger Jahre", ohne die laut Frei die Entstehung der APO nicht zu verstehen ist, hat ihre Wurzeln ebenfalls in diesem Wandel und wirkte als dessen Katalysator. Vgl. Norbert Frei, 1968. Jugendrevolte und globaler Protest, München 2008, S. 88.

303 Hiermit folge ich der Einteilung Königs, der das „kommunikative Beschweigen" der NS-Vergangenheit bis 1959 ansetzt und die darauffolgende „lange Welle der Vergangenheitsbewältigung" von der Wahl Willy Brandts 1969 bis 1989 datiert. König, Politik und Gedächtnis, S. 532.

304 Alleine 470 antisemitische Vorfälle wurden bis Ende Januar 1969 in Deutschland registriert. Siehe: König, Die Zukunft der Vergangenheit, S. 31. Zur Reaktion Adenauers und Strauß': Reichel, Vergangenheitsbewältigung in Deutschland, S. 150 ff.

305 Wolfrum, Geschichte als Waffe, S. 110 f.

liche Auseinandersetzung mit der NS-Zeit als Voraussetzung für die Etablierung einer demokratischen Kultur in Deutschland.[306] Insbesondere Theodor W. Adornos Vortrag „Was bedeutet: Aufarbeitung der Vergangenheit?" erreichte aufgrund seiner Übertragung im Rundfunk im Jahr 1959 ein breites Publikum und stieß eine Debatte an, die weit über akademische Zirkel hinausging.

„Einen Wendepunkt im Geschichtsbild der deutschen Historiker"[307] markierte die Kontroverse, die Fischer erstmals 1959 in einem Aufsatz und 1961 mit seiner Publikation „Der Griff nach der Weltmacht" ausgelöst hat.[308] Fischer hinterfragte den bis dahin geltenden Konsens von der deutschen Unschuld am Ersten Weltkrieg und dessen Interpretation als Verteidigungskrieg und deutete die Politik des Kaiserreichs als Versuch des Ausbaus einer deutschen Weltmachtstellung. Zentrale Bausteine des Geschichts- und Erinnerungsbildes über den Ersten Weltkrieg wurden mit den Thesen Fischers infrage gestellt und die Trennung zwischen dem historiographisch positiv bewerteten Kaiserreich und dem Nationalsozialismus aufgebrochen, was neue Forschungsfragen und deren Beantwortung vor allem durch jüngere Historiker, die den verbindlichen Deutungskonsens aufkündigten, nach sich zog.

Auch im kulturellen Bereich fand eine stärkere Auseinandersetzung mit dem Nationalsozialismus als zu Beginn der 50er Jahre statt. Günter Grass' Buch „Die Blechtrommel", Rolf Hochhuths in beiden deutschen Staaten aufgeführtes Theaterstück „Der Stellvertreter" und der Film „Rosen für den Staatsanwalt" wurden breit rezipiert.[309] Eine breite Öffentlichkeit erreichte ebenfalls die vom Journalisten Heinz Höhe verfasste Serie „Der Orden unter dem Totenkopf. Die Geschichte der Waffen SS", die im Nachrichtenmagazin „Der Spiegel" zwischen 1966 und 1967 gedruckt wurde.

Ein Mentalitätswandel innerhalb Politik, Wissenschaft und Gesellschaft der Bundesrepublik Deutschland war nicht nur am sich ändernden Umgang mit dem Nationalsozialismus seit den 1960er Jahren ersichtlich. Die 60er Jahre waren von einer grundlegenden Liberalisierung der Gesellschaft geprägt, die sich durch die Ablösung alter durch neue Werte, den Rückgang des Einflusses der Kirche und eine Pluralisierung von Lebensentwürfen bemerkbar machte. Alle diese Faktoren schufen die Ausgangbedingungen dafür, dass Kritik und Forderungen einer sich neu formierenden

---

306 So von Karl Jaspers und den Psychoanalytikern Alexander und Margarethe Mitscherlich, die kritisierten, dass die Bundesrepublik es versäumt hatte, über ihre nationalsozialistische Vergangenheit nachzudenken. Alexander und Margarethe Mitscherlich Die Unfähigkeit zu trauern, München 1967 und Karl Jaspers, Wohin treibt die Bundesrepublik? München 1966.
307 König, Politik und Gedächtnis, S. 506.
308 Fritz Fischer, Griff nach der Weltmacht. Die Kriegszielpolitik des kaiserlichen Deutschland 1914/ 1918, Düsseldorf 1961. Zur Rezeption des Buches siehe: Gerd Krumeich, „Das Erbe der Wilhelminer. Vierzig Jahre Fischer-Kontroverse", in: Frankfurter Allgemeine Zeitung, 4.11.1999/ 257, S. 56; Wolfrum, „Epilog oder Epoche?", S. 44 ff.
309 Eine Übersicht über Filme und Theaterstücke, die sich mit dem NS auseinandersetzten, bietet König, Politik und Gedächtnis, S. 533 f.

Studentenbewegung und einer Außerparlamentarischen Opposition (APO) auf starke und teils positive Resonanz in Medien, Politik und Gesellschaft gestoßen sind.[310]

Ein weiterer Faktor, welcher der APO den Weg ebnete, waren die Ostermärsche. Ab 1960 schlossen sich Atomwaffengegner unterschiedlicher sozialer, politischer und kultureller Lager zusammen, um gemeinsam gegen nukleare Aufrüstung zu protestieren.[311] Von der Zentrale in Frankfurt aus wurden die Ostermärsche in Zusammenarbeit mit lokalen Büros koordiniert, sie verliefen in der Regel friedlich und hatten prominente Teilnehmer: „Professoren wie Max Born und Helmut Gollwitzer, Schriftsteller wie Erich Kästner und Erich Kuby, Kirchenmänner wie Martin Niemöller, Künstler wie Theater-Intendant Hilpert und Beamte wie Oberbürgermeister i.R. Scholl, der Vater der Widerstands-Geschwister."[312] Beide Faktoren, Prominenz aus mehreren sozialen Schichten und Gewaltlosigkeit, führten wiederum zum Zulauf von Aktivisten und einer großen wohlwollenden medialen Aufmerksamkeit nicht nur für die Prominenten, sondern auch für die von diesen unterstützen Anliegen. Die Ostermarschbewegung ebnete der Entstehung einer Außerparlamentarischen Opposition (APO) insofern den Weg, weil sie trotz der öffentlichen Distanzierung der damaligen großen politischen Akteure – der SPD, der Regierungsparteien und des DGB – „mit ihrer bloßen Existenz, mit der Kontinuität ihrer Handlungen und mit ihrem Erfolg der Massenmobilisierung als erste Bewegung in der Bundesrepublik den Beweis lieferte, dass politisches Engagement unabhängig von etablierten politischen Akteuren möglich war".[313]

An Protestaktionen gegen die Verabschiedung der sogenannten „Notstandsgesetze", die von Intellektuellen, Linksliberalen und den großen Gewerkschaften organisiert und finanziert wurden,[314] beteiligte sich auch der Sozialistische Deutsche Studentenbund (SDS), der den organisatorischen Kern der Studentenbewegung bildete.[315] Eine zentraler Kritikpunkt der Studentenbewegung war der Umgang der El-

---

310 Ulrich Herbert, „Liberalisierung als Lernprozeß. Die Bundesrepublik in der deutschen Geschichte – eine Skizze", in: Ders. (Hg.), Wandlungsprozesse in Westdeutschland. Belastung, Integration, Liberalisierung 1945–1980, Göttingen 2002, S. 7–49, hier S. 7.

311 Die Teilnehmerzahl der nach ihrem Termin benannten Ostermärsche wuchs rasant auf bis zu 300.000 an, diese Zahl ist entnommen: Pavel A. Richter, „Die APO in der Bundesrepublik Deutschland 1966–1968", in Ingrid Gilcher-Holtey (Hg.), 1968. Vom Ereignis zum Mythos, Frankfurt am Main 2008, S. 47–74, hier S. 52.

312 „Meinungsfreiheit. Atom und Telephon", in: Der Spiegel, Nr. 40/1964, S. 97.

313 Richter, „Die APO in der Bundesrepublik Deutschland 1966–1968", S. 52.

314 Der Sekretär des Kuratoriums „Notstand der Demokratie" und seine Mitarbeiter hatten ein Büro im IG Metall-Haus in Frankfurt. Die Gewerkschaft finanzierte auch die Gehälter und Drucke wie Plakate oder Flugblätter. Siehe: Richter, „Die APO in der Bundesrepublik Deutschland 1966–1968", S. 53. Am 30. Oktober 1966 kamen in Frankfurt zu einer von der IG Metall organisierten Kundgebung mit dem Titel „Notstand der Demokratie" mehr als 25.000 Menschen zusammen. Siehe: Wolfgang Kraushaar, Acht und Sechzig. Eine Bilanz, Berlin 2008, S. 165.

315 Der SDS war die Studentenorganisation der SPD, von der sich die Partei jedoch im Juli 1960 aufgrund der Weigerung des SDS, das 1959 verabschiedete Godesberger Programm mitzutragen, getrennt hatte. Weitere Akteure der Studentenbewegung waren der Liberale Studentenbund Deutsch-

terngeneration mit der nationalsozialistischen Vergangenheit und ihre Verwicklung in den Nationalsozialismus. Dass ausgerechnet zwei höchste Staatsämter von zwei aufgrund ihrer Vergangenheit belasteten Personen bekleidet waren – Heinrich Lübke hatte von 1959 bis 1969 das Amt des Bundespräsidenten inne,[316] Kurt Georg Kiesinger von 1966 bis 1969 das Amt des Bundeskanzlers[317] – befeuerte die damalige Diskussion um den Umgang mit der nationalsozialistischen Vergangenheit der Bundesrepublik Deutschland. Als Ursache für den Nationalsozialismus wurden vom SDS Kapitalismus und Formen bürgerlicher Gesellschaft ausgemacht. Die Lösung stand parat: das aktuelle politische und wirtschaftliche System sollte überwunden und der Sozialismus[318] – prominent von Dutschke in Prag kurz vor der Niederschlagung der tschechoslowakischen Demokratiebewegung durch Truppen des Warschauer Pakts vorgetragen – etabliert werden.[319]

An der Auseinandersetzung mit der Rolle der Eltern in der NS-Zeit wurde ein Generationenkonflikt sichtbar, der ungewöhnlich heftig ausgetragen wurde und einen

---

lands (LSD), der Sozialdemokratische Hochschulbund (SHB) und die Humanistische Studentenunion (HSU). Siehe: Schildt, Siegfried, Deutsche Kulturgeschichte, S. 281.

316 Lübke wurde als Mitglied der Zentrumspartei nach der Machtübernahme 1933 von allen seinen Ämtern entlassen und blieb 20 Monate in Untersuchungshaft. Ab 1939 arbeitete Lübke für das Architektur- und Ingenieurbüro Walter Schlempp, das für den späteren Rüstungsminister Albert Speer zwangsverpflichtet wurde und Lagerbaracken für Zwangsarbeiter plante. Eine Verleumdungskampagne, die von der SED gesteuert wurde, bezeichnete Lübke als „KZ-Baumeister", was auf seine Reputation in der Bundesrepublik immense Auswirkungen hatte. Rudolf Morsey, „Lübke, Heinrich", in: Neue Deutsche Biographie 15 (1987), S. 442–444; Online-Version: https://www.deutsche-biographie.de/pnd118575015.html#ndbcontent.

317 Kurt Georg Kiesinger trat 1933 der NSDAP bei, lehnte eine ihm angebotene Stelle als Richter beim Preußischen Kammergericht jedoch ab. Ab 1940 bis zum Kriegsende arbeitete Kiesinger in der Rundfunkpolitischen Abteilung des Auswärtigen Amtes, eine Tätigkeit, die neben seinem Parteieintritt in die NSDAP kritisiert wurde und auch nach dem Bekanntwerden, dass Kiesinger antijüdische Aktionen im Auswärtigen Amt gehemmt habe, strittig blieb. Sein Parteieintritt und seine Tätigkeit im Auswärtigen Amt waren für Beate Klarsfeld Anlass, Kiesinger auf dem CDU-Parteitag in der Berliner Kongresshalle am 8.11.1968 als Nazi zu bezeichnen und öffentlich zu ohrfeigen. Zu Beate Klarsfeld: Hermann Korte, Eine Gesellschaft im Aufbruch. Die Bundesrepublik Deutschland in den sechziger Jahren, Wiesbaden 2009. Beate Klarsfeld erklärte in einem Interview mit dem Spiegel, die Ohrfeige sei kein Gewaltakt, sondern ein politischer Akt gewesen. Siehe: „Die Ohrfeige war ein politscher Akt", in: Der Spiegel, Nr. 47/1968, S. 34.

318 Zu den einzelnen Begründungen der Forderung nach Etablierung des Sozialismus siehe: Frei, 1968, S. 86 ff.

319 In Osteuropa stieß die Forderung Dutschkes nach Etablierung eines sozialistischen Systems und einer Räte-Demokratie in der Bundesrepublik Deutschland auf Unverständnis und Kopfschütteln, ging es dort im Zuge der Proteste von 1968 doch darum, den Sozialismus zu reformieren und eine Entwicklung in Richtung pluralistischer Demokratien anzustoßen: „Im Frühjahr 1968, auf dem Höhepunkt der tschechischen Reformbewegung, verblüffte Rudi Dutschke bei einem brüderlichen Besuch die Studenten in Prag aufs höchste, als er immer wieder darauf hinwies, der eigentliche Feind sei die pluralistische Demokratie. Für die tschechischen Studenten war sie das Ziel." Siehe: Judt, Die Geschichte Europas, Bonn 2006, S. 473. Vgl. auch Gerd Koenen, Das rote Jahrzehnt. Unsere kleine deutsche Kulturrevolution 1967–1977, Köln 2001, S. 65.

seit Anfang der 60er Jahre weltweit stattfindenden Wandel der Beziehungen zwischen den Generationen, das Agieren der Jugend als „unabhängige soziale Kraft"[320] und ihre Bemühung, Politik und Gesellschaft zu prägen, widerspiegelte. Die Forderung junger Erwachsener nach politischer Mitbestimmung wurde durch den Vorwurf der Verwicklung der Elterngeneration in den Nationalsozialismus legitimiert, wodurch die Bundesrepublik zugleich eine Delegitimierung erfuhr.[321] Gleichzeitig kann dieser Vorgang als eine Art von Vergangenheitsbewältigung von Seiten der Jungen angesehen werden, als Versuch, sich durch die Benennung von Schuldigen von der intergenerationellen Verantwortung für während des Dritten Reichs begangene Verbrechen freizusprechen.

Die Proteste der Studierenden richteten sich nicht nur gegen das Beschweigen der NS-Vergangenheit von Seiten der Elterngeneration, sondern auch gegen die politische Situation in der Bundesrepublik, gegen den Vietnamkrieg und gegen die Situation an den Universitäten, die durch veraltete Strukturen und überfüllte Hörsäle[322] gekennzeichnet war. Mit provokativen Verweigerungs- und Protestformen versuchten die Studierenden die Aufmerksamkeit der Öffentlichkeit für die Durchsetzung von Hochschulreformen zu gewinnen, was ihnen durchaus gelang.[323] Die Ziele der APO und des SDS waren mannigfaltig, die Achtundsechzigerbewegung „ein Konglomerat ganz unterschiedlicher Gruppen und Strömungen. Selbst im SDS, der so etwas wie der Braintrust und Motor dieser Bewegung gewesen war, herrschte keine Homogenität".[324]

Keine Homogenität bedeutete jedoch nicht den Verzicht auf leitende Figuren innerhalb der Außerparlamentarischen Opposition und insbesondere innerhalb des SDS. Eine der bekanntesten Führungsfiguren war Rudi Dutschke. Im historischen Rückblick wird Dutschke als herausragend dargestellt: Als den „bekanntesten, intellektuell, rhetorisch und agitatorisch hochbegabten Rudi Dutschke" und „Märtyrer der APO" beschreibt Heinrich August Winkler den Studentenführer.[325] Je nach politischem Standpunkt fiel die Beurteilung Dutschkes durch seine Zeitgenossen ambivalent aus und umfasste eine Spannbreite von Verklärung bis zur Verteufelung.[326] Die Einschätzung Winklers umfasst jedoch beide Positionen. Selbst seine Gegner konnten

---

320 So die Charakterisierung der Rolle der Jugend in den 60er Jahren bei Eric Hobsbawm, Das Zeitalter der Extreme. Weltgeschichte des 20. Jahrhunderts, München 2002, S. 406. Zur neu entstandenen Jugendkultur und ihren gesellschaftlichen Interdependenzen siehe: Judt, Die Geschichte Europas, S. 436 ff.
321 Vgl. König, Politik und Gedächtnis, S. 535.
322 Laut Frei waren in Adornos Seminaren an der Frankfurter Universität 150 Teilnehmer, in seinen Vorlesungen bis zu tausend Studenten. Siehe: Frei, 1968, S. 94.
323 Die Einigkeit der einzelnen Mitglieder des SDS in gemeinsamer Gegnerschaft zu Missständen wirkte integrativ. Die gemeinsame Formulierung von Alternativen, positiven Zielen, misslang dagegen und war ein Grund für die Zersplitterung des SDS in unterschiedliche Gruppierungen.
324 Kraushaar, Acht und Sechzig, S. 53.
325 Winkler, Der lange Weg nach Westen, Bd. 2, S. 251.
326 Zur Beschreibung Dutschkes durch seine politischen Gegner siehe: Michaela Karl, Rudi Dutschke. Revolutionär ohne Revolution, Frankfurt am Main 2003, S. 208.

Dutschke eine intellektuelle, rhetorische und agitatorische Begabung nicht absprechen. Wie bekannt er war, zeigt die immense Präsenz Dutschkes in den Medien ab 1967.[327] Im Dezember 1967 zierte der „Revolutionär Dutschke" das Titelblatt des Spiegels. Der Leitartikel begann mit einer Beschreibung von Dutschkes Physiognomie: „Die bleiche Stirn vom nachtschwarzen Schopf überflattert, das Kinn von Stoppeln verschattet, die dunklen Augen unter buschigen Brauen ekstatisch entflammt, den tief in die hageren Wangen eingekerbten Mund aufgerissen zu angestrengter Artikulation: Rudi Dutschke, redend. Die Revolution trägt Pullover, grob die Masche, grell das Muster."[328] Seiner Charakterisierung stellte „Der Spiegel" die Beurteilungen Dutschkes von Seiten anderer Medien und von Studenten gegenüber: Dutschke sei „ein »antiautoritärer Anarchist« für die »Süddeutsche Zeitung«, ein »ideologischer Wunderprediger« für »Die Zeit«, ein »Chef-Revoluzzer« mit »Menschenverächter-Komplex« für die »BZ« und »unser Rudi« für Tausende deutsche Studenten. Für die einen ist er Ekel, für die anderen edel. [...] Sein »Mönchsgesicht« (»Die Zeit«) blickt immer häufiger von bundesdeutschen Mattscheiben."[329] Der SDS kam im selbigen Artikel weniger gut weg als ihr Anführer Dutschke. Mit einer malerischen Beschreibung der Sitzungen des SDS in miefigen Räumen, an deren Wänden Bücher und Poster von Karl Liebknecht, Friedrich Engel und Ho Chi Minh und auf deren Fußböden „Hunderte von Kippen" zu sehen seien, und einer Charakterisierung der Diskutanten als „Habenichtse", die glaubten, dass „nur das Umkehren aller Werte das sozialistische Heil bringen"[330] würde, ging der Spiegel zum SDS auf Distanz, aber auch zu Dutschke selbst. Wurden eingangs noch seine charismatischen Führungsfähigkeiten herausgestellt, erfuhr Dutschke im weiteren Verlauf des Artikels eine Diminuierung seiner Person zum „Mini-Mao"[331] und der Prophezeiung, dass vom „Dutschkismus" seine „Dynamik, seine Aufrichtigkeit, der Anstoß, den er ein paar Deutschen gab, über Dinge nachzudenken, die als selbstverständlich gelten und die es eben nicht sind" und „ein Stückchen Universitätsreform" übrigbleiben würden.[332] Dynamik und Aufrichtigkeit wurden Dutschke zwar zugesprochen, doch das abschätzige Urteil über den SDS und Dutschke dominierte den Artikel.

„Die Zeit" zeichnete dagegen ein anderes Bild von Dutschke: „Rudi Dutschke ist nicht der Spinner und Gesellschaftsclown, als den ihn eine gewisse Öffentlichkeit gern sehen möchte, sondern ein hochintelligenter, belesener, beschlagener homo politicus,

---

327 Ausführlich zur Berichterstattung in unterschiedlichen Zeitungen siehe: Frei, 1968, S. 129.
328 „Der lange Marsch", in: Der Spiegel, Nr. 51/1967, S. 52. Dass der Spiegel-Gründer Rudolf Augstein für die Aktionen von Rudi Dutschke und seinen Mitakteuren spendete, berichtete Dutschke in seinem mit Günter Gaus geführten Interview und bestätigte somit den Bericht des Spiegels über die Mitfinanzierung der Aktionen durch Spenden Augsteins. Ebd., S. 56. Das Aussehen Dutschkes war nicht nur für den „Spiegel" erwähnenswert, sondern auch für andere Medien, die sich in ihrer Berichterstattung immer wieder auf die äußere Erscheinung Dutschkes bezogen.
329 „Der lange Marsch", in: Der Spiegel, Nr. 51/1967, S. 52.
330 Ebd., S. 56.
331 Ebd., S. 60.
332 Ebd., S. 66.

der genau weiß, was er will. Rudi Dutschke ist kein Einzelgänger. Er ist auch nicht nur Genosse seiner SDS-Kommilitonen. Er erinnert an Savonarola oder einen mittelalterlichen Franziskanermönch, der sich als Verfechter der Armutsbewegung mit der offiziellen Kirche anlegte. Denn ein säkularisiertes missionarisches Pathos gegen Unterdrückung und Hunger, das ist es, was ihn treibt. Sein unbestreitbarer Erfolg in den letzten Wochen bei Tausenden von Studenten, die in der Mehrzahl dem SDS kritisch gegenüberstehen, läßt sich wohl auch darauf zurückführen, daß Dutschke ausgesprochen hat, was viele von uns ebenfalls finden: es ist ein Skandalon, daß wir in einer Welt leben müssen, in der täglich Tausende verhungern und die Kluft zwischen Arm und Reich immer größer wird."[333] Während der Spiegel den Artikel der Zeit auf das Charakteristikum „Mönchsgesicht" reduzierte, wird am Originaltext eine positivere Einstellung gegenüber Dutschke deutlich. Der Vergleich Dutschkes mit Savonarola, einem Bettelmönch, der Florenz vier Jahre lang bis zu seiner Hinrichtung 1498 regierte und einen Kampf gegen Laster und Luxus führte,[334] unterstreicht die Charakterisierung Dutschkes als säkularen Missionar gegen Unterdrückung und Hunger und verweist auf eine in der Bundesrepublik existente gesellschaftsübergreifende Moral, die wiederum den Zulauf der Studenten erkläre.

„Das Positive an Rudi Dutschke" hoben in ähnlicher Argumentation auch die Stuttgarter Nachrichten hervor. Er sei ein „schonungsloser Kritiker" des Zustands der parlamentarischen Demokratie, den Deutschland bitter nötig hätte. Die politischen Ziele riefen dagegen Skepsis hervor: „Sein Ziel, daß die Menschen in diesem oder irgendeinem anderen Staat in ihrer Mehrheit jenen »Bewußtseinsgrad« erreichen, der

---

333 „Philosophie deutscher Revolutionäre", in: Die Zeit Nr. 35/1967.
334 Savonarolas Kampf gegen Luxus ging weit über Dutschkes verbal geäußerte Kritik am „eindimensionalen Menschen" hinaus. Savonarola ließ Luxusgüter einsammeln und verbrannte sie öffentlich. Diese „Fegefeuer" hatten mehr als eine kathartische Funktion. Öffentliche Verbrennungen von Luxusgütern und Predigten „bildeten zugleich ein integrales Element in Savonarolas Herrschaftsstrategie, mit dem er die untersten Schichten der Stadt auf seine politische Linie festzulegen versuchte." Münkler, Machiavelli, S. 238. Dutschke hatte weder eine Machtposition wie Savonarola erlangt, noch konnte er weite gesellschaftliche Schichten von einer Verderbnis des Konsums oder seiner Vorstellung vom „neuen Menschen" überzeugen. Auch brachte Dutschke – im Gegensatz zum Mönch Savonarola während der von ihm geleiteten Proteste im Florenz der Renaissance – kein religiöses Moment in die Studentenproteste ein. Der katholische Glaube und die Kirche waren dagegen ein wichtiges integrierendes und mobilisierendes Moment der gesellschaftübergreifenden Proteste in Polen, die schließlich zum Umsturz des sozialistischen Systems führten. Anführer der Reformbewegung in Polen war die Gewerkschaft Solidarność, Kirche und Intellektuelle blieben, wenn auch als mächtige Berater, im Hintergrund. Das Bekenntnis zur Katholischen Kirche durch symbolische Handlungen (ein Bild der Schwarzen Madonna von Tschestochau wurde auf dem Gelände der Danziger Werft aufgehangen, unvergessen bleibt Wałęsas Kugelschreiber, mit dem er am 31. September 1980 das Abkommen mit der kommunistischen Regierung über die Gründung freier Gewerkschaften unterschrieb: rot, groß, als auch von weitem sichtbar und mit einem Bildnis Papst Johannes Pauls II. verziert) bedeutete zugleich ein Bekenntnis gegen die sozialistische Regierung.

sie zur »Selbstorganisation« ihrer Gemeinschaft ohne jegliche Autorität befähigt, verrät ebenso viel idealistischen Glauben wie Mangel an Wirklichkeitssinn."[335]

Mehrere Faktoren spielten eine Rolle dafür, warum Dutschke eine herausgehobene Stellung innerhalb der Studentenschaft und in den Medien erlangte. Dutschke war – wenn auch mit sehr knapper Mehrheit – gewählter Vorsitzender des SDS und bot sich deshalb als Ansprechpartner für die Presse bei Fragen zum SDS, den einzelnen Protestaktionen und Demonstrationen an. Die Berichterstattung selbst war gekoppelt an eine Deutung und Bewertung der Ereignisse, die oft in Auseinandersetzung mit Führungsfiguren des SDS stattfand.[336] Nicht nur metaphorisch gab Dutschke bereitwillig als Führungsfigur des nach eigenem Selbstverständnis kollektiv geführten SDS den Studentenprotesten ein einprägsames Gesicht, welches von den Medien aufgegriffen und medial vervielfältigt werden konnte.[337] Bereits 1967 wurde Dutschke durch seinen Auftritt in der Sendung Monitor einem breiten Publikum bekannt. Dort erklärte er am 3. November 1967 den Zuschauern, warum der SDS auf Provokationen zurückgriff: „Mit Provokation können wir uns einen öffentlichen Raum schaffen, in den wir unsere Ideen, unsere Wünsche und unsere Bedürfnisse hineinlegen können. Ohne Provokationen werden wir überhaupt nicht wahrgenommen. Darum sind die Provokationen unerlässliche Voraussetzung für die Öffentlichkeit."[338] In zahlreichen Interviews in Printmedien wie dem Spiegel, der Zeit oder dem Capital ging Dutschke näher auf die Zielsetzung der Provokationen ein. Sein Auftritt in der Fernsehsendung „Zur Person", in der Dutschke von Günter Gaus am 3. Dezember 1967 interviewt wurde, erreichte schließlich ein Millionenpublikum.[339] Auch Rudolf Augstein, der Gründer des Nachrichtenmagazin „Der Spiegel", diskutierte 1967 mit Dutschke im Audimax

---

335 „Das Positive an Rudi Dutschke", in: Stuttgarter Nachrichten, 5.12.1967.
336 Das Stichwort für dieses Vorgehen lautet in den Medienwissenschaften Personalisierung und beschreibt das Vorgehen, Ereignisse an Menschen festzumachen. Dies ist eines der Kriterien, das für die Entscheidung, ob eine „Story" gedruckt wird, herangezogen wird. Die anderen Kriterien lauten Timing, Aktualität, Emotionalität, Kuriosität, Elitenbezug, Prominenz, Relevanz, Negativeffekt, Nähe, Kontinuität und Eindeutigkeit. Die neuen Protestaktionen der Studenten erfüllten die meisten dieser Kriterien. Diese sind übernommen von: Andreas Elter, „Die RAF und die Medien. Ein Fallbeispiel für terroristische Kommunikation", in: Wolfgang Kraushaar (Hg.), Die RAF. Entmythologisierung einer terroristischen Organisation, Bonn 2008, S. 270–291, hier S. 279f.
337 Siehe: Frei, 1968, S. 122.
338 Zitiert nach: Rudi Dutschke, Mein langer Marsch. Reden, Schriften und Tagebücher aus zwanzig Jahren, hg. von Gretchen Dutschke-Klotz, Helmut Gollwitzer und Jürgen Miermeister, Reinbek bei Hamburg 1980, S. 79.
339 Aufgezeichnet wurde die Sendung bereits im Oktober 1967. Eine Zusammenfassung des Gesprächs bietet: Chaussy, Rudi Dutschke, S. 280–285; eine Druckfassung ist einzusehen in: Dutschke, Mein langer Marsch, S. 42–55. Teile des Interviews wurden von den Herausgebern für die Druckfassung weggelassen, so die Nachfrage Gaus, was die fünfzehn Aktiven des SDS, von denen Dutschke sprach, von Berufspolitikern unterscheiden würde und das sich nach der Frage entwickelnde Gespräch zwischen Dutschke und Gaus.

der Hamburger Universität und spendete eine hohe Summe für den SDS.[340] Zwar hatte Augstein eine „Grundsympathie" für die demonstrierenden Studenten und Dutschke, dessen „Denkdisziplin" er beachtlich gefunden hätte, Dutschkes Vorstellungen von einer künftigen Gesellschaft fand Augstein hingegen „unklar bis wirr" und lehnte die Methoden des SDS ab.[341] Bei dieser Einschätzung stellt sich die Frage, warum Augstein Dutschke im persönlichen Gespräch Aufmerksamkeit und im Spiegel viele Seiten widmete. Neben einer Grundsympathie für Forderungen der Studierenden dürften ökonomische Gründe eine Rolle gespielt haben, denn Augsteins Auftreten mit Dutschke sicherte beiden Akteuren Aufmerksamkeit und diente der Auflagenhöhe der Wochenschrift „der Spiegel".[342]

Aus historischem Blickwinkel wurde die Aufmerksamkeit der Medien für den SDS kritisch eingeschätzt: „Die enorme Beachtung, die sie der Protestbewegung und namentlich dem SDS seit dem Sommer 1967 entgegenbrachten, trug dort zu einer realistischen Selbsteinschätzung und zu einer klaren Sicht auf die eigenen faktischen Möglichkeiten sicherlich nicht bei."[343]

Aus dem Blickwinkel von Dutschkes Zeitgenossen war nicht die Aufmerksamkeit der Medien an sich ein Problem, sondern ihre Fokussierung auf Dutschke. Immer wieder konfrontierten einzelne Mitglieder des SDS Dutschke mit dem Vorwurf, er würde sich von den Medien vereinnahmen lassen.[344] Ein auf einer außerordentlichen Delegiertenkonferenz des SDS in Frankfurt eingebrachter Antrag, Dutschke aus dem SDS auszuschließen, wurde zwar abgelehnt, die Diskussionen über seine Vorrangstellung beendete er nicht, der interne „Groll um den Dutschke-Kult" hielt weiter an.[345] Diesen Groll spürte Dutschke. Am 15. Juli 1967 notierte er in sein Tagebuch „ein gewisses Unbehagen über R[udi] Du[tschke], der nach außen zu stark in Erscheinung

---

340 Dutschke trug in sein Tagebuch nach einem Gespräch mit Augstein in Hamburg die Summe von „7.000 für Kino, 5.000 für »Tribunal«" ein. Rudi Dutschke, Jeder hat sein Leben ganz zu leben. Die Tagebücher 1963–1979, hg. von Gretchen Dutschke, Köln 2003, S. 63.
341 Peter Merseburger, Rudolf Augstein, München 2007, S. 399 f.
342 Differenzen zwischen Augstein und seinen Chefredakteuren, die eine zu linke Berichterstattung vermeiden wollten und Augstein eine „Anbiederung" nach links vorwarfen, hatten wiederum Einfluss auf die Veröffentlichung von Artikeln. Die Redakteure befürchteten entgegen der Meinung Augsteins einen kleineren Leserkreis bei zu großer Sympathie Dutschke gegenüber. Dazu siehe ebd., S. 401–405.
343 Frei, 1968, S. 129. Ähnlich argumentiert Tanner hinsichtlich der weltweiten Proteste: Durch die Berichterstattung wurde der Eindruck einer Gleichzeitigkeit aller weltweiten Proteste vermittelt, ihre Bedeutungen überhöht, heterogene Subkulturen zu einer manifesten Gegenkultur homogenisiert, was wiederum Auswirkungen auf die einzelnen Subkulturen und ihre Akteure gehabt hätte. Siehe: Jakob Tanner, „»The Times They Are A-Changin'«. Zur Subkulturellen Dynamik der 68er Bewegungen", in: Ingrid Gilcher-Holtey (Hg.), 1968. Vom Ereignis zum Mythos, Frankfurt am Main 2008, S. 275–296, S. 282 ff.
344 In Anbetracht dessen, dass Dutschke seinen Lebensunterhalt von den für Interviews und Vorträge erhaltenen Honoraren bestritt, ist dieser Vorwurfs nachvollziehbar. Zur Verflechtung der Interessen von Medien und Dutschke siehe: Koenen, Das rote Jahrzehnt, S. 27.
345 Die Reaktionen innerhalb des SDS auf das Capital-Interview beschreibt detailliert: Karl, Rudi Dutschke, S. 65.

tritt"[346] und erklärte mit diesem sein schlechtes Abschneiden bei den Wahlen zum Vorstand des SDS, in denen er 108 Stimmen gewann, seine Konkurrenten Bernd Rabehl 107 und Christian Sommer 93 Stimmen bei den Wahlen bekamen.[347] Diese, von Dutschke in seinem Tagebuch aufgezeichnete Stimmverteilung zeigt, dass er innerhalb des SDS weit weniger als in den Medien als unbestrittener Anführer des SDS galt.

Die Berichterstattung der Medien über Dutschke war von einer ihm gegenüber ambivalenten Haltung gekennzeichnet und schwankte zwischen einer positiven Darstellung der Person Dutschke und einer negativen Bewertung des SDS und seiner Ziele. Diese ambivalente Haltung lässt sich innerhalb einzelner Artikel feststellen wie im Leitartikel des Spiegels über Dutschke, aber auch entlang der einzelnen Medien. So zeichnete die Bild-Zeitung ein durchweg negatives Bild über Dutschke und die Studentenproteste.

Die Ereignisse um Ostern 1968 änderten die Rezeption der Studentenbewegung und ihrer bekanntesten Akteure in den Medien. Am Gründonnerstag 1968 feuerte Josef Bachmann drei Schüsse auf Dutschke ab, die ihn lebensgefährlich verletzten. Infolge dessen setzten zahlreiche, oftmals in Gewalt mündende Aktionen und Demonstrationen ein, die vor allem gegen den Axel-Springer-Verlag gerichtet waren, da dessen als hetzerisch rezipierte Berichterstattung über Dutschke und die Studentenproteste als mitverantwortlich für den Anschlag auf Dutschke gemacht wurde.[348] So versuchten in den Tagen nach dem Attentat Demonstranten die Auslieferung von Presseartikeln des Springer Verlages durch Blockaden vor den Auslieferungstoren der Springer-Druckereien in West-Berlin, Essen, Esslingen, Frankfurt und Hamburg zu verhindern.[349] Die größte Demonstration war der am 11. Mai 1968 stattgefundene „Sternmarsch" auf Bonn, dessen Teilnehmerzahl auf bis zu 70.000 geschätzt wird.[350] Je gewalttätiger die Demonstrationen und Aktionen des SDS wurden, desto weniger

---

346 Dutschke, Jeder hat sein Leben ganz zu leben, S. 58.
347 Ebd.
348 Nach Winkler wurde Bachmann insbesondere „von den Anti-APO-Parolen der Bild-Zeitung" zum Anschlag aufgestachelt. Siehe: Winkler, Der lange Weg nach Westen, Bd. 2, S. 251. Kraushaar stellt das Gewicht der rechtradikalen Deutschen National-Zeitung, die Bachmann regelmäßig las, als entscheidend für die Entscheidung Bachmanns zum Mordanschlag auf Dutschke heraus. Dazu und zum Ausmaß der Proteste nach dem Attentat auf Dutschke im In- und Ausland siehe: Wolfgang Kraushaar, „Kleinkrieg gegen einen Großverleger", in: Ders. (Hg.), Die RAF. Entmythologisierung einer terroristischen Organisation, Bonn 2008, S. 292–355, hier S. 310 ff und S. 342. Ausführlich zur diffamierenden Berichterstattung über Dutschke in der Bild-Zeitung und den verwendeten Parolen siehe: Karl, Rudi Dutschke, S. 208. Zur Kritik der protestierenden Studenten gegen die Macht der Massenmedien siehe: Reinhardt, Authentizität und Gemeinschaft. Linksalternatives Leben in den siebziger und frühen achtziger Jahren, S. 223 ff.
349 Kraushaar, Acht Und Sechzig, S. 155. Peter Urban, ein verdeckter Mitarbeiter des Berliner Landesamts für Verfassungsschutzes, wovon freilich keiner der Beteiligten der Aktion wusste, verteilte bei der Belagerung des Springer Verlages in Berlin Molotow-Cocktails und trug damit wesentlich zur Eskalation der Gewalt bei. Siehe: Chaussy, Rudi Dutschke, S. 364–367.
350 Winkler, Der lange Weg nach Westen, Bd. 2, S. 251.

Verständnis brachten Presse und Bevölkerung gegenüber den Protestierenden auf.[351] Zwar gab es Verständnis für den Unmut und die Ziele der Demonstrierenden, nicht jedoch für die Anwendung von Gewalt. Intellektuelle und Professoren – darunter Theodor W. Adorno, Heinrich Böll, Walter Jens, Eugen Kogon, Golo Mann und Alexander Mitscherlich – befürworteten in einer Stellungnahme die Kritik an Springer und riefen zu einer öffentlichen Diskussion über die Macht des Konzerns auf. Gleichzeitig riefen sie die Protestierenden zur Enthaltung von Gewalt auf. Gustav Heinemann richtete sich in seiner Ansprache an die gesamte Bevölkerung und gab zu bedenken, „daß wir uns alle zu fragen haben, was wir selber in der Vergangenheit dazu beigetragen haben könnten, daß Antikommunismus sich bis zum Mordanschlag steigerte, und daß Demonstrationen sich in Gewalttaten der Verwüstung bis zur Brandstiftung verloren haben".[352] Doch die Ereignisse entwickelten eine Dynamik, die auch der SDS nicht mehr kontrollieren konnte.[353] Die vom SDS „bewusst provozierte »Schlacht am Tegeler Weg« am 4. November 1968 tat das ihre, um die »revolutionäre Avantgarde« der Studentenbewegung zu diskreditieren und zu isolieren."[354] 1970 löste sich der SDS schließlich auf.[355] Ehemalige Mitglieder des SDS traten der SPD, der FDP oder der neugegründeten DKP bei oder organisierten sich in unterschiedlichen kommunistischen, teils radikalen und miteinander konkurrierenden Gruppen und Milieus.[356]

Das Attentat auf Dutschke war das erste politische Attentat der Bundesrepublik. Insofern ist es nicht weiter verwunderlich, dass Dutschke vom Nachrichtenmagazin „Der Spiegel" in die Nachfolge von Rosa Luxemburg, Karl Liebknecht und Walter Rathenau gestellt wurde. Auch ein Bezug zu Che Guevara wurde hergestellt, Dutschke somit mit revolutionärem Handeln in Verbindung gebracht. Ferner erklärte der Spiegel: „Aber es sieht so aus, als liege es nicht im Ermessen der Revolutionäre, ob sie Märtyrer bekommen oder nicht – sie werden ihnen von anderen produziert. Es ist nicht lange her, daß Dutschke Rosa Luxemburg zitierte, die gesagt habe: „»Das Maß der Gewalt bestimmt die andere Seite.« Er ergänzte: »Auf unserer Seite jedenfalls

---

351 Im Juni 1968 erschien eine Ausgabe des Spiegels, die dem SDS viele Seiten widmete und an Kritik nicht sparte. Auf dem Titelblatt sind Akteure des SDS abgebildet. Diese halten Poster in der Hand, auf denen ihre Idole Ho Chi Minh, Rosa Luxemburg, Karl Marx, Karl Liebknecht, Lenin und Mao, abgebildet sind. Im Innenteil erschien ein ausführlicher, bebilderter Bericht über den SDS, seine Akteure und Ziele auf Basis von Interviews, die der Spiegel mit 80 Mitgliedern des SDS geführt hat: „Studenten. SDS. Zur Sonne", in: Der Spiegel, Nr. 26/1968, Titelblatt und S. 38 – 55.
352 Zitiert nach Karl, Rudi Dutschke, S. 216.
353 Kraushaar, Acht Und Sechzig, S. 156.
354 Winkler, Der lange Weg nach Westen, Bd. 2, S. 252.
355 Mit der Wahl Willy Brandts zum Bundeskanzler und der von ihm eingesetzten Reformpolitik in den Bereichen Außen- und Bildungspolitik wurden Ziele des SDS und der APO in die Regierungsarbeit integriert, womit sie der SDS und der APO selbst abhandenkamen, was wiederum zu deren Auflösung beitrug.
356 Eine ausführliche Darstellung der unterschiedlichen Gruppierungen bis hin zur Rolle von SDS-Mitgliedern bei der Gründung der Grünen bietet Kraushaar, Acht Und Sechzig, S. 183 – 239.

beginnt die Gewalt nicht.«"[357] Nicht nur der Spiegel, auch andere Magazine und Zeitungen versuchten auch nach dem Attentat, Fotos und Artikel über Dutschke zu veröffentlichen. Der Ansturm – auch während Dutschkes Krankenhausaufenthalt – war einer der Gründe, warum Dutschke mit seiner Familie nach Italien, später dann nach England, Irland und Dänemark umzog.[358] Einen anderen Grund benannte Dutschke in einem Interview: „Revolutionäre Genossinnen und Genossen, Antiautoritäre! Das bürgerlich-kapitalistische Denken zeichnet sich dadurch aus, daß es gesellschaftliche Konflikte … nur begreifen kann in der Gestalt von Personen … So wurde die antiautoritäre Bewegung identisch gesetzt mit Dutschke … [Aus] diesem Grunde … habe ich Rechenschaft abzulegen, warum ich aus der BRD weggehe, um im Ausland politisch zu arbeiten. Ich meine, durch diese Personalisierung ist ein autoritäres Moment in unsere Bewegung hineingekommen … Wenn jetzt hier von den Herrschenden gesagt wird, ohne Dutschke ist die Bewegung tot, so habt ihr zu beweisen, daß die Bewegung … getragen wird von Menschen, die sich im Prozeß der Auseinandersetzung zu neuen Menschen herausbilden."[359] Inwiefern Dutschkes Entscheidung auf den Wunsch seiner Frau, Deutschland aus Sorge um das Wohl ihrer Kinder zu verlassen, auf eigenen Wunsch um Sicherheit für sich und seine Familie oder auf die von ihm geäußerte Begründung und Rechtfertigung seiner Ausreise, die Bewegung solle sich ohne „autoritäres Moment" weiterentwickeln können, zurückzuführen ist, lässt sich nur schwer rekonstruieren. Die Zeilen Dutschkes lassen jedoch darauf schließen, welche Rolle innerhalb des SDS er sich selbst zuschrieb. Dass ebendiese Rolle von anderen Akteuren des SDS bestritten und angefochten wurde, tauchte in der damaligen Berichterstattung weniger auf, die Presse gab das Interview, in welchem Dutschke sich durch die öffentliche Rechtfertigung seines freiwilligen Rücktritts und Weggangs aus Deutschland nochmals zum Anführer des SDS stilisierte, lediglich wieder.[360]

Freilich sagt nicht die Anzahl der Berichte etwas über die Haltung der Medien zu Dutschke aus, sondern ihre inhaltliche Gestaltung und die Bewertung seiner Person und der Organisation, für die er stand. Mit der Zunahme von gewalttätigen Ausschreitungen während Aktionen und Demonstrationen nahm die ablehnende Haltung des Spiegels gegenüber dem SDS zu. Die Ablehnung ging mit den Ergebnissen eigener

---

357 „Schüsse auf Rudi Dutschke", in: Der Spiegel, Nr. 16/1968, S. 5.
358 Siehe: Chaussy, Rudi Dutschke, S. 376 f. Zur Jagd der Paparazzi auf Dutschke in Italien und seinen Bemühungen, in England leben und promovieren zu können siehe Karl, Rudi Dutschke, S. 220 – 230.
359 Zitiert nach Koenen, Das rote Jahrzehnt, S. 35 f.
360 Zu Reaktionen auf einen an die Frankfurter Delegiertenkonferenz des SDS übermittelten Brief von Dutschke, in dem er seine alten Mitstreiter aufforderte zurückzutreten und ihre Ämter Jüngeren zu überlassen und ankündigte, dass er zum richtigen Zeitpunkt zurückkommen werde, siehe Koenen, Das rote Jahrzehnt, S. 130 f.

Umfragen der Zeitschrift einher, die eine weite Ablehnung der Gewalt des SDS innerhalb der Bevölkerung ergaben.[361]

Die Berichterstattung des Spiegels über Dutschke änderte sich im Verlauf des Jahres 1969 stark: „Rudi Dutschke, 29, bekanntester bundesdeutscher Soziologie-Student und Rekonvaleszent" – so begann der Spiegel einen Artikel über Dutschke ein Jahr nach dem Attentat. Anlass des Artikels war die Berichterstattung über die Geburt des zweiten Kindes von Dutschke und seiner Frau und über den Genesungsverlauf Dutschkes in seiner neuen Wohnstätte in London. Der Spiegel zeichnete nun das Gegenbild des zuvor auch vom Spiegel selbst zum charismatischen Studentenführer stilisierten Dutschke: „Abweisend gegenüber Journalisten, widmet sich Rudi der Soziologie, der Säuglingspflege und dem Sozialismus [...] Reststörungen wie Konzentrationsschwierigkeiten und nervöse Reizzustände vermag Dutschke freilich angesichts der Kinder (Sohn Hosea Che ist zwei Jahre alt) und der Besorgung des Haushalts, den die in den USA geborene Ehefrau und Theologie-Studentin Gretchen nicht allein bewältigen mag, nur schwer auszugleichen."[362] Um den Fall des Rudi Dutschke vom Idol der Studentenbewegung zu einer Privatperson zu verdeutlichen, bebilderte „der Spiegel" den Artikel mit einem Foto, welches Dutschke mit einem Einkaufstrolley in der Hand beim Verlassen eines Geschäftes zeigte. Von Bestürzung über das Attentat wie in der Berichterstattung unmittelbar nach den Schüssen auf Dutschke war in diesem Artikel, den Dutschkes ehemaliger Gesprächspartner Augstein am 31. Dezember 1979, also unmittelbar nach Dutschkes Tod am 24. Dezember 1979[363] veröffentlichte, nichts zu spüren. Auch wurde Dutschke nicht mehr in eine Ahnenreihe anerkannter Politiker und des als Ikone der Befreiungsbewegungen verehrten Che Guevara gestellt wie zuvor.[364] Augstein bezeichnete Dutschkes Tod als „Gemeinheit" und beendete seinen Artikel mit einer Anekdote: „Als ich elf Wochen später mit eben diesem »richtigen« in eben diesem Audimax am Podium saß, schrie der, ein neuer Savonarola: »Wir werden einem Augstein nicht gestatten, sich mit fünf lumpigen Tausendern von unserer Bewegung loszukaufen.« Anschließend nahm er mich beiseite und sagte: »Mahler kann ohne Geld nicht mehr verteidigen. Gibst du mir zehntausend Mark?«"[365] Augstein brachte in seinem Artikel Dutschke nicht nur mit

---

361 In einer Blitzumfrage, die der Spiegel nach den Osterdemonstrationen in Auftrag gegeben hatte, erklärten 86 Prozent der befragten 16 – 30-Jährigen eine „Gewaltanwendung von protestierenden Studenten" für falsch. Zu den Umfrageergebnissen siehe: Frei, 1968, S. 142. Eine eindeutige Stellungnahme zur politischen Situation formulierten schließlich Augstein und sein neuer Chefredakteur Günter Gaus in ihrer gemeinsamen Wahlempfehlung am 22. September 1969, in der sie zu einer Koalition aus SPD mit dem Kanzler Willy Brandt und der FDP rieten. Zur Wahlempfehlung: Merseburger, Rudolf Augstein, S. 405 f.
362 „Helmut Kohl, Willy Brandt, Armand Fernandez, Rudi Dutschke", in: Der Spiegel, Nr. 53/1969, S. 94.
363 Dutschke ertrank während eines epileptischen Anfalls in der Badewanne. Seine Epilepsie war eine Spätfolge des auf ihn verübten Attentats, da sie auf die Schussverletzungen zurückzuführen war.
364 „Schüsse auf Rudi Dutschke", in: Der Spiegel, Nr. 16/1968, S. 5.
365 „Wir wollen den richtigen Rudi!", in: Der Spiegel, Nr. 53/1979, S. 29.

Savonarola in Verbindung, sondern auch mit Mahler, den er in derselben Spiegel-ausgabe unter der Überschrift „Streitgespräch zwischen Innenminister Baum und Ex-Terrorist Mahler. Gnade für Terroristen?" auf das Titelblatt druckte. Der von Augstein hergestellte Zusammenhang von Savonarola und Geldforderungen Dutschkes für den RAF-Anwalt Mahler förderte nicht den posthumen Nachruf Dutschkes.[366]

Um Dutschkes positiven Nachruf kümmerten sich dagegen seine Weggefährten und Trauerredner während der Beerdigung Dutschkes am 3. Januar 1980 in West-Berlin. Bernd Rabehl hob den „revolutionären Utopismus", die „revolutionäre Moral" und den „intellektuellen Skeptizismus" Dutschkes hervor. Hellmut Gollwitzer stellte Dutschke in eine Ahnenreihe von Politikern und Revolutionären, die – wie Gollwitzer hervorhob – wie Dutschke jung politischen Attentaten zum Opfer gefallen sind.[367] Auch die Freie Universität Berlin veranstaltete eine Trauerfeier, auf der Erich Fried an Dutschke erinnerte: „Seine Güte, seine Unkorruptheit, waren wirklich spürbar. [...] Politisch Andersdenkende waren für ihn nie einfach Feinde. [...] Eigentlich war er so undogmatisch und unorthodox, daß er nur schlecht in irgendeine Partei oder fest-gefügte Organisation gepaßt hätte, in irgendeinen vorgeschriebenen, reglementierten Glauben. Er war nie bereit, sein Gewissen zum Schweigen zu bringen oder es an ir-gendein Gremium abzugeben. Ich glaube, gerade seine große Wärme, seine Güte, seine Menschenliebe, seine moralische Reinheit, ich weiß kein anderes Wort dafür, sein Freisein von jedem Opportunismus, seine Achtung vor der Würde aller Menschen macht ihn so schwer ersetzbar für mich."[368]

Die Herausstellung des Gewissens Dutschkes und die Betonung seiner Moral er-innert an die Heroisierung der Verschwörer vom 20. Juli 1944, die seit den frühen 50er Jahren stattfand. Die Befolgung des eigenen Gewissens, das zentrale Argument, mit welchem die Verschwörer des 20. Juli 1944 in den zum Gedenktag gehaltenen Reden heroisiert und gleichzeitig vor dem Vorwurf des Landesverrats und Eidesbruchs ge-schützt wurden[369] und zugleich eine Maxime, die im Prinzip der „Inneren Führung" der Bundeswehr eingegangen ist, wurde von Fried als zentrales Merkmal des Cha-rakters von Dutschke hervorgehoben. Doch während die Gewissensentscheidung beim Gedenken an die Verschwörer vom 20. Juli als Etappe auf dem Weg zum Staatsstreich geschildert wurde, wurde das Gewissen Dutschkes gerühmt, ohne dass thematisiert wurde, ob und unter welchen Umständen Dutschke eine Gewissensent-scheidung tatsächlich treffen musste. Die Charakteristika, die Dutschke von Fried

---

366 Zu den Vorstellungen vom Heroischen und der Selbstheroisierung der RAF siehe: Wolfgang Kraushaar, Die blinden Flecken der RAF, Stuttgart 2017, S. 61 ff; Ders., „Die RAF und ihre Opfer. Zwi-schen Selbstheroisierung und Fremdtabuisierung", in: Ders. (Hg.), Die RAF. Entmythologisierung einer terroristischen Organisation, Bonn 2008, S. 356–367.
367 Die Trauerreden Rabehls, Gollwitzers und Frieds sind abgedruckt in: Dutschke, Mein langer Marsch, S. 245 f., S. 254 f. und S. 264 ff.
368 Erich Fried in seiner Rede über Dutschke, zitiert nach Karl, Rudi Dutschke, S. 521.
369 Siehe Kapitel 3.3 dieser Arbeit.

zugeschrieben wurden, blieben daher lediglich Umschreibungen von Dutschkes Charakter.

In Anbetracht von Charakterisierungen wie von Gollwitzer oder Fried ist die Einschätzung, dass Dutschke posthum von einigen seiner Zeitgenossen und Sympathisanten „zu einer pazifistischen Heiligenfigur"[370] mystifiziert wurde, nachvollziehbar. Einer näheren Beschäftigung mit Dutschke hält das mythisierende Bild nicht stand. Dutschkes Haltung pazifistisch zu nennen, ignoriert seine Auseinandersetzung mit der Frage der Legitimität von Gewaltanwendung zur Erreichung politischer Ziele und vor allem die Ergebnisse dieser Auseinandersetzung: Keinesfalls lehnte Dutschke Gewaltanwendung kategorisch ab, sondern konstruierte Unterschiede zwischen der Möglichkeit von Gewaltanwendung in Städten und in der Dritten Welt und zwischen Gewalt gegen Sachen und gegen Personen, um zu erörtern, unter welchen Umständen Gewaltanwendung legitim sei.[371] Als Ziele der Gewalt definierte Dutschke „die Emanzipation des Menschen, die Schaffung des neuen Menschen".[372] Diese Vorstellung Dutschkes rief nach den Erfahrungen zweier totalitärer Systeme in Europa großes Unbehagen hervor, Unbehagen, welches von Hannah Arendt in Worte gefasst und klar beantwortet wurde: „Das ist der alte utopische Unsinn. Aktionen sind politisch, wenn sie die Welt verändern; alle Vorstellungen von der »Herausbildung des neuen Menschen« enden notwendigerweise in der Gewaltherrschaft bzw. in einer Entmenschlichung des Menschen."[373] Eine Handlungsanleitung zum Umgang mit denjenigen, deren Erziehung zum neuen Menschen als wenig erfolgreich eingeschätzt wurde, formulierte SDS-Mitglied Bernd Rabehls: „Wo es klar ist, daß eine Umerziehung unmöglich ist, etwa bei älteren Leuten oder bei bestimmten Verbrechern, da sollte man

---

370 Chaussy, Rudi Dutschke, S. 474.

371 In seinem Tagebucheintrag vom 15. Juni 1967 beschrieb Dutschke Fanon, Che Guevara und Mao als diejenigen, die „am tiefsten die Probleme der Massenpraxis im Kampf um die nationale Befreiung der dritten Welt" begreifen würden. Der Eintrag endete mit dem Satz: „Der revol[utionäre] Nationalismus ist kein Dauerzustand, muß in militanten und sozialen Humanismus transformiert werden..." (Dutschke, Jeder hat sein Leben ganz zu leben, S. 51). Was Dutschke unter einem „militanten Humanismus" verstand, blieb jedoch offen. Am 17. Juni 1967 bezog sich Dutschke nochmals auf Che Guevara und führt aus, dass dieser nun in Bolivien leben und arbeiten würde, wo „wenigstens 200 vollausgebildete Guerillas" existieren würden. (Ebd., S. 54) Dutschkes Augenmerk auf die Guerillakämpfe in Kuba und Bolivien wurde von vielen seiner Mitstreiter in der SDS geteilt. Der SDS und Dutschke befürworteten des Weiteren den Kampf der Vietcong und begannen Geld für diesen zu sammeln (zu dieser Aktion siehe: Chaussy, Rudi Dutschke, S. 254). Zur Unterscheidung von Gewaltanwendung in der Ersten und Dritten Welt, gegen Sachen und gegen Personen und Dutschkes Konzept der „Stadtguerilla" siehe die Analyse von: Wolfgang Kraushaar, „Rudi Dutschke und der bewaffnete Kampf", in: Ders., Karin Wieland, Jahn Philipp Reemtsma (Hg.), Rudi Dutschke, Andreas Baader und die RAF, Hamburg 2005, S. 13–50, hier S. 42–50.

372 Gottfried Küenzlen, Der neue Mensch, München 1997, S. 199.

373 Hannah Arendt, Macht und Gewalt, München 2015, S. 70. Die Erstausgabe des Buches erschien 1970 unter dem Titel „On Violence".

den Betreffenden die Möglichkeit geben, auszuwandern."[374] Bespiele für die von Rabehl geforderte „Umerziehung" zum „Neuen Menschen" gab es in der frühen Sowjetunion und im nationalsozialistischen Deutschland, insbesondere diese Versuche verdeutlichten den totalitären Charakter beider Systeme.[375]

Ein Nachdenken über Gewaltherrschaft und die Entmenschlichung des Menschen war Ende der sechziger Jahre nicht nur bei Intellektuellen wie Arendt zu beobachten. Unter dem Titel „Gewalt und Menschlichkeit" strahlte das Erste Deutsche Fernsehen den Jahresrückblick von 1968 aus. Das mit teils erschütternden Bildern dokumentierte Szenario umfasste die Niederschlagung des Prager Frühlings und der Demokratiebewegungen in Osteuropa, politische Attentate auf Robert Kennedy, Martin Luther King und Rudi Dutschke, Studentenunruhen und Arbeitskämpfe, Befreiungsbewegungen in Vietnam und Lateinamerika und ihre Bekämpfung und spiegelte das damalige schichtenübergreifende Empfinden einer allumfassenden Gewalt auf der Welt und in der Bundesrepublik.[376] Die Frage nach der Einstellung zu Gewalt und Gewaltanwendung des SDS und der Studentenproteste war entscheidend über Sympathie und Ablehnung von Seiten der Bevölkerung. Zwar wurde das Verhalten der Polizeikräfte kritisiert, doch vor allem galt die Kritik den Demonstranten, die mit ihren Aktionen nicht nur das staatliche Gewaltmonopol infrage stellten, sondern Sachbeschädigungen und die Verletzung von Personen – auch aus eigenen Kreisen – in Kauf nahmen.

Als eine „Entzauberung der Revolte"[377] bezeichnet Frei die Berichterstattung der Medien über die Ziele und Aktionen des SDS und der APO nach den Osterdemonstrationen. Fraglich bleibt jedoch, warum es zuvor zu einer „Verzauberung" einer kleinen Gruppe aktiver Studenten im SDS – Dutschke selbst sprach in seinem Interview mit Gaus von fünfzehn Aktiven – und von Dutschke selbst gekommen ist, der nicht nur von der Presse, sondern auch von den Studenten zur „Galionsfigur der Studentenrevolte"[378] stilisiert wurde. Warum Dutschke solch eine große Wirkung auf seine Zuhörer entfaltete, beantwortet Koenen damit, dass die von Dutschke unermüdlich vorgetragene „Eschatologie weltrevolutionärer Entscheidungskämpfe"[379] Stimmungen und Bedürfnisse der Weltdeutung seiner Zuhörer und Anhänger traf. Für Karl Heinz Bohrer sind es die suggestiven Wirkungen der vor großem Publikum ge-

---

374 Dutschke, Mein langer Marsch, S. 27. Das Gespräch von Enzensberger, Dutschke, Semler und Rabehl wurde zuvor im „Kursbuch" vom 14. Oktober 1967 abgedruckt.
375 Eine Beschreibung von Maßnahmen zur Erschaffung „neuer Menschen" im Dritten Reich und in der Sowjetunion bietet: Sabine A. Haring, „Der neue Mensch in Nationalsozialismus und Sowjetkommunismus", in: APuZ 37–38/2016, S. 10–15.
376 https://www.tagesschau.de/jahresrueckblick/meldung375248.html (Zugriff am 4.4.2019).
377 Frei, 1968, S. 143.
378 Kraushaar, „Kleinkrieg gegen einen Großverleger", hier S. 310.
379 Koenen, Das rote Jahrzehnt, S. 45. Dieser Begriff – „Eschatologie weltrevolutionärer Entscheidungskämpfe" – fasst ebenso wie die Chiffre 1968 zahlreiche Ereignisse im Hinblick auf ein zukünftiges Ziel zusammen; die Konstruktion einer „Dritten Welt", die realen Kriege in Bolivien oder Vietnam, aber auch der Kampf gegen Konsum ließen sich als Etappen der „Entscheidungskämpfe" subsumieren.

haltenen Reden über eine „radikale Gesellschaftsänderung"[380], welche die Faszination erklären. Es mag sein, dass diese Gründe für die Faszination, die Dutschke auf einige seiner Zuhörer ausübte, zutreffend sind. Dass sie Sympathien breiterer Studenten- und Bevölkerungsschichten erklären, ist aufgrund der Fokussierung Dutschkes und des SDS auf Topoi, Revolution, Kampf und den immer wieder in Anlehnung an Maos „Langen Marsch" vorgetragenen „Marsch durch die Institutionen" unwahrscheinlich. Der Hauptgrund für Dutschkes Popularität bei Personen in und außerhalb der Universitäten, die den vom SDS propagierten Zielen wie einer „Weltrevolution" und ihrem Antiamerikanismus[381] skeptisch bis ablehnend gegenüberstanden, lag weniger am Aufruf zur Weltrevolution und radikalen Weltveränderung, sondern an Dutschkes moralischem Pathos, mit dem er Unterdrückung, Hunger und wachsende soziale Ungleichheit anprangerte.[382] Die Kritik bot ein Identifikationsangebot für viele, da die einzelnen Punkte auf breite Bereiche des Lebens zugeschrieben werden konnten und Normen und Werte ansprachen, die auf eine breite Zustimmung innerhalb der Bevölkerung stießen.

Dutschke wurden zu Lebzeiten von der Presse Charisma, Intelligenz und Dynamik zugeschrieben – Charaktereigenschaften, die ihn aus der Masse heraushoben. Sein Handeln und seine Ziele, die in der Presse mit denen des SDS oftmals gleichgesetzt wurden, wurden dagegen kritisiert. Auf den Trauerfeiern fanden die Ziele Dutschkes keine besondere Erwähnung; der Fokus der Erinnerung lag auf der Herausstellung charakterlicher Merkmale, die nicht in einen Zusammenhang mit dem realen politischen Handeln Dutschkes gebracht wurden. Weder besondere Akte philanthropischen Handelns wie die Gründung einer Stiftung oder karitative Hilfe für Bedürftige, noch außergewöhnliche Leistungen, aufgrund derer historische Geistesheroen verehrt wurden, wurden von Fried oder Gollwitzer genannt.

Nichtsdestotrotz setzte nach seinem Tod eine von ehemaligen Weggefährten geförderte Mythisierung Dutschkes ein. Nicht nur wurden Nachrufe auf Dutschke verfasst, sondern bereits 1980 wurden diese zusammen mit Artikeln von und über Dutschke und seinen Tagebuchaufzeichnungen als Monographie unter dem Titel „Mein

---

380 Karl Heinz Bohrer, „1968. Die Phantasie an die Macht? Studentenbewegung – Walter Benjamin – Surrealismus", in: Ingrid Gilcher-Holtey (Hg.), 1968. Vom Ereignis zum Mythos, Frankfurt am Main 2008, S. 385–401, hier S. 389.
381 Bilder der Luftbrücke, von amerikanischen Panzern, die sich an der Friedrichstraße während des Mauerbaus 1961 sowjetischen Panzern gegenüberstellten, waren in Berlin West nicht nur präsent, sondern konstitutiv für das Geschichts- und Politikverständnis vieler Berliner. Einen weiteren nicht zu unterschätzenden Faktor für die Ablehnung des SDS beschreibt sehr anschaulich Koenen: „Daß die neuzugeströmten Studenten sich über eine Miose Tschombé aus Kongo [...] mehr erregen konnten als über die Lage der Stadt selbst, wollte diesen Frontstadt-Berlinern nicht in den Kopf. Und noch weniger, daß ausgerechnet diese Bürgerkinder, die privilegierten Berufen zustrebten, plötzlich die rote Fahne wieder aufzogen und sich mit der Polizei prügelten, Arm in Arm mit der von drüben gesteuerten SEW und FDJ." Koenen, Das rote Jahrzehnt, S. 39.
382 Diese Heraushebung von Dutschkes moralischer Anklage von Ungerechtigkeit förderte die Popularität Dutschkes. Siehe: „Philosophie deutscher Revolutionäre", in: Die Zeit, Nr. 35/1967.

langer Marsch" vervielfältigt. Im Vorwort fassten die Herausgeber Dutschkes Verdienste zusammen, indem sie herausstellten, dass er in zahlreichen Diskussionen und Demonstrationen „Anstöße gab und Anstoß erregte"[383] und erklärten seine Faszination auf viele Sympathisanten mit dem Verweis auf Dutschkes charakterliche Eigenschaften: „Das Phänomen seiner Anziehungskraft und politischen Wirkung über eineinhalb Jahrzehnte wurzelt wohl wesentlich darin, daß die Menschen seinen Optimismus, seinen Willen, seine Risikobereitschaft, seine Neugier spürten."[384] Reale politische Handlungen wurden in dieser Erklärung wiederum ausgeklammert, auch eine politische Wirkung Dutschkes blieb unbestimmt.

Der Kreis derjenigen, die nach Dutschkes Tod an seinem Nachruhm arbeiteten, war auf seine ehemaligen Weggefährten beschränkt. Versuche von Seiten politischer oder kultureller Gruppen und Bewegungen, Dutschke zum Zweck der Legitimierung, Identifikationsstiftung und Integration mit symbolischen Akten, rituellem Gedenken, Denkmälern und verbalen Zuschreibungen zum Helden zu überhöhen, fehlten dagegen. Der von den Medien und durch mediale Selbstinszenierung geschürte Starkkult, der Dutschke zu seinen Lebzeiten umgab, verschwand mit Erlöschen der Presseberichte über seine Person nach Dutschkes Tod.[385] Nichtsdestotrotz gilt Rudi Dutschke – gefördert durch posthume Publikation seiner Aufsätze, Reden und Tagebücher – als einer der führenden Ideologen der Studentenbewegung von 1968.

---

383 Dutschke, Mein langer Marsch, S. 8. Eine Übersicht der posthum in Buchform veröffentlichten Artikel von und über Dutschke und seiner Tagebuchaufzeichnungen bietet Karl, Rudi Dutschke, S. 539
384 Ebd., S. 9.
385 Einen Nachruf veröffentlichte der Spiegel 1988: „Rudi, ein deutsches Märchen. Spiegel-Autor Harald Wieser über den Apo-Führer Dutschke", in: Der Spiegel Nr. 16/1988. Ebenso tauchte Dutschke in Rückblicken über die Studentenbewegung auf, beispielsweise in der Wochenschrift Die Zeit.

4 Epochenübergreifende Merkmale von Helden und Heroisierungen, ihren Funktionen und ihren Bedeutungen

Von der Gründung der Bundesrepublik Deutschland an bemühten sich Akteure der politischen und kulturellen Eliten und sozialer Gruppen um eine Anerkennung von Personen und Personengruppen ihrer unmittelbaren Gegenwart und aus der Vergangenheit als Helden; sie bemühten sich aber auch um eine Vitalisierung historischer Helden, also von Personen, die in vergangenen Epochen als Helden anerkannt wurden. Ebensolche Bemühungen fanden in den Vorgängerstaaten der Bundesrepublik Deutschland statt.

Die Auswahl von Personen und die Bemühung um ihre Anerkennung als Helden erfolgte nach über lange Zeiträume gewachsenen und etablierten Regeln, Normen und Praktiken. Die Mechanismen, nach denen die Heroisierung von Personen erfolgte, und die angewandten Mittel lassen sich über Systemwechsel hinweg in der deutschen Geschichte zurückverfolgen und ähneln einander.

Alle untersuchten Phänomene weisen trotz aller Heterogenität der Erscheinungsformen Gemeinsamkeiten auf. Nachfolgend werden daher epochenübergreifende Merkmale von Heroisierungsprozessen und ihren Funktionen auf die Rezipienten, auf die Heldensänger und auf die Helden selbst geschildert.

Sowohl das Festhalten an bereits bestehenden Heldenfiguren, die Revitalisierung historischer Helden, als auch der Versuch der Etablierung neuer Helden waren Antworten auf politische, soziale und kulturelle Herausforderungen und Umbrüche. Ob an alten Helden festgehalten, diese umgedeutet oder neue Helden geschaffen wurden, hing von den aktuellen Umständen und den Bedürfnissen der Heldensänger und der Heldenrezipienten ab. Bemühungen um Heroisierungen von Personen verliefen durch alle sozialen Schichten. Monarchen, Politiker, Wissenschaftler und Studenten, Künstler, Arbeiter und Militärs schufen ihre eigenen Helden. In der Regel entstammten Personen, die heroisiert wurden, den eigenen Schichten, zum Teil aber auch anderen Schichten.

Auswahlkriterien für Personen, die besonders anerkannt, ausgezeichnet und heroisiert wurden, waren außergewöhnliche und herausragende Leistungen, Taten und Werke in den Bereichen Politik und Gesellschaft, Militär, Kunst, Wissenschaft und Sport, die teils mit der Gefährdung und dem Opfer des eigenen Lebens verbunden waren. So waren herausragende Leistungen beim Aufbau eines Staates, seiner Reformierung und im Bereich der Staatsführung, als auch Handlungen, die in der Absicht des Wandels des politischen Systems oder eines Systemsturzes vorgenommen wurden, sowie besondere Verdienste im Krieg Anlass für Heroisierungen. Aber auch herausragende künstlerische Werke, wissenschaftliche Arbeiten und sportliche Leistungen waren Anlass, Künstler, Wissenschaftler und Sportler zu ehren und zu Geis-

https://doi.org/10.1515/9783110701685-004

tesheroen oder Sporthelden zu erklären. Desweiteren wurden Personen für ihren selbstlosen Einsatz für andere geehrt.

Die Entscheidung, ob Leistungen, Taten oder Verdienste als herausragend bewertet wurden, fällte die heroisierende Gemeinschaft. Voraussetzung für eine Heroisierung war, dass die potentiellen Helden nicht nur den jeweiligen Kriterien vom Hervorragenden entsprachen, sondern auch Schlüsselwerte der sie heroisierenden Personen oder Gemeinschaft verkörperten. Helden symbolisieren somit Moral, Normen und Werte der sie heroisierenden und anerkennenden Personen, Gruppen und Gemeinschaften. Werte waren und sind freilich nicht aus der Luft gegriffen. Sie beruhen auf Wertetraditionen, ändern sich jedoch je nach sozialen, kulturellen, politischen und ökonomischen Bedingungen. Die Schaffung neuer Helden, das explizite Festhalten an historischen Helden oder deren Neuinterpretation ist somit auch Spiegel des Wertewandels und einer sich wandelnden Deutung von Geschichte und Erinnerung.

Die bei Heroisierungen angewandten Mittel umfassen die direkte Verwendung von Wörtern wie heldenhaft, heroisch, Held, Heros oder unterschiedliche verbale Umschreibungen der Heldentat und des Helden. Symbolische Handlungen und ein ritualisiertes kanonisiertes Gedenken an den Helden und seine Heldentat sind weitere zentrale Bestandteile von Heroisierungen. Ihre Wirkmächtigkeit ist jedoch angewiesen auf die positive Annahme des Helden durch die Rezipienten. Erfolgt diese nicht, geht die Anerkennung der heroisierten Person nicht über den unmittelbaren Kreis der Heldensänger hinaus. Je breitenwirksamer das Gedenken begangen wird, je mehr Mittel eingesetzt und kombiniert werden, desto wahrscheinlicher ist der Erfolg einer Heroisierung – doch keine Garantie.

Folgende Mittel dienen dazu, Helden jenseits des unmittelbaren Kreises der Heldensänger bekannt zu machen und um ihre Anerkennung zu werben:

Sowohl die Leistungen, Werke und Taten des Helden als auch dieser selbst können sichtbar gemacht werden durch die Verleihung von Auszeichnungen wie Orden und Ehrenzeichen, die teilweise mit der Betitelung „Held" einhergehen, durch die Anfertigung von Denkmälern, Bildern, Druckerzeugnissen, Fotographien oder Filmen. Mit Hilfe von Gravuren, Inschriften und einer Ausgestaltung der Bilder und Denkmäler unter Verwendung eines antiken und christlichen Formen- und Symbolarsenals werden die dargestellten Personen als Helden erkennbar gemacht, wobei Attribute bereits existenter Helden den neuen Helden zugeschrieben werden.

Das zentrale Mittel von Heroisierungen ist die Sprache. Verbale Beschreibungen einer Person und ihrer Leistungen als heroisch und die Zuschreibungen heroischer Attribute und Eigenschaften wie Tapferkeit, Risikobereitschaft, Opferbereitschaft, Gewissenhaftigkeit, Genialität und Stärke in Reden, Monographien, Festschriften, Presseartikeln oder Liedern sind symbolische Akte zur Heroisierung einer Person. Ebenso wie auf ikonographischen Darstellungen kann der Vergleich der heroisierten Person mit antiken Heroen oder historischen Helden ein Mittel zur Heroisierung sein. Eine große Rolle spielt der Topos des Opfers, da ein Gebrauch von Opfersemantik zu einer Sakralisierung und heroischen Überhöhung einer Person beiträgt.

Ein zentraler, epochenübergreifender Bestandteil von Heroisierungsbemühungen ist das Abhalten von einmaligen oder ritualisierten und kanonisierten Festakten, auf denen Personen als Helden geehrt werden oder an Heldentaten und bereits verstorbene Helden unter Verwendung verbaler, symbolischer und ikonographischer Mittel erinnert wird. Kanonisierte Festakte werden in der Regel an Geburts- und Todestagen der jeweiligen Helden oder an Jahrestagen der Heldentat abgehalten. Die während der Festakte verwendeten Symbole und rituellen Handlungen sind wiederum oftmals einer antiken und christlichen Formensprache und christlichen Liturgie entlehnt. Festakte finden im öffentlichen Raum statt, in Gedenkstätten, an zentralen Plätzen und Orten. Je breitenwirksamer das Gedenken begangen wird, je mehr Mittel eingesetzt werden, desto wahrscheinlicher ist der Erfolg einer Heroisierung – doch keine Garantie.

Ob die jeweiligen Helden jenseits der Einzelpersonen oder der Gruppen, die sie schaffen, auf Anerkennung und Akzeptanz stoßen, hängt wiederum von mehreren Faktoren ab, die über Erfolg oder Misserfolg der Heroisierung entscheiden. Je mehr Werte und Normen zwischen den Heroisierenden und großen Teilen der Gesellschaft übereinstimmen, desto größer ist die Wahrscheinlichkeit, dass die Helden der jeweils heroisierenden Gruppen über diese hinaus positiv rezipiert werden. Eine Kongruenz zwischen Normen und Werten sowohl der Helden und Heldensänger als auch der Rezipienten fördert somit den Erfolg einer Heroisierung, die sich in einer breiten Akzeptanz der heroisierten Person äußert.

Bei Infragestellung der als verbindlich anerkannten Werte innerhalb der Gesellschaft und bei Zuwiderhandlungen des Helden bleibt die positive Rezeption der heroisierten Person auf den Kreis der Heldensänger und ihrer Sympathisanten beschränkt. Eine positive Rezeption von Heldenfiguren wird ebenfalls bei Infragestellung des Selbstwerts der Gesellschaft durch die Heroisierung von Personen, deren Handlungen für einen Teil der Bevölkerung ebenfalls möglich gewesen wäre, aber aus Risikoabwägungen und moralisch indifferenten Haltungen nicht ebenso vollzogen wurde, eingeschränkt.

Heroisierungen werden hingegen positiv rezipiert, sofern die Möglichkeit der Heldentat – unabhängig von ihrem Erfolg – für breite Kreise der Bevölkerung nicht besteht. Dieser Graben hat im Gegensatz zu heroisierten Taten, die für viele möglich gewesen wären, eine exkulpierende Wirkung und bewirkt somit eine Stärkung des Selbstwertgefühls der Rezipienten.

Insbesondere nach Systemwechseln halten Personengruppen an Heldenbildern vergangener Systeme fest oder reaktivieren diese, sofern sie sich von neuen politischen Systemen entwertet und nicht repräsentiert fühlen oder schaffen neue Helden, die ihre eigenen, dem aktuellen politischen System teils entgegengesetzte Normen und Werte repräsentieren.

Sofern Heroisierungsbemühungen inflationär vonstattengehen oder an monetäre Anreize für die heroisierten Personen gekoppelt werden, können sie die beabsichtigte Wirkung verfehlen.

Die Konstruktion von Heldenfiguren folgt in der Regel den Absichten der jeweiligen Heldensänger, die in den sich auf mehreren Ebenen entfaltenden Wirkungen der Heroisierung begründet sind. Indem Helden inszeniert werden, treten nicht nur diese in den Fokus der potentiellen Rezipienten, sondern auch die Heldensänger, die Inszenierung gilt somit nicht nur den Helden, sondern auch ihnen.

Heroisierungen können eine besondere Mobilisierungskraft entwickeln, da der Prozess der Heroisierung und die Helden selbst Emotionen bei ihren Rezipienten ansprechen. Des Weiteren stellen Heldenfiguren ein Angebot zur Identitätsstiftung und Integration von Gruppen, Gemeinschaften und Gesellschaften dar, indem sie Verhaltensweisen und Handlungen repräsentieren, die auf neuen, umgedeuteten oder historischen Werten und Normen, die von ebendiesen Gruppen, Gemeinschaften und Gesellschaften befürwortet werden, beruhen. Das gemeinsame Bekenntnis zum Helden bedeutet zugleich eine gemeinsame und verbindliche Deutung der Heldentat und des durch den Helden verkörperten Wertekanons. Die mit der Verdichtung ganzer Erzählungen auf eine Person verbundene Komplexitätsreduktion erleichtert die Identitätsstiftung. Heroisierungen wirken auch deshalb mobilisierend, da sie ein Leben nach den durch die Helden verkörperten Normen und Werte als vorbildlich darstellen und – unabhängig vom Ausgang der Heldentat – auf Anerkennung in der Zukunft verweisen.

Die Heldensänger verfolgen mit der Konstruktion neuer Helden, dem Rückbezug auf historische Helden und mit der Einführung eines ritualisierten und kanonierten Gedenkens teils politische Ziele: Zum einen wird der Anspruch auf politische Teilhabe oder politische Herrschaft durch den Bezug auf Helden legitimiert, ferner dient insbesondere die Revitalisierung historischer Helden nach einem Systemwechsel der Abgrenzung vom neuen politischen System und der Integration der Gegner des neuen Systems.

Die Heldenehrung wirkt auch auf die Helden selbst zurück. Durch die Annahme sichtbarer Ehrenzeichen sowie der teils mit diesen verbundenen Geld- und Sachleistungen und durch die Inkaufnahme der medialen Präsentation dieses Vorgangs stellt sich der Auszuzeichnende als Befürworter der Auszeichnenden dar, unabhängig davon, ob es sich um eine politische Elite, künstlerisch-wissenschaftliche Vereinigungen oder gesellschaftliche Gruppen handelt und bekräftigt die Souveränität und Legitimität derjenigen, die ihm den Heldenstatus zusprechen, stärkt somit die Herrschaftsansprüche oder die reelle Herrschaft der Auszeichnenden. Auch stimmt er einer möglichen Inpflichtnahme seiner Person für die Ehrenden zu.

Warum eine Person als Held von einer größeren Gemeinschaft als derjenigen der Heldensänger anerkannt wird, ist nicht alleine auf die Kombination unterschiedlicher Mittel von Heroisierungen zurückzuführen. Vielmehr entscheidet über den Erfolg von Heroisierungen, ob die heroisierte Person mitsamt der durch sie repräsentierten Normen und Werte dem jeweiligen Zeitgeist und den Bedürfnissen der potentiellen Rezipienten entspricht. Letztlich entscheiden diese darüber, ob Personen nur im Kreis ihrer Heldensänger und ihrer Sympathisanten oder darüber hinaus als Helden anerkannt und geehrt werden.

Literatur

Reinhard Alings, Monument und Nation. Das Bild vom Nationalstaat im Medium Denkmal. Zum Verhältnis von Nation und Staat im deutschen Kaiserreich 1871–1918, Berlin 1996.

Julia Angster, „Wirtschaftswunder und Wohlstandsgesellschaft in der Bundesrepublik", in: Edgar Wolfrum (Hg.), Die Deutschen im 20. Jahrhundert, Darmstadt 2004, S. 123–133.

Ernst Antoni, Landser-Hefte. Wegbereiter für den Rechtsradikalismus, München 1979.

Hannah Arendt, Macht und Gewalt, München 2015.

Monika Arndt, Der Weißbart auf des Rotbarts Throne. Mittelalterliches und preußisches Kaisertum in den Wandbildern des Goslarer Kaiserhauses, Göttingen 1977.

Aleida Assmann, Geschichte im Gedächtnis. Von der individuellen Erfahrung zur öffentlichen Inszenierung, München 2007.

Jan Assmann, „Kollektives Gedächtnis und kulturelle Identität", in: Jan Assmann, Tonio Hölscher (Hg.), Kultur und Gedächtnis, Frankfurt am Main 1988, S. 9–19.

Jan Assmann, Das kulturelle Gedächtnis. Schrift, Erinnerung und politische Identität in frühen Hochkulturen, München 2005.

Egon Bahr, „Tag der deutschen Geschichte", in: APuZ B23/2003, S. 3–4.

David E. Barclay, Anarchie und guter Wille. Friedrich Wilhelm IV. und die preußische Monarchie, Berlin 1995.

David E. Barclay, „Das monarchische Projekt Friedrich Wilhelms IV. von Preußen", in: Frank-Lothar Kroll, Inszenierung oder Legitimation? Monarchy and the Art of Representation. Die Monarchie in Europa im 19. und 20. Jahrhundert. Ein deutsch-englischer Vergleich, Berlin 2015, S. 35–44.

Wolf Graf von Baudissin, „Das Leitbild des zukünftigen Soldaten", in: Die Neue Gesellschaft 2 (1955), S. 26–37.

Ulrich Baumgärtner, Reden nach Hitler. Theodor Heuss. Die Auseinandersetzung mit dem Nationalsozialismus, Stuttgart 2001.

Ernst Wolfgang Becker, Theodor Heuss. Bürger im Zeitalter der Extreme, Stuttgart 2011.

Tillmann Bendikowski, Friedrich der Große, München 2011.

Wolfgang Benz, „Juden im Untergrund und ihre Helfer", in: Ders. (Hg.), Überleben im Dritten Reich. Juden im Untergrund und ihre Helfer, München 2003, S. 11–48.

Wolfgang Benz, Der 20. Juli 1944 und der Widerstand gegen den Nationalsozialismus, Erfurt 2014.

Volker Berghan, Europa im Zeitalter der Weltkriege. Die Entfesselung und Entgrenzung der Gewalt, Frankfurt am Main 2002.

Diethelm Blecking, „Das »Wunder von Bern« 1954: Zur politischen Instrumentalisierung eines Mythos", in: Historical Social Research, 40(4), S. 197–208.

Alexandra Bleyern, Das System Metternich. Die Neuordnung Europas nach Napoleon, Darmstadt 2014.

Wilhelm Bleek, Bernhard Lauer, Protestation des Gewissens. Die Rechtfertigungsschriften der Göttinger Sieben, Kassel 2012.

Thomas M. Bohn, „»Bau auf…« Der Maurer Denis Bulachow", in: Silke Satjukow, Rainer Griess (Hg.), Sozialistische Helden. Eine Kulturgeschichte von Propagandafiguren in Osteuropa und der DDR, Berlin 2002, S. 60–83.

Karl Heinz Bohrer, „1968: Die Phantasie an die Macht? Studentenbewegung – Walter Benjamin – Surrealismus", in: Ingrid Gilcher-Holtey (Hg.), 1968. Vom Ereignis zum Mythos, Frankfurt am Main 2008, S. 385–401.

Karl Heinz Bohrer, Kurt Scheel, „Zu diesem Heft", in: Merkur 9/10, September/Oktober 2009, S. 751–752.

https://doi.org/10.1515/9783110701685-005

Eva Börsch-Supan, „Die geistige Mitte Berlins gestalten. Friedrich Wilhelms IV. Pläne zum Dom, zur Schlosskapelle und zur Museumsinsel", in: Jörg Meiner, Jan Werquet (Hg.), Friedrich Wilhelm IV. von Preußen. Politik – Kunst – Ideal, Berlin 2014, S. 47–62.

Franz-Josef Brüggemeier, Zurück auf dem Platz. Deutschland und die Fußballweltmeisterschaft 1954, München 2004.

Robert Buck, „Die Rezeption des 20. Juli 1944 in der Bundeswehr", in: Gerd R. Ueberschär (Hg.), Der 20. Juli 1944. Bewertung und Rezeption des deutschen Widerstands gegen das NS-Regime, Köln 1994, S. 214–234.

Karl-Ernst Bungenstab, Umerziehung zur Demokratie? Re-education-Politik im Bildungswesen der US-Zone 1945–49, Düsseldorf 1970.

Peter Burschel, Sterben und Unsterblichkeit. Zur Kultur des Martyriums in der frühen Neuzeit, (Ancien Régime. Aufklärung und Revolution, Bd. 35), München 2004.

Jürgen Busche, Heldenprüfung. Das verweigerte Erbe des Ersten Weltkriegs, München 2004.

Otto Büsch, Militärsystem und Sozialleben im alten Preußen 1713–1807, (Veröffentlichungen der Historischen Kommission zu Berlin, Bd. 7), Berlin 1962.

Dietrich Busse, Historische Semantik. Analyse eines Programms, Stuttgart 1987.

Thomas Carlyle, Egon Friedell, Über das Heroische in der Geschichte, Bozen 1997.

Helmut Caspar, Marmor, Stein und Bronze. Berliner Denkmalgeschichten, Berlin 2003.

Helmut Caspar, Fürsten, Helden, große Geister. Denkmalschichten aus der Mark Brandenburg, Berlin 2004.

Joachim Castan, Der Rote Baron: Die ganze Geschichte des Manfred von Richthofen, Stuttgart 2008.

Ulrich Chaussy, Rudi Dutschke. Die Biographie, München 2018.

Christopher Clark, Preußen. Aufstieg und Niedergang. 1600–1947, München 2007.

Christopher Clark, Wilhelm II. Die Herrschaft des letzten deutschen Kaisers, München 2008.

Norbert Conrads, „Politischer Mentalitätswandel von oben. Friedrichs II. Weg vom Gewinn Schlesiens zur Gewinnung der Schlesier", in: Peter Baumgart (Hg.), Kontinuität und Wandel. Schlesien zwischen Österreich und Preußen, Sigmaringen 1990, S. 219–236.

Peter Conrady, „»Wir lagen vor Stalingrad«. Oder: Nichts gelernt aus der Geschichte? Die Landser-Hefte der 50er und 60er Jahre", in: Peter Conrady (Hg.): Faschismus in Texten und Medien. Gestern, Heute, Morgen? Oberhausen 2004, S. 119–134.

Eckart Conze, „Adel und Adeligkeit im Widerstand des 20. Juli 1944", in: Heinz Reif (Hg.), Adel und Bürgertum in Deutschland. Entwicklungslinien und Wendepunkte im 20. Jahrhundert, Bd. 2, Berlin 2001, S. 269–295.

Eckhart Conze, „Aufstand des preußischen Adels. Marion Gräfin Dönhoff und das Bild des Widerstands gegen den Nationalsozialismus in der Bundesrepublik Deutschland", in: VfZ 4/2003, S. 483–508.

Christoph Cornelißen, „Der 20. Juli 1944 in der deutschen Erinnerungskultur", in: Haus der Geschichte Baden-Württemberg (Hg.), Verräter? Vorbilder? Verbrecher? Kontroverse Deutungen des 20. Juli 1944 seit 1945, Berlin 2016, S. 15–42.

Jürgen Danyel, „Der 20. Juli", in: Etienne François, Hagen Schulze (Hg.), Deutsche Erinnerungsorte, Bd. II, München 2001, S. 220–237.

Wilhelm Deist, Die Politik der Seekriegsleitung und die Rebellion der Flotte Ende Oktober 1918 in: Vierteljahrshefte für Zeitgeschichte 14/1966, Heft 4, S. 341–368.

Norbert Deuchert, Vom Hambacher Fest zur badischen Revolution. Politische Presse und Anfänge deutscher Demokratie 1832–1848/49, Stuttgart 1983.

Christopher Dowe, Cornelia Hecht, „Von Mythen, Legenden und Manipulationen. David Irving und seine verzerrenden Deutungen von Erwin Rommel, Hans Speidel und Cäsar von Hofacker", in: Haus der Geschichte Baden-Württemberg (Hg.), Verräter? Vorbilder? Verbrecher? Kontroverse Deutungen des 20. Juli 1944 seit 1945, Berlin 2016, S. 129–160.

Andreas Dörner, Politischer Mythos und symbolische Politik. Der Hermannmythos. Zur Entstehung des Nationalbewußtseins der Deutschen, Reinbek bei Hamburg 1996.

Heinz Duchhardt, Balance of Power und Pentarchie, Internationale Beziehungen 1700–1785, Paderborn 1997.

Heinz Duchhardt, Der Wiener Kongress. Die Neugestaltung Europas 1814/15, München 2013.

Rudi Dutschke, Mein langer Marsch. Reden, Schriften und Tagebücher aus zwanzig Jahren, hg. von Gretchen Dutschke-Klotz, Helmut Gollwitzer und Jürgen Miermeister, Reinbek bei Hamburg 1980.

Rudi Dutschke, Jeder hat sein Leben ganz zu leben. Die Tagebücher 1963–1979, hg. von Gretchen Dutschke, Köln 2003.

Norbert Elias, Studien über die Deutschen. Machtkämpfe und Habitusentwicklung im 19. und 20. Jahrhundert, hg. von Michael Schröter, Frankfurt am Main 1994.

Andreas Elter, „Die RAF und die Medien. Ein Fallbeispiel für terroristische Kommunikation", in: Wolfgang Kraushaar (Hg.), Die RAF. Entmythologisierung einer terroristischen Organisation, Bonn 2008, S. 270–291.

Astrid Erll, Kollektives Gedächtnis und Erinnerungskulturen. Eine Einführung, Stuttgart 2017.

Joachim Fest, Staatsstreich. Der lange Weg zum 20. Juli, München 1997.

Jörg Fisch, Europa zwischen Wachstum und Gleichheit. 1850–1914, Stuttgart 2002.

Fritz Fischer, Griff nach der Weltmacht. Die Kriegszielpolitik des kaiserlichen Deutschland 1914/1918, Düsseldorf 1961.

Theodor Fontane, Der Stechlin, Zürich 1998.

Norbert Frei, 1968. Jugendrevolte und globaler Protest, München 2008.

Ute Frevert, Die kasernierte Nation, München 2001.

Ute Frevert, „Herren und Helden. Vom Aufstieg und Niedergang des Heroismus im 19. und 20. Jahrhundert", in: Richard von Dünen (Hg.), Erfindung des Menschen. Schöpfungsträume und Körperbilder 1500–2000, Wien 1998, S. 323–341.

Ute Frevert, „Neue Politikgeschichte. Konzepte und Herausforderungen", in: Dies., Heinz-Gerhard Haupt (Hg.), Neue Politikgeschichte. Perspektiven einer historischen Politikforschung, Frankfurt am Main 2005, S. 7–26.

Ute Frevert, „Heldentum und Opferwille, Ordnung und Disziplin: Militärische Werte in der zivilen Gesellschaft", in: Andreas Rödder (Hg.), Alte Werte – Neue Werte. Schlaglichter des Wertewandels, Göttingen 2008, S. 139–149.

Ute Frevert, „Vom heroischen Menschen zum »Helden des Alltags«", in: Merkur 9/10, September/Oktober 2009, S. 803–812.

Ute Frevert, Gefühlspolitik. Friedrich II. als Herr über die Herzen?, Göttingen 2012.

Carl Joachim Friedrich, Die Staatsräson im Verfassungsstaat, Freiburg 1961.

Ernst Friedrich, Krieg dem Kriege. Nachdruck der vom ersten Anti-Kriegs-Museum herausgegebenen Ausgabe von 1930, mit einem Vorwort von Gerd Krumeich, München 2004.

Matthias Fritton, Die Rhetorik der Deutschlandpolitik. Eine Untersuchung deutschlandpolitischer Rhetorik der Regierungen der Bundesrepublik Deutschland unter besonderer Berücksichtigung von Reden anläßlich des Gedenkens an den 17. Juni 1953, Stuttgart 1989.

Wilhelm Ruprecht Frieling, Der Hauptmann von Köpenick. Die wahre Geschichte des Wilhelm Voigt, Berlin 2010.

Horst Fuhrmann, Pour le mérite. Über die Sichtbarmachung von Verdiensten. Eine historische Besinnung, Sigmaringen 1992.

Lothar Gall, Bismarck. Der weiße Revolutionär, München 2002.

Alexander Gallus, „Der 17. Juni im Deutschen Bundestag von 1954 bis 1990", in: APuZ 25/93, S. 12–21.

Klaus F. Geiger, Kriegsromanhefte in der BRD. Inhalte und Funktionen, (Untersuchungen des Ludwig-Uhland-Instituts der Universität Tübingen, Bd. 35), Tübingen 1974.

Robert Gerwarth, Die größte aller Revolutionen. November 1918 und der Aufbruch in eine neue Zeit, Berlin 2018.

Herman Glaser, „Ein deutsches Mißverständnis. Die Walhalla bei Regensburg", in: Heinz Ludwig Arnold, Lothar Baier, Walter Busse u. a., Wallfahrtsstätten der Nation. Vom Völkerschlachtdenkmal zur Bavaria, Frankfurt am Main 1971, S. 69 – 82.

Michael Th. Greven, Oliver von Wrochem, „Wehrmacht und Vernichtungskrieg zwischen Gesellschaftspolitik, Wissenschaft und individueller Verarbeitung der Geschichte", in: Dies. (Hg.), Der Krieg in der Nachkriegszeit. Der zweite Weltkrieg in Politik und Gesellschaft der Bundesrepublik, Opladen 2000, S. 9 – 24.

Rainer Gries, „Die Heldenbühne der DDR. Zur Einführung", in: Silke Satjukow, Rainer Griess (Hg.), Sozialistische Helden. Eine Kulturgeschichte von Propagandafiguren in Osteuropa und der DDR, Berlin 2002, S. 84 – 100.

Kurt Grossmann, Die unbesungenen Helden. Menschen in Deutschlands dunklen Tagen, Frankfurt am Main 1984.

Jens Hacke, Herfried Münkler, „Einleitung", in: Dies. (Hg.), Wege in die neue Bundesrepublik. Politische Mythen und kollektive Selbtbilder nach 1989, Frankfurt am Main 2009, S. 7 – 13

Jens Hacke, Herfried Münkler „Politische Mythisierungsprozesse in der BRD", in: Dies. (Hg.), Wege in die neue Bundesrepublik. Politische Mythen und kollektive Selbstbilder nach 1989, Frankfurt am Main 2009, S. 15 – 31.

Lutz Hachmeister, „Ein deutsches Nachrichtenmagazin. Der frühe »Spiegel« und sein NS-Personal", in: Lutz Hachmeister, Friedemann Siering (Hg.), Die Herren Journalisten. Die Elite der deutschen Presse nach 1945, München 2002, S. 87 – 120.

Heinrich Haferkamp, „Kriegsfolgen und gesellschaftliche Wandlungsprozesse", in: Wolfgang Knöbl, Gunnar Schmidt (Hg.), Die Gegenwart des Krieges. Staatliche Gewalt in der Moderne, Frankfurt am Main 2000, S. 102 – 124.

Karen Hagemann, „Der »Bürger« als Nationalkrieger. Entwürfe von Militär, Nation und Männlichkeit in der Zeit der Freiheitskriege", in: Karen Hagemann, Ralf Pröve (Hg.), Landsknechte Soldatenfrauen und Nationalkrieger, Frankfurt am Main 1998, S. 78 – 89.

Sebastian Haffner, Von Bismarck zu Hitler. Ein Rückblick, München 2001.

Wolfgang Hardtwig, Vormärz. Der monarchische Staat und das Bürgertum, München 1985.

Sabine A. Haring, „Der neue Mensch in Nationalsozialismus und Sowjetkommunismus", in: APuZ 37 – 38/2016, S. 10 – 15.

Hermann Heimpel, Theodor Heuss, Benno Reifenberg (Hg.), Die großen Deutschen, 5 Bände, Berlin 1956 – 1957.

Heidi Hein-Kircher, „Überlegungen zu einer Typologisierung von politischen Mythen aus historiographischer Sicht. Ein Versuch", in: Heidi Hein-Kircher, Hans Henning Hahn (Hg.), Politische Mythen im 19. und 20. Jahrhundert in Mittel- und Osteuropa, Marburg 2006, S. 407 – 424.

Emil Henk, Die Tragödie des 20. Juli 1944. Ein Beitrag zur politischen Vorgeschichte, Heidelberg 1946.

Eckart Henning, Dietrich Herfurth, Orden und Ehrenzeichen. Handbuch der Phaleristik, Köln 2010.

Ulrich Herbert, „Liberalisierung als Lernprozeß. Die Bundesrepublik in der deutschen Geschichte – eine Skizze", in: Ders. (Hg.), Wandlungsprozesse in Westdeutschland. Belastung, Integration, Liberalisierung 1945 – 1980, Göttingen 2002, S. 7 – 49.

Katrin Herbst, „Die Rolle des Ordens Pour le mérite für die nationale Bildnissammlung", in: Dies. (Hg.), Pour le mérite. Vom königlichen Gelehrtenkabinett zur nationalen Bildnissammlung, Berlin 2006, S. 21 – 28.

Ludolf Herbst, Das Nationalsozialistische Deutschland. 1933 – 1945, Frankfurt am Main 1996.

Ludolf Herbst, Hitlers Charisma. Die Erfindung eines deutschen Messias, Frankfurt am Main 2010.

Franz Herre, Friedrich Wilhelm IV. Der andere Preußenkönig, Gernsbach 2007.

Franz Herre, „Kaiser Wilhelm I. Der letzte Preuße und das Zweite Reich", in: DAMALS. Zeitschrift für Geschichtliches Wissen, Heft 2, Februar 1981, S. 95–114.

Arno Herzig, „Der Lassalle-Kult als säkularisierter Kult eines politischen Heiligen", in: Jürgen Petersohn (Hg.), Überlieferung, Frömmigkeit, Bildung als Leitthemen der Geschichtsforschung. Vorträge beim wissenschaftlichen Kolloquium aus Anlass des 80. Geburtstags von Otto Meyer, Wiesbaden 1987, S. 114–130.

Arno Herzig, „Die Lassalle-Feiern in der politischen Festkultur der frühen deutschen Arbeiterbewegung", in: Dieter Düding, Peter Friedemann, Paul Münch (Hg.), Öffentliche Festkultur. Politische Feste in Deutschland von der Aufklärung bis zum Ersten Weltkrieg, Reinbek bei Hamburg 1988.

Manfred Hettling, „Das Begräbnis der Märzgefallenen in Berlin", in: Manfred Hettling, Paul Nolte (Hg.), Bürgerliche Feste. Symbolische Formen politischen Handelns im 19. Jahrhundert, Göttingen 1993, S. 95–123.

Manfred Hettling, Paul Nolte, „Bürgerliche Feste als symbolische Politik", in: Dies. (Hg.), Bürgerliche Feste. Symbolische Formen politischen Handelns im 19. Jahrhundert, Göttingen 1993, S. 7–36.

Manfred Hettling, Totenkult statt Revolution. 1848 und seine Opfer, Frankfurt am Main 1998.

Manfred Hettling, Jörg Echternkamp, „Heroisierung und Opferstilisierung. Grundelemente des Gefallenengedankends von 1813 bis heute", in: Dies. (Hg.), Gefallenengedenken im globalen Vergleich. Nationale Tradition, politische Legitimation und Individualisierung der Erinnerung, München 2013, S. 123–158.

Theodor Heuss, „Über die Maßstäbe geschichtlicher Würdigung", in: Hermann Heimpel, Theodor Heuss, Benno Reifenberg (Hg.), Die großen Deutschen. Von Karl dem Großen bis Andreas Schlüter, Bd. 1, Berlin 1983, S. 9–17.

Theodor Heuss, Die großen Reden. Der Staatsmann, Tübingen 1965.

Knut Hickethier, „Vom Theaterstar zum Filmstar", in: Werner Faulstich, Helmut Korte (Hg.), Der Star. Geschichte – Rezeption – Bedeutung, München 1997, S. 29–47.

Julian Hirsch, Die Genesis des Ruhmes. Ein Beitrag zur Methodenlehre der Geschichte, Leipzig 1914.

Ronald Hirte, „Ein später Held. Sigmund Jähns Flug ins All", in: Silke Satjukow, Rainer Griess (Hg.), Sozialistische Helden. Eine Kulturgeschichte von Propagandafiguren in Osteuropa und der DDR, Berlin 2002, S. 158–172.

Eric Hobsbawm, Das Zeitalter der Extreme. Weltgeschichte des 20. Jahrhunderts, München 2002.

Kurt Hochstuhl, Friedrich Hecker, Revolutionär und Demokrat, Stuttgart 2011.

Christina von Hodenberg, Aufstand der Weber. Die Revolte von 1844 und ihr Aufstieg zum Mythos, Bonn 1997.

Reinhard Höhn, Die Armee als Erziehungsschule der Nation. Das Ende einer Idee, Bad Harzburg 1963.

Peter Hoffmann, Claus Schenk Graf von Stauffenberg. Die Biographie, München 2017.

Gunter Holzweißig, „Der 17. Juni 1953 und die Medien", in: APuZ B23/2003, S. 33–38.

Michael Howard, Die Erfindung des Friedens. Über den Krieg und die Ordnung der Welt, München 2005.

Ulrich Hunger, „Die Georgia Augusta als hannoversche Landesuniversität. Von ihrer Gründung bis zum Ende des Königreichs", in: Ernst Böhme, Rudolf Vierhaus (Hg.), Göttingen. Geschichte einer Universitätsstadt. Vom Dreißigjährigen Krieg bis zum Anschluss an Preußen. Der Wiederaufstieg als Universitätsstadt (1648–1866), Göttingen 2002, S. 139–213.

Ronald Inglehart, The Silent Revolution. Changing Values and Political Styles among Western Publics, Princeton 1977.

Karl Jaspers, Wohin treibt die Bundesrepublik? München 1966.

Michael Jeismann, Rolf Westhaider, „Wofür stirbt der Bürger? Nationaler Totenkult und Staatsbürgertum in Deutschland und Frankreich seit der Französischen Revolution", in: Reinhart Koselleck, Michael Jeismann (Hg.), Der politische Totenkult. Kriegerdenkmäler in der Moderne, München 1994, S. 23–50.

Hans Joas, Die Entstehung der Werte, Frankfurt am Main 1999.

Tony Judt, Die Geschichte Europas seit dem Zweiten Weltkrieg, Bonn 2006.

Helena Kanyuar-Becker, „Sozialismus mit menschlichem Antlitz. Prager Frühling 1968 oder Alles ist anders", in: Richard Faber, Erhard Stölting (Hg.), Die Phantasie an die Macht? 1968 – Versuch einer Bilanz, Berlin 2002, S. 24–49.

Michaela Karl, Rudi Dutschke. Revolutionär ohne Revolution, Frankfurt am Main 2003.

Linda von Keyserlingk-Rehbein, Nur eine »ganz kleine Clique«? Die NS-Ermittlungen über das Netzwerk vom „20. Juli 1944, Berlin 2018.

Sabine Kienitz, „Körper-Beschädigungen. Kriegsinvalidität und Männlichkeitskonstruktionen in der Weimarer Republik", in: Karen Hagemann, Stefanie Schüler-Springorum (Hg.), Heimat – Front. Militär und Geschlechterverhältnisse im Zeitalter der Weltkriege, Frankfurt am Main 2002, S. 188–207.

Sabine Kienitz, Beschädigte Helden. Kriegsinvalidität und Körperbilder 1914–1923, Paderborn 2008.

Rainer Kipper, „Formen literarischer Erinnerung", in: Helmut Bredig, Klaus Heller, Winfried Speitkamp (Hg.), Krieg und Erinnerung. Fallstudien zum 19. und 20. Jahrhundert, (Formen der Erinnerung, Bd. 4), Göttingen 2000, S. 17–37.

Christoph Kleßmann, „Verflechtung und Abgrenzung – Umrisse einer gemeinsamen deutschen Nachkriegsgeschichte", in: Klaus Schönhoven, Dietrich Staritz (Hg.), Sozialismus und Kommunismus im Wandel. Hermann Weber zum 65. Geburtstag, Köln 1993, S. 486–499.

Viktor Klemperer, LTI. Notizbuch eines Philologen, Stuttgart 2015.

Habbo Knoch, „Der späte Sieg des Landsers. Populäre Kriegserinnerungen der fünfziger Jahre als visuelle Geschichtspolitik", in: Arbeitskreis Historische Bildforschung (Hg.), Der Krieg im Bild. Bilder vom Krieg, Frankfurt am Main, New York 2003.

Habbo Knoch, „»Gewissenlose Führung« und »anständige Landser«. Die Wehrmacht im Wandel bundesrepubikanischer Erinnerungspolitik", in: Haus der Geschichte Baden-Württemberg (Hg.), Verräter? Vorbilder? Verbrecher? Kontroverse Deutungen des 20. Juli 1944 seit 1945, Berlin 2016, S. 43–71.

Jörg Koch, Von Helden und Opfern. Kulturgeschichte des deutschen Kriegsgedenkens, Darmstadt 2013.

Gerd Koenen, Das rote Jahrzehnt. Unsere kleine deutsche Kulturrevolution 1967–1977, Köln 2001.

Henning Köhler, Adenauer. Eine politische Biographie, Bd. 2, Berlin 1997.

Eberhard Kolb, Europa und die Reichsgründung, München 1980.

Helmut König, Die Zukunft der Vergangenheit. Der Nationalsozialismus im politischen Bewußtsein der Bundesrepublik, Frankfurt am Main 2003.

Helmut König, Politik und Gedächtnis, Weilerswist 2008.

Hermann Korte, Eine Gesellschaft im Aufbruch. Die Bundesrepublik Deutschland in den sechziger Jahren, Wiesbaden 2009.

Reinhart Koselleck, „Einleitung", in: Reinhart Koselleck, Michael Jeismann (Hg.), Der politische Totenkult. Kriegerdenkmäler in der Moderne, München 1994, S. 9–20.

Reinhart Koselleck, „Begriffsgeschichte und Sozialgeschichte", in: ders., Vergangene Zukunft. Zur Semantik geschichtlicher Zeiten, Frankfurt am Main 1989, S. 107–129.

Reinhart Koselleck, „Vorwort", in: Otto Brunner, Werner Conze, Reinhart Koselleck (Hg.), Geschichtliche Grundbegriffe. Historisches Lexikon der politisch-sozialen Sprache in Deutschland, Bd. 1, Stuttgart 1972, S. V–VIII.

Beate Kosmala, „Stille Helden", in: APuZ. Aus Politik und Zeitgeschichte, 14–15/2007, S. 29–34.

Beate Kosmala, „Zivilcourage in extremer Situation. Retterinnen und Retter von Juden im »Dritten Reich« (1941–1945)", in: Gerd Meyer, Ulrich Dovermann, Siegfried Frech, Günther Gugel (Hg.), Zivilcourage lernen. Analysen – Modelle – Arbeitshilfen, Bonn 2004, S. 106–115.

Martin Kraus, „Der Working Class Hero", in: TAZ, 4.10.2018.

Wolfgang Kraushaar, Acht und Sechzig. Eine Bilanz, Berlin 2008.

Wolfgang Kraushaar, „Rudi Dutschke und der bewaffnete Kampf", in: Ders., Karin Wieland, Jahn Philipp Reemtsma (Hg.), Rudi Dutschke, Andreas Baader und die RAF, Hamburg 2005, S. 13–50.

Wolfgang Kraushaar, „Kleinkrieg gegen einen Großverleger", in: Ders. (Hg.), Die RAF. Entmythologisierung einer terroristischen Organisation, Bonn 2008, S. 292–355.

Wolfgang Kraushaar, „Die RAF und ihre Opfer. Zwischen Selbstheroisierung und Fremdtabuisierung", in: Ders. (Hg.), Die RAF. Entmythologisierung einer terroristischen Organisation, Bonn 2008, S. 356–367.

Wolfgang Kraushaar, Die blinden Flecken der RAF, Stuttgart 2017.

Leo Kreuz, Das Kuratorium Unteilbares Deutschland. Aufbau, Programmatik, Wirkung, Opladen 1980.

Frank-Lothar Kroll, Das geistige Preußen. Zur Ideengeschichte eines Staates, Paderborn 2001.

Frank-Lothar Kroll, Geburt der Moderne. Politik, Gesellschaft und Kultur vor dem Ersten Weltkrieg, Berlin 2013.

Gerd Krumeich, „Die Dolchstoß-Legende", in: Etienne François, Hagen Schulze (Hg.), Deutsche Erinnerungsorte, Bd. 1, München 2001, S. 585–599.

Gerd Krumeich, „Das Erbe der Wilhelminer. Vierzig Jahre Fischer-Kontroverse", in: Frankfurter Allgemeine Zeitung, 4.11.1999/257.

Gerd Krumeich, Die unbewältigte Niederlage. Das Trauma des Ersten Weltkrieges und die Weimarer Republik, Freiburg im Breisgau 2018.

Bernhard von Kugler, Deutschlands größter Held! 1797–1897. Jubel Ausgabe. Zur hundertjährigen Gedächtnis-Feier des Geburtstages weiland Sr. Majestät Kaiser Wilhelm I., Dresden 1897.

Thomas Kühne, „Der Soldat", in: Ute Frevert, Heinz-Gerhard Haupt (Hg.), Der Mensch des 20. Jahrhunderts, Frankfurt am Main, New York 1999, S. S. 344–372.

Thomas Kühne, „»Friedenskultur«, Zeitgeschichte, Historische Friedensforschung", in: Ders. (Hg.), Von der Kriegskultur zur Friedenskultur? Zum Mentalitätswandel in Deutschland seit 1945, (Jahrbuch für Historische Friedensforschung, Bd. 9), Münster 2000, S. 13–33.

Thomas Kühne, „Die Viktimisierungsfalle. Wehrmachtsverbrechen, Geschichtswissenschaft und symbolische Ordnung des Militärs", in: Michael Th. Greven, Oliver von Wrochem (Hg.), Der Krieg in der Nachkriegszeit. Der zweite Weltkrieg in Politik und Gesellschaft der Bundesrepublik, Opladen 2000, S. 183–196.

Thomas Kühne, „Zwischen Vernichtungskrieg und Nachkriegsgesellschaft. Die Veteranenkultur der Bundesrepublik (1945–1995)", in: Klaus Naumann (Hg.), Nachkrieg in Deutschland, Hamburg 2001, S. 90–113.

Willi Kulke, „Für Fortschritt und Planerfüllung. Helden der Arbeit", in: LWL-Industriemuseum (Hg.), Helden. Von der Sehnsucht nach dem Besondern, (Ausstellungskatalog), Essen 2010, S. 273–305.

Johannes Kunisch, Friedrich der Große. Der König und seine Zeit, München 2010.

Gottfried Küenzlen, Der neue Mensch, München 1997.

Gottfried Küenzlen, „Der alte Traum vom Neuen Menschen. Ideengeschichtliche Perspektiven", in: APuZ 37–38/2016, S. 4–9.

Jörg H. Lampe, „Politische Entwicklungen in Göttingen vom Beginn des 19. Jahrhunderts bis zum Vormärz", in: Ernst Böhme, Rudolf Vierhaus (Hg.), Göttingen. Geschichte einer Universitätsstadt. Vom Dreißigjährigen Krieg bis zum Anschluss an Preußen. Der Wiederaufstieg als Universitätsstadt (1648–1866), Göttingen 2002, S. 43–102.

Achim Landwehr, Geschichte des Sagbaren, Tübingen 2004.

Claus Leggewie, „Der Mythos des Neuanfangs. Gründungsetappen des Bundesrepublik Deutschland: 1949–1968–1989", in: Helmut Berding (Hg.), Mythos und Nation. Studien zur Entwicklung des kollektiven Bewußtseins in der Neuzeit, Bd. 3, Frankfurt am Main 1996, S. 275–302.

Friedrich Lenger, Industrielle Revolution und Nationalstaatsgründung, Stuttgart 2003.

Annette Leo, „»Deutschlands untsterblicher Sohn…«. Der Held des Widerstands Ernst Thälmann", in: Silke Satjukow, Rainer Griess (Hg.), Sozialistische Helden. Eine Kulturgeschichte von Propagandafiguren in Osteuropa und der DDR, Berlin 2002, S. 101–114.

Günter Lottes, „The State of the Art. Stand und Perspektiven der »intellectual history«", in: Frank-Lothar Kroll (Hg.), Neue Wege der Ideengeschichte, Festschrift für Kurt Kluxen zum 85. Geburtstag, Paderborn 1996, S. 27–45.

Jürgen Luh, Der Große. Friedrich II. von Preußen, München 2011.

Meinhold Lurz, Kriegerdenkmäler in Deutschland, Bd. 6, Heidelberg 1987.

Arno Lustiger, Rettungswiderstand. Über die Judenretter in Europa während der NS-Zeit, Göttingen 2011.

Stephan Malinowski, Vom König zum Führer. Sozialer Niedergang und politische Radikalisierung im deutschen Adel zwischen Kaiserreich und NS-Staat, Berlin 2003.

Friedrich Meinecke, Die deutsche Katastrophe, Wiesbaden 1949.

Peter Merseburger, Theodor Heuss. Der Bürger als Präsident. Biographie, München 2012.

Peter Merseburger, Willy Brandt 1913–1992. Visionär und Realist, Stuttgart 2002.

Peter Merseburger, Rudolf Augstein, München 2007.

Lothar Mertens, Unermüdlicher Kämpfer für Frieden und Menschenrechte. Leben und Wirken von Kurt R. Grossmann, Berlin 1997.

Alexander und Margarethe Mitscherlich, Die Unfähigkeit zu trauern, München 1967.

Peter Moeschl, „Das Opfer als Held. Zur Ambivalenz der Viktimisierung", in: Weimarer Beiträge 49 (2003), S. 445–450.

Wolfgang Mommsen, Das Ringen um den nationalen Staat. Die Gründung und der innere Ausbau des Deutschen Reiches unter Otto von Bismarck 1850–1890, Berlin 1993.

George L. Mosse, Gefallen für das Vaterland. Nationales Heldentum und namenloses Sterben, Stuttgart 1993.

George L. Mosse, Die Nationalisierung der Massen. Von den Befreiungskriegen bis zum Dritten Reich, Frankfurt am Main 1993.

Herfried Münkler, Macchiavelli. Die Begründung des politischen Denkens der Neuzeit aus der Krise der Republik Florenz, Frankfurt am Main 1995.

Herfried Münkler, „Die Kriege der Zukunft und die Zukunft der Staaten. Von der prekären Verständigung politischer Akteure und der Rolle der Gewalt", in: Wolfgang Knöbl, Gunnar Schmidt (Hg.), Die Gegenwart des Krieges. Staatliche Gewalt in der Moderne, Frankfurt am Main 2000, S. 52–71.

Herfried Münkler, Über den Krieg. Stationen der Kriegsgeschichte im Spiegel ihrer theoretischen Reflexion, Weilerswist 2002.

Herfried Münkler, „Der Antifaschismus als Gründungsmythos der DDR", in: Reinhard Brand, Steffen Schmidt (Hg.), Mythos und Mythologie, Berlin 2004, S. 221–236.

Herfried Münkler, Wandel des Krieges. Von der Symmetrie zur Asymmetrie, Weilerswist 2006.

Herfried Münkler, „Heroische und postheroische Gesellschaften", in: Merkur 8/9, 61. Jahrgang 2007, S. 742–752.

Herfried Münkler, „Militärisches Totengedenken in der postheroischen Gesellschaft", in: Manfred Hettling, Jörg Echternkamp (Hg.), Bedingt erinnerungsbereit. Soldatengedenken in der Bundesrepublik, Göttingen 2008, S. 22–30.

Herfried Münkler, Die Deutschen und ihre Mythen, Berlin 2009.

Herfried Münkler, Der große Krieg. Die Welt 1914–1918, Berlin 2013.

Susan Neiman, Moralische Klarheit. Leitfaden für erwachsene Idealisten, Hamburg 2013.

Susan Neiman, „Wenn Odysseus ein Held sein soll, dann können wir es auch", in: Merkur 9/10, September/Oktober 2009, S. 849–859.

Wilfried Nippel, „Charisma, Organisation und Führung. Ferdinand Lassalle und die deutsche Arbeiterpartei", in: Mittelweg 36, 6/2018, S. 16–42.

Thomas Nipperdey, „Nationalidee und Nationaldenkmal in Deutschland im 19. Jahrhundert", in: Historische Zeitschrift, Bd. 206, München 1968, S. 543–544.

Heinz Ohff, Karl Friedrich Schinkel, Berlin 2003.

Heinz Ohff, Preußens Könige, München 2005.

Wilhelm Oncken, Unser Heldenkaiser. Festschrift zum hundertjährigen Geburtstage Kaiser Wilhelm des Großen, Berlin 1897.

Dietmar Osses (Hg.), Helden. Von der Sehnsucht nach dem Besonderen. Katalog zur Ausstellung im LWL-Industriemuseum Henrichshütte Hattingen, 12. März–31. Oktober 2010, Essen 2010.

Hans Ottomeyer, „Die Gigantenmasken im Berliner Zeughaus", in: Ulrike Kretschmar (Hg.), Das Berliner Zeughaus. Vom Waffenarsenal zum Deutschen Historischen Museum, München 2006, S. 72–97.

Thomas Petersen, Die Geschichte des Volkstrauertags, Kassel 1999.

Wolfgang Pyta, Hindenburg. Herrschaft zwischen Hohenzollern und Hitler, München 2007.

Jost Rebentisch, Die vielen Gesichter des Kaisers. Wilhelm II. in der deutschen und britischen Karikatur, Berlin 2000.

Ines Reich, Kurt Finker, „Reaktionäre oder Patrioten? Zur Historiographie und Widerstandsforschung in der DDR bis 1990", in: Gerd R. Ueberschär (Hg.), Der 20. Juli. Bewertung und Rezeption des deutschen Widerstands gegen das NS-Regime, Berlin 1994, S. 126–142.

Gerd Reichardt, Heroen der Kunst. Standbilder und Denkmale für bildende Künstler im 19. Jahrhundert, Köln 2009.

Sven Reichhardt, „»Märtyrer« der Nation. Überlegungen zum Nationalismus in der Weimarer Republik", in: Jörg Echternkamp, Sven Oliver Müller (Hg.), Die Politik der Nation. Deutscher Nationalismus in Krieg und Krisen 1760–1960, München 2002, S. 173–202.

Peter Reichel, Politische Kultur der Bundesrepublik, Opladen 1981.

Peter Reichel, Der schöne Schein des Dritten Reichs. Faszination und Gewalt des Faschismus, München 1991.

Peter Reichel, „Helden und Opfer. Zwischen Pietät und Politik. Die Toten der Kriege und der Gewaltherrschaft in Deutschland im 20. Jahrhundert", in: Michael Th. Greven, Oliver von Wrochem (Hg.), Der Krieg in der Nachkriegszeit. Der zweite Weltkrieg in Politik und Gesellschaft der Bundesrepublik, Opladen 2000, S. 167–182.

Peter Reichel, Vergangenheitsbewältigung in Deutschland. Die Auseinandersetzung mit der NS-Diktatur von 1945 bis heute, München 2001.

Peter Reichel, Schwarz, Rot, Gold. Kleine Geschichte deutscher Nationalsymbole nach 1945, München 2005.

Peter Reichel, Robert Blum. Ein deutscher Revolutionär 1807–1848, Göttingen 2007.

Jesko Reiling, Carsten Rohde, „Vorwort. Zur Ambivalenz des Heroischen im 19. Jahrhundert", in: Ders. (Hg.), Das 19. Jahrhundert und seine Helden. Literarische Figurationen des (Post-) Heroischen, Bielefeld 2011, S. 7–15.

Erich Maria Remarque, Im Westen nichts Neues, Berlin 1929.

Sven Reinhardt, Authentizität und Gemeinschaft. Linksalternatives Leben in den siebziger und frühen achtziger Jahren, Berlin 2014.

Pavel A. Richter, „Die APO in der Bundesrepublik Deutschland 1966–1968", in: Ingrid Gilcher-Holtey (Hg.), 1968. Vom Ereignis zum Mythos, Frankfurt am Main 2008, S. 47–74.

Daniel Riffel, Unbesungene Helden. Die Ehrungsinitiative des Berliner Senats 1958 bis 1966, Berlin 2007.

Johanna Rolshoven, Toni Janosch Krause, Justin Winkler (Hg.), Heroes. Repräsentationen des Heroischen in Geschichte, Literatur und Alltag, Bielefeld 2018.

Henning Rosenau, „Der »Hauptmann von Köpenick« ein Hangtäter? Studie zu einem Urteil des Königlichen Landgerichts II in Berlin und einem Schauspiel von Carl Zuckmayer", in: Zeitschrift für Internationale Strafrechtsdogmatik (ZIS 3/2010), S. 284–298.

Norbert Rossbach, „»Täve«. Der Radsportler Gustav-Adolf Schnur", in: Silke Satjukow, Rainer Griess (Hg.), Sozialistische Helden. Eine Kulturgeschichte von Propagandafiguren in Osteuropa und der DDR, Berlin 2002, S. 133–146.

Andreas Rödder, „Vom Materialismus zum Postmaterialismus? Ronald Ingleharts Diagnosen des Wertewandels, ihre Grenzen und Perspektiven", in: Zeithistorische Forschungen/Studies in Contemporary History, Online-Ausgabe, 3 (2006), H. 3, URL: http://www.zeithistorische-forschungen.de/3-2006/id=4658, S. 480–485.

Andreas Rödder, „Werte und Wertewandel. Historisch-politische Perspektiven", in: Ders. (Hg.), Alte Werte – Neue Werte. Schlaglichter des Wertewandels, Göttingen 2008, S. 9–25.

Reinhard Rürup, Deutschland im 19. Jahrhundert 1815–1871, Göttingen 1992.

Martin Sabrow, „Heroismus und Viktimismus. Überlegungen zum deutschen Opferdiskurs in historischer Perspektive", in: Potsdamer Bulletin für Zeithistorische Studien Nr. 43/44, Dezember 2008, S. 7–20.

Eda Sagarra, Theodor Fontane. Der Stechlin, München 1986.

Rosalinde Sartorti, „Helden des Sozialismus in der Sowjetunion. Zur Einführung", in: Silke Satjukow, Rainer Griess (Hg.), Sozialistische Helden. Eine Kulturgeschichte von Propagandafiguren in Osteuropa und der DDR, Berlin 2002, S. 35–44.

Swantje Scharenberg, Die Konstruktion des öffentlichen Sports und seiner Helden in der Tagespresse der Weimarer Republik, Paderborn 2012.

Silke Satjukow, Rainer Griess, „Zur Konstruktion des »sozialistischen Helden«. Geschichte und Bedeutung", in: Ebd. (Hg.), Sozialistische Helden. Eine Kulturgeschichte von Propagandafiguren in Osteuropa und der DDR, Berlin 2002, S. 15–44.

Silke Satjukow, „»Früher war das eben der Adolf…« Der Arbeitsheld Adolf Hennecke", in: Silke Satjukow, Rainer Griess (Hg.), Sozialistische Helden. Eine Kulturgeschichte von Propagandafiguren in Osteuropa und der DDR, Berlin 2002, S. 115–132.

Silke Satjukow, Rainer Griess, „Vorwort", in: Dies. (Hg.), Sozialistische Helden. Eine Kulturgeschichte von Propagandafiguren in Osteuropa und der DDR, Berlin 2002, S. 9–14.

Swantje Scharenberg, Die Konstruktion des öffentlichen Sports und seiner Helden in der Tagespresse der Weimarer Republik, Paderborn 2012.

Frithjof Benjamin Schenk, „Tannenberg/Grundwald", in: Etienne François, Hagen Schulze (Hg.), Deutsche Erinnerungsorte, Bd. 1, München 2001, S. 438–454.

Theodor Schieder, Friedrich der Große. Ein Königtum der Widersprüche, Frankfurt am Main 1983.

Wolfgang Schieder, "Hecker, Friedrich", in: Neue Deutsche Biographie 8 (1969), S. 180–182, (https://www.deutsche-biographie.de/pnd11854750X.html#ndbcontent).

Theodor Schieder, „Der Orden Pour le mérite für Wissenschaften und Künste", in: Orden Pour le mérite für Wissenschaften und Künste (Hg.), Die Mitglieder des Ordens. Erster Band. 1842–1881, Berlin 1975, S. VIXLVII.

Axel Schildt, Detlef Siegfried, Deutsche Kulturgeschichte. Die Bundesrepublik Deutschland bis zur Gegenwart, München 2009.

René Schilling, Kriegshelden. Deutungsmuster heroischer Männlichkeit in Deutschland 1813–1945, (Krieg in der Geschichte, Bd. 15), Paderborn 2002.

Fabian von Schlabrendorff, Offiziere gegen Hitler, Zürich 1946.

Jürgen Schmädeke, Peter Steinbach (Hg.), Der Widerstand gegen den Nationalsozialismus. Die deutsche Gesellschaft und der Widerstand gegen Hitler, München 1994.

Arbogast Schmitt, „Achill – ein Held?", in: Merkur 9/10, September/Oktober 2009, S. 860–870.

Albrecht Schöne, „»Protestation des Gewissens«. Die Göttinger Sieben im Widerstand gegen den Souverän", in: Horst Albach (Hg.), Über die Pflicht zum Ungehorsam gegenüber dem Staat, Göttingen 2007, S. 9–26.

Klaus Schwabe, Deutsche Revolution und Wilson-Friede. Die amerikanische und deutsche Friedensstrategie zwischen Ideologie und Machtpolitik, Düsseldorf 1971.

Christian Schneider, „Kulturpessimismus und Aufklärungspathos. Zu den Ambivalenzen von Adornos „Aufarbeitung der Vergangenheit", in: Zeithistorische Forschungen/Studies in Contemporary History, Online-Ausgabe, 8 (2011 Heft 1, www.zeithistorische-forschungen.de/1-2011/id=4686).

Alexis von Schoenermarck (Hg.), Helden-Gedenkmappe des deutschen Adels, Stuttgart 1921.

Stefanie Schüler-Springorum, „Das Wunder von Bern. Die Bundesdeutschen als virtuelle Gemeinschaft", in: Gerhard Paul (Hg.), Historischer Bildatlas des 20. und beginnenden 21. Jahrhunderts, Göttingen 2008, S. 98–105.

Kurt Schumacher, „Von der Freiheit zur sozialen Gerechtigkeit", in: Annemarie Renger (Hg.), Kurt Schumacher. Bundestagsreden, Bonn 1972, S. 149–180.

Hans-Peter Schwarz, Die Ära Adenauer. Gründerjahre der Republik 1949–1957, Stuttgart 1981.

Alaric Searle, „Die unheilbare Wunde. Der 20. Juli 1944 im kollektiven Gedächtnis der Wehrmachtsgeneralität (1949–1969)", in: Haus der Geschichte Baden-Württemberg (Hg.), Verräter? Vorbilder? Verbrecher? Kontroverse Deutungen des 20. Juli 1944 seit 1945, Berlin 2016, S. 97–128.

James J. Sheehan, Kontinent der Gewalt. Europas langer Weg zum Frieden, Bonn 2008.

Wolfram Siemann, Gesellschaft im Aufbruch. Deutschland 1850–1871, Frankfurt am Main 1990.

Werner Sombart, Händler und Helden. Patriotische Besinnungen, München, Leipzig 1915.

Winfried Speitkamp, „Vom Ersten Weltkrieg zum Nationalsozialismus", in: Edgar Wolfrum (Hg.), Die Deutschen im 20. Jahrhundert, Darmstadt 2004, S. 195–212.

Winfried Speitkamp, „Drittes Reich, Zweiter Weltkrieg und Holocaust in der Erinnerung", in: Edgar Wolfrum (Hg.), Die Deutschen im 20. Jahrhundert, Darmstadt 2004, S. 213–229.

Winfried Speitkamp, Die Verwaltung der Geschichte. Denkmalpflege und Staat in Deutschland 1871–1933, (Kritische Studien zur Geschichtswissenschaft, Bd. 114), Göttingen 1996.

Peter Steinbach, „Widerstand im Dritten Reich – die Keimzelle der Nachkriegsdemokratie? Die Auseinandersetzung mit dem Widerstand in der historischen politischen Bildungsarbeit, in den Medien und in der öffentlichen Meinung nach 1945", in: Gerd Ueberschär (Hg.), Der 20. Juli. Bewertung und Rezeption des deutschen Widerstands gegen das NS-Regime, Berlin 1994, S. 79–100.

Peter Steinbach, „Zur Mythologie der Nachkriegszeit. Die NS-Wehrmacht als »Zelle des Widerstands« und als Fluchtpunkt der »inneren Emigration«", in: Michael Th. Greven, Oliver von Wrochem (Hg.), Der Krieg in der Nachkriegszeit. Der zweite Weltkrieg in Politik und Gesellschaft der Bundesrepublik, Opladen 2000, S. 39–50.

Peter Steinbach, Johannes Tuchel (Hg.), Widerstand gegen die nationalsozialistische Diktatur 1933–1945, Berlin 2004.

Hartmut Stirner, Die Agitation und Rhetorik Ferdinand Lassalles, Marburg 1987.

Jakob Tanner, „»The Times They Are A-Changin'«. Zur Subkulturellen Dynamik der 68er Bewegungen", in: Ingrid Gilcher-Holtey (Hg.), 1968. Vom Ereignis zum Mythos, Frankfurt am Main 2008, S. 275–296.

Barbara Stollberg-Rilinger, Maria Theresia. Die Kaiserin in ihrer Zeit, München 2018.

Christiane Toyka-Seid, „Gralshüter, Notgemeinschaft oder gesellschaftliche »Pressure-group«? Die Stiftung »Hilfswerk des 20. Juli 1944« im ersten Nachkriegsjahrzehnt", in: Gerd Ueberschär

(Hg.), Der 20. Juli. Bewertung und Rezeption des deutschen Widerstands gegen das
NS-Regime, Berlin 1994, S. 157–169.

Gerd R. Ueberschär, „Von der Einzeltat des 20. Juli 1944 zur »Volksopposition«? Stationen und
Wege der westdeutschen Historiographie nach 1945", in: Ders. (Hg.), Der 20. Juli. Bewertung
und Rezeption des deutschen Widerstands gegen das NS-Regime, Berlin 1994, S. 101–125.

Gerd R. Ueberschär, Winfried Vogel, Dienen und Verdienen. Hitlers Geschenke an seine Eliten,
Frankfurt am Main 2000.

Gerd R. Ueberschär, Stauffenberg und das Attentat vom 20. Juli 1944, Frankfurt am Main 2009.

Volker Ullrich, Die nervöse Großmacht 1871–1918. Aufstieg und Untergang des deutschen
Kaiserreich, Frankfurt am Main 1997.

Volker Ullrich, Die Revolution von 1918/19, München 2009.

Volker Ullrich, Das erhabene Ungeheuer. Napoleon und andere historische Reportagen, München
2008.

Volker Ullrich, Fünf Schüsse auf Bismarck. Historische Reportagen 1789–1945, München 2002.

Johannes Unger, Friedrich. Ein deutscher König, Berlin 2012.

Reinhard Veser, Der Prager Frühling 1968, Erfurt 1998.

Wilhelm Voigt, Wie ich Hauptmann von Köpenick wurde. Ein Lebensbild, Berlin 2006.

Rudolf Wassermann, „Zur juristischen Bewertung des 20. Juli 1944. Der Braunschweiger
Remer-Prozeß als Meilenstein der Nachkriegsgeschichte", in: Recht und Politik 20/1984,
S. 68–80.

Rudolf Wassermann, „Widerstand als Rechtsproblem. Zur rechtlichen Rezeption des Widerstands
gegen das NS-Regime", in: Gerd Überschär (Hg.), Der 20. Juli 1944. Bewertung und Rezeption
des deutschen Widerstands gegen das NS-Regime, Köln 1994, S. 254–267.

Bernd Wegner, Hitlers Politische Soldaten. Die Waffen-SS 1933–1945. Leitbild, Struktur und
Funktion einer nationalsozialistischen Elite, Paderborn 2006.

Siegfried Weichlein, „Weimar. Perikleisches Zeitalter und archimedische Punkte", in: Edgar Wolfrum
(Hg.), Die Deutschen im 20. Jahrhundert, Darmstadt 2004, S. 55–66.

Hermann Wellenreuther, „Rezension zu: Wilhelm Bleek und Bernhard Lauer, Protestation des
Gewissens. Die Rechtfertigungsschriften der Göttinger Sieben, Kassel 2012", in: H-Soz-Kult,
14.11.2014.

Harald Welzer, „Kulumative Heroisierung. Nationalsozialismus und Krieg im Gespräch zwischen den
Generationen", in: Mittelweg 36 2/2001, S. 57–73.

Harald Welzer, Sabine Moller, Karoline Tschuggnall, Opa war kein Nazi! Nationalsozialismus und
Holocaust im Familiengedächtnis, Frankfurt am Main 2002.

Harald Welzer, Claudia Lenz, „Opa in Europa. Erste Befunde einer vergleichenden
Tradierungsforschung", in: Harald Welzer (Hg.), Der Krieg der Erinnerung. Holocaust,
Kollaboration und Widerstand im europäischen Gedächtnis, Frankfurt am Main 2007, S. 7–40.

Wolfram Wette, Ehre wem Ehre gebührt. Täter, Widerständler und Retter 1939–1945, Bremen 2015.

Wolfram Wette (Hg.), Stille Helden. Judenretter im Dreiländereck während des Zweiten Weltkriegs,
Freiburg im Breisgau 2014.

Eva Maria Werner, Kleine Geschichte der deutschen Revolution von 1848/49, Wien 2009.

Irmgard Weyrather, Muttertag und Mutterkreuz. Der Kult um die „deutsche Mutter" im
Nationalsozialismus, Frankfurt am Main 1993.

Franziska Windt, „Ahnen und Heroen", in: Michael Kaiser, Jürgen Luh (Hg.), Friedrich und die
historische Größe. Beiträge des fünften Colloquiums in der Reihe „Friedrich300" vom
30. September bis 1. Oktober 2011 (Friedrich300 – Colloquien, 5), (www.perspectivia.net/
publikationen/friedrich300-colloquien/friedrich-dynastie/windt_ahnen).

Heinrich August Winkler, Der lange Weg nach Westen. Deutsche Geschichte vom Ende des Alten
Reiches bis zum Untergang der Weimarer Republik, Bd. 1, München 2010.

Heinrich August Winkler, Der lange Weg nach Westen. Deutsche Geschichte vom Dritten Reich bis zur Wiedervereinigung, Bd. 2, München 2010.

Wilhelm Ernst Winterhagen, „Enttäuschte Hoffnungen. Zum Anteil der Überlebenden des 20. Juli 1944 am politischen Neuaufbau in Westdeutschland nach 1945", in: Gerd Ueberschär (Hg.), Der 20. Juli. Bewertung und Rezeption des deutschen Widerstands gegen das NS-Regime, Berlin 1994, S. 250–262.

Wolfang Wippermann, Preußen. Kleine Geschichte eines großen Mythos, Freiburg im Breisgau 2011.

Irmtrud Wojak, Fritz Bauer. 1903–1968, München 2009.

Edgar Wolfrum, Geschichte als Waffe. Vom Kaiserreich bis zur Wiedervereinigung, Göttingen 2001.

Edgar Wolfrum, „Die beiden Deutschland", in: Volker Kinigge, Norbert Frei (Hg.), Verbrechen erinnern. Die Auseinandersetzung mit Holocaust und Völkermord, München 2002, S. 133–149.

Edgar Wolfrum, „Neue Erinnerungskultur? Die Massenmedialisierung des 17. Juni 1953", in: Aus Politik und Zeitgeschichte B 40–41/ 2003, 33–39.

Edgar Wolfrum, „Epilog oder Epoche? (Rück-)Blick der deutschen Geschichtswissenschaft vom Zeitalter der Zweistaatlichkeit bis zur Gegenwart", in: Jens Hacke, Herfried Münkler (Hg.), Wege in die neue Bundesrepublik. Politische Mythen und kollektive Selbstbilder nach 1989, Frankfurt am Main 2009, S. 33–63.

Edgar Wolfrum, Die Mauer. Geschichte einer Teilung, München 2009

Oliver von Wrochem, „Keine Helden mehr. Die Wehrmachtselite in der öffentlichen Auseinandersetzung", in: Michael Th. Greven, Oliver von Wrochem (Hg.), Der Krieg in der Nachkriegszeit. Der zweite Weltkrieg in Politik und Gesellschaft der Bundesrepublik, Opladen 2000, S. 151–165.

Johann Heinrich Zedler, Grosses vollständiges Universal-Lexicon Aller Wissenschafften und Künste, Bd. 12, Leipzig 1735.

Quellen

Zeitungsartikel:

Marion Gräfin Dönhoff, „Das »heimliche Deutschland« der Männer des 20. Juli", in: Die Zeit, Nr. 22/1946.
Marion Gräfin Dönhoff, „Auflehnung gegen den Helden", in: Die Zeit, Nr. 29/1952.
„Philosophie deutscher Revolutionäre", in: Die Zeit, Nr. 35/1967.
Wolfram Wette, „Verleugnete Helden", in: Die Zeit, Nr. 46/2007.
„Berlin. 17. Juni 1953", in: Der Spiegel, Nr. 26/1953.
„Juni-Aufstand. Was in der Luft liegt", in: Der Spiegel, Nr. 26/1953.
„Bonner Orden. Ausgeprägtes Stilgefühl", in: Der Spiegel, Nr. 7/1954
„Amt-Blank-Spiele", in: Der Spiegel, Nr. 43/1953.
„Bürger in Uniform", in: Der Spiegel, Nr. 45/1953.
„Herberger. 3:2", in: Der Spiegel, Nr. 28/1954.
„Joachim Lipschitz", in: Der Spiegel, Nr. 6/1957.
„Meinungsfreiheit. Atom und Telephon", in: Der Spiegel, Nr. 40/1964.
„Dutschke. Der lange Marsch", in: Der Spiegel, Nr. 51/1967.
„Schüsse auf Rudi Dutschke", in: Der Spiegel, Nr. 16/1968.
„Studenten. SDS. Zur Sonne", in: Der Spiegel 26/1968.
„Die Ohrfeige war ein politscher Akt", in: Der Spiegel, Nr. 47/1968.
„Helmut Kohl, Willy Brandt, Armand Fernandez, Rudi Dutschke", in: Der Spiegel, Nr. 53/1969.
„Wir wollen den richtigen Rudi!", in: Der Spiegel, Nr. 53/1979.
„Rudi, ein deutsches Märchen. Spiegel-Autor Harald Wieser über den Apo-Führer Dutschke", in: Der Spiegel Nr. 16/1988.
„Das Positive an Rudi Dutschke", in: Stuttgarter Nachrichten, 5.12.1967.

Reden (alle Reden sind auf der Homepage der „Stiftung 20. Juli" abrufbar; https://www.stiftung-20-juli-1944.de):

Ernst Reuter, „Ihr Werk ist nicht vergeblich gewesen", Gedenkrede des Regierenden Bürgermeisters von Berlin Ernst Reuter am 20. Juli 1952 bei der Grundsteinlegung des Denkmals für die Opfer des 20. Juli 1944 im Ehrenhof des Bendlerblocks in der Bendlerstraße, Berlin.
Ernst Reuter, „Der 20. Juli 1944 – Das erste Fanal", Gedenkrede des Regierenden Bürgermeisters von Berlin Ernst Reuter am 19. Juli 1953 bei der Einweihung des Denkmals für die Opfer des 20. Juli 1944 im Ehrenhof des Bendlerblocks in der Bendlerstraße, Berlin.
Otto Lenz, „Sie starben für eine große Sache", Ansprache des Staatssekretärs im Bundeskanzleramt Dr. Otto Lenz am 19. Juli 1953 im Ehrenhof des Bendlerblocks in der Bendlerstraße, Berlin.
Hans Lukaschek, „Das Heldentum der Frauen", Rede des Bundesministers Dr. Hans Lukaschek an die Tischgesellschaft nach der Denkmalsenthüllung am 19. Juli 1953, Berlin.
Josef Rommerskirchen, „Aufstand des verantwortlichen Gewissens", Gedenkrede des ehemaligen Vorsitzenden und Mitbegründers des Deutschen Bundesjugendrings Josef Rommerskirchen am 19. Juli 1954, Bonn.
Paul Graf York von Wartenburg, „Erbe und Verantwortung", Ansprache von Paul Graf York von Wartenburg am 20. Juli 1954 in der Universität Heidelberg.

https://doi.org/10.1515/9783110701685-006

Theodor Heuss, „Der 20. Juli 1944", Ansprache des Bundespräsidenten Prof. Dr. Theodor Heuss am
19. Juli 1954 im Auditorium Maximum der Freien Universität Berlin.
Alfred Weber, „Der 20. Juli und das Widerstandsrecht des Volkes", Ansprache von Prof. Dr. Alfred
Weber am 20. Juli 1954 in der Universität Heidelberg.
Paul Graf York v. Wartenburg, „Erbe und Verantwortung", Ansprache von Paul Graf York v.
Wartenburg am 20. Juli 1954 in der Universität Heidelberg.
Walter von Cube, „Rebellion des deutschen Adels", Gedenkrede von Rundfunkintendant Walter von
Cube am 20. Juli 1954 im Herkulessaal der Residenz, München.
Konrad Adenauer, „Ihr Vorbild. Recht und Gerechtigkeit", Gedenkrede von Bundeskanzler Dr.
Konrad Adenauer am 21. Juli 1954 im Stadttheater Bonn-Bad Godesberg.
Willy Brandt, „Euer Opfer hat doch einen Sinn gehabt", Gedenkrede des Präsidenten des Berliner
Abgeordnetenhauses Willy Brandt am 19. Juli 1955 in der Gedenkstätte Plötzensee, Berlin.
Joachim Lipschitz, „Bewunderung und Dankbarkeit", Gedenkrede des Senators für Inneres Joachim
Lipschitz am 19. Juli 1956 in der Gedenkstätte Plötzensee, Berlin.
Fabian von Schlabrendorff, „Sie alle tragen Schuld", Gedenkrede von Fabian von Schlabrendorff am
20. Juli 1957 im Ehrenhof des Bendlerblocks in der Stauffenbergstraße, Berlin.
Emil Henk, „Das Volk stand hinter ihnen", Ansprache des Vorsitzenden des Kuratoriums der
„Stiftung Hilfswerk 20. Juli 1944" Emil Henk am 19. Juli 1953 im Ehrenhof des Bendlerblocks in
der Bendlerstraße, Berlin.
Carlo Schmid, „Menschenrechte und Tyrannenmord", Gedenkrede von Prof. Dr. Carlo Schmid, am
20. Juli 1958 im Ehrenhof des Bendlerblocks in der Stauffenbergstraße, Berlin.
Ernst Wirmer, „Aber nie ist der Einzelne unrettbar", Ansprache von Ministerialdirektor Ernst Wirmer,
Stiftung „Hilfswerk 20. Juli 1944", am 20. Juli 1958 im Ehrenhof des Bendlerblocks in der
Stauffenbergstraße, Berlin.
Emil Henk, „Vorbilder der Freiheit und Menschenwürde", Ansprache des Kuratoriumsvorsitzenden
der Stiftung „Hilfswerk 20. Juli 1944", Emil Henk, am 19. Juli 1958 in der Gedenkstätte
Plötzensee, Berlin.
Adolf Heusinger, „Tagesbefehl", Tagesbefehl des Generalinspekteurs der Bundeswehr General Adolf
Heusinger vom 20. Juli 1959.
Josef Müller, „Vermächtnis ist der Sinn der Tat, nicht deren Ausgang", Gedenkrede des bayerischen
Ministers für Justiz a.D. Dr. Josef Müller am 20. Juli 1959 im Ehrenhof des Bendlerblocks in der
Stauffenbergstraße, Berlin.
Theodor Steltzer, „Der Geist des Widerstandes", Gedenkrede von Ministerpräsident a.D. Theodor
Steltzer am 20. Juli 1960 im Ehrenhof des Bendlerblocks in der Stauffenbergstraße, Berlin.
Emil Henk, „Tot ist nur, wer vergessen ist", Tischrede von Emil Henk, Stiftung „Hilfswerk 20. Juli"
am 20. Juli 1960 im Haus der Kaufleute, Berlin.
Friedrich Georgi, „Ein Mahnmal für künftige Generationen", Ansprache des Sprechers des
Arbeitskreises 20. Juli 1944, Dr. Friedrich Georgi, am 20. Juli 1960 im Ceciliensaal, Berlin.
Johann Adolf Graf Kielmansegg, „Die Tat war schwierig", Ansprache von Brigadegeneral Johann
Adolf Graf Kielmansegg am 20. Juli 1960 im Ehrenhof des Bendlerblocks in der
Stauffenbergstraße, Berlin.
Franz Amrehn, „Am Tag ihrer Tat erfüllte sich ihr Schicksal", Ansprache des Bürgermeisters von
Berlin Franz Amrehn am 20. Juli 1960 bei der Enthüllung der Gedenktafel im Ehrenhof des
Bendlerblocks in der Stauffenbergstraße.
Otto Dibelius, „Es ist ein köstlich Ding, dass das Herz fest werde, welches geschieht durch Gnade",
Predigt von Bischof Dr. Otto Dibelius am 20. Juli 1960 in der St. Annen-Kirche.
Johann Adolf Graf Kielmansegg, „Die Tat war schwierig", Ansprache von Brigadegeneral Johann
Adolf Graf Kielmansegg am 20. Juli 1960 im Ehrenhof des Bendlerblocks in der
Stauffenbergstraße, Berlin.

Eberhard Zeller, „Geist der Freiheit", Vortrag von Dr. Eberhard Zeller am 20. Juli 1961 in der Universität München.

Heinrich von Brentano, „Opfer für die Ehre des deutschen Volkes", Gedenkrede des Bundesministers des Auswärtigen Dr. Heinrich von Brentano am 20. Juli 1961 anlässlich der Einweihung einer Gedenktafel für die im Zusammenhang mit dem 20. Juli 1944 hingerichteten Angehörigen des Auswärtigen Dienstes im Auswärtigen Amt, Bonn.

Emil Henk, „Wir haben diesen Tag einzuordnen in die deutsche Geschichte", Gedenkrede des Kuratoriumsvorsitzenden der Stiftung „Hilfswerk 20. Juli 1944", Emil Henk, am 19. Juli 1961 in der Gedenkstätte Plötzensee, Berlin.

Eberhard von Hofacker, „Gedanken zum 20. Juli 1944", Vortrag von Dr. Eberhard von Hofacker am 20. Juli 1961 in der Universität München.

Hanns Lilje, „Ein leuchtendes Beispiel geistigen Mutes", Gedenkrede von Landesbischof Dr. Hanns Lilje am 19. Juli 1961 in der Gedenkstätte Plötzensee.

Friedrich Foertsch, „Der 20. Juli und der Soldat", Gedenkrede des Generalinspekteurs der Bundeswehr General Friedrich Foertsch am 20. Juli 1961 in Siegburg.

Hans Rothfels, Die deutsche Opposition gegen Hitler. Eine Würdigung, Frankfurt 1949.

Hans Rothfels, „Fanal im Dunklen", Gedenkrede von Prof. Dr. Hans Rothfels am 20. Juli 1962 im Ehrenhof des Bendlerblocks in der Stauffenbergstraße, Berlin.

Rüdiger von Voss, „Widerstand als Verpflichtung. Begriff und Konzeption einer staatsbürgerlichen Aufgabe", Rede bei der Gedenkfeier zum 20. Juli 1944 für die Schüler der Berliner Oberschulen am 10. Juli 1962 in der Gedenkstätte Plötzensee, Berlin.

Fritz Sänger, „Es waren die Besten aus allen Schichten und Lagern", Ansprache des Bundestagsabgeordneten Fritz Sänger am 19. Juli 1963 in der Gedenkstätte Plötzensee, Berlin.

Franz Thedieck, „Patrioten im Widerstand", Ansprache des Staatssekretärs im Bundesministerium für gesamtdeutsche Fragen, Franz Thedieck am 20. Juli 1963 in der Bonner Beethovenhalle.

Johann-Adolf von Kielmansegg, „Der Soldat und der 20. Juli 1944. Das Recht des Widerstands gegen den das Recht brechenden Gewalthaber", Gedenkrede von Generalleutnant Johann-Adolf von Kielmansegg am 20. Juli 1963 in der Bonner Beethovenhalle.

Carl-Heinz Evers, „Uns ist ein Wächteramt aufgegeben", Gedenkrede des Berliner Senators für Schulwesen Carl-Heinz Evers am 9. Juli 1964 in der Gedenkstätte Plötzensee, Berlin.

Hans Speidel, „Pro patria per orbis concordiam", Ansprache von General a.D. Dr. Hans Speidel am 20. Juli 1966 im Ehrenhof des Bendlerblocks in der Stauffenbergstraße, Berlin.

Carl-Heinz Evers, „Vaterland – Tägliche Pflicht zur Mitmenschlichkeit", Gedenkrede des Berliner Senators für Schulwesen Carl-Heinz Evers am 6. Juli 1966 in der Gedenkstätte Plötzensee, Berlin.

Carl-Heinz Evers, „Die freiheitliche Grundordnung bewahren und im Sinne einer real demokratischen Gesellschaft vervollkommnen", Gedenkrede des Berliner Senators für Schulwesen Carl-Heinz Evers am 12. Juli 1967 in der Gedenkstätte Plötzensee, Berlin.

Johann-Adolf Graf von Kielmansegg, „Gewissen und Verantwortung als Vermächtnis und Verpflichtung", Gedenkrede des NATO-Oberbefehlshabers Europa-Mitte General Johann-Adolf Graf von Kielmansegg am 20. Juli 1967 in der Bonner Beethovenhalle.

Klaus Schütz, „Es galt und gilt, den Weg des Rechts genau zwischen den Extremen zu gehen", Ansprache des Regierenden Bürgermeisters von Berlin Klaus Schütz am 19. Juli 1969 in der Gedenkstätte Plötzensee, Berlin.

Gustav Heinemann, „Eid und Entscheidung", Gedenkrede des Bundespräsidenten Gustav Heinemann am 19. Juli 1969 in der Gedenkstätte Plötzensee, Berlin.

Harry Ristock, „Die Männer und Frauen des 20. Juli stehen für die Kontinuität eines demokratischen Deutschlands", Rede des Senatsdirektors der Schulverwaltung Harry Ristock bei der Gedenkfeier für die Schüler der Berliner Oberschulen am 1. Juli 1974 in der Gedenkstätte Plötzensee, Berlin.

Helmut Schmidt, „Die Schauprozesse nach dem 20. Juli 1944", Erklärung von Bundeskanzler
Helmut Schmidt zum Gedenken an den 20. Juli 1944 am 19. Juli 1979 in Bonn.

Wolfgang Lüder, „Wir alle bleiben verantwortlich für das, was in unserem Staat geschah und
geschieht", Ansprache des Bürgermeisters von Berlin Wolfgang Lüder am 20. Juli 1979 in der
Gedenkstätte Plötzensee, Berlin.

Manfred Rommel, „Es war nichts Gutes in Hitlers Reich", Gedenkrede des Oberbürgermeisters von
Stuttgart Manfred Rommel am 20. Juli 1983 in der Gedenkstätte Plötzensee, Berlin.

Wolfram Wette, „Rettungswiderstand", Festvortrag von Prof. Dr. Wolfram Wette am 19. Juli 2013 in
der St. Matthäus-Kirche, Berlin.

www.ingramcontent.com/pod-product-compliance
Lightning Source LLC
Chambersburg PA
CBHW080133270326
41926CB00021B/4461